本辑刊由郑州大学哲学学院一流学科发展项目
资助出版

中华孔子学会　郑州大学洛学研究中心

中國儒學

【第二十辑】

王中江　李存山 ◎主编

本辑主题　中华文明突出特性及其多元开展

中国社会科学出版社

图书在版编目(CIP)数据

中国儒学. 第二十辑 / 王中江, 李存山主编. —北京：中国社会科学出版社，2023.12
ISBN 978-7-5227-3359-3

Ⅰ.①中… Ⅱ.①王…②李… Ⅲ.①儒家—研究—中国 Ⅳ.①B222.05

中国国家版本馆CIP数据核字(2024)第065807号

出 版 人	赵剑英
责任编辑	郝玉明
责任校对	谢　静
责任印制	王　超

出　　版	中国社会科学出版社
社　　址	北京鼓楼西大街甲158号
邮　　编	100720
网　　址	http://www.csspw.cn
发 行 部	010-84083685
门 市 部	010-84029450
经　　销	新华书店及其他书店

印　　刷	北京君升印刷有限公司
装　　订	廊坊市广阳区广增装订厂
版　　次	2023年12月第1版
印　　次	2023年12月第1次印刷

开　　本	710×1000　1/16
印　　张	24.25
字　　数	373千字
定　　价	128.00元

凡购买中国社会科学出版社图书，如有质量问题请与本社营销中心联系调换
电话：010-84083683
版权所有　侵权必究

《中国儒学》编辑委员会

主　　　　编　　王中江　李存山
副　主　　编　　干春松　唐文明
监　　　　制　　怡　学
委　　　　员　　（以姓氏笔画为序）
　　　　　　　　干春松　万俊人　王中江　孔德立　朱汉民
　　　　　　　　任蜜林　李存山　李景林　陈少明　陈壁生
　　　　　　　　张学智　吴安春　杨国荣　杨朝明　杨庆中
　　　　　　　　余治平　苟君厉　林宏星　欧阳祯人　孟庆楠
　　　　　　　　唐文明　董　平　景海峰　舒大刚

编辑部主任　　王　正
编辑部副主任　李晓虹
编辑部成员　　皮迷迷　郐　喆　黄永其　杨　超
本期组稿人　　杨柱才　张新国

目　　录

宋明理学研究

龚晓康　"只是一个性，但所见有浅深尔"：王阳明对
　　　　　孟、告、荀的统合 ………………………………………（3）
申淑华　王栋"诚意"为中心的《大学》解 ……………………（22）
袁晓晶　从"复仇"到"皇极"：陆九渊华夷观念的内在转向 ……（41）
李　彬　气论与工夫论视域下的"万物一体"：明道与
　　　　　阳明的诠释 ……………………………………………（56）
李　辰　修身与读书：从汉宋传统重审朱次琦"四行五学"说 ………（73）
张瑞元　德福与命遇：王船山《张子正蒙注》伦理思想初探 ………（95）
[韩]柳旻定　从东亚观点看阮元和其仁学
　　　　　——以《论语论仁论》为中心 …………………………（112）
全林强　"内生的超越"：朱熹道德哲学反形而上学进路 …………（133）
孙逸超　《周易本义》的象占结构与"所当然之理"
　　　　　——朱子卜筮与义理关系的一个视角 ………………（152）

儒学经典诠释

孟庆楠　早期儒家的政治理想
　　　　　——从人口、财货的角度来看 …………………………（183）
魏义霞　孔教观的近代视界 …………………………………（196）

许春华	论孟子说诗理论的哲学意义	(220)
黄兆强	徐复观先生的名字、出生年月日及其对心灵生活的慧解	(232)
于文博	据《论语》以说六艺——马一浮《论语》诠释探析	(247)
张天杰 杨艳冰	戴望以公羊学解《论语》的新特点——兼与刘逢禄、宋翔凤之解《论语》比较	(266)
于 浩	从海昏《孝经》说解简见《孝经》与西汉诗经学之关系	(289)
李 哲	《尚书新义》蠡测	(307)
余柯嘉	人最为天下贵也——荀子"礼论"探微	(324)
聂 威	境界伦理学视域下的孔子的天命观	(344)
石林林	仁义与亲亲：论《公羊》两位季子之贤	(361)

宋明理学研究

"只是一个性，但所见有浅深尔"：
王阳明对孟、告、荀的统合[*]

龚晓康

（贵州大学哲学学院）

摘要：围绕"生之谓性"，孟子与告子有"君子所性"与"形色天性"的争论。程朱对"生之谓性"进行了重新诠释，认为"性即气，气即性"，主张"天命之性"与"气质之性"二分，试图统合孟、告，但对荀子持批评的态度。王阳明亦主张"气即是性，性即是气"，但他不言"气质之性"而言"习性"，并谓后者为"天命之性"陷溺于后天"意气"所形成者，以此来避免"气禀"的善恶先天决定论。由此，"天命之性"与"习性"只是"一个性"，但有体用的差别：性之本体超越善恶的相待，故而"无善无恶"，亦即"至善"；性之发用有顺逆本体之差异，故可以"为善为不善"。"性"既然有体用之分殊，那就没有抽象的定然体性，是为"性无定体，论亦无定体"。孟、告、荀等人所论，虽然"只是一个性"，但有体、用、源、流的差异，故"所见有浅深尔"。这样，王阳明就基于性之体用而实现了对诸论的统合。进而，他强调这种统合并不能停留于思辨意义上的"说性"，而是需要"见性"工夫以契入超越善恶对待的至善本体。

关键词：王阳明　性　气　善恶

---

[*] 本文为国家社会科学基金一般项目"阳明学知识论问题研究"（项目编号：21BZX068）的研究成果。

毋庸讳言，性之善恶是中国哲学最为重要的论题之一。孟子以人皆有四端之心而主张"性善"，并对告子的"性无善无不善"说提出了批评，荀子则基于"性不能自美"批评孟子而主张"性恶"。汉代董仲舒有统合孟、荀的倾向，他一方面肯定了孟子的性善论，"性有善端，动之爱父母，善于禽兽，则谓之善，此孟子之善"（《春秋繁露·深察名号》）；另一方面，他也肯定了荀子注重教化的观念，"性者，天质之朴也；善者，王教之化也"（《春秋繁露·实性》）。迨至宋明，关于人性善恶的讨论又有了新的发展。二程一方面认为孟子"道性善"，为"极本原而语之也"，另一方面认为告子所言生之谓性，"其言是也"。[1] 也就是说，二程既对孟子表示了赞同，又对告子表达了某种同情，在一定程度上统合了孟、告。至于荀子，二程则持批评的态度，"荀子极偏驳，只一句'性恶'，大本已失"[2]。所谓的"大本已失"，是指荀子未能如孟子之性善那样挺立根本的道德心性。朱熹同意二程的判断，肯定孟子而批评荀、扬，"不惟说性不是，从头到底皆不识"[3]。因此，程朱理学虽然统合了孟、告，但却有"尊孟抑荀"的倾向。南宋以后，随着孟子升格运动的完成，荀子甚至被排除在道统之外，尊孟抑荀也就成了学界的主流。

当下，"统合孟荀"又成为学界讨论的焦点。李泽厚认为人性本是"非善非恶"者，故他明确反对孟子的"不虑而知，不学而能"的良知良能说，而对荀子"其善者伪也"的说法表示了赞同。当然，他认为孟荀之说各有优长，"荀子显然在逻辑论证和理论思辨上更缜密、有力，但孟子以其包含情感的类比联想论说，却更容易使人倾倒和信服"[4]。进而，李泽厚主张"举孟旗，行荀学"，以实现理性与情感的统一："以情本体

---

[1]（宋）程颢、程颐撰：《河南程氏粹言》卷二，《二程集》，王孝鱼点校，中华书局2012年版，第1253页。

[2]（宋）程颢、程颐撰：《河南程氏遗书》卷十九，《二程集》，王孝鱼点校，中华书局2012年版，第262页。

[3]（宋）黎靖德编：《朱子语类》，王星贤点校，中华书局1986年版，第3254页。

[4] 李泽厚：《为什么朱熹式的性善说在中国传统中一直占上风》，载[美]杜维明、梁涛主编《统合孟荀与儒学创新》，齐鲁书社2020年版，第13页。

"只是一个性，但所见有浅深尔"：王阳明对孟、告、荀的统合

的宇宙观和审美形上学来范导和适当构建公共理性的现代社会性道德。"① 梁涛也主张统合孟荀。他认为孟子虽然是性善论者，却是即心言性，"实际也可以说是心善"②。而荀子的"人之性恶，其善者伪也"，说到了善与恶两个方面，"恶来自性，善则来自伪，来自心的思虑活动，简而言之，就是性恶心善"。③ 因此，无论是孟子的性善论还是荀子的性恶论，皆因指向"心善"而能得以统合。

与宋儒"尊孟抑荀"不同，王阳明有"兼祧孟荀"的倾向。他基于"性无定体，论亦无定体"的观念，认为孟、告、荀等人所说，"只是一个性，但所见有浅深尔"。孟子的性善说，"直从源头上说来，亦是说个大概如此"，而荀子性恶说，"是从流弊上说来，也未可尽说他不是"。④ 实则，孟、告、荀等人的论争，只是对性之诠释角度有差异，诸人所言"只是一个性"⑤，故而有统合的可能。⑥ 这也表明，王阳明的

---

① 李泽厚：《为什么朱熹式的性善说在中国传统中一直占上风》，载［美］杜维明、梁涛主编《统合孟荀与儒学创新》，齐鲁书社 2020 年版，第 20 页。

② 梁涛：《统合孟荀 创新儒学》，载［美］杜维明、梁涛主编《统合孟荀与儒学创新》，齐鲁书社 2020 年版，第 58 页。

③ 梁涛：《统合孟荀 创新儒学》，载［美］杜维明、梁涛主编《统合孟荀与儒学创新》，齐鲁书社 2020 年版，第 56 页。

④ （明）王守仁撰：《王阳明全集》，吴光、钱明、董平、姚延福编校，上海古籍出版社 2011 年版，第 130—131 页。

⑤ 不过，王阳明的这种论点受到了牟宗三的严厉批评，"全不着实去理会各层面之义理，只是笼统随意一说。于法疏矣！"（参见牟宗三《心体与性体》，台北：联经出版事业公司 2003 年版，第 211 页）其实，牟先生的批评并不中肯，因为他没有注意到王阳明对"性"有体、用、源、流的分层。

⑥ 当下学界多认为王阳明持性善论的观点。郭美华分析了王阳明对于"生之谓性"的诠释，认为王阳明是"以整体性的至善融摄彼此二分的善恶"。［参见郭美华《致良知与性善——阳明〈传习录〉对孟子道德哲学的深化》，《江南大学学报》（人文社会科学版）2015 年第 5 期］陈乔见认为王阳明使"四端"的中心由"恻隐"转移到了"羞恶心"和"是非心"，而现代进化论主张以"羞恶"为内核的是非心才是人类特有的"良心"，这为儒家"性善说"提供了一定的科学依据。（参见陈乔见《从恻隐心到是非心：王阳明良知说对儒家性善论的凝练与发展》，《浙江社会科学》2018 年第 6 期）苏晓冰认为王阳明肯定了人性的实在性，在实质层面重建了"以孟子为代表的儒家性善论"。［参见苏晓冰《王阳明对人性实在性的论证》，《思想与文化》（第 26 辑），华东师范大学出版社 2021 年版］与以上学者的观点稍有不同，傅锡洪强调王阳明所言的性是"直接呈现于形而下世界的规范性力量"，这既不同于把性视为"形上实体"的朱子，也不同于单纯"以现实人性为性的自然人性论"，而构成了两者的"过渡"。［参见傅锡洪《宋至清思想转型视野中的王阳明性论》，《云南大学学报》（社会科学版）2023 年第 2 期］

说法对于统合孟荀有着重要的启发意义，但我们有必要澄清以下问题：其一，王阳明对"生之谓性"诠释有何独特之处？他何以言"习性"而不言"气质之性"？其二，王阳明为何要区分性之本体与发用？性之体用又何以有善恶的层次差异？其三，"性无定体，论亦无定体"何以能统合孟、告、荀？这种统合为何不能停留于"说性"而需要"见性"工夫？

一 "生之谓性"

孟子与告子关于性之善恶的争论，主要涉及对"生之谓性"的不同理解。告子言"生之谓性"，乃是说人生而就具有"形色天性"，但这种说法遭到了孟子的批评："然则犬之性犹牛之性，牛之性犹人之性欤？"（《孟子·告子上》）孟子之意在于，"性"固然可以指形色天性，"形色，天性也。惟圣人然后可以践形"（《孟子·尽心上》）。但人除了具有"形色天性"之外，还具有更为重要的"君子所性"，所谓："君子所性，仁义礼智根于心，其生色也然，见于面，盎于背，施于四体，四体不言而喻。"（《孟子·尽心上》）如果说"形色天性"是指人生而具有的自然情性的话，那"君子所性"就是人生而具有的道德本性，这也见于孟子对性、命的区分："口之于味也，目之于色也，耳之于声也，鼻之于臭也，四肢之于安佚也，性也，有命焉，君子不谓性也；仁之于父子也，义之于君臣也，礼之于宾主也，知之于贤者也，圣人之于天道也，命也，有性焉，君子不谓命也。"（《孟子·尽心下》）因此，孟子与告子之争论，实关乎他们对"性"的不同界定。在孟子这里，"生之谓性"不应是指"形色天性"，而应是指"君子所性"。

至宋代，孟子与告子围绕"生之谓性"的争论则朝"天命之性"与"气质之性"二分的方向发展。二程表达了对告子的某种同情，"生之谓性，其言是也"，并以"气"释"性"："'生之谓性'，性即气，气即性，生之谓也。人生气禀，理有善恶，然不是性中元有此两物相对而生也。

"只是一个性，但所见有浅深尔"：王阳明对孟、告、荀的统合

有自幼而善，有自幼而恶，是气禀有然也。"① 应该如何理解二程所言的"性即气，气即性"呢？牟宗三认为这并不意味着性气不分，"此语之意是性气一滚说，不是泯灭性气之分，亦不是性气圆融之辞语"②。对于牟先生的这种说法，郭晓东认为并不可取："对于称性气混杂，在某种意义上说，还是先预设了'性''气'为二物，而我们则认为，'气'与'性'之间只是非一非异，不即不离，它代表着一种性气未曾分离的更为原初的关系。"③ 笔者同意郭先生的观点，二程的确是要表明性气在本原上不可分离，以引出气质之性的问题，正如程颐所言："此只是言性（一作气）质之性。如俗言性急性缓之类，性安有缓急？此言性者，生之谓性也。"④ 朱熹则明确指出，人不但有天命之性，亦应有气质之性："有气质之性，无天命之性，亦做人不得；有天命之性，无气质之性，亦做人不得。"⑤ 就现实的人而言，不但有上天所赋予的"天命之性"，亦有气禀而形成的"气质之性"，前者说明人有向善的禀赋，后者说明人有趋恶的可能，两者不可或缺。当然，朱子并不认为气质之性完全与天命之性无关，而是认为气质之性实为天命之性所陷溺者，"人性本善而已，才堕入气质中，便熏染得不好了"，故他认为在本性之外又言气质之性，"此大害理！"⑥ 但是，程朱之说始终存在着这样的理论困难：如果说性之善恶源于先天气禀差异的话，那这会导致善恶的先天决定论。

在某种意义上，王阳明关于性之问题的讨论乃是基于程朱的理论困难而展开，他认为性之善恶源于后天的"意气"⑦ 而非先天的"气禀"，以此来避免善恶的先天决定论。在王阳明这里，"气"并非指一种构成天

---

① （宋）程颢、程颐撰：《河南程氏遗书》卷一，《二程集》，王孝鱼点校，中华书局2012年版，第10页。
② 牟宗三：《心体与性体》，台北：联经出版事业公司2003年版，第175页。
③ 郭晓东：《识仁与定性——工夫论视域下的程明道哲学研究》，复旦大学出版社2006年版，第94页。
④ （宋）程颢、程颐撰：《河南程氏遗书》卷十八，《二程集》，王孝鱼点校，中华书局2012年版，第207页。
⑤ （宋）黎靖德编：《朱子语类》，王星贤点校，中华书局1986年版，第64页。
⑥ （宋）黎靖德编：《朱子语类》，王星贤点校，中华书局1986年版，第2432页。
⑦ （明）王守仁撰：《王阳明全集》，吴光、钱明、董平、姚延福编校，上海古籍出版社2011年版，第167页。

地万物的质料，而是指一种生生不已的流行，"流行为气"①。当然，王阳明主要是就良知而言气："夫良知一也，以其妙用而言谓之神，以其流行而言谓之气，以其凝聚而言谓之精。"② 因此，他所言的"气"，主要是指良知的发用流行，而良知又为"心之本体"，故"气"实指本体的流行，正是在这个意义上，王阳明对"心即理"有如下之阐明："以其充实氤氲而言谓之气，以其脉络分明而言谓之理，以其流行赋畀而言谓之命，以其禀受一定而言谓之性。"③ 本心生生不已而处于流行之中，由此而有气、性的不同面向：本心之流行充实氤氲，而有天地万物之聚散生灭，是为"气"；本心之流行禀受一定，而有天地万物之各正性命，是为"性"。

"气"既然意味着一种流行，故"生之谓性"主要意指流行不已者为"性"，这就强调了"性"的生生不已的性质。故王阳明把"生之谓性"之"生"解读为"气"，并提出性气一元的主张："气即是性，性即是气，原无性气之可分也。"④ 王阳明以"气"言"性"，是要说明"性"为生生不已者，这也见于他对"天命之谓性"的阐释："性一而已：自其形体也谓之天，主宰也谓之帝，流行也谓之命，赋于人也谓之性，主于身也谓之心。"⑤ 天、帝、命、心乃是一"性"，只是言说角度不同而已：就其呈现为有形之天地万物而言，可谓之"天"；就其为天地万物为之主宰而言，可谓之"帝"；就其流行于天地万物而言，可谓之"命"；就其赋于现实的个体生命而言，可谓之"性"；就其主宰人之感性身体而言，可谓之"心"。"命"之义既然为"流行"，那"天命之性"就是生生不已者。

---

① （明）王守仁撰：《王阳明全集》，吴光、钱明、董平、姚延福编校，上海古籍出版社2011年版，第22页。

② （明）王守仁撰：《王阳明全集》，吴光、钱明、董平、姚延福编校，上海古籍出版社2011年版，第70页。

③ 束景南、查明昊辑编：《王阳明全集补编（增补本）》，上海古籍出版社2021年版，第485页。

④ （明）王守仁撰：《王阳明全集》，吴光、钱明、董平、姚延福编校，上海古籍出版社2011年版，第69页。

⑤ （明）王守仁撰：《王阳明全集》，吴光、钱明、董平、姚延福编校，上海古籍出版社2011年版，第17—18页。

"只是一个性,但所见有浅深尔":王阳明对孟、告、荀的统合

"天命之性"既然为"天"所"命",那其就居于本体的地位:"是乃天命之性,吾心之本体,自然灵昭明觉者也。"① 这种"天命之性"并非凝然不动的抽象本体,而是能在现实中有生生不已的流行发用。但是,"天命之性"在流行发用中有被"意气之私"②滞碍的可能。所谓"意气",是指基于意念而有的习气。王阳明曰:"夫恶念者,习气也。"③ 为恶之意念,就是习气。无论是"意气"还是"习气",皆出于意念而难免有私欲之染着,从而促使"习性"的形成,"功利之毒沦浃于人之心髓而习以成性也几千年矣"④。"习以成性"者,就是"习性"⑤,为习气所染着而具有相对稳定的性质,故王阳明感叹,人常有"凶恶成性,不可改化"⑥者。

王阳明不言"气质之性"而言"习性",且认为"习性"只是"天命之性"为习气所染着者,在这个意义上,与其说"天命之性"与"习性"为两种不同的性,毋宁说两者只是同一性之本体与发用的差异:"天命之性"为性之本体,"习性"则为性在发用过程中被习气染着而形成者。这种后天的习气染着,反过来会遮蔽天命之性,"本性为习气所汩者,由于志之不立也"⑦。人之染着陷溺的程度不同,表现为气质上的差异:"气质有清浊厚薄强弱之不同,然其为性则一也。"⑧ 虽然王阳明承

---

① (明)王守仁撰:《王阳明全集》,吴光、钱明、董平、姚延福编校,上海古籍出版社2011年版,第1070页。
② (明)王守仁撰:《王阳明全集》,吴光、钱明、董平、姚延福编校,上海古籍出版社2011年版,第167页。
③ (明)王守仁撰:《王阳明全集》,吴光、钱明、董平、姚延福编校,上海古籍出版社2011年版,第1083页。
④ (明)王守仁撰:《王阳明全集》,吴光、钱明、董平、姚延福编校,上海古籍出版社2011年版,第63页。
⑤ (明)王守仁撰:《王阳明全集》,吴光、钱明、董平、姚延福编校,上海古籍出版社2011年版,第624页。
⑥ (明)王守仁撰:《王阳明全集》,吴光、钱明、董平、姚延福编校,上海古籍出版社2011年版,第563页。
⑦ (明)王守仁撰:《王阳明全集》,吴光、钱明、董平、姚延福编校,上海古籍出版社2011年版,第1083页。
⑧ (明)王守仁撰:《王阳明全集》,吴光、钱明、董平、姚延福编校,上海古籍出版社2011年版,第1297页。

认人之气质有清浊厚薄强弱的不同,但这种不同乃是基于习气对于天命之性障蔽的浅深而言,并不是说人之气质存在着先天上的差异。进言之,王阳明所言的"生之谓性",实是指人生而就有的"天命之性",而非指后天习气染着的"习性"。

在此,我们可对王阳明的思路作一小结。他将"生之谓性"之"生"释为"气",而"流行为气",故"气即是性,性即是气"意味着"性"为生生不已者。这种生生不已之性被后天"意气"滞碍,即有"习性"的生成。王阳明言"习性"而不言"气质之性",无非要表明,善恶并非源于先天气禀,而是源于后天意气染着,这就避免了气禀说所带来的善恶先天决定论。同时,"天命之性"与"习性"实是一个性,只是有先天与后天的区别而已:前者表明人之向善乃是一种先天的禀赋,而后者则表明人之趋恶只是一种后天的可能。进而,王阳明基于先天本体与后天发用而言性之善恶问题。

二 性之本体"无善无恶",性之发用"为善为不善"

王阳明以"性"为生生不已者,"天命之性"在流行发用中为意气所染着而为"习性",因此,两者只是一个性而有体用的分殊。关于这一点,王阳明还有这样的说明:"抑就气而论其根源之地,灵明知觉吾其体,神妙不测吾其用。先民以其本来如是,此性之所由命名也。"[①]性为"本来如是"者,然有体用之分殊,其善恶亦有层次上的差异:"性之本体原是无善无恶的,发用上也原是可以为善,可以为不善的。"[②] 这就是说,性之本体超越善恶的相待而为无善无恶者,只有在性之发用层面才有善恶的分化。性之善恶既然有体用层次上的不同,那

[①] 束景南、查明昊辑编:《王阳明全集补编(增补本)》,上海古籍出版社2021年版,第234页。

[②] (明)王守仁撰:《王阳明全集》,吴光、钱明、董平、姚延福编校,上海古籍出版社2011年版,第130—131页。

"只是一个性,但所见有浅深尔":王阳明对孟、告、荀的统合

就不能如孟、告、荀那样,抽象地谈论性之善恶问题。或者说,孟、告、荀等人所说不过是性之体用的某一层面,基于体用的整全视域则有统合的可能。

为什么性之本体原是"无善无恶"的呢?这是因为,"本体"作为绝对性的概念,超越了经验世界中相对待性的善恶,就此而说其为无善无恶者。当然,说性之本体"无善无恶",主要是为了表明本体并没有善恶的对待。王阳明在讨论良知时,亦持类似的观点:"良知知是知非,其实无是无非。"① 良知作为心之本体,固然能够知得经验意识中的是非,但其作为本体实则超越了经验意识中的是非。关于这一点,王阳明曾举明镜为例说明:"良知之体皦如明镜,略无纤翳。妍媸之来,随物见形,而明镜曾无留染。"② 明镜相当于本体,其自身不能有妍媸的差别:若是妍,则不能照媸;若是媸,则不能照妍。正因为明镜超越了妍媸,所以能照见妍媸;良知亦是如此,自身超越了是非的对待,而能知得是非之所在。

王阳明不但主张性之本体原是"无善无恶"的,同时也主张"性无不善"。这两种看似矛盾的说法,应该如何予以和会呢?其实,王阳明区分了两种层次的"善":一种是本体层面的无所对待的"至善",一种是经验世界之中与"恶"相待的"善"。前者因为超越善恶的对待,王阳明谓之"无善无恶",而这种超越性本身就是一种"至善":"不动于气,即无善无恶,是谓至善。"③ "至善"即至极之善,而不同于与恶相待之"善":前者无所对待,而为绝对者;后者与恶相对待,故为相对者。所以,王阳明之"性无不善"说,主要是指性之本体即至善者:"至善者性也,性元无一毫之恶,故曰'至善'。"④ 这种至善,超越了善恶的相待,

---

① (明)王畿撰:《王畿集》,吴震编校整理,凤凰出版社2007年版,第470页。
② (明)王守仁撰:《王阳明全集》,吴光、钱明、董平、姚延福编校,上海古籍出版社2011年版,第33页。
③ (明)王守仁撰:《王阳明全集》,吴光、钱明、董平、姚延福编校,上海古籍出版社2011年版,第79页。
④ (明)王守仁撰:《王阳明全集》,吴光、钱明、董平、姚延福编校,上海古籍出版社2011年版,第29页。

无有恶与之相对。当然，这种至善之性，只能是"天命之性"，而非后天的"习性"，故王阳明谓："天命之性，粹然至善。"①

至此，"无善无恶"与"至善"就得到了统一：性之本体超越善恶相待而为"无善无恶"，这种超越性本身即是一种"至善"。这种从本体层面而言的"至善"，具有以下几种特征。其一，至善源于心之本体，为绝对的超越者而不可将其经验化为道德教条，"善即吾之性，无形体可指，无方所可定，无岂自为一物，可从何处得来者乎？"② 也就是说，我们不能将经验世界中的相对之善上升为绝对至善。其二，至善并非凝然的理体，而为心之灵明感应，"至善之发见，是而是焉，非而非焉，固吾心天然自有之则，而不容有所拟议加损于其间也"③。至善之现实呈现，实为本心之感应，亦为良知之明觉，知得意念之善恶，从而为人提供先天的道德法则："其善欤，惟吾心之良知自知之；其不善欤，亦惟吾心之良知自知之；是皆无所与于他人者也。"④ 其三，这种至善虽为人心所本有，但为物欲所遮蔽而只能是一种潜存，"常人之心既有所昏蔽，则其本体虽亦时时发见，终是暂明暂灭，非其全体大用矣"⑤。因此，性善论并不意味着人当下就是实现了善性的人，而是强调人需要践履工夫才能显明至善之本体。进言之，王阳明谓心之本体无善无恶，并没有否定为善去恶的道德工夫。

当然，王阳明需要回应这样的问题：性之本体既为无善无恶者，性之发用何以有善恶的分判呢？依其之见，"性"之本体虽为寂然不动者，但必有感而遂通之时，并体现为"意气"的流行。而意气的流行必落入

---

① （明）王守仁撰：《王阳明全集》，吴光、钱明、董平、姚延福编校，上海古籍出版社2011年版，第280页。

② （明）王守仁撰：《王阳明全集》，吴光、钱明、董平、姚延福编校，上海古籍出版社2011年版，第175页。

③ （明）王守仁撰：《王阳明全集》，吴光、钱明、董平、姚延福编校，上海古籍出版社2011年版，第280页。

④ （明）王守仁撰：《王阳明全集》，吴光、钱明、董平、姚延福编校，上海古籍出版社2011年版，第1068页。

⑤ （明）王守仁撰：《王阳明全集》，吴光、钱明、董平、姚延福编校，上海古籍出版社2011年版，第26页。

"只是一个性，但所见有浅深尔"：王阳明对孟、告、荀的统合

经验世界，也就存在着善恶分化的可能。故而，王阳明既主张"有善有恶意之动"，亦主张"有善有恶者气之动"。①

意念的发动处何以有善恶的分化？这需要回到王阳明对于"意"之界定："意之所在便是物。"② 意念发动之时，必然有所指向，而意之所指向者，便有事物的呈现。此即，意念发动处实有主客的分化：意念活动的发动者，成为主体；而意念活动的对象，成为客体。这种主客的分化也就意味着，意念活动之于心之本体，也就有两种可能："顺本体是善，逆本体是恶。"③ 质言之，意念活动若是随顺于心之本体，即有仁义礼智，是为善；意念活动若是违逆于心之本体，即有诈诡顽鄙，是为恶。故而，王阳明谓言"有善有恶意之动"。

除了"有善有恶意之动"的说法外，王阳明还有"有善有恶气之动"的说法。其谓："循理便是善，动气便是恶。"④ 循理，即依循于心之天理，故为善；动气，则是为习气所扰动，故为恶。这种扰动本心之习气，王阳明谓之"意气之私"⑤。质言之，"气"之发动之所以有善恶，乃是因其流行有两种情况，或是出于心体之自然，或是为习气所扰动。进而，王阳明区分了"主气"与"客气"："客与主对，让尽所对之宾，而安心居于卑末，又有尽心尽力供养诸宾，宾有失错，又能包容，此主气也。惟恐人加于吾之上，惟恐人怠慢我，此是客气。"⑥ 主气、客气的区分，乃是就意念活动之于本心的顺逆而言：谦卑包容出于本心，"恻隐、羞

---

① （明）王守仁撰：《王阳明全集》，吴光、钱明、董平、姚延福编校，上海古籍出版社2011年版，第33页。
② （明）王守仁撰：《王阳明全集》，吴光、钱明、董平、姚延福编校，上海古籍出版社2011年版，第6页。
③ 束景南、查明昊辑编：《王阳明全集补编（增补本）》，上海古籍出版社2021年版，第542页。
④ （明）王守仁撰：《王阳明全集》，吴光、钱明、董平、姚延福编校，上海古籍出版社2011年版，第34页。
⑤ （明）王守仁撰：《王阳明全集》，吴光、钱明、董平、姚延福编校，上海古籍出版社2011年版，第167页。
⑥ （明）王守仁撰：《王阳明全集》，吴光、钱明、董平、姚延福编校，上海古籍出版社2011年版，第1034—1035页。

恶、辞让、是非即是气"①，这种顺于本心流行之气，是为"主气"；求胜怠慢出于私欲，"念头放失，多因私欲客气之动而始"②，这种逆于本心流行之气，乃是"客气"。"主气"与"客气"是就本心之顺逆而言，故两者之间有明确的善恶分判而不容有任何的混淆。

王阳明这种将善恶归于气之发动的观点，乃是要避免气禀论的理论困难。朱熹等人认为，气质之性乃是由气禀之不同而有善恶的区分，而所禀之气有先天的清浊差异。所谓："人之性皆善。然而有生下来善底，有生下来便恶底，此是气禀不同。"③ 但是，如果将善恶归结为气禀，会导致一种先天决定论。王阳明注意到了这一点，他认为气质之差异非源于先天的气禀，而是源于后天的障蔽浅深："气质不美者，渣滓多，障蔽厚，不易开明。质美者渣滓原少，无多障蔽，略加致知之功，此良知便自莹彻。"④ 气质之美恶，来自习气障蔽的浅深，这也就意味着，"变化气质"并非去改变先天所禀，而在于破除后天习气之障蔽，"敬惟理是从，而不难于屈下，则客气消而天理行"⑤。

概言之，王阳明对"性"之言说，区分了本体与发用：性之本体超越善恶的相待，故为"无善无恶"，亦为"至善"，就此而言天命之性；"性"之发用落入经验意识，顺逆于本心之流行，故"为善为不善"，此即天命之性陷溺于意气之中而形成的"习性"。因此，"习性"之善恶并非源于气禀之清浊，而在于意气发动处有无染着，这就解决了至善之本体如何有善恶发动的理论难题，避免了程朱等人先天气禀论的理论困难，并凸显了道德工夫的价值与意义。更为重要的是，王阳明基于性之体用而分别言说善恶，这就为他统合孟、告、荀提供了可能。

---

① （明）王守仁撰：《王阳明全集》，吴光、钱明、董平、姚延福编校，上海古籍出版社2011年版，第69页。

② （明）王守仁撰：《王阳明全集》，吴光、钱明、董平、姚延福编校，上海古籍出版社2011年版，第76页。

③ （宋）黎靖德编：《朱子语类》，王星贤点校，中华书局1986年版，第29页。

④ （明）王守仁撰：《王阳明全集》，吴光、钱明、董平、姚延福编校，上海古籍出版社2011年版，第77页。

⑤ （明）王守仁撰：《王阳明全集》，吴光、钱明、董平、姚延福编校，上海古籍出版社2011年版，第278页。

"只是一个性，但所见有浅深尔"：王阳明对孟、告、荀的统合

三 "性无定体，论亦无定体"

性既然有本体与发用之分殊，那也就表明其并没有抽象的定然体性，实可从不同的角度加以讨论，这就是王阳明所主张的"性无定体，论亦无定体"。当然，"性无定体"之说，本有经典的依据。《易传》有谓："神无方而易无体。"胡宏依之而提出了"性无定体"的说法：就"性"之本体而言，"浑沦乎天地，博浃于万物，虽圣人，无得而名焉"；就"性"之生成而言，"散而万殊，善恶吉凶俱载，不可掩遏"；进而，"论至于是，则知物有定性，而性无定体矣"。① 胡宏乃是要阐明这样的观点，"物"可以说有定然之性质，而"性"则无定然之体性。王阳明是如何阐释"性无定体"的呢？我们看一下他关于"无体"的说法："目无体，以万物之色为体；耳无体，以万物之声为体；鼻无体，以万物之臭为体；口无体，以万物之味为体；心无体，以天地万物感应之是非为体。"② 此说意在表明，人之感官并没有定然的抽象体性，而是在与事物的感应中呈现其体性，实则，"性无定体"不过是说"性"没有抽象的定然体性。

"性"既然没有抽象的定然体性，那就可从不同角度加以言说，由此，王阳明将性之善恶问题的争论转换成了阐释进路的差异，并试图实现对孟、告、荀的统合。

> 问："古人论性，各有异同，何者乃为定论？"
> 先生曰："性无定体，论亦无定体，有自本体上说者，有自发用上说者，有自源头上说者，有自流弊处说者。总而言之，只是一个性，但所见有浅深尔。若执定一边，便不是了。性之本体原是无善无恶的，发用上也原是可以为善，可以为不善的，其流弊也原是一

---

① （宋）胡宏：《胡宏集》，吴仁华点校，中华书局1987年版，第319页。
② （明）王守仁撰：《王阳明全集》，吴光、钱明、董平、姚延福编校，上海古籍出版社2011年版，第123页。

定善一定恶的。①

譬如眼有喜时的眼，有怒时的眼，直视就是看的眼，微视就是觑的眼。总而言之，只是这个眼，若见得怒时眼，就说未尝有喜的眼，见得看时眼，就说未尝有觑的眼，皆是执定，就知是错。孟子说性，直从源头上说来，亦是说个大概如此。荀子性恶之说，是从流弊上说来，也未可尽说他不是，只是见得未精耳。众人则失了心之本体。"②

依王阳明之见，"性"既然没有抽象的定然体性，那其就为一开放性的概念，故可从体、用、源、流等不同角度加以言说：孟子之性善，乃是从源头上说；荀子之性恶，乃是从流弊上说；告子所代表的"众人"之说，则失却性之本体。孟、告、荀等人只是言说角度有差异，但三人所言"只是一个性"。

关于孟子之说，王阳明大体持肯定的态度。他认为孟子之"性善"，系从"源头"上说来，贞定了人性的大本大源，而挺立了人之道德主体性，"善原于性，孟子之言性善是也"③。这种"原于性"之"善"，实为超越善恶相待的"至善"。在这个意义上，孟子之"性善论"其实应是"性至善论"。不过，王阳明对孟子亦有所批评。至善之心体绝非一种抽象的存有，而是需要在现实世界中呈现，孟子虽然承认"形色天性"的说法，但对于"性"之发用而有的流弊则有所忽略，故而"亦是说个大概如此"。

王阳明对于告子也没有全然否定，而是表达了某种同情。他认为告子的"生之谓性"，其实是言人之形色天性"固是性"。但是，告子"认得一边去了，不晓得头脑"④。原因在于，告子只是看到了"形色天性"，

---

① 佐藤一斋指出："此句义不可解，疑必有误脱。似当作'其源头也原是一定善的，其流弊也原是一定恶的。'"参见[日]佐藤一斋《传习录栏外书》，黎业民点校，上海古籍出版社2017年版，第227页。

② （明）王守仁撰：《王阳明全集》，吴光、钱明、董平、姚延福编校，上海古籍出版社2011年版，第130—131页。

③ （明）王守仁撰：《王阳明全集》，吴光、钱明、董平、姚延福编校，上海古籍出版社2011年版，第175页。

④ （明）王守仁撰：《王阳明全集》，吴光、钱明、董平、姚延福编校，上海古籍出版社2011年版，第114页。

"只是一个性,但所见有浅深尔":王阳明对孟、告、荀的统合

而忽略了作为本原的"天命之性"。同时,王阳明认为告子之"性无善无不善",虽然有似于"性之本体无善无恶",故"亦无大差",但是,"告子执定看了",以为无善无不善的"性"在内,有善有恶的"物"在外,如此则"性有内外",也就是说,性成为内在的抽象本体而不能感应于外物。但在王阳明这里,性并没有内外之分而只有体用之异,性之本体无善无恶,但性之发用却有善恶,告子割裂了性之本体与发用,以致"失了心之本体"。①

与程朱不同,王阳明对荀子则有所肯定。他认为荀子的性恶论,系从性之流弊上而言的。确实,荀子乃是就人之自然情欲而言性:"今人之性,饥而欲饱,寒而欲暖,劳而欲休,此人之情性也。"(《荀子·性恶》)人的自然情性被荀子赋予先天的性质,而被视为"不可学,不可事"者。当然,荀子也承认人有"本始材朴"之性,并谓人皆有"可以知仁义法正之质"与"可以能仁义法正之具"。这种"本始材朴"之性,即相当于王阳明所言的性之本体。人若失却此"本始材朴"之性,则将沦于恶,这就是荀子所谓的性恶:"今人之性,生而离其朴,离其资,必失而丧之。用此观之,然则人之性恶明矣。"(《荀子·性恶》)荀子基于"离其朴""离其资"而言"性恶",正是从流弊处言"性",类似于王阳明所言的"习性"。故而,王阳明对荀子有如此之评价:"也未可尽说他不是,只是见得未精耳。"②

虽然王阳明对孟子与荀子皆有所肯定与批评,但他也认为两人学说有巧拙之别。孟子的性善论,有助于人挺立本体,故更为善巧。有人这样问王阳明:"孟子从源头上说性,要人用功在源头上明彻;荀子从流弊说性,功夫只在末流上救正,便费力了。"王阳明作了肯定的回答:"然。"③ 这就是说,孟子从源头说性,乃是要让人先挺立至善本体,随

---

① (明)王守仁撰:《王阳明全集》,吴光、钱明、董平、姚延福编校,上海古籍出版社2011年版,第122页。
② (明)王守仁撰:《王阳明全集》,吴光、钱明、董平、姚延福编校,上海古籍出版社2011年版,第131页。
③ (明)王守仁撰:《王阳明全集》,吴光、钱明、董平、姚延福编校,上海古籍出版社2011年版,第131页。

之而能有去恶之工夫，故而"易简"。荀子从流弊上说性，人难以挺立至善本体，而是有赖于圣人教化，故而"费力"。也正是在这个意义上，孟子的"性善"论被王阳明视为最究竟者："近看孟子见人即道性善，称尧、舜，此是第一义。"① 原因在于，只有孟子的性善论才能真正挺立人的道德主体性。

王阳明关于"性无定体，论亦无定体"的说法，会不会落入相对主义的窠臼呢？答案是否定的。"性"作为"人生而静以上"者，超越善恶的相待而本不落于言筌，"气即是性，'人生而静以上不容说'，才说'气即是性'，即已落在一边，不是性之本原矣"②。这是因为，任何概念皆落于能说与所说之中，故而存在相对的性质。就此而言，任何关于"性"之言说皆有其自身的局限性，故我们不能执定于某一种学说，"若执定一边，便不是了"。但是，不执定于某一种学说，并非对之全然否定。"性"作为"人生而静以上"者，虽然超越善恶的相待而"不容说"，但为了理论的需要"只得如此说"。③ 因此，任何关于"性"之言筌虽然有其局限性，但这并不意味着取消经验世界善恶的确定性，而只是说关于性之善恶的界定并不是绝对的。孟、告、荀等人所说，角度不同而各有其价值，只是不能执定而已。就此而言，王阳明"性无定体，论亦无定体"的说法并没有落入相对主义的窠臼。

四 余论

与宋儒区分"天命之性"与"气质之性"的进路不同，王阳明乃是从性之体用的角度展开相关的讨论。"生之谓性"是指人生而就有的"天

---

① （明）王守仁撰：《王阳明全集》，吴光、钱明、董平、姚延福编校，上海古籍出版社2011年版，第153页。
② （明）王守仁撰：《王阳明全集》，吴光、钱明、董平、姚延福编校，上海古籍出版社2011年版，第68页。
③ （明）王守仁撰：《王阳明全集》，吴光、钱明、董平、姚延福编校，上海古籍出版社2011年版，第68—69页。

"只是一个性，但所见有浅深尔"：王阳明对孟、告、荀的统合

命之性"，而不是指人生而就有的"习性"。前者为性之本体，后者为性之发用。"性"既有本体与发用之别，那就不能笼统地言其善恶："性"之本体超越相待之善恶，故为"无善无恶"者，而这种超越性本身，就是一种"至善"；"性"之发用则依于"意气"的发动，或顺或逆于本体，故有善恶的分化，是为"有善有恶"者。性之发用乃是基于后天的"习气"，这就避免了气禀说可能带来的善恶先天决定论。

王阳明注意到，人们对于"性"之概念的建构乃至对其善恶问题的讨论，只是一种言说方便而已，故"性无定体，论亦无定体"。孟、告、荀等人所论，皆有其特定角度，只有基于整全的视域才能统合之：孟子的"性善"是从源头上说来，挺立了道德主体性，故为"第一义"，但毕竟对"形色天性"有所忽略，故"亦是说个大概如此"；告子的性无善无不善"亦无大差"，但告子只言"形色天性"而不言"君子所性"，难以说明道德是如何发生的，故"不晓得头脑"；而荀子的"性恶"论，系从流弊上说性，不能透彻地说明"善"之起源，故"见得未精"。实则，各人所说虽然"只是一个性"，但有体、用、源、流的角度差异，由此亦带来浅深的不同。

故而，孟、告、荀三人所论，并不能简单地化约为观点上的对立，而应说三者之间具有互补的关系。由此，我们可以说王阳明实际上批评了宋儒"尊孟抑荀"的做法而有"兼祧孟荀"的倾向，这种倾向在乾嘉学者那里得到了进一步的发展。郝懿行认为孟荀之性善或性恶，皆强调人为教化的作用，"性虽善，不能废教；性即恶，必假人为"，故而，"孟、荀之旨，本无不合"①。实则，孟子虽主张性善论，但也承认人多"放其良心"，故需要教化的作用；荀子虽主张性恶论，但也认为途之人皆"可以为禹"；两人皆认为人需要后天的努力，故而肯定了教化的作用。钱大昕主要从两个方面统合孟荀：一方面，孟荀"立言虽殊"，然其"教人以善则一"，因为，"孟子言性善，欲人之尽性而乐于善，荀言性恶，欲人之化性而勉于善"；另一方面，宋儒关于义理之性与气质之性的

---

① （清）郝懿行撰：《与王引之伯申侍郎论孙卿书》，载王先谦《荀子集解》，沈啸寰、王星贤点校，中华书局1988年版，第15—16页。

二分，则已"兼取孟、荀二义"，宋儒"变化气质"的说法也是"暗用荀子'化性'之说"。①

郝懿行、钱大昕等人强调孟荀之说皆不废教化而予以统合，其实并没有触及性之善恶的核心问题。梁涛主张用"心善"说来统合孟荀，自有其道理所在，但仍有进一步讨论的空间。首先，即使孟荀两人皆主张的"心善"，也难以实现对性善论与性恶论的统合。这是因为，孟荀所言的"心"义有重大的不同，此亦为梁先生所认可："孟子讲的是实心，是道德本心、良心；荀子讲的是虚心，是道德智虑心、理智心。"② 既然孟荀所言之"心"义有别，那两人的"心善"义也有不同，故难以基于"心善"而实现对二者的统合。其次，梁先生以"仁性"与"智性"来区分孟荀，必然会得出孟子重仁而不重智、荀子重智而不重仁的结论：孟子之说"需要智性的补充和完善"，而荀子"也应肯定、承认良知、良能，在强调智性的基础上补充德性，以完善、发展其心善说"。③ 但这种说法并不符合孟荀之本意，因为孟子并非不言智，其亦有"是非之心，智也"之言，荀子亦非不言仁，其也强调君子"惟仁之为守"。最后，即使我们承认荀子持"性恶心善"的观点，也难以解决荀子的理论困境。梁先生认为荀子之性恶心善说是指："恶来自性，善则来自伪，来自心的思虑活动。"④ 如果说善只是来自人的思虑活动，那就必然落入经验意识之中而具有相对的性质，其又如何能克服本性之恶呢？

实则，在王阳明看来，"性"之本体超越善恶的相待而不落于言筌，故对诸种性论的统合不能落入单纯的理论思辨，而应有实地的践履工夫："今之论性者纷纷异同，皆是说性，非见性也。见性者无异同之

---

① （清）钱大昕撰：《跋谢墉刊行〈荀子笺释〉》，载王先谦《荀子集解》，沈啸寰、王星贤点校，中华书局1988年版，第15页。
② 梁涛：《统合孟荀 创新儒学》，载［美］杜维明、梁涛主编《统合孟荀与儒学创新》，齐鲁书社2020年版，第59页。
③ 梁涛：《统合孟荀 创新儒学》，载［美］杜维明、梁涛主编《统合孟荀与儒学创新》，齐鲁书社2020年版，第62页。
④ 梁涛：《统合孟荀 创新儒学》，载［美］杜维明、梁涛主编《统合孟荀与儒学创新》，齐鲁书社2020年版，第56页。

"只是一个性，但所见有浅深尔"：王阳明对孟、告、荀的统合

可言矣。"① "说性"者，停留于名言之域而落入抽象的概念思辨，故有种种异同之见解；"见性"者，则能经由工夫之体证，以领会那超越名言的性之本体。这也表明，王阳明对孟、告、荀的统合，与其说其提供了一种崭新的理论阐释视角，毋宁说其凸显了复归至善本体的工夫论意义。

---

① （明）王守仁撰：《王阳明全集》，吴光、钱明、董平、姚延福编校，上海古籍出版社2011年版，第139页。

王栋"诚意"为中心的《大学》解

申淑华

(大连理工大学马克思主义学院)

摘要：王栋解《大学》以"诚意"为中心展开，其核心观点有四：一是以修身解释格物，以良知解释致知，将王艮的格物说与阳明的良知说创造性地融合，提出格物、致知不可拆分，致知实在格物，格物所以致知；二是针对王阳明以致良知解释致知，提出良知自足、自明，可以体认，不需要加以"致"的工夫，致知非致良知、良知无须致；三是针对阳明的意是心之所发，提出意非心之所发，而为心之所主，"诚意"涵摄程朱的"主敬"；四是诚意工夫在慎独，"意"与"独"是心之本体，"诚意""慎独"是本体工夫，"慎独"非朱子所谓"研几"。

关键词：王栋　《大学》解　致知　诚意　慎独

王栋（1503—1581），字隆吉，号一菴，泰州人，是王艮的族弟兼弟子，泰州学派重要成员。一直以来，王栋的思想并未引起足够的重视。他的思想与《大学》密不可分，其对《大学》的阐释散见于《会语正集》、《会语》、《会语续集》、门人李梴撰与王栋的《诚意问答》等。王

---

* 本文为辽宁省"兴辽英才计划"哲学社会科学领军人才资助项目"程朱及后学'学庸'文献整理与解释研究"（项目编号：XLYC2004003）、大连理工大学引进人才计划科研启动经费项目"《尹焞集》的整理研究"[项目编号：DUT21RC（3）096]的阶段性成果。

王栋"诚意"为中心的《大学》解

栋继承了王阳明、王艮思想，又有所发展。借助对《大学》的阐释，王栋对格物、致知、诚意、慎独等概念内涵以及格物与致知、致知与致良知、意与心、诚意与慎独的关系阐发了其独到的见解，在心学传承过程中发挥了承前启后的重要作用。

一 致知实在格物，格物所以致知

程朱解"格物致知"为"即物穷理"，通过对事事物物外在之理的探索以穷尽心中之理，这是一个由外而内的过程。王栋反对程朱以"格物"指向外在的事物，反对以"格物致知"为"即物穷理"，他认为这缺乏了向内的工夫，与孟子学说不类。他说："后儒专以即物穷理为格物，而不知反身立极、知至至之，何以承孟氏之统哉？"①

阳明及后学皆以"格物致知"为向内且由内而外的工夫，但也略有不同。比如：王阳明的"格物"是格意念之非使之正，实则是以"正心"解"格物"，"格物"是"正心"的工夫；他解"致知"为"致良知"，既达到人心的良知又推致心中良知于事事物物，这是一个双向过程。而王艮"淮南格物"独树一帜，他基于"修身"思想解"格物"为絜吾身之矩以正天下之方，解"格"为"格式"；而"致知"就是知吾身是个本。王栋认为二者的格物说具有一致性，目的都是正心：王阳明以格物为归正，是格物的结果，代表格物成功；王艮的格物之说揭示的是工夫的起点与实际下手用功之处，最终仍然归于正心。因此，两者相互补充完善，并不冲突。王栋继承了王艮与王阳明的思想，对"格物致知"进行了创造性的解释。

一方面，王栋受王艮修身说影响，从修身出发以解释格物。众所周知，王艮重视修身，他从《大学》"自天子以至于庶人壹是皆以修身为本"得出"身"为家国天下之本的结论，强调要以己身之矩絜度天下之方。王栋深受这一思想影响，他说："先师《勉仁方》与《明哲保身

---

① （明）王艮撰：《王心斋全集》，陈祝生等校点，江苏教育出版社2001年版，第148页。

论》，发明格物，止至善之学甚详，学者心悟而身体，当自洞然无疑矣。"① 又说："《大学》之旨，必从格物致知，方得止于至善。盖必絜度于人己之间，使彼此皆安，而本末不乱。"② 王栋认为格物对象非泛泛指向外物，而是向内指向人自身，这就是反身工夫。而《大学》中所谓藏恕、絜矩、好恶等，都是针对反身工夫而言。

不过，尽管格物对象指向修身，王栋强调，修身与格物不能完全等同。《大学》强调"壹是皆以修身为本"，只是确立修身为本，修身还不是格物的全部。他说：

> 壹是皆以修身为本，是以修身指格物也。盖自天子至于庶人，则尽乎有家、有国、有天下者，而皆不先责人，只自诚意正心以修其身。修身正己，则吾之格正足为物之取正，而家国天下无有外吾格而不正者矣。是修身非格物，而务修身以立本者，乃格物也。③

具体而言，修身只是正己，格物则是正己、正物。格物统摄修身，修身确立的是格物的基础与根本。这也符合其师王艮的观点，王艮所谓絜吾身之矩以度天下之方，也是由正己出发最终实现正物。可见，王栋以修身解释格物，并不意味着遗失天下，恰恰相反，他是从修身出发，确立格物向内修身的指向，通过修身成为家国天下的典范，换而言之，通过确立正己这个根本以达成治理家国天下的正物的目的。此即"修身非格物，而务修身以立本者，乃格物也"的真正含义。

另一方面，王栋对致知的解释，继承了阳明良知说。作为王阳明的再传弟子，王栋非常认同王阳明的良知说。在他看来，格物是向内的修身，而修身再推进一步则指向心的层面，这体现的是良知。在王栋看来，良知是人心具有的内容，是心之本体，这是不可否认的。王栋说："良知善应处，便是本体。"④ 同时，王栋对"良知"作为心之本体的先天禀有

---

① （明）王艮撰：《王心斋全集》，陈祝生等校点，江苏教育出版社2001年版，第148页。
② （明）王艮撰：《王心斋全集》，陈祝生等校点，江苏教育出版社2001年版，第169页。
③ （明）王艮撰：《王心斋全集》，陈祝生等校点，江苏教育出版社2001年版，第152页。
④ （明）王艮撰：《王心斋全集》，陈祝生等校点，江苏教育出版社2001年版，第155页。

王栋"诚意"为中心的《大学》解

与主宰性进行了辨析与强调。

关于良知的先天禀有性,王栋指出,良知作为人心自然之灵体,人人具足,这与资质高低、知识深浅无关,所以愚夫愚妇良知就禀有而言是相同的。因为良知先天禀有,这就与后天的"意见"与"闻见"不同。所谓意见,是相对于知识之全而言的偏,每个个体不论智愚贤不肖,都可以形成自己的意见,但多为偏而不全之见。所谓闻见,是相对于先天之知而言的后天之知,是人与物接触后所形成的知识。一般而言,相对于意见,人们更多倾向将闻见与良知混淆,这也是宋明理学注重区分的二者原因所在。自张载提出"德性所知,不萌于见闻",程颐主张"德性之知,不假见闻"之后,后学多将闻见作为后天之知,以此与先天的德性或良知区分开。但王阳明则提出,良知与见闻既有区别又有关系,他认为"良知不因见闻而有,而见闻莫非良知之用。故良知不滞于见闻,而亦不离于见闻"①。阳明显然从体用层面出发看待良知与见闻的关系。尽管阳明称良知的获取途径不是见闻,但"良知不离于见闻",还是容易引起歧义。

鉴于后学容易将良知与见闻混淆,王栋明确强调良知的获取不借助见闻之知。他说:"良知天性生机流出,不假闻见安排。"② 王栋之所以强调良知"不假闻见",是源于人们常常拘泥或固执于后天接受的道理,将其视作良知。所以,王栋进一步区分了良知本体和良知具有的能力:良知作为人心之灵体,具有寂然不动、不虑而知的特征。因为不虑而知,所以良知自然能知是知非,知是非是良知具有的能力。但当时人们对"良知"的体认仅仅停留在知是非能力层面,这显然混淆了本体和本体所具有的能力。王栋说:"'良知'自是人心寂然不动、不虑而知之灵体,其知是知非,则其生化于感通者耳。"③ 王栋称良知"生化于感通者",恰是对"良知"本体的强调,即"良知"源于天道,是人先天禀有。这就使得心学的良知获得与理学的天理同等地位,所以王栋有时候也将良

---

① (明)王守仁撰:《王阳明全集》,吴光、钱明、董平、姚延福编校,上海古籍出版社1992年版,第1300页。
② (明)王艮撰:《王心斋全集》,陈祝生等校点,江苏教育出版社2001年版,第158页。
③ (明)王艮撰:《王心斋全集》,陈祝生等校点,江苏教育出版社2001年版,第146页。

知与天理放在一起并称。

关于良知的主宰性，王栋强调良知作为心体的主宰，是中庸的体现，是公而非私的保证。不过，世人常将"流俗""情识"视作良知。所谓流俗，是社会流行的风俗，特别是习俗衍生出的不良弊端一类，流俗属于后天之知，但人们常常对此习以为常、不自觉地加以因袭。所谓情识，是基于过厚、过爱，不得中道出发的情感，他看似真情实感，实则出于私情、私心，最容易被混同为良知。比如孔子生病，子路请祷；孔门弟子请求厚葬颜渊，子贡想把每月初一祭祀的羊去掉；孔子生病，按照礼制，孔子当时不是大夫，不应有家臣，子路使门人为臣；等等。"流俗"与"情识"看似出于爱，实则不符合礼，皆出于私心私情，不属于良知。

基于王艮的"格物"说和阳明的"良知"说，王栋将二者结合以解释"格物致知"。对于这种结合，《年谱》就明确指出："越中提出良知要旨，教人体识；淮南指出格物把柄，教人下手；一庵于是乃合而一之。"① 越中指王阳明，淮南指王艮，是就地理位置指代人而言的。

尽管以修身解释格物，在王栋看来，身之一举一动，归根结底出自人心，因为心是人身体的主宰。所以王栋格外强调格物与致知不可拆分。他说："平居未与物接，只自安正其身，便是格其物之本。格其物之本，便即是未应时之良知。至于事至物来，推吾身之矩而顺事恕施，便是格其物之末。格其物之末，便即是既应时之良知，致知格物可分拆乎？"② 又说："格物原是致知工夫，作两件拆开不得。"③

格物致知关系密切，二者具有一体性。就二者的关系而言：一方面，格物是工夫、手段，致知的达成与实现需要借助格物，换而言之，良知的体认需要借助反身格物，故王栋称"格物乃为学把柄"④；另一方面，致知是目的，是格物工夫之后呈现的结果，要明得良知、良知纯粹性的保持需要借助格物，同时，良知是格物工夫的形而上依据。王栋说："必

---

① （明）王艮撰：《王心斋全集》，陈祝生等校点，江苏教育出版社2001年版，第124页。
② （明）王艮撰：《王心斋全集》，陈祝生等校点，江苏教育出版社2001年版，第173页。
③ （明）王艮撰：《王心斋全集》，陈祝生等校点，江苏教育出版社2001年版，第172页。
④ （明）王艮撰：《王心斋全集》，陈祝生等校点，江苏教育出版社2001年版，第143页。

王栋"诚意"为中心的《大学》解

有格物之学,以良知为靠心絜矩,务使内不失己,外不失人,彼此皆安,而本末不乱,方是良知洁净,而不为见闻情识之所混也。故曰:致知在格物,物格而后知至。"① 王栋更进一步借用王阳明的话形容二者的关系为"致知实在格物,格物乃所以致知"②。

综上所述,如果说程朱格物致知,格天下之物尽吾心之理,是向外并最终向内的过程,王栋同陆王心学一致,强调格物致知是正心、正己以及天下之物,是向内确立主宰后再指向外的过程。不过,与王阳明解致知为致良知不同,王栋以良知解释致知,但却提出致知不同于致良知,良知无须致。

二 致知非致良知、良知无须致

王阳明借孟子"良知"解《大学》"致知"为"致良知",以"致"为动态工夫过程。在阳明看来,良知会被私意、物欲遮蔽,所以需要加以"致"的工夫。"致"的工夫是内外双向进行的:一是致良知以确立心本体,二是致良知于事事物物。不论内外,皆知行合一。王栋的独创性在于,他以"良知"解释"致知",但却不赞同解"致知"为"致良知",他反对将"良知"加以"致"字。他说:"学者之于良知,亦只要识认此体,端的便了,不消更着'致'字。"③

王栋认为致知非致良知,良知无须致,他的理由如下。首先,良知本体自明自足,纯粹洁净。就良知而言,作为本体的良知自明、自足、纯粹、洁净,没有"亏缺障蔽",既没有缺损不全又无丝毫人欲掺杂于其中,不需要加以"致"的工夫。反之,非要在良知上加"致"的工夫,就是认为良知有亏缺障蔽,"以良知有所不足而以是帮补之"④。这显然与良知本性自明、自足、纯粹、洁净相矛盾。

---

① (明) 王艮撰:《王心斋全集》,陈祝生等校点,江苏教育出版社 2001 年版,第 152 页。
② (明) 王艮撰:《王心斋全集》,陈祝生等校点,江苏教育出版社 2001 年版,第 172 页。
③ (明) 王艮撰:《王心斋全集》,陈祝生等校点,江苏教育出版社 2001 年版,第 146 页。
④ (明) 王艮撰:《王心斋全集》,陈祝生等校点,江苏教育出版社 2001 年版,第 146 页。

其次，对"致"字误解与忽略。王栋认为，后学对于"致"字有两种错误的认识。一是不理解"致"字的含义，将"致良知"理解为推致良知于事事物物，导致将良知视作知，致知视作行，这非但没有实现知行合一，反而导致知行分离。他说："后因学者中往往不识致字之义，谓是依着良知推致于事，误分良知为知、致知为行，而失知行合一之旨。"①王栋所说的"致"良知于事事物物，实则是阳明本意，不过"误分良知为知、致知为行"或许是其说生活时代对阳明学说的误解。二是不言"致"字，只说良知，但却以良知简易，可以直接获取，导致错认知觉为良知，认情作性，从而误入告子、释氏之途。王栋说："今明翁去久……有虚空冒认良知，以为简易超脱，直指知觉凡情为性，混入告子、释氏而不自知，则又不言致字误之也。"②就"致"的解释而言，王栋赞同阳明解"致"为"至"，就是达到的意思，致知就是达到良知。他说："明翁初讲致良知，曰：致者至也，如云丧致乎哀之致。其解'物格知至'曰：物格则吾良知之所知者，无有亏缺障蔽，而得以极其至矣。"③

最后，良知的体认要借助格物。良知先天禀有，不借助思虑、闻见，不借助"致"之工夫，是否意味着能够自然呈现呢？答案如果肯定的话，则人性善，人世间亦应皆善，不善自然遁形，这显然无法解释现实不善存在的现象。王栋亦深知此，在他看来，良知非但不能自然呈现，而且"多为见闻情识所混，识认不真"④，故此需要加以工夫手段。觉悟是体认良知的重要手段，王栋说："明翁提掇良知立教，发千古圣学。明德真旨，人心灵体自知自明，不假思虑安排，自能殊涂百虑，一悟而入，更复何言？"⑤又说："良知自洁净无私，不必加察，但要认得良知真耳。"⑥不过，毕竟个体资质有差异，"一悟而入"的顿悟并不适合普通资质的大多数学者。有鉴于此，王栋提出良知的获取主要借助格物的体认。王

---

① （明）王艮撰：《王心斋全集》，陈祝生等校点，江苏教育出版社2001年版，第172页。
② （明）王艮撰：《王心斋全集》，陈祝生等校点，江苏教育出版社2001年版，第172页。
③ （明）王艮撰：《王心斋全集》，陈祝生等校点，江苏教育出版社2001年版，第171—172页。
④ （明）王艮撰：《王心斋全集》，陈祝生等校点，江苏教育出版社2001年版，第152页。
⑤ （明）王艮撰：《王心斋全集》，陈祝生等校点，江苏教育出版社2001年版，第172页。
⑥ （明）王艮撰：《王心斋全集》，陈祝生等校点，江苏教育出版社2001年版，第151页。

栋说：

> 吾人欲得透露良知，则必反身格物，从实体认，默而识之，然后此知此明，不为见闻情识所混，不为智愚贤不肖意见所偏，则信乎良知直指性命之机缄，格物又为学术之把柄。①

又说：

> 吾人欲得透露良知，则必反身格物，从实体认，默而识之，然后此知此明，不为见闻情识所混，不为智愚贤不肖意见所偏，则信乎良知直指性命之机缄，格物又为学术之把柄。②

王栋反对良知加以"致"的工夫，并非意味取消工夫，恰恰相反，良知的获取还是要加以工夫，只不过这个工夫不是"致"，而是"格物"。"格物"为工夫，"致知"以"至知"为目的。"格物"发挥的恰恰是"致"的工夫作用。对此，王栋的友人一语道破，王栋亦加以明确肯定。《会语续集》记载："一友闻格物之说，喜曰：'看来"格物"二字，只是个"致知"的"致"字。'曰：'然。'"③ 如此，物格至知，自然顺达且符合逻辑。

需要说明的是，王栋反对良知加以"致"的工夫，侧面批评的是彼时儒者以察私遏欲作为用功对象，反而忽略了对良知的体认。换而言之，在务善和去恶以至于善之间，王栋选择的是前者，他把直接的务善作为目标，否认的是通过去恶以达到至于善的工夫方式。在他看来，把追逐去恶作为用功方式，因为欲望无止境，势必工夫也永无止境。故王栋说："不认良知，而务察其私，其究能使色货名利之私，一切禁遏而不得肆，安望廓清之有日哉？"④

---

① （明）王艮撰：《王心斋全集》，陈祝生等校点，江苏教育出版社2001年版，第172页。
② （明）王艮撰：《王心斋全集》，陈祝生等校点，江苏教育出版社2001年版，第172页。
③ （明）王艮撰：《王心斋全集》，陈祝生等校点，江苏教育出版社2001年版，第186页。
④ （明）王艮撰：《王心斋全集》，陈祝生等校点，江苏教育出版社2001年版，第151页。

作为王学后学，王栋针对阳明的致良知学说，敢于指出其内在的逻辑问题，这一方面体现了他对切身格物工夫的重视，以此救正王学后学，勇气可嘉；另一方面，也与其倡导诚意学说密不可分。王栋对于《大学》的解释是以"诚意"为中心展开的，《年谱纪略》称其"诚意之旨，尤发前圣所未发"①。在王栋看来，良知作为心之本体的主宰性是通过"意"来实现的，他创造性地提出意非心之所发，而为心之所主。

三 意非心之所发，而为心之所主

朱熹在《大学章句》中明确提出"意者，心之所发也"②，而"诚意"就是诚实其意。王阳明继承了朱熹的意为心之所发的观点，他在《传习录》中说："心之所发便是意；意之本体便是知；意之所在便是物。"③此外，天泉证道中阳明又称"有善有恶是意之动"④。如此说来，心之本体良知是无善无恶的，但心之所发的意，则有善恶。不过与朱熹不同的是，王阳明认为未发为心之本体，已发为意。朱熹基于心统性情视域下以未发为性，已发为情。王艮则认为正心无须着意，他侧重解释意为私意。

与此皆不同，王栋认为《大学》的工夫主要在于诚意。他提出意非心之所发，而为心之所主，并通过对与"志"的对比来阐释"意"，通过与"主敬"的区分来揭示"诚意"。

（一）意非心之所发

王栋反对意为心之所发，究其原因，如果意是心之所发，则如王阳

---

① （明）王艮撰：《王心斋全集》，陈祝生等校点，江苏教育出版社2001年版，第142页。
② （宋）朱熹撰：《四书章句集注》，中华书局1983年版，第3页。
③ （明）王守仁撰：《王阳明全集》，吴光、钱明、董平、姚延福编校，上海古籍出版社1992年版，第6页。
④ （明）王守仁撰：《王阳明全集》，吴光、钱明、董平、姚延福编校，上海古籍出版社1992年版，第117页。

明所说，意有善有恶，需要在心之发动初期用工夫，即在念虑萌动之际加以审查并用"诚意"之"诚"的工夫。如此则是发后求诚，理论说不通之处有二。

一是从时间层面而言，念虑都已经动了，再加以诚的工夫如何来得及？他说："若以意为心之发动，情念一动便属流行。而曰及其乍动未显之初，用功防慎，则恐恍忽之际，物化神驰。虽有敏者，莫措其手。"①王栋最为担心的是，念已发动，则有善有恶，如有恶念，再做工夫，为时已晚。他说："知诚意之为慎独，则知用力于动念之后者，悉无及矣。"② 又说"有善而无恶，若恶念已发，而后著力，则犹恐有不及者矣"③。

二是从理论层面而言，发后求诚，则去除物欲、提防邪思的弊端由此而起。而高明之士，为了"去欲防私"势必无欲无私，这样难免会遁入佛老。王栋反对意为心之所发，实则反对王学针对心体之意做工夫，但却导致去除私欲以至于无欲而走向佛老的弊端。他说："去欲防私之弊，所由以起。此高明之士所以鄙之，而跳入于老佛场中，亦无怪其然也。"④

基于后者，值得一提的是，王栋在反对意为心之所发的同时，非常具有理论先见性地对宋儒遏制人欲观点进行了批判。

宋儒遏制人欲者，往往以孟子的"寡欲"作为理论依据，周敦颐并进而提出"无欲"之说。王栋认为两者有区别。孟子强调"养心莫善于寡欲"，重点在于一"养"字，如果不善于存养，就像牛山之木不断被人砍伐、被牛羊啃啮却来不及休养恢复那样，会有"牿亡之害"。孟子所谓的"寡欲"之"寡"，只是减少、节制的含义；"寡欲"之"欲"指五官四肢的基本欲求，这是人生存的前提。王栋肯定人的基本欲求的合理性，认为这是不可或缺的，但要加以节制，所以他不反对"寡欲"："耳目口鼻四肢之欲，人所必不能无者。一切寡少则心无所累，得有所养，而清

---

① （明）王艮撰：《王心斋全集》，陈祝生等校点，江苏教育出版社2001年版，第149页。
② （明）王艮撰：《王心斋全集》，陈祝生等校点，江苏教育出版社2001年版，第149页。
③ （明）王艮撰：《王心斋全集》，陈祝生等校点，江苏教育出版社2001年版，第202页。
④ （明）王艮撰：《王心斋全集》，陈祝生等校点，江苏教育出版社2001年版，第169页。

明湛一矣。此非教人于遏人欲上用功，但要声色臭味处，知所节约耳。"①

孟子之所以强调"寡欲"，因为"寡欲"是养心之方。孟子借用"寡欲"以养心，周敦颐由"寡欲"至于"无欲"，他在《养心亭说》中称："养心不止于寡焉而存耳，盖寡焉以至于无。"②这并非简单的养心工夫疏密程度不同。王栋敏锐地发现，"寡欲"与"无欲"之"欲"字内涵不同，不能以词害意。孟子的"寡欲"指身体而言，身体与世界接触，会被世界万物吸引，沉迷其中，所以需要对欲求加以节制。周敦颐的"无欲"之"欲"，显然不是指身体的物理需求，而是指心体而言：心会产生情私，在与世界接触的时候会感物而动，无欲的目的就是要消除情私。王栋说："周子以心之情私感物而动者为欲，故不得不谓之无。孟子以身之形气应迹而迷者为欲，故不得不谓之寡。"③值得注意的是，王栋说周子无欲是以"心之情私感物而动"，而没有说"心之意感物而动"，一是因为前文已经论述过，王栋认为意非心之所发，所以不能感物而动；二是"情私"可以去掉，但是意作为心之主宰，是不能去掉的。

同时，针对宋学特别是程朱理学家的天理人欲之辨，二者是非此即彼的道德与非道德的选择，王栋明确指出这不是圣贤之学。他说："理欲相胜，此重彼轻，寻常论人，固亦有此，然非知圣学者也。"④同样，就论学方法来说，以遏制人欲为目的的察私防欲也不是圣门为学的方法。但为何宋儒都以此为进修之术呢？王栋指出，这都源于对"克己"的错误理解："察私防欲，圣门从来无此教法，而先儒莫不从此进修，只缘解克己为克去己私。"⑤正是将"克己"解作"克去己私"，才会导致去除人欲、遏制私念、杜绝私意、审查恶几等省防察检之说。

如果说"克己"解释为"克去己私"是错误的，那正确的解释是什么呢？王栋认为，从思维表达来看，"克己"不是从否定方面去除什么，而应从肯定方面积极确立什么。《论语·颜渊》记载："克己复礼为仁，

---

① （明）王艮撰：《王心斋全集》，陈祝生等校点，江苏教育出版社2001年版，第165页。
② （宋）周敦颐：《周敦颐集》，陈克明点校，中华书局2009年版，第52页。
③ （明）王艮撰：《王心斋全集》，陈祝生等校点，江苏教育出版社2001年版，第165页。
④ （明）王艮撰：《王心斋全集》，陈祝生等校点，江苏教育出版社2001年版，第164页。
⑤ （明）王艮撰：《王心斋全集》，陈祝生等校点，江苏教育出版社2001年版，第150页。

一日克己复礼，天下归焉，为仁由己，而由人乎哉！"所以，在王栋指出，"克己"之"克"，不是战胜一个对象——比如欲，而是战胜自己，是自胜、自作主宰，此即王栋所谓"克者力胜之辞，谓自胜也"①；同理，"克己"之"己"也不是一己之私的"己"，而应该是"为仁由己"之"己"。可见，"克己"不是就内心有所去除，而是反之有所确立，这个确立，是身、是心，归根结底是意。王栋之所以反对意为心之所发，因为在他看来，意为心之所主。

（二）意为心之所主

如果意非心之所发，那"意"与"心"的关系如何？王栋提出，意是心之主宰。他说：

> 盖自身之主宰而言，谓之心。自心之主宰而言，谓之意。心则虚灵而善应，意有定向而中涵。非谓心无主宰，赖意主之。自心虚灵之中，确然有主者，而名之曰意耳。②

在王栋看来，心体虚灵而善于应变万物，但心无时不动，所以生机不息，妙应无方。如此，则一定有主宰于心体之中寂然不动者，这就是意。因为意是心之主宰，所以王栋认为意的含义就是主意之意。

王栋认为意是心之所主有字源依据，他从"意"的字源构成上进行了分析："意"字由"立""曰""心"三部分构成，而"立"与"心"恰恰说明"意"是心所立之主宰。王栋对"曰"字进行了发挥，他说："意字从心从立，中间象形太极，圈中一点，以主宰乎其间，不著四边，不赖倚靠。"③ 王栋所言应是"日"字的金文写法"⊙"；而"曰"字应是"ᗡ"，下面代表口，上面一横代表口出之言。不管以"日"还是"曰"字构成"意"字中间部分，王栋对"意"字源含义的解释都有些

---

① （明）王艮撰：《王心斋全集》，陈祝生等校点，江苏教育出版社2001年版，第150页。
② （明）王艮撰：《王心斋全集》，陈祝生等校点，江苏教育出版社2001年版，第148—149页。
③ （明）王艮撰：《王心斋全集》，陈祝生等校点，江苏教育出版社2001年版，第149页。

牵强，但借此，王栋确实非常清晰地阐释了意为心之主宰的观点。

王栋解释"意"犹如"主意"之"意"，这个"意"不是随便立一个就可以的，而是有具体的内涵规定，即修身。王栋说："予所谓意犹主意，非是泛然各立一意便可言诚。盖自物格知至而来，乃决定自以修身立本之主意也。"① 因为身的主宰是心，心的主宰是意，所以，修身就构成了主意具体的现实指向内容。这样，王栋将其诚意之学与王艮的安身思想恰到好处地统一起来，且将安身思想提高到一个更精深的理论高度。

"志"字常与"意"放在一起使用，比如"意志"。王栋将前者与后者进行对比阐释，以更好地厘清"意"的含义。

"志"是儒家哲学的重要概念。孔子认为，"志"是个体确立的价值、目标追求，所以在《论语》中我们常见"志于学""志于仁""志于道"等提法；孟子特别强调"志"，认为"志"是"气"的统帅，提出"持志"之说。王栋肯定"志"是人确定的目标与方向，认为"意"与"志"含义相近，属于心意或心志有定向那一类，而这恰恰体现的是《大学》"定而后能静"之"定"。他说："意近乎志，即经文之所谓有定也。行者之北之南，必须先有定，主意定而后静且安，则修身矣。"②

不过"意"与"志"也略有不同。从先后角度而言，"意"在"志"之前，人先确立意，然后志才会跟上来。因为"意"与"志"有如此密切的关系，所以王栋既重视诚意，又非常重视立志，并强调志之不可夺。孟子称："得志与民由之，不得志独行其道。富贵不能淫，贫贱不能移，威武不能屈。此之谓大丈夫。"（《孟子·滕文公下》）大丈夫之志自然不能夺，王栋因势利导，针对同时代的读书人，劝其专注于修性、进道，不要将主要精力放到与道无关之事上。《会语正集》记载，王栋的一位朋友喜好陈献章的诗与字，并为此勤加学习，乐在其中。王栋就告诫称，诗与字，属于"多能"。"多能"出自《论语》，太宰当着子贡的面称赞孔子"圣者与，何其多能也？"孔子并不认为圣人与多能之间有必然联系，所以他在得知太宰的评价后回答的是："吾少也贱，故多能鄙事。君

---

① （明）王艮撰：《王心斋全集》，陈祝生等校点，江苏教育出版社2001年版，第157页。
② （明）王艮撰：《王心斋全集》，陈祝生等校点，江苏教育出版社2001年版，第201页。

子多乎哉？不多也。"(《论语·子罕》)同理，在王栋看来，诗是彰显道的工具，字是记录语言的手段，但都不是达道的根本途径。相反，要笃志圣人之学，就需要以"兴起斯文，参赞位育为重任，以反己、格物、强恕、求仁为实功"①，否则就会玩物丧志。当然，王栋并非要求人放弃诗文阅读与文字练习，相反，他写字态度恭敬，认为这本身也是为学方式的一种，只不过，相对于道义的追求而言，诗与字都是工具、手段，不是目的。

"主敬"是宋儒修养工夫的重要手段之一，尤其是程朱更为重视。王栋提倡"诚意"，那么"诚意"与"主敬"是何关系？王栋认为二者有同有异。就相同之处而言，"诚意"之"诚"与"主敬"之"敬"都是虚字，是所以存之、立之之功，即"诚"与"敬"只是持续的工夫，是用以立本体、存本体的用功形式，但却不是工夫所指向的对象。王栋称"诚意是所以立之之功""诚敬是所以存之之功"。②关于这种工夫的持续性，他就"诚"字打了个比方："譬如方士说丹，意是铅永丹头，诚则所谓文武火候而已。"③因此，就工夫本身而言，"敬"与"诚"具有一致性，是工夫本身持续性的体现："自其真实不妄之谓诚，自其戒慎不怠之谓敬。诚则敬，敬则诚，其一也。"④所谓"所以存之、立之之功"。

"诚意"与"主敬"又有区别。这主要体现在"意"与"主"上。王栋指出，"诚"字虚，不过"意"字实，换而言之，"意"是"铅永丹头"，是诚的对象，是有实际内容所指的。但是"主"字却不然，"主敬"只是泛泛言敬，强调中心有主，但却没有对象，没有实际内容，王栋说："今只泛言敬，则中心有主，不知主个甚么，将以为主个敬字，毕竟悬空无所附着，何以应万变而不动心乎？"⑤没有一事主宰于其中，主敬则需要借助其他德目以充实其内容，比如："北宫黝之有主，是主必胜；孟施舍之有主，是主无惧。曾子闻大勇于夫子，是主自反而缩；孟

---

① （明）王艮撰：《王心斋全集》，陈祝生等校点，江苏教育出版社2001年版，第154页。
② （明）王艮撰：《王心斋全集》，陈祝生等校点，江苏教育出版社2001年版，第174页。
③ （明）王艮撰：《王心斋全集》，陈祝生等校点，江苏教育出版社2001年版，第174页。
④ （明）王艮撰：《王心斋全集》，陈祝生等校点，江苏教育出版社2001年版，第174页。
⑤ （明）王艮撰：《王心斋全集》，陈祝生等校点，江苏教育出版社2001年版，第174页。

子之异于告子，是主行慊于心。"① 正是因为"主敬"对象的缺失，所以程颢强调学者先须识仁，识得此理，以诚敬存之。这是以"仁"来充实"主敬"工夫的内容、对象。王阳明认为有致良知，不需要主敬，王栋与此一致，只不过用诚意代替了主敬。

综上所述，在王栋看来，"主敬"对应其"诚意"之"诚"，仅为工夫形式，缺乏工夫对象，就此而言"诚意"涵摄"主敬"，"不说敬而敬在其中"②。而"诚意"之"意"不仅为工夫对象，而且不是一般的对象，是心本体的主宰，就此层面而言，意是本体。对于意的本体层面的含义，王栋借助"慎独"进行了阐发。

四 诚意工夫在慎独，慎独非研几

"慎独"是宋明理学重要的工夫手段，《礼记》的《礼器》《大学》《中庸》篇皆有提及，但唯有《大学》将"诚意"和"慎独"放在了一起，称："所谓诚其意者，毋自欺也，如恶恶臭，如好好色，此之谓自谦，故君子必慎其独也！"③ 此前学者多将《大学》"诚意"解释为诚实其意，不自欺欺人，故多以自谦代而言之；多将《大学》"慎独"多解释为独处无人之际（包括与人相处的看不见听不见之处）更要谨慎，此即《中庸》"君子戒慎乎其所不睹，恐惧乎其所不闻"④。王栋的独创性在于，不是把"慎独"视作普通的工夫手段，而是与"诚意"等同，提升到本体工夫的高度。关于此点，王栋通过三方面加以表述：一是诚意工夫全在慎独，二是独即意之别名，三是慎则诚之用力者。

第一，诚意工夫全在慎独。王栋对"诚意"的解释是即工夫即本体，通过"诚"确立心体之"意"这个主宰，并通过"慎独"进一步阐释

---

① （明）王艮撰：《王心斋全集》，陈祝生等校点，江苏教育出版社2001年版，第174页。
② （明）王艮撰：《王心斋全集》，陈祝生等校点，江苏教育出版社2001年版，第174页。
③ （宋）朱熹撰：《四书章句集注》，中华书局1983年版，第7页。
④ （宋）朱熹撰：《四书章句集注》，中华书局1983年版，第17页。

"诚意",王栋提出"诚意工夫,全在慎独"①。"慎独"在《大学》中并未体现出本体的含义,不过,受《中庸》自天道而人道又回归天道观念的影响,后学解释《中庸》者突出强调"不睹""不闻",又加之后一句"莫见乎隐,莫显乎微","慎独"就变成了对本体的描述状态。因此,王栋对"慎独"的理解,就不仅仅停留在工夫层面,而是上升到本体工夫层面。他说:

> 不睹不闻,非是说目未睹色耳。未闻声之时,乃其心性中涵寂然不动,目不可得而睹耳。不可得而闻之,本体也。故曰:"所不睹所不闻二'所'字,当玩不睹不闻即所谓独,而慎即戒慎恐惧之总名也。"②

王栋认为不睹不闻是指心性本体,它不能凭借感觉器官进行认识,不是闻见之知。"独"是本体,"慎"是工夫,"慎独"即本体即工夫。所谓"诚意工夫在慎独",就通过"意"与"独"、"诚"与"慎"的对应来实现。

第二,独即意之别名。相较于多数学者将"独"解释为独处无人之际,王栋认为独就是意,他倾向于从心体的角度去阐释"独"。在王栋的表述中,"独"具有四个特征:一是生机性,二是先天纯粹性,三是主宰性,四是知性。关于生机性,王栋又称"自裁生化"。关于先天纯粹性,王栋反复强调,"独"不掺杂任何外在或后天闻见、情识,是《中庸》的"不睹不闻";反之,掺杂丝毫见闻、情识,就不是独。王栋说:"此惟吾心一点生机,而无一毫见闻、情识、利害所混,故曰独。即《中庸》之所谓'不睹不闻'也。"③ 关于主宰性,因为独就是意,意是心之主宰,而独也是意的转语,所以,独也具有主宰性,它不待商量倚靠,寂然不动、自作主张。王栋说:"意是心之主宰,以其寂然不动之处,单单有个

---

① (明)王艮撰:《王心斋全集》,陈祝生等校点,江苏教育出版社2001年版,第201页。
② (明)王艮撰:《王心斋全集》,陈祝生等校点,江苏教育出版社2001年版,第150页。
③ (明)王艮撰:《王心斋全集》,陈祝生等校点,江苏教育出版社2001年版,第201—202页。

不虑而知之灵体,自做主张,自裁生化,故举而名之曰独。"① 关于知性,虽然王栋强调"独"不能掺杂后天见闻才识,即后天知识,但他强调,"独"不能离开知,只不过是不虑而知,是自知。他说:"世云独知,此中固是离知不得。然谓此个独处,自然有知,则可谓独。"②

可见,"意"也好,"独"也罢,是就心体而言,都是心之本体本身具有的特性,是心之本体本身。如此,王栋的"意"就获得了阳明学说中"良知"所具有的地位。

第三,慎则诚之用力者。就"诚意"与"慎独"的关系而言,如果说"独"是"意"的别名,那么,"慎"就是"诚"作为工夫的实际用力之处,王栋提出,慎则诚之用力者。在王栋那里,诚意工夫在慎独,"意"和"独"都是心之主宰;"诚"是动态的持续的工夫,同样,"慎独"的"慎"也是工夫。"慎"的含义,在王栋看来,仍然出自《中庸》,他说:"慎在《中庸》谓之戒慎、恐惧,故慎本严敬而不懈怠之谓。"③ 所以,"慎"是指向心本体的戒慎、恐惧、严敬、不懈怠的工夫。

王栋之所以称诚意工夫在慎独,实则还是强调一个工夫指向的问题。宋明儒非常注重心性修养问题,且以工夫严苛著称。不过,工夫的起点在哪里,是他们一直争论不休的问题之一。《中庸》自唐代引起学者注意,宋代受到重视以来,"已发""未发"概念帮助他们更好地阐释这一问题。王栋认为,心具有生机,无时不发,随时可发。不过当其发喜怒哀乐之际,一定有个未发者主宰已发,如此才能确保发而皆中节。意非心之所发,意就是这个未发的主宰者。所以诚意就不是针对已发念头的察私防欲。同样,王栋理解的"慎"之工夫的展开,也强调其非针对已发层面而言,而是就未发层面而言。他说:"养其未发之中,亦即慎独工夫也。"④ 基于此,王栋对朱熹的解"慎独"为"研几"提出了异议。

---

① (明)王艮撰:《王心斋全集》,陈祝生等校点,江苏教育出版社2001年版,第149页。
② (明)王艮撰:《王心斋全集》,陈祝生等校点,江苏教育出版社2001年版,第149页。
③ (明)王艮撰:《王心斋全集》,陈祝生等校点,江苏教育出版社2001年版,第149页。
④ (明)王艮撰:《王心斋全集》,陈祝生等校点,江苏教育出版社2001年版,第150页。

许慎《说文解字》以"慎""谨"互释。① 朱熹亦常以"慎""谨"互释,他解"慎独"为"谨几""审几""研几":"谨之于此以审其几。"② 何谓"几"?《易传》所谓:"几者,动之微,吉之先见者也。"③ 又称:"夫《易》,圣人之所以极深而研几者也。"④ 朱子解云:"研犹审也。几,微也。所以极深者,至精也;所以研几者,至变也。"⑤ "几"是衔接"未发""已发"的概念,形容心体事为萌动之初。王栋反对朱熹的解释,主要针对以"几"解"独"而言。

应该说,王栋对朱熹的反对,并非从解释本身正确与否出发,而是出于工夫指向不同的辨析。朱熹解"独"为"几",强调了事为之几的工夫,导致后儒专注于心体萌动之处用功,即专注于念头萌动的察私防欲,这一点是王栋所不赞同的。王栋强调,"慎"的工夫对象不是"几",而是"独"。"独"是心之本体,所以"慎"作为工夫,就不是针对念头几动的察私防欲。他说:"后儒因欲审察心中几动,辨其善恶而克遏之。如此用功,真难凑泊。"⑥

在王栋看来,心体初动的那个是念头,就是杨简所说的"意",这与他所说的"意"不同。王栋所说的"意",与"独"一样,具有本体含义。

故此,"慎"则"诚"之用力者,"慎"作为工夫手段,指向对象是"独",是心本体,而不是心萌动之初、事为方动之几。王栋之所以借助"慎独"阐释"诚意",就是因为前者更好地体现了针对心本体展开工夫这一内涵,而"诚意"又确保心有主宰非空虚无物。此外,"慎独"和诚

---

① (汉)许慎撰,(清)段玉裁注:《说文解字注》,上海古籍出版社1988年版,第92、502页。
② (宋)朱熹撰:《四书章句集注》,中华书局1983年版,第7页。
③ (宋)朱熹撰:《朱子全书》第1册,朱杰人、严佐之、刘永翔主编,上海古籍出版社、安徽教育出版社2010年版,第141页。
④ (宋)朱熹撰:《朱子全书》第1册,朱杰人、严佐之、刘永翔主编,上海古籍出版社、安徽教育出版社2010年版,第132页。
⑤ (宋)朱熹撰:《朱子全书》第1册,朱杰人、严佐之、刘永翔主编,上海古籍出版社、安徽教育出版社2010年版,第132页。
⑥ (明)王艮撰:《王心斋全集》,陈祝生等校点,江苏教育出版社2001年版,第149页。

意都是强调对于心体先天禀有的一点生机、生意的保持、禀有、强化。王栋的"诚意"意在从最源头下功夫，以确保源头之清澈。诚意也好，慎独也罢，在王栋这里，体现出工夫的严苛，他试图通过源头本体及本体工夫的确立，以期消解心无主宰无内容带来的纷扰，从而避免陷入去除私欲工夫的泥潭。

五　结语

王栋借助解《大学》提出的核心思想，一是对王阳明致良知的良知本体的强调，认为良知可以体认，但却不需要加以"致"的工夫，这与良知自足、自明相冲突。二是对于意的重视，认为意非心之所发，而为心之所主，并且认为诚意工夫在慎独，对意和独都从本体论的高度进行了解释，发前人所未发。黄宗羲敏锐地指出，其师蕺山先生关于"意"的观点与王栋深有契合，若合符节。刘宗周与王栋确有契合之处，整体来看有三方面。黄宗羲概括出两方面，一是意为心之所主，二是意非心之所发。关于意为心之所主，刘宗周说："人心径寸耳，而空中四达，有太虚之象。虚故生灵，灵生觉，觉有主，是曰意。"[1]刘宗周以为人心有觉，觉有主，主为意，这一点与王栋意为心之所主深有所同。且王栋也提到觉。关于意非心之所发，刘宗周说："不以意为心之所发，虽自家体验见得如此，然颇自信心同理同，可以质诸千古而不惑。"[2]此外还有第三方面，对于"慎独"本体的强调。这一点并未引起学者注意，有待进一步研究。

---

[1] （明）黄宗羲：《明儒学案》，沈芝盈点校，中华书局1985年版，第732页。
[2] （明）黄宗羲：《明儒学案》，沈芝盈点校，中华书局1985年版，第732页。

从"复仇"到"皇极":陆九渊华夷观念的内在转向

袁晓晶

(上海大学哲学系)

摘要:陆九渊在南宋淳熙九年(1182)讲授《春秋》,并于其内容中特别强调了"华夷之辨"作为《春秋》经义的首要原则。但是,陆九渊讨论"华夷之辨"时,所看重的乃是"礼义"之为"中国"的根本,将处理"中国"与"夷狄"的向外的关系问题,转向了向内的"王霸之辨"的对内的制度原则。从陆九渊思想的整体脉络上来看,他早年间面对夷狄之辨时,强调"复仇"之勇,但很快将这种"勇德"转入内心的"知止"之勇,已体现出陆九渊思想重视内心的趋向;在具体的政治实践与政治原则之间,陆九渊同样从"礼义"转向"皇极",将华夷之辨的根本落在了"中国"建立"礼义制度"的"主宰"之上。陆九渊华夷观的"向内"转向,在心学立场上,建立了一种超越狭隘民族意识的华夷思想,在一定程度上,是对《春秋》的一种内向解读。

关键词:复仇 知止之勇 华夷之辨 建用皇极

两宋年间,汉族政权与少数民族政权并立,亚洲的东方基本上稳定为以二极或三极核心国家为中轴、若干国家群并存的形式。① 两宋王朝所

---

① 参见[日]杉山正明《疾驰的草原征服者》,乌兰、乌日娜译,广西师范大学出版社2014年版,第255页。

处之环境，实则是一个"多元格局"的"中国"，处于一个"多元复合超域帝国"的复杂网络之中。① 传统儒家思想体系下"华夷之辨"，在面对少数民族政权的冲击时，究竟起到了多大的作用，抑或是对"华夷"观产生了多大的影响，是导致本文撰写的一个重要原因。当远在东北的女真不断南下，最终断送了北宋王朝，制造了历史上极具悲情和屈辱色彩的"靖康之难"后，南宋依长江而建，偏居一隅，对其文化思想的变化，产生过怎样的影响。尤其是对士大夫阶层产生过怎样的影响？余英时先生在《朱熹的历史世界》中指出，宋代的政治文化的底色是君臣"共治天下"，士阶层的政治主体意识非常突出。尤其是整个南宋时期，甚至可以说成"后王安石时代"。② 北宋士阶层中，亦有一种强调制度，而不谈"性与天道"的风气。③ 但是，陆九渊却不止于此。出身蓝田陆氏义门，浸染儒家的礼教之风，后又在湖北荆州担任军职的陆九渊，认为"欧公《本论》固好，然亦只说得皮肤"，是要在欧阳修的立场上更进一步，不仅仅讨论礼教，更要去思考其背后的价值依据。葛兆光先生认为，陆九渊很少提到"关乎民族、国家、皇权正统的问题……尽管他也相当主战，并且有过实际的行为，但是，从他的思考理路来看，主要是为了把'理'和'心'的意义推到极致，并强调它超越民族、国家边界的普遍性"④。向世陵也在陆九渊的《春秋》"讲义"中发现了这一倾向："陆九渊强调区分实理与行事，目的自然不只在区分本身，而是希望学者

---

① 参见［日］杉山正明《疾驰的草原征服者》，乌兰、乌日娜译，广西师范大学出版社2014年版，第340页。"多元复合超域帝国"所涉及的问题，不同于三代时期的"天下"。这个是需要明辨的。

② 又，刘子健教授在讨论王安石变法的影响时，也提到南宋以来，对于国家的治理更强调道德品质和对官僚阶层的道德影响，忽视功利主义政策和对国家机器的操纵性态度。参见［美］刘子健《宋代中国的改革：王安石及其新政》，张钰翰译，上海人民出版社2022年版，第213页。

③ 葛兆光指出，唐宋之间虽有韩愈讲"道"，李翱讲"性"，但直到北宋，儒学家仍不太重视抽象玄虚的道理。如欧阳修认为，重要的是具体的里约制度和吏制之学。参见葛兆光《一个普遍真理观念的历史旅行——以陆九渊"心同理同"说为例谈观念史的研究方法》，《东岳论丛》2004年第4期。

④ 葛兆光：《一个普遍真理观念的历史旅行——以陆九渊"心同理同"说为例谈观念史的研究方法》，《东岳论丛》2004年第4期。

从"复仇"到"皇极"：陆九渊华夷观念的内在转向

能够'知本'明理，后者才是治学的根本所在。"① 这些观点，都在一定程度上证明了南宋时期，儒学逐渐转向"内在"的一种轨迹。但是，这一观点也留下了一个充满张力的问题：即南宋儒学如何以"理"或"心"来论"政"？如果思想的内涵没有影响到实际的政治问题，尤其是面对"国家"和"种族"意识越发凸显的时代，儒家的士阶层能在多大程度上影响到这种"民族危机"的处理？身处政治旋涡中的士大夫们，是如何将自己的儒学观念与政治观念统一起来的？或者说二者之间是不是始终存在着理想与现实的冲突？本文借陆九渊的"华夷观"，尝试对这种南宋儒学向内转向后，其观念与行为之间是否存在自洽，进行讨论。

一 知止之勇与复仇之心

1141年，退守一隅的南宋政府再次与金和议，达成了"绍兴和议"，岳飞虽收复部分失地，但终被杀害。南宋以赔款等方式，主动结束了与金的战事，继续退守南方。此时，陆九渊只有三岁。十三年后，即绍兴二十四年（1154），《年谱》记陆九渊十六岁，"读三国、六朝史，见夷狄乱华，又闻长上道靖康之事，乃剪去指爪，学弓马"②。当见少年陆九渊，血气方刚，有少年之勇。《宋史》记是年"秦桧专国，士大夫之有名望者，悉屏之远方。凡龌龊委靡不振之徒，一言契合，率由庶僚一二年即登政府，仍止除一厅，谓之伴拜。稍出一语，斥而去之，不异奴隶，皆褫其职名，阁其恩数，犹庶官云。故万俟卨罢至此十年，参预政事之臣才四人而已"（《宋史》卷一三〇）。次年秦桧去世，但所谓"君臣共治"的理想状态，仍处于分崩离析的边缘。绍兴二十五年（1155）庚午，诏："近岁以来，士风浇薄，恃告讦为进取之计，致莫敢耳语族谈，深害风教。可戒饬在位及内外之臣，咸悉此意。有不悛者，令御史台弹奏，

---

① 向世陵：《陆九渊〈春秋〉"讲义"的经学思辨》，《中国哲学史》2020年第1期。
② （宋）陆九渊撰：《陆九渊全集》（下），叶航点校，上海古籍出版社2022年版，第598页。

当置于法。"(《续资治通鉴》)为谋求名利,文人政治演变为相互构陷的积弊。这显然已不再是"君臣共治"的良序。此时,少年陆九渊自然难知朝廷政治的曲折扞格,在陆氏家族的严格家风影响下,他正在接受儒家学说的教化,"志古人之学"。

《宋史·陆九渊传》记:"九渊少闻靖康间事,慨然有感于复仇之义。至是,访知勇士,与议恢复大略。因轮对,遂陈五论:一论仇耻未复,愿博求天下俊杰,相与举论道经邦之职;二论愿致尊德乐道之诚;三论知人之难;四论事当驯致而不可骤;五论人主不当亲细事。帝称善。未几,除将作监丞,为给事中王信所驳,诏主管台州崇道观。还乡,学者辐辏。每开讲席,户外屦满,耆老扶杖观听。"[①] 比照年谱,陆九渊的"复仇之义"或是其早期重要的政治抱负之一,亦是其政治参与的主观愿望。然而,在陆九渊看来,何谓"勇"、何谓"复仇",此二者又与靖康之耻有何关联。

"勇"乃"知止之勇"。黄宗羲在《宋元学案》中称陆九渊"天分高,出语惊人",又记载了陆九渊少时读《论语》之事,已能对孔子之论,发出自己的感慨。孔子曾说"知者不惑,仁者不忧,勇者不惧"(《论语·子罕》),此"智、仁、勇"在《中庸》中被诠释为儒者的"三达德"。勇是士阶层所持之三达德之一。但是,儒者之风骨,却似乎又与"勇"的形象大相径庭。孔门七十二子中,子路以勇著称,但是孔子却鲜有对子路的赞赏。孔子曾评价子路:"由也好勇过我,无所取材。"(《论语·公冶长》)又称子路"由也升堂矣!未入于室也!"尽管子路之死令孔子伤心不已,但对于子路之"勇",孔子的评价却并不算高,可见子路之勇与孔子所言的"勇者不惧"之勇仍存有差别。《申鉴》所言"定心致公,故不惧"(《申鉴》卷五),"定心"即心之安定、圆融,"致公"则是政治参与时,士对公共价值的优先选择。孔子之所以未能充分肯定子路之勇,应是认为子路"行行如也",心未有所定,而心之不定,则"勇"常受外界的刺激而喷发,容易不受自身控制走向极端。较之孔子对

[①] (宋)陆九渊撰:《陆九渊全集》(下),叶航点校,上海古籍出版社2022年版,第687页。

从"复仇"到"皇极":陆九渊华夷观念的内在转向

强勇的谨慎,孟子在讨论大丈夫品格时,则对"勇"有了更多详论。而陆九渊心学的发端,正是孟子的心性学说。所以,陆九渊认为,"人之精爽负于血气,其发露于五官者安得皆正?不得明师良友剖剥,如何得去其浮伪而归于真实?又如何能得自省、自觉、自剥落?"①"勇"是一种负于血气之精爽,不得有半点的伪饰,它实际与心一体,乃是人内在的一种精气。当人与外物所接时,"勇"就作为一种气力表现出来,但是,它只是表现,而非由外物所激发的反应。陆九渊在《与邓文范》中所言:

> "绵蛮黄鸟,止于丘隅",于止知其所止,可以人而不如鸟乎?"知止而后有定,定而后能静,静而后能安,安而后能虑,虑而后能得",学不知止而谓其能虑能得,吾不信也。人不自知其为私意私说,而反致疑于知学之士者,亦其势然也。人诚知止,即有守论,静安虑得,乃必然之势,非可强致之也。此集义所生与义袭而取之者之所由辨,由仁义行与行仁义者之所由分;而曾子、子夏之勇,孟子、告子之不动心,所以背而驰者也。(《陆九渊集》卷一)②

勇之发生,非外界之所扰,而是内心"集义所生"。若欲完成复仇之事,所征勇士,实应是秉持着内心之义方可行复仇之事。可见,勇乃是血气之涌的表现,相较于知而后勇,这种先天之义,显然多了几分诚实。但是,"勇"亦非只是一时意气。在《与姪孙濬》中,陆九渊说:"故道之不明,天下虽有美材厚德而不能以自成自达,困于闻见之支离,穷年卒岁而无所至止。若其气质之不美,志念之不正,而假窃付会,蠹食蛆长于经传文字之间者,何可胜道?方今熟烂败坏,如齐威、秦皇之尸,诚有大学之志者,敢不少自强乎?于此有志,于此有勇,于此有立,然后能克己复礼,逊志时敏,真'地中有山,谦'也。不然,则凡为谦逊

---

① (宋)陆九渊撰:《陆九渊全集》(下),叶航点校,上海古籍出版社2022年版,第573页。

② (宋)陆九渊撰:《陆九渊全集》(上),叶航点校,上海古籍出版社2022年版,第14页。

者，亦徒为假窃缘饰，而其实崇私务胜而已。……不为此等所眩，则自求多福，何远之有？"①

孔子讲"人能弘道，非道弘人"，此一观念经由陆九渊发挥，乃是兼具志、勇、立的内心所生出的弘道之路。这一事不是学所能至，却是学所应"止"，否则一旦在智识上过于细碎，则很可能走向"假窃缘饰"。所以他认为："仁、智、信、直、勇、刚，皆可以力行，皆可以自得，然好之而不好学则各有所蔽。……道之异端，人之异志，古书之正伪，固不易辨，然理之在天下，至不可诬也。有志于学者，亦岂得不任其责？"②在这里，固不易辨的内容，如异端、异志与正伪，可以说被陆九渊"悬搁"了起来，他并不是要否认学的重要性，而是强调学有所止的重要性。这一点，在朱陆之争中已表达得非常明显。陆九渊认为朱熹之学说，过于支离，而朱熹则认为陆九渊的学说，更似禅学。

另一方面，"勇"在陆九渊看来，不仅是一集义所生的内在德性，而且是一刚毅果敢之行为。他在《与包详道》和《与严泰伯》中两次提到"猛醒勇改""痛醒勇改"，以一"勇"来突出学者于心上下功夫的决心。以此种精神来志于学，才能够立乎其大。因此，在《送宜黄何尉序》中，陆九渊说："诚率是勇以志乎道，进乎学，必居广居，立正位，行大道，使富贵不能淫，贫贱不能移，威武不能屈，此吾所以望于何君者。不然，何君固无憾，吾将有憾于何君矣！"③

秉承着知止之勇，"复仇"这一行为才具有了真正的主体性。所以，实际上，之所以我们在陆九渊不多的文字记录中，没有找到太多他少年时的复仇之义，是因为随着思想的逐渐成熟，"复仇"实际上是一种心的向外之行，是一种勇的表现而已。但是，复仇不过是手段，而非目的。这种思想在其之后谈到华夷问题时，有了更清晰的轮廓。复仇的行为便

---

① （宋）陆九渊撰：《陆九渊全集》（上），叶航点校，上海古籍出版社2022年版，第16—17页。
② （宋）陆九渊撰：《陆九渊全集》（上），叶航点校，上海古籍出版社2022年版，第68—69页。
③ （宋）陆九渊撰：《陆九渊全集》（下），叶航点校，上海古籍出版社2022年版，第304页。

有了其内在的精神张力，它所应对的便不纯是"忠君""爱国"之事了，而是一种对夷狄侵扰华夏、祸乱道统的一种内心的强烈的愤慨了。此"复仇"之义已超出了家国民族，虽说是向内生根——对内在所持守的德性——的一种持守，但从外来看，则升华出了超越性的价值与境界。"勇"与"止"的辩证，成为"复仇"所以能够集义的根据。

二 礼乐教化与华夷之辨

正如陆九渊在对天理的认知中，对于"心"的肯定那样，本末之判成了他强调"求本"的思维来源。陆九渊讲授《春秋》，提到过传统的华夷之辨，主张仍遵循尊王攘夷之说。但是，由于政治时局的多变，陆九渊认为，华夷之辨的问题，其根本的原因并不是外在的少数民族政权的侵扰，而是出自中国之内。

首先，礼乐教化乃"中国"之本。这一说法也几乎贯穿于他的《大学春秋讲义》之中。在《讲义》中，开篇谈"楚人灭舒蓼"，即言：

> 圣人贵中国，贱夷狄，非私中国也。中国得天地中和之气，固礼义之所在。贵中国者，非贵中国也，贵礼义也。[1]

圣人之忧，不在于"气力"之强盛，即军事力量之强大。这一种强大的"气力"，凌辱诸国，其害在于对典刑、风俗的破坏。圣人之忧，在于"礼义"的失落。因此，《春秋》不书此事，便是不表达对这种以武力征服他国的霸道之争；不书的意义就是为了保存圣人对礼义的重视。可见，礼乐教化被陆九渊视为《春秋》所言的第一原则。又"雨不克葬，庚寅日中而克葬"条，谈"士丧礼"；"九年春，王正月，公如齐"条，谈"朝聘礼"等，皆是将"礼乐"与《春秋》之经义并举，以礼乐为

---

[1] （宋）陆九渊撰：《陆九渊全集》（下），叶航点校，上海古籍出版社2022年版，第345页。

《春秋》最重要的经义。

《春秋》经义以"礼乐"为根本，递进于"华夷"的具体辩论中，便是以"礼乐"作为分辨"华夷"的根据。但是，陆九渊并不仅从"夷狄之有君，不如诸夏之亡也"的角度来理解"礼乐"作为"华夷"之判的依据，而是讨论了"礼乐"之于"中国"何以可能的关键。他在《宜章县学记》中提到：

> 是故任斯民之责于天者，君也；分君之责者，吏也。民之弗率，吏之责也；吏之不良，君之责也。《书》曰："万方有罪，罪在朕躬。"又曰："百姓有过，在予一人。"此君任其责者也。可以为吏而不任其责乎？今为吏而相与言曰："某土之民不可治也；某土之俗不可化也。"呜呼！弗思甚矣。夷狄之国，正朔所不加，民俗各系其君长，无天子之吏在焉，宜其有不可治化者矣。然或病九夷之陋，而夫子曰："君子居之，何陋之有？"况非夷狄，未常不有天子之吏在焉，而谓民不可治，俗不可化，是将谁欺？①

治理好一个国家，最重要的责任在于君，但是这并不意味着君权就享有最完整最充分的权力。在宋代君臣共治的政治理念影响下，君主需要分权，臣子需要与君主共治天下。君臣共治并不仅仅就权力而言，这种政治观念更是包含着一种政治责任的意识。宋代的士阶层深受儒学影响，其儒者担当就是要成为治民的良吏；而君主也同样是儒家政治体系中的德行典范，因此他对于臣下便是最重要的榜样。也就是说，治民之责在于臣，治臣之责在于君。具体到治理的内容，就是通过礼乐的制度来正风俗。一旦恢复起礼治，那么华夷之间也就得到了研判。夷狄之所以为夷狄，并不在于其疆域之大小，军事之强弱，恰恰在于其"正朔所不加，民俗各系其君长，无天子之吏在焉"，没有礼乐文明。而中国之所以为中国，也非地域、军事的规定，而是因为中国有君子居之，有着礼乐的文明。所以，朝廷内部对于"礼治"的恢复才是关键所在。

---

① （宋）陆九渊撰：《陆九渊全集》（上），叶航点校，上海古籍出版社2022年版，第287页。

从"复仇"到"皇极":陆九渊华夷观念的内在转向

于是乎,原本是向外的"华夷关系",在陆九渊的思考中,变成了向内的"制度建制"。

其次,由辨华夷而进治礼义。陆九渊对华夷问题的"向内"思考,所承继的乃是其一以贯之的"礼治"之心,即与其家风、家训有着密切联系的"以礼治家"的熏陶。陆氏家族曾因礼治严谨、家风肃穆受到褒奖,被称为"青田陆氏义门",南宋理宗淳祐二年(1242),皇帝下诏书,曰:"青田陆氏,代有名儒,载诸典籍。"《鹤林玉露》丙编卷五《陆氏义门》是这样记载的:

> 陆象山家于抚州金溪,累世义居。一人最长者为家长,一家之事听命焉。逐年选差子弟分任家事或主田畴,或主租税,或主出纳,或主厨爨,或主宾客。
>
> 公堂之田,仅足给一岁之食。家人计口打饭,自办蔬肉,不合食。私房婢仆,各自供给,许以米附炊。每清晓,附炊之米交至掌厨爨者,置历交收。饭熟,按历给散。宾至,则掌宾者先见之,然后曰:家长出见。款以五酌,但随堂便饭;夜则厄酒杯羹,虽久留不厌。每晨兴,家长率众子弟致恭于祖祢祠堂,聚揖于厅,妇女道万福于堂。暮,安置亦如是。子弟有过,家长会众子弟责而训之;不改,则挞之;终不改,度不可容,则告于官,屏之远方。

陆氏一门,以礼治家,这种浓厚的家风对于陆九渊对礼治的理解产生了真切的生命体悟。不仅如此,这种耕读亲为、诗礼诵读的家风,也使得陆九渊在求学的路上更倾向于日用行常间的勤勉。例如《语录》所载:"吾家治田,每用长大镢头,两次锄至二尺许,深一尺半许外,放容秧一头。久旱时,田肉深,独得不旱。……盖深耕易耨之法如此,凡事独不然乎?"[①] 陆氏家风,就是儒家以礼治家的一种典范,向内探寻,便是以礼治身,应有个内在的主张才可以。这一主张,即是人心。"人精神在外,至死也劳攘,须收拾作主宰。收得精神在内时,当恻隐即恻隐,

---

① (宋)陆九渊撰:《陆九渊全集》(下),叶航点校,上海古籍出版社2022年版,第525页。

当羞恶即羞恶。谁欺得你？谁瞒得你？见得端的后，常涵养，是甚次第。"① 内在主体挺立得住，礼才可以为人所用，若无主宰，则礼也不过是伪饰。

因而，"华夷之辨"在陆九渊这里，也必须寻个"主体"，寻个"主宰"。金人必然不是这个"主宰"，"主宰"还是朝廷内部。对于华夷之辨的认识，实际也是一种传统政治观念在当时的运用，其用的意义和价值，最根本的，仍在人心之上。区别于狭隘的民族主义，在陆九渊看来，在与少数民族政权的抗衡过程中，中国之所以为重，并非由于其地理或民族，而在于中国具有儒家的礼义。而礼义之精义，不在于军事之征服，而在于儒家的王道政治。所以，"午间一人问房使善两国讲和。先生因叹不用兵全得几多生灵！是好"。所谓叹不用兵全得几多生灵，正是一种儒家仁爱精神在政治层面的体现。

当儒家提到仁爱之治时，多是指一种以民为本的民本政治。这种政治理念，在具体的治理过程中，就是要隐恶扬善、慎用刑法。但是，当国与国之间出现冲突时，这种略显保守的政治策略，往往需要直面来自霸道的政治方案。因此在谈到"楚人灭舒蓼"时，陆九渊提到了"夷狄盛强，吞并小国，将乘其气力以凭陵诸夏，是礼义将无所措矣，此圣人之大忧也。楚人灭弦、灭黄、灭江、灭六、灭庸，至是又灭舒蓼，圣人悉书不置，其所以望中国者切矣！"（《陆九渊集》卷二十三）圣人悉书不置，在陆九渊看来，就是对仁义之道最大的肯定，以及对霸道的强烈反对。但是，尽管圣人如此表达，礼义如此之重要，可是面对强大的少数民族的军事力量时，究竟应如何解决这一"大忧"，陆九渊在此却未能说明。当华夷之辨遭遇王霸之辨时，儒家政治哲学中的理想形态所要接受的挑战便显露了出来。当王霸相杂时，王道政治要如何从力量上抵御霸道；当华夷冲突时，礼义之策要如何应对军事上的挑衅？区别于后果论，陆九渊的政治思想更强调一种在主体"出于道义""出于本心"的抉择。因此，虽然王霸相杂、夷夏大防的问题非常严峻，其后果在南宋时

---

① （宋）陆九渊撰：《陆九渊全集》（下），叶航点校，上海古籍出版社2022年版，第561页。

期,也表现为一种"多元"的政治格局,但是保持王道政治与礼义之道,仍是坚持"中国"之所以为中国的根本选择。正如宋初石介在《中国论》中所提到的那样:"中国者君臣所自立也,礼乐所自作也,衣冠所自出也,冠昏祭祀所自用也,缞麻丧泣所自制也,果瓜菜茹所自殖也,稻麻黍稷所自有也……曰各人其人,各俗其俗,各教其教,各礼其礼,各衣服其衣服,各居庐其居庐。四夷处四夷,中国处中国,各不相乱,如斯而已矣,则中国中国也,四夷四夷也!"中国之名,从其根本而言,在于文化,而非地域。而两宋时期,虽然赵宋王朝不断向南退守,与西夏、辽、金的关系时战时和,但这些少数民族政权虽在地域上抢夺了不少土地,可在文化上却不断受到影响,逐渐由游牧民族的文明向华夏文明靠近。这与征服民族在文化上也要同化被征服地区的本意恰恰相反,可以说,虽然在军事力量上,少数民族政权获得了胜利,但是,在文化上却主动向"中国"靠拢了。它们不仅没有去征服华夏文明,反倒在礼义的影响之下,越发"中国"。这一点,是狭隘的民族主义无法理解的。

那么,是否会因为文化上对于少数民族的影响,中国就彻底放弃对国之疆域的固守呢?是否就以一种"弱宋"的姿态继续议和呢?在这一点上,陆九渊既存在着内心的矛盾,同时也具备着对于民族的超越,表现出了难能可贵的坚守和包容。

三 建用皇极:对华夷观的超越

以礼义、王道为根本,夷夏之防的关键,在陆九渊看来,仍是儒家之道的文化坚守。然而,现实中的外交困境,也令陆九渊陷入矛盾之中。《语录》记载:

> 因午间一人问虏使善两国讲和。先生因赞叹:"不用兵,全得几多生灵,是好。然吾人皆士人,曾读《春秋》,知中国夷狄之辨。二圣之仇岂可不复?……今吾人高居无事,优游以食,亦可为耻,乃

怀安，非怀义也。"此皆是实理实说。①

所谓"怀安而败名"，面对金人骚扰，却只"优游以食"，是陆九渊所不齿之事。事即实事，乃是落在实处的事，在陆九渊看来便也才是真正的"实理实说"。如今怀安而非怀义，虽保全王道之中的"仁政"，但对于夷夏之辨的实理，却是有所亏损。那么，内心的这种矛盾与担忧要如何解决呢？对于陆九渊而言，一是要建立皇极、自作主宰；二是要践行"道外无事，事外无道"之理。

首先，建立皇极的观念，来源于陆九渊的经学思想。"陆九渊所说的'皇极'，其实正是周敦颐在《太极图说》里所讲的'人极'。他通过'九畴之数'说明皇极建用在中五之上，借助易数学精确地刻画了人极在天地之间的中正价值地位和在宇宙之内的仁义本心作用。"② 陆九渊将人置于天地之间，以《周易》的象数结构来论证了三才之一的人道具有最为中正的地位，又以仁义本心作为根本，使整个宇宙都最终被纳入本心之中，从而建立起一个完备的道德主体。陆九渊认为：

> 皇极在《洪范》九畴之中，乃《洪范》根本。《经》曰："天乃锡禹《洪范》九畴。"圣天子建用皇极，亦是受天所锡，敛时五福，锡尔庶民者。即是以此心敷于教化政事，以发明尔庶民天降之衷，不令陷溺。尔庶民能保全此心，不陷邪恶，即为保极，可以报圣天子教育之恩，长享五福，更不必别求神佛也。《洪范》一篇著在《尚书》，今人多读，未必能晓大义。若其心正，其事善，虽不曾识字，亦自有读书之功。其心不正，其事不善，虽多读书，有何所用？用之不善，反增罪恶耳。（《陆九渊集》卷三十五《语录下》）

这段话正是陆九渊在荆门知军时多提到的。在《洪范》篇中，"九

---

① （宋）陆九渊撰：《陆九渊全集》（上），叶航点校，上海古籍出版社2022年版，第565页。

② 祁润兴：《陆九渊评传》，南京大学出版社1998年版，第306页。

畴"之义指"大法九等"①，与范畴不同，九畴本来的意思应是"类""等"之义。"皇极"列第五，《尚书大传·洪范五行传》中又作"建立王极"。郑玄、皮锡瑞也以"王极""皇极"只是异文。但从意思上而言，"皇极"与"王极"却有较大区别。《汉书》《后汉书》及汉人著作释皇为"大"，极为"中"，"皇极"即是"大中之道"。但俞樾云："下文曰'皇极之敷言'，又曰'凡厥庶民之极之敷言'，盖以'皇极'、'庶民极'相对为文，皇之为君疑矣。"将"皇极"理解为"建以君主统治的准则"。② 陆九渊在谈"建用皇极"时，言"圣天子建于皇极"，又对句"庶民""保极"，恐是将"皇极"理解为了君主之统治。进一步而言，虽然陆九渊采用了皇极的君主制度一维的理解，强调了王权的意义，但是就其实施而言，确实"教化政事"。也就是说，他所强调的不是"权力"与"权威"的绝对立场，而是这个权力如何被实行的过程。这个过程在君就是要求本心之光明；在君臣、天子庶民之间，就是要让百姓能够见到这个诚实的本心，让君主通过教化施政，赐福百姓。至于士大夫而言，就是要在读《尚书》时，不要去舍本求末，而是要立其心，明白此道理，进而服务于"皇极"之建立，维护上天所赐的这样一套礼乐秩序的有效实施。

陆九渊在荆门知军时，屡闻金军来犯，对此他毫无畏惧。在陆九渊看来，建立皇极，就意味着自作主宰。当自作主宰之时，无论是复仇大义，或是夷夏之防，都不再是一种概念上的推敲。少年时的血气之勇，在心学思想体系建立的过程中，逐渐找到了"止"的所在。此时，华夷也好，王霸也好，能收拾自身精神，持守圣人之道的本心，才是一切行动的根本来源。因此，他在对汲黯的评价中说道：

(汲黯对武帝言)"陛下内多欲而外施仁义，奈何欲效唐虞之治乎？"上默然怒，变色而罢朝。群臣或数黯，黯曰："天子置公卿辅弼之臣，宁令从谀承意，陷主于不义乎？"……(后浑邪至，黯又

---

① 顾颉刚、刘起釪：《尚书校释译论》，中华书局2005年版，第1147页。
② 顾颉刚、刘起釪：《尚书校释译论》，中华书局2005年版，第1150页。

曰)"弊中国以事夷狄,庇其叶而伤其枝"。……(象山语)若黯虽曰未学,吾必谓之学矣。①

汲黯的未学之学就是能够自作主宰,于各种困境之中,直言敢谏。在陆九渊看来,汲黯的政治主张,绝非在理外再去求一个事,或者在事外去求一个理。他的所作所为,解释持其仁义本心的直接发挥。陆九渊不仅以此盛赞汲黯,他在荆门知军时,也用实际行动展现了他的心学工夫。面对金人可能的入侵,他积极练兵,修建军事要塞。有人将陆九渊在荆门时的施政举措概括为"荆门八政",即除弊风、罢三引、蠲铜钱、建保伍、重法治、严边防、堵北泄、勤视农。相较于当时有些儒生大臣,终日于华夷之防的名目上辩难不已,陆九渊的施政才真正地对应了"怀安而败名"的内心忧虑。他的易简工夫,使其从夷夏大防的争论中超脱出来,以仁义本心为基础,以王道政治为路径,对内重教化、变风俗,对外未雨绸缪、临危不惧,真正表现出了一个儒家士大夫的担当精神。

四 余论

两宋期间,中国面临着比以往更为严重的华夷危机。面对后唐五代的礼乐失范,两宋政治一边需要重建礼乐制度的权威意义,另一方面还要抵御来自少数民族政权的军事威胁。宋代以文治国的方略,时常令人感慨宋代的国家实力过于虚弱,但是,细究之下却不难发现,两宋时期,虽然民族争端不断,但宋、西夏、辽、金却始终保持着一种相对平衡的局面,形成了特殊的多元政权的"中国"图景。在这个图景之中,夷夏之辨逐渐走向了对礼义制度与王道政治的高度推崇。民族的差异性在这一过程中,逐渐被消解,赵宋王朝虽然在军事上失利了,却同时以礼乐文明影响了周边的少数民族政权,并在相对长的时间内维持了和平,保

---

① (宋)陆九渊撰:《陆九渊全集》(上),叶航点校,上海古籍出版社2022年版,第333页。

从"复仇"到"皇极":陆九渊华夷观念的内在转向

障了国家内部的发展与繁荣。

在对陆九渊的华夷观的考察中,不免发现,虽然宋代的士大夫阶层对于回到三代的政治充满了向往,但是在真正的政治参与过程中,却有着强烈的时代特色。陆九渊谈到南宋政治的弊端时,毫不犹豫地表达出了对于"变法"的要求。他认为南宋政治的流弊,就在于不能够任用贤能,却死守"祖宗之法"。他说:

> 夫尧之法,舜尝变之;舜之法,禹尝变之。祖宗法自有当变者,使其所变果善,何嫌于同?

变法就是要改变"学绝道丧"和"人心有病"的弊端,而非终日流于清议。所以,对于夷夏大防而言,对内的政治才显得更为重要,只有在一国之内完善良政,才有可能对夷狄产生威慑之力,才可能有机会为二圣复仇。所以,华夷之论,其关键不在于"夷",而在于"华",这与我们今日所理解的民族国家的主权至上原则显然有所不同。

更进一步而言,以礼义王道为核心的华夷观,更重视的是对儒家制度文明的保护和延续。这种观念,在面对军事实力强大,但文化相对落后的游牧民族时,虽然失去了军事上的主动权,但仍能够在文化上保持相对的独立性和影响力。但是,一旦遇到了不仅具有先进的军事力量,同样具备较为完备文明的现代民族国家时,这种以文化守成为主的华夷观念,便有些难以维系了。纵观后世中国,在面对外族政权侵扰时,华夷观所发挥的作用微乎其微。直到晚清面对西方文明冲击时,我们才有了民族国家的观念,像湖南人杨度所提出的"金铁主义"论,才使得我们看到了面对现代民族主义时,三代时期的华夷观念,已略显迂阔。

但是,从另一方面而言,在今天这个民族主义容易走向极端,甚至滑向民粹主义的时期,以建立皇极为核心,以文明化成为价值取向的心学的华夷观,似乎又为超越民族主义提供了新的思路。

气论与工夫论视域下的"万物一体"：明道与阳明的诠释

李 彬[*]

（郑州大学哲学学院）

摘要："万物一体"是中国传统思想共享的一个基本观念。宋明理学家中程明道与王阳明尤其重视对此一思想的阐发。目前学界对王阳明"万物一体"思想的研究成果颇为丰硕，对其"万物一体"思想的明道渊源也均有所涉及，但对二者"一体"思想的继承关系及其异同的理解和抉发均不够深入。在明道那里，天地之"气"和人身之"气"，皆被"生生之仁"涵摄贯通，而"万物一体"也是基于作为"生生之仁"的"天理"而非宇宙论意义上的"气"。阳明明确提出"同此一气"和"一气流通"的说法，更加重视"气"在其"万物一体"论中的地位，但根本上，他仍是从"一体之仁"而非"同此一气"的角度，指出人与天地万物共享同一本体。明道与阳明虽然皆重视"气"在"万物一体"中的作用，但显然更加重视作为本体的"仁"而非"气"。基于此，明道要求学者"先须识仁"，以直接把握本体为工夫，即本体即工夫，而阳明则要求学者"致良知"，在把握良知本体的基础上做工夫，即工夫即本体。

关键词：万物一体 程明道 王阳明 气 仁 工夫论

---

[*] 本文为2023年河南省哲学社会科学规划青年项目"洛学工夫论研究"（项目编号：2023CZX011）的阶段性成果。

气论与工夫论视域下的"万物一体"：明道与阳明的诠释

一 引言

"万物一体"可以说是中国传统思想共享的一个基本观念，是"天人合一"的一种表达。① 宋明时期，对"万物一体"最为重视的首推北宋程明道，明代则是以阳明为大宗。② 与先秦时期不同，宋明思想家在阐述"万物一体"思想时一般将之与"仁"和"气"联系起来。"仁"在宋明儒学看来属于"理"。因此，从"理"和"气"的角度看待"万物一体"就成了宋明思想的特色。

目前学界对王阳明的"万物一体"思想的研究成果颇为丰硕，对阳明"万物一体"思想的明道渊源均有所提及③，但对二者之间异同的理

---

① 从先秦时代，庄子及其论敌惠施，都已经提出"天地与我并生，而万物与我为一"（《庄子·齐物论》），"泛爱万物，天地一体"（《庄子·天下》）这样的命题。儒家的代表则有孟子的"万物皆备于我，反身而诚，乐莫大焉"（《孟子·尽心上》）。

② 日本学者岛田虔次指出，在中国思想史上，"万物一体"思想的第一个高峰发生在程明道那里，而第二个高峰，则见于王阳明思想中。（参见 [日] 岛田虔次《朱子学与阳明学》，蒋国保译，陕西师范大学出版社1986年版，第87页）而实际上，心学倾向的思想家皆共享此一理念，如陆九渊的"吾心即宇宙"，"宇宙内事皆己分内事，己分内事皆宇宙内事"；杨慈湖的"己易"说，皆表达了这一观点。当然还有张载的《西铭》所表达的"民胞物与"思想。当然目前对《西铭》主要是从"理一分殊"的角度进行解读，但从"万物一体"角度解读也很有说服力，对《西铭》的不同诠释进路的考察，可参见李彬《论二程对〈西铭〉诠释之差异：从"万物一体"到"理一分殊"》，《船山学刊》2021年第5期。

③ 陈来教授指出，宋代以后，大多数儒者"同体"的思想直接来自程颢的"仁者以天地万物为一体"和"仁者浑然与物同体"两段话，并引湛若水《阳明先生墓志铭》，正德元年（1506）阳明与甘泉会于京师"遂相与订交，讲学一宗程氏仁者浑然与物同体之旨"，后来（1514）在《书王嘉秀卷》中阳明也强调"仁者以天地万物为一体"。（参见陈来《有无之境：王阳明哲学的精神》，人民出版社1991年版，第258页）陈立胜也指出"王阳明一体之仁脱自程明道之'仁者以天地万物为一体'"。（参见陈立胜《王阳明"万物一体"论——从"身—体"的立场看》，台北：台湾大学出版中心2005年版，第56页）吴震教授指出"阳明的'万物一体'论应是直接来源于程颢"。又说"一般认为，王阳明的万物一体论源自程颢"。并具体点到"程颢……《识仁篇》中的'仁者，浑然与物同体'的主张，与明代阳明心学的'万物一体'论更是有着直接的渊源关系"。[参见吴震《〈传习录〉精读》，复旦大学出版社2011年版，第160页；《论王阳明"一体之仁"的仁学思想》，《哲学研究》2017第1期，第62页；《论朱子的仁学思想》，《中山大学学报》（社会科学版）2017年第1期（总第57期）]，可见，大多数研究者都意识到了阳明"万物一体"思想的明道渊源。

解不够深入，某种程度上影响了对阳明的"万物一体"思想的把握。

陈来教授认为明道的"万物一体"思想是一种"仁者境界"说，早在《有无之境》中就从"血气流通"与"境界"的角度理解"万物一体"，并点出了阳明对明道在这一思想上的继承："程颢开创了以人身的血气流通譬仁，他在《识仁篇》提出，万物一体的境界是把万物看成息息相通的一个整体，这个整体就是大'己'，把宇宙的每一部分都看作与自己有直接联系，甚至就是自己的一部分，这样的境界就是仁。……阳明显然继承了这一思想。"① 在近作《仁学本体论》中，陈来仍然强调在明道那里"仁的精神境界就是与万物为一体的境界"，并进一步指出"虽然宋儒开始把气与同体联结在一起"，但"就宋代的仁说来看"，"仁作为万物一体主要被理解为作为人心目标的境界，人的一切修养功夫所要达到的仁的境界就是万物一体的精神境界"，而"明代心学虽然突出主观方面理解的万物一体的仁学，但王阳明论一体时仍提到万物一体的一体性联系与宇宙一气流通的关联"，因此，在阳明那里，"仁者与天地万物为一体，不仅是主观的境界，天地万物与人本来是一体，在存在上即原来一体，这种一体是基于气的存在的一体性，所以万物相通一体"。指出了阳明之于明道的进步之处。但陈来又意识到，"从手足不仁、气已不贯的说法来看，仁者以天地万物为一体，是因为天地万物本来是一体，仁体即是天地万物浑然的整体。这种一体性就其实体的意义说，与'气'密不可分，因为气贯通一切，是把一切存在物贯通为一体的基本介质"②，其实仍然回到了《有无之境》中的立场，从"气论"的角度，强调明道与阳明之间思想上的连续性，甚至看起来阳明与明道的"万物一体"思想并无多大的差异。

吴震教授基本上赞同陈来将明道的"万物一体"看成"仁者境界"说的观点，认为"以程颢为代表的万物一体论，含有'生生之仁'和仁者境界两种主要含义，强调从'须先识仁'的角度出发，以实现仁者与天地万物为一体的境界，偏重于工夫指向的、主观呈现的境界论意义"。

---

① 陈来：《有无之境：王阳明哲学的精神》，人民出版社1991年版，第261页。
② 陈来：《仁学本体论》，生活·读书·新知三联书店2014年版，第261、35、173页。

而阳明则与之不同,是"从'一体之仁'的角度出发,将仁者境界的万物一体论推展至以一体之仁为核心内涵的万物一体论,这是王阳明基于'一体之仁'的本体论对万物一体论的重构"。因此,与陈来《仁学本体论》中过于重视"实体"而非"本体"、重视"气"而非"仁"的倾向不同,在吴震教授看来,阳明那里,"万物一体"的本体论基础是"仁"而非"气",是"一体之仁"而非"同此一气"。① 吴教授从仁学的角度衡定王阳明的"万物一体"思想,提出"一体之仁"而非"一气流通"才是其"万物一体"论的本体论基础所在,使阳明思想维系于正统的儒学谱系中,避免了滑入气本论的危险,洵为有见。不可否认,在明道那里,"万物一体"是一种"仁者境界",但如果只从"境界"的角度理解明道的"万物一体"论述,一定程度上会忽视其思想的复杂性与深刻性。同时,如果只从"仁"的角度界定"一体",也容易忽视"气"在"一体"论述中的重要性。

在我们看来,不管是明道还是阳明的"万物一体"论,无疑都需要从本体与工夫的双重视角切入,考察"气"与"仁"在"一体"论述中的不同地位和作用。在此基础上,对明道与阳明二人的"万物一体"思想进行一个比较,无疑对把握宋明儒学的"万物一体"思想具有积极的意义。

二 明道的"万物一体"

明道的"万物一体"思想是其"仁学"思想的一部分。其中最经典的表述,一是《识仁篇》中的"仁者,浑然与我同体":

> 学者须先识仁。仁者,浑然与物同体。义、礼、智、信,皆仁也。识得此理,以诚敬存之而已,不须防检,不须穷索。……此道与物无对,大不足以明之,天地之用皆我之用。孟子言"万物皆备

---

① 吴震:《论王阳明"一体之仁"的仁学思想》,《哲学研究》2017年第1期。

于我",须反身而诚,乃为大乐。若反身未诚,则犹是二物有对,以己合彼,终未有之,又安得乐?《订顽》意思,乃备言此体。①

可见,在《识仁篇》中,明道要求学者"须先识仁",而要"识"得的无不是"仁"之迹,而应是"仁之体"。那么,这个"仁体"应该是什么样子的呢?换句话说,明道是如何"状仁之体"的呢?明道指出了"仁体"的两个基本特征,一是"仁者,浑然与物同体",一是"义、礼、智、信,皆仁也"。因此,"仁"一方面"与物同体",一方面,包纳诸德于自身之内。"识得此理"实际上即"识得仁体","以诚敬存之",即存此仁体或仁理,这就是本体即工夫,而不须像横渠那样做"防检""穷索"的工夫以凑合本体。明道同时将孟子的"万物皆备于我"与横渠的《西铭》(即《订顽》)的"民胞物与",纳入自己"仁者,浑然与物同体"的这一"识""仁体"的理路中来,从"体"入手,则"用"即在其中:"天地之用皆我之用。"

明道"万物一体"的另一个经典表述则是"仁者以万物为一体":

医书言手足痿痹为不仁,此言最善名状。仁者以万物为一体,莫非己也。认得为己,何所不至?若不有诸己,自不与己相干。如手足不仁,气已不贯,皆不属己。故"博施济众",乃圣之功用。仁至难言,故止曰"己欲立而立人,己欲达而达人,能近取譬,可谓仁之方也已",欲令如是观仁,可以得仁之体。②

如果说在《识仁篇》中明道"仁者,浑然与物同体"是对"仁体"的界定,"仁者"即是指"仁体";那么,在这一段中,明道"仁者以万物为一体,莫非己也"中的"仁者"实际上是指人,是对学者提出的工

---

① (宋)程颢、程颐撰:《河南程氏遗书》卷二,《二程集》,王孝鱼点校,中华书局2012年版,第16—17页。
② (宋)程颢、程颐撰:《河南程氏遗书》卷二,《二程集》,王孝鱼点校,中华书局2012年版,第15页。

夫论要求。① 与《识仁篇》直接从"体"上描摹"仁体",指出"仁理"不同,此处明道是从"身体"的角度,以譬喻的方式指点我们"观仁",如此"气"之于"体"的意义问题就被带进来了:"手足不仁,气已不贯,皆不属己。"在医书所言"身体"的层面,从反面的角度,"手足不仁"即身体之中"气"不能"贯通"手足这些部位,即意味着这些部位虽然从直观的角度仍然附属于此一身体,但实际上已经"皆不属己"。这种"不与己相干"即"不仁",那么,"仁"即"以万物为一体,莫非己也",把万物都能"认得为己",看成属于自己身体的一部分。"气"之于"身体"固然具有"贯通"身体的作用,但对于"万物一体"的"仁体"来说,"气"的意义不够明显,"识得此理""认得为己"才是重点。②

---

① 向世陵教授已经指出"与物同体"的"仁者"与"以天地万物为一体"之"仁者"不同,后者所指"是人,是主体",前者则"承前'识仁'而来,故不是指人,而是指'仁'这种德性,它与物浑沦而同体,可以从仁的生物流行——生意去理解,在此意义上,物的存在本身就是仁的现实,并具体展开为四德五常"。(向世陵:《王阳明仁说的博爱理念》,《哲学研究》2016年第9期,第45、46页)当然,在明道看来,因为"人则能推,物则气昏推不得"(《遗书》卷二上),故实际上意味着"只有人才能承担得了这一个'仁'字,也只有人才能自觉到人与天地万物为一体的道理",故《孟子》说"仁者,人也"(《尽心下》),明道进一步"仁者,人此者也"(《河南程氏遗书》卷十一),亦即在明道看来,"人之作为人,正在于人能够'人',也就是人能够'仁',而一旦人真正完全地完成人道(即'人此者也'),也就是仁了"。(郭晓东:《识仁与定性——工夫论视域下的程明道哲学研究》,复旦大学出版社2006年版,第115—116页)因此,"仁"的"德性"与"主体"这种区分似乎又显得多余了,不管是"浑然与物同体"或"以天地万物为一体"都既可以看成对学者的工夫论要求,或对仁者所达到的境界的描述,也可以看成对"仁体"的本体论界定。

② 土田健次郎指出"程颢那里万物一体的根本思想,在'气'的概念中没有直接的反映"。([日]小野泽精一等编:《气的思想》,李庆译,上海人民出版社2014年版,第410页)这一看法无疑是有根据的。而陈立胜认为,在明道"'一体'的证成之中依然存在'气论'的预设。'天地为一身'此身实在就是'一气流通'、'一气贯通'的大身子",并列举了与我们相同的材料,认为"'气已不贯'即'不仁',这一说法强烈地表明,一体之仁即天地万物这个大身子的'一气贯通'"。(陈立胜:《王阳明"万物一体论"——从"身一体"的立场看》,第56页)首先,陈立胜明显是以阳明解明道;其次,"气已不贯"中的"气"乃是医书所言身体之"气",至于"天地为一身"乃是从譬喻的角度,从"属己"与否的角度上来说的,"与万物为一体"不过是将天地万物看作与自己密切相关的,而非在存在上认为"一气流通"或"一气贯通"构成了我与万物共同的基础。因此,明道说:"人之一肢病,不知痛痒,谓之不仁。人之不仁,亦犹是也。盖不知仁道之在己也。知仁道之在己而由之,乃仁也。"[(宋)程颢、程颐撰:《河南程氏外书》卷三,《二程集》,王孝鱼点校,中华书局2012年版,第366页]又说:"医家以不识痛痒谓之不仁,人以不知觉不认义理为不仁,譬最近。"[(宋)程颢、程颐撰:《河南程氏遗书》卷二上,《二程集》,王孝鱼点校,第33页]换句话说,在明道那里的"万物一体"是从"理"上讲的而非从"气"上讲的。

因此，明道指出："所谓万物一体者，皆有此理。"①"万物一体"是"皆有此理"，未尝预设"气论"前提。因此，虽然明道盛赞横渠的《西铭》："《订顽》一篇，意极完备，乃仁之体也"②，"《订顽》意思，乃备言此体"，但实际上，对横渠从"气"入手对天道的论述持保留态度：

> 若如或者以清虚一大为天道，则乃以器言，而非道也。③
> 立清虚一大为万物之源，恐未安，须兼清浊虚实乃可言神。道体物不遗，不应有方所。④

可见，明道一方面对从宇宙论层面讨论"天道"或"万物之源"的问题，抱有一定的警惕，主张"能近取譬""认得为己"，强调"仁"的切身性。⑤另一方面，明道强调道的整体性和统一性，是无所不包的"大全"，批评横渠的"清虚一大"只是指出"气"之清虚神通即"好底"

---

① （宋）程颢、程颐撰：《河南程氏遗书》卷二，《二程集》，王孝鱼点校，中华书局2012年版，第33页。
② （宋）程颢、程颐撰：《河南程氏遗书》卷二，《二程集》，王孝鱼点校，中华书局2012年版，第15页。
③ （宋）程颢、程颐撰：《河南程氏遗书》卷十一，《二程集》，王孝鱼点校，中华书局2012年版，第118页。
④ （宋）程颢、程颐撰：《河南程氏遗书》卷二，《二程集》，王孝鱼点校，中华书局2012年版，第21页。
⑤ 这也可能解释了为什么"程颢重视《易》，但大致也没有言及阴阳"，因此，虽然重视《易》的生生论述（"生生之谓易""天地之大德曰生"），甚至可以将之"理解为程颢说的万物一体境地，是由气的生生不息而贯穿着的"，"但是，程颢并没有用'气'来解说万物一体"。因此，"即使在说天地时，也不是分析作为进一步构成要素的阴阳，而多是作为感觉可直接领会到的天地。程颢的兴味是马上趋向于和眼前的天地的一体，似对那些天地构造的分析不太着意"。故此，"程颢不把自己本身可领会到的东西说成是'天理'，而且也没有直接显示'天理'和阴阳关系的例子"。（［日］小野泽精一等编：《气的思想》，李庆译，第393、394页）即使是横渠，虽然是从建立天道本体入手，但目的也是为了贯通性命，所谓"天道即性也，故思知人不可不知天，能知天斯能知人矣"。［（宋）张载：《横渠易说·说卦》，《张载集》，中华书局1978年版，第234页］因此，正如郭晓东教授指出的："在儒家学者看来，讲天道的同时必然要讲到性命，如果不讲性命，那么所谓的天道就成了悬空的天道，成了与我们的人生日用毫无关系的天道。那种作为西方哲学'宇宙论'意义上的单纯天道，在中国思想传统中根本担当不起'天道'这两个字眼。"（郭晓东：《从"性"、"气"关系看张载、二程工夫论之异同》，《经学、道学与经典诠释》，台北：台湾大学出版中心2013年版，第2页脚注3）

气论与工夫论视域下的"万物一体":明道与阳明的诠释

一面来形容"道体"。① 故又说"气外无神,神外无气。或者谓清者为神,则浊者非神乎?"② 强调"道"的"兼清浊虚实"和"体物不遗"。

因此,明道不仅喜欢用医书或医家的说法来晓谕人,让人能够反躬默"识"何为"仁体",而且喜欢用日常生活中常见的现象让人"体仁"或"观仁":

> 观鸡雏此可观仁。③
> 周茂叔窗前草不除,问之,云:"与自家意思一般。"④
> 切脉最可体仁。⑤

如此"体"或"观"到的"与自家意思一般"的不是别的,即"万物之生意"或"生机",此即明道"以生释仁",仁即"生生不息"或"生生不已"的那个普遍性的天理在万物上的具体表现。⑥ 因此,明道不

---

① 《朱子语类》卷九十九《张子书二》对横渠"清虚一大"有许多讨论,如认为"'清虚一大',形容道体如此。道兼虚实言,虚只说得一边。指出"横渠'清虚一大'却是偏","横渠说气'清虚一大',恰似道有有处,有无处。须是清浊、虚实、一二、大小皆行乎其间,乃是道也。其欲大之,乃反小之!"即使后来受诘难而云"清兼浊,虚兼实,一兼二,大兼小",但不过"是拣那大底说话来该摄那小底,却不知道才是恁说,便偏了;便是形而下者,不是形而上者"。因此,朱子认为横渠的主要问题并非言"清虚一大",而是在于以形而下之"气"而非形而上之"理"言道体,因为清浊、虚实"皆此理之所为",故"盖有此理,则清浊、虚实皆在其中"。因此,在明道那里,真正的"道"是"兼清浊虚实""体物不遗"之"神"。朱子严判形而上下,以理统气,明道则即气言神、即器言体。
② (宋)程颢、程颐撰:《河南程氏遗书》卷十一,《二程集》,王孝鱼点校,中华书局2012年版,第121页。
③ (宋)程颢、程颐撰:《河南程氏遗书》卷三,《二程集》,王孝鱼点校,中华书局2012年版,第59页。
④ (宋)程颢、程颐撰:《河南程氏遗书》卷三,《二程集》,王孝鱼点校,中华书局2012年版,第60页。
⑤ (宋)程颢、程颐撰:《河南程氏遗书》卷三,《二程集》,王孝鱼点校,中华书局2012年版,第59页。
⑥ (宋)程颢、程颐撰:《河南程氏遗书》:"人心常要活",《上蔡语录》:"死汉不识痛痒"。牟宗三云:"在明道,由麻痹无觉所指点到之'以觉训仁'之'觉'义,由'切脉'所指点到之'贯通'义,由'观鸡雏'所指点到之'亲和'义与'活泼'义,由'春意'、'生意'所指点到之'生'义与'温润'义,皆是相连而生之同一义,而亦与'一体'义为同一义。皆直指仁心、仁体、仁理、仁道而言也。"(牟宗三:《心体与性体》第二册,台北:正中书局1996年版,第10—11页)

仅赞同《周易》中"天地之大德曰生""生生之谓易"的说法，而且也积极评价告子的"生之谓性"之说：

> "天地之大德曰生""天地絪缊，万物化醇""生之谓性"（原注：告子此言是，而谓犬之性犹牛之性，牛之性犹人之性，则非也。）万物之生意最可观，此元者善之长也，斯所谓仁也。人与天地一物也，而人特自小之，何耶？①

明道虽然重视《易》之"生生"之义，但并不重视《易》之"阴阳"，因此，并不从宇宙论的角度论述"气"在易之生生中的重要性。而是引导我们注意"万物之生意"，从中体会到天地之"仁"，即吾人之"仁"。因此，"人与天地一物也"或曰"万物一体"的根据是从存在论上说的，人与万物皆是由一气流行而生成的，是因为人与万物共享（share）了"仁"这一生生之理：

> 所谓万物一体者，皆有此理。"生生之谓易"，生则一时生，皆完此理。人则能推，物则气昏，推不得，不可道他物不与有也。人只为自私，将自家躯壳上头起意，故看得道理小了它底。放这身来，都在万物中一例看，大小大快活。②

"生则一时生"，所"完"的不是宇宙论层面或经验中的"天地万物"，因为天地万物的"生生"大化无穷无尽，不可能"完成"或"完结"。因此，明道说所"完"的只能是"此理"，这个"理"是生生不息的根据，是万物共享的本体。人与物的差别只在于"能推"还是"推不得"，"人则能推，物则气昏，推不得"，而对天理的共享则是相同的，故"不可道他物不与有也"：

---

① （宋）程颢、程颐撰：《河南程氏遗书》卷十一，《二程集》，王孝鱼点校，中华书局2012年版，第120页。
② （宋）程颢、程颐撰：《河南程氏遗书》卷二，《二程集》，王孝鱼点校，中华书局2012年版，第33页。

气论与工夫论视域下的"万物一体":明道与阳明的诠释

> 万物皆只是一个天理,己何与焉?至如言"天讨有罪,五刑五用哉!天命有德,五服五章哉!"此都只是天理自然当如此。人几时与?与则便是私意。"①

"万物皆只是一个天理",在这个意义上自然可以说"万物一体",能体贴出这个道理就是体悟到了"天理",就是"仁者"。"人则能推"也就是说只有人能担当起领会"天理",践行"仁道"的责任。但这种担当,也不过是循"天理自然",非"与"非"助"。"物则气昏,推不得",从侧面说明"人则能推"是因为人禀受了天地的"清通之气",所谓"民受天地之中以生,天命之谓性也"②。从"天地之大德曰生"或"天命之谓性"的角度,"'生之谓性',性即气,气即性,生之谓也"③ 得到了新的解释,阳明也说"'生之谓性',生字即是气字,犹言气即是性也"④,可谓善会明道。这个"气"是"民受天地之中以生"的天地"清通之气",也是"生生之谓易"或"天地之大德曰生"的"生生之理"。因此,正如唐君毅先生所指出的,明道所谓的"生之谓性",虽是"即生即气禀以说性",而却非"克就气禀以言之气质之性",而"正为一贯于气禀及气之即理即道之性也"⑤。也就是说,明道那里的"性"是绾理气为一的。

因此,在明道那里,"人受天地之中以生",禀受天地之"中"以"生"的"气禀"之"性"中已经是"气以成形,理亦附焉"(朱子语),理气二者浑沦不可分,为一"贯于气禀及气之即理即道之性"。这个"性"不是别的,就是"生生之理","天命之性",就是"仁"。

---

① (宋)程颢、程颐撰:《河南程氏遗书》卷二,《二程集》,王孝鱼点校,中华书局2012年版,第30页。

② (宋)程颢、程颐撰:《河南程氏遗书》卷十二,《二程集》,王孝鱼点校,中华书局2012年版,第135页。

③ (宋)程颢、程颐撰:《河南程氏遗书》卷一,《二程集》,王孝鱼点校,中华书局2012年版,第10页。

④ (明)王阳明撰:《传习录中》第148条,《传习录注疏》,邓艾民注,上海古籍出版社2012年版,第127页。

⑤ 唐君毅:《中国哲学原论·原性篇》,九龙:新亚研究所1968年版,第364页。

总之，在明道那里，天地之"气"和在人身之"气"，皆被"生生之仁"涵摄贯通，而所谓"万物一体"也不过是基于此一"天理"而非宇宙论意义上的"气"。"血气贯通"① 意义上的"一体"不过是从一种类比意义上，从人与万物的"感通"或"感应"的意义上，描述人与"天地万物"的切身相关性。②

三 阳明的"万物一体"

如上文所叙，从阳明"万物一体"思想的明道渊源入手，即可发现王阳明对"万物一体"思想的关注由来已久。而在提出致良知教，思想成熟之后，阳明开始从对《大学》重新阐释入手，以明确的理论形态来表述其"万物一体"思想。③

秦家懿指出"阳明的'万物一体'说，贯穿他全部的思想"④，嵇文

---

① 张栻所作的《仁说》中，也从"天地万物血脉贯通"上理解"仁"："己私即克，则廓然大公，而其爱之理素具于性者无所蔽矣，爱之理无所蔽，则与天地万物血脉贯通而其用亦无不周矣。"（张栻：《南轩集》四库全书本卷十八，第1—2页）但"爱之理无所蔽"才是"天地万物血脉贯通"的前提和根据。

② 这种相关性，表现在天地之间，就是人与万物的感应："天地之间，只有一个感和应。"（《河南程氏遗书》卷十五）"感应"的根据就在于"人能推"，而"感应"的道理需要自己去切身体会，不能只求之于文字言语之间：明道尝谓人曰："天下事只是感与应耳。"先生初闻之，以问伊川。曰："此事甚大，人当自识之。"（《河南程氏外书》卷十二，吕坚中所记尹和靖语，故先生为尹焞）如唐君毅所说："泛观万物之相感应，尚不切，只观其他人与物之相感应，亦不切。此亦必须直落实到吾人之一己，而观此一己之如何与其他之天地万物相感，然后能深切著明其义。"（唐君毅：《中国哲学原论·原性篇》，第341页）"万物一体"就体现在这种人与万物的感通无碍之中，而"仁之为仁，就在人与天地万物的感通无碍中向我们昭示了出来"，牟宗三即据此而称明道之仁之实义为"感通无隔、觉润无方"。（郭晓东：《识仁与定性——工夫论视域下的程明道哲学研究》，复旦大学出版社2006年版，第117页）

③ 嘉靖三年（1524）南大吉辟"稽山书院"，尝聚集"八邑彦士"讲学其中，阳明"临之，只发《大学》万物同体之旨"。（《年谱》，《王阳明全集》卷三十五，吴光、钱明、董平、姚延福编校，上海古籍出版社2011年版，第1290页）被钱德洪尊为"师门教典"的《大学问》（1527），更是通篇阐发一体之仁的思想。除此之外，较为集中反映万物一体思想的文字还有《亲民堂记》、《重修山阴县学记》、《答顾东桥书》（按：以上三篇均作于1525年）、《答聂文蔚》（1526）等。（参见吴震：《〈传习录〉精读》，复旦大学出版社2011年版，第156页）

④ 秦家懿：《王阳明》，台北：东大图书公司1987年版，第130页。

甫指出"万物一体"是阳明学的一个主要问题,也是王学的一种"主要精神"①,皆不为无见。陈荣捷先生直言:"万物一体之理论,为宋明理学之中心。由二程子经过朱子陆象山以至于王阳明,莫不言之,而阳明之说此观念与仁之关系,最为直接。"更是点出了"万物一体"与"仁"的关系问题。而在我们看来,"万物一体"除了与"仁"的关系之外,与"气"的关系也值得探讨。因为"万物一体之仁"在阳明那里几乎是一个固定术语,但"气"与"一体"的关系、与"仁"的关系,似乎都显得暧昧不清。

阳明用良知对道家内丹学的"气"范畴进行了良知学的改造,既使"气"的地位附随"良知"得到了一定的提升,也使"良知"的内涵由于"气"这一具有活动性和客观性概念的纳入,而变得更加丰富。气在使阳明的良知概念"超出人之德性的范畴"方面,具有决定性的意义,正是由于良知以气为其实体而呈现,良知不再只是一个心性论或道德哲学的主观范畴,而是具有客观性、超越性的本体概念,或者说在阳明那里,良知既是心性本体,又是天理实体。

但对阳明将良知天理化,或天道化、实体化的做法即使在当时也并非没有疑问②,在心学内部,也有学生对良知是否遍布于一切事物提出了自己的疑问:

> 朱本思问:"人有虚灵,方有良知。若草木瓦石之类,亦有良知否?"

这个疑问其实是认为良知乃是属人的,对阳明将良知泛化、普遍化提出了某种担心。对学生的这一质疑,阳明作了解答:

---

① 嵇文甫:《左派王学》,《民国丛书》影印本,开明书店1934年版,第23页。
② 如罗钦顺就在与阳明弟子的通信中,对阳明"指良知为实体"或"以良知为天理"的观点提出了批评:"但以理言,即恐良知难作实体看,果认为实体,即与道德性天字无异","今以良知为天理,即不知天地万物皆有此良知否乎!天之苍也未易窥窥,山河大地吾未见其有良知也;万物众多,未易遍举,草木金石吾未见其有良知也"。[(明)罗钦顺:《答欧阳少司成崇·二》,《困知记》,中华书局1990年版,第122—123页]

人的良知，就是草木瓦石的良知。若草木瓦石无人的良知，不可以为草木瓦石矣。岂惟草木瓦石为然，天地无人的良知，亦不可为天地矣。盖天地万物与人原是一体，其发窍之最精处，是人心一点灵明，风雨露雷、日月星辰、禽兽草木、山川土石，与人原只一体。故五谷禽兽之类，皆可以养人；药石之类，皆可以疗疾，只为同此一气，故能相通耳。①

朱本思认为有良知的前提是有"虚灵"，也就是说，有心方才能有良知。阳明不反对良知乃人所独具，非草木瓦石之类所能有者。但是他指出"人的良知，就是草木瓦石的良知"，不仅如此，甚至草木瓦石之为草木瓦石、天地之为天地，都要取决于人的良知、以人的良知为依归："若草木瓦石无人的良知，不可以为草木瓦石矣。岂惟草木瓦石为然，天地无人的良知，亦不可为天地矣。"而之所以如此的原因则是"天地万物与人原只一体"，而"其发窍之最精处，是人心一点灵明"，"人的良知"无他，即是此"人心一点灵明"。

可见，良知天理化或者说万物是否有良知这一问题的关键在于"良知"或"灵明"与"万物一体"的关系。而"气"则只是阳明用来从经验层面证明人与万物之间能够"相通"或者说具有真实的实践关联的一个因素："只为同此一气，故能相通。"但"气"显然不是"万物一体"中的决定性因素。

尽管天地万物与人"原只一体"或"原是一体"，但阳明并没有否认万物之间实然的差别：在此"一体"中"风雨露雷、日月星辰、禽兽草木、山川土石"的区别是实然存在、不容淆乱，并非混沌不分的无别之"一体"。因此，这个"一体"并不是基于"气"的同质化的"一体"，而是有差异的、分殊的一体。也就是说，这种一体和分殊的统一，无法由"同此一气"得到解释，而只能从"理"的层面得到解释。

因此，当有人从经验意义上的"血气流通"的角度看待"人心与物同体"的观点时，阳明则提醒问者应该"在感应之机上看"：

---

① （明）王阳明撰：《传习录下》第252条，《传习录注疏》，邓艾民注，上海古籍出版社2012年版，第230页。

气论与工夫论视域下的"万物一体":明道与阳明的诠释

  问:"人心与物同体,如吾身原是血气流通的,所以谓之同体;若于人便异体了,禽兽草木益远矣!而何谓之同体?"

  先生曰:"你只在感应之机上看。岂但禽兽草木,虽天地也与我同体的,鬼神也与我同体的。"请问。先生曰:"你看这个天地中间,什么是天地的心?"对曰:"尝闻人是天地的心。"曰:"人又甚么教做心?"对曰:"只是一个灵明。""可知充天塞地中间,只有这个灵明。人只为形体自间隔了。我的灵明便是天地鬼神的主宰。天没有我的灵明,谁去仰他高?地没有我的灵明,谁去俯他深?鬼神没有我的灵明,谁去辨他吉凶灾祥?天地鬼神万物离却我的灵明,便没有天地鬼神万物了。我的灵明离却天地鬼神万物,亦没有我的灵明。如此便是一气流通的,如何与他间隔得?"①

  既然人心与万物"同体",需要从"感应之机"上看,而"感应之机"的关键是心之"灵明",甚至"充天塞地"的并非流通之"一气",而"只有这个灵明"。因此,"一气流通"的具体含义,也要落实到"感应之机"上去理解。在阳明上述语境中,天地万物"一气流通"与否,要看"我的灵明如何""主宰""天地鬼神万物",具体体现在:"我的灵明"如何仰天之高、俯地之深、辨鬼神之吉凶灾祥。可见,这里"我的灵明"对于"天地鬼神万物"之"主宰"更多是指"天地鬼神万物"与"我的灵明",即与人具有切近的实践相关性,并非说"我的灵明"具有造物主意义上的神或上帝的功能和地位。实际上,在中国古人眼中,没有客观、自在意义上的天地万物,一切都处在与人的实践关联中,处在一个充满意义、彼此息息相关的世界中。② 而这个"意义"在阳明看来

---

  ① (明)王阳明撰:《传习录下》第315条,《传习录注疏》,邓艾民注,上海古籍出版社2012年版,第277—278页。

  ② 阳明通过一个极端的例子证明这一点,死去之人,精灵游散,自然不会再与事物打交道,故"他的天地万物"亦消散了,可见他并不讨论"千古见在"之客观自然界存在与否。唐君毅也指出阳明那里"山中之花与此心俱寂"和"人死即其天地万物与之俱去"之言,"只是就人之心知与所知,俱起俱寂,以见心知与其所知之合为一事。初固非就天地万物之自身,而问其客观存在与否。此问题对阳明之学言,亦原不必问者也"。(唐君毅:《中国哲学原论·原教篇》,台北:台湾学生书局2004年全集校订版,第218页注)

无疑是由人的"灵明"或"良知"来规定和揭示的。因此,阳明说"如此便是一气流通的,如何与他间隔得?""间隔"就是不通,明道认为"人则能推,物则气昏,推不得"①,王阳明则从宇宙本体的层面认为"万物"之间是"一气流通"的,不存在不能"推"的地方。但是根本上来说还是在"感应之机"上看,还是取决于具有主体能动性的"灵明"或"良知"与万物的感通无碍。

在阳明那里,一方面"天地万物"的宇宙论结构可以说是"同此一气"或"一气流通"的,但其本体论结构则应是"在良知太虚之中存在"或"与灵明一体而在"。这种"万物一体"的结构,实即天地人物所共同遵循的"天秩、天序"或曰"天理",在共享(share)一个"天理"的层面上,人与天地、鬼神、万物是一体而在的。

因此,阳明一方面强调"天地鬼神万物离却我的灵明,便没有天地鬼神万物了",另一方面也指出"我的灵明离却天地鬼神万物,亦没有我的灵明"。可见,"良知"或"灵明"与"天地万物"是一种不一不异、相即不离、共为一体的实践关系,而非一般认为的主客对立关系。阳明那里的"一气流通"、我与万物无"间隔"的含义就是上述所谓的"灵明"与"万物"的一体共在关系,亦即他所说的"感应之机":"灵明"和万物的关系不是主客关系,而是感应关系。②

由此可见,尽管阳明提出了"同此一气"和"一气流通"这样明确的"气论"表达,"气"在王阳明"万物一体"的结构中并未起到决定

---

① (宋)程颢、程颐撰:《河南程氏遗书》卷二,《二程集》,王孝鱼点校,中华书局2012年版,第33页。

② "感应"应该是中国古人理解万事万物之间相互关系的一种更为基本的模式,"感应"可以涵盖"主客",因为"主客"关系也必须以"感应"为前提,主、客之间若无对待和呼应,亦不成其为主客关系。感应关系不应限于人与物、主与客,而是万事万物皆有感与应,此感则彼应,此应则彼感,"感则必有应,所应复为感,感复有应"〔(宋)程颐:《周易程氏传》,《二程集》,王孝鱼点校,中华书局2012年版,第858页;亦参见《朱子语类》中朱子与弟子对于程子此条的相关讨论,黎靖德编:《朱子语类》,王星贤点校,中华书局1986年版,第1813页〕。"万物一体"就体现在人与天地万物的这种感应关系中,只不过不同于朱子所强调的"事事物物,皆有感应"(黎靖德编:《朱子语类》,王星贤点校,中华书局1986年版,第2438页)。在明道和阳明那里,感应的主体或中心主要还是落在人身上:明道那里是"仁者",阳明这里是"良知"或"灵明"。

性的作用,更多是在宇宙论或经验层面上讲"一气流通"[①],而其实义则落在"良知"或"灵明"与"天地万物"的"感通"上。"万物一体"的本体论基础与其说是"气"不如说是"良知","灵明"或"良知"是那"同此一气"或"一气流通"中起决定性作用的"头脑"或"主宰",如吴震教授所指出的:"良知才是气乃至于万物之中的本体存在。"[②]

四　结论

综上所述,我们发现,首先,在程明道那里,天地之"气"和人身之"气",皆被"生生之仁"涵摄贯通,而所谓"万物一体"也不过是基于此一"天理"而非宇宙论意义上的"气"。"血气贯通"意义上的"一体"是从一种类比意义上,描述人与"天地万物"的切身相关性的。

其次,在王阳明那里,出现了"同此一气,故能相通"和"如此便是一气流通的"这样"气"论意义明显的表述,显见相比明道,阳明对"气"更加重视,甚至"气"有从宇宙本体的角度决定"万物一体"的倾向。但进一步考察之下,我们发现"气"在王阳明"万物一体"的结构中并未起到决定性的作用,更多是在象征、类比或经验层面讲"一气流通",而其实义则落在"良知"或"灵明"与"天地万物"的"感通"上。

再次,程明道的"万物一体"论与王阳明的"万物一体"论一样,无疑既是一项本体论论述,又具有工夫论要求,不能仅仅被当成"仁者境界"说。明道从万物共处在同一个"天理"本体的角度强调"仁者浑然与物同体"和"仁者以万物为一体";阳明则是从"一体之仁"而非

---

① 吴震教授指出:"在阳明的论述过程中,'气'并不是一个直接讨论的对象,而是被当作其观点论述的一个思想'背景',至于'气'的存在论问题本身则被阳明故意隐去而未作任何正面的论述。"(吴震:《心学与气学的思想异动》,《复旦学报》2020年第1期)"'气'的存在论问题"在阳明那里是否构成一个问题,他是否对此问题"故意隐去而未作任何证明"我们暂且不论,但说"在阳明的论述过程中,'气'并不是一个直接讨论的对象,而是被当作其观点论述的一个思想'背景'"是可以成立的。

② 吴震:《〈传习录〉精读》,复旦大学出版社2011年版,第138页。

"同此一气"的角度,指出人与天地万物共处一体。基于此,明道要求学者"先须识仁",即以直接把握本体为工夫,即本体即工夫,而阳明则要求学者于事事物物上推致良知,即工夫即本体。

最后,"能推"或者"感通""感应"是人能够与"万物为一体"的根本前提,否则即成"麻木不仁"。而这种"感通"或"感应"则是以"仁理"为前提,"仁"在明道或阳明那里,须从与物能够感通无碍意义上去理解。因此,在中国古人那里,人与万物之间的关系不是主客关系,而是感通或感应关系。

修身与读书：从汉宋传统重审朱次琦"四行五学"说

李 辰

（深圳大学人文学院哲学系）

摘要： "四行五学"说是朱次琦日常施教的基本主张，也是其兼采汉宋、经世革新思想的具体呈现，其内容包括修身、读书两个面向，体现出对汉学、宋学两大学术脉络的细致体察与反思。其中"修身四行"说在朱子《小学》篇的基础上，结合了先秦以来儒家修身理论与宋明理学在理、气、心、性方面相关研究成果；其"读书五学"说，除了重新勾勒了清代经学研究中的宋学脉络，且能体贴明末清初以来学人在经学、史学、经世学、理学、文学等研究领域的新进展。

关键词： 四行 五学 修身 经史关系 掌故 性理 辞章 经世

钱穆曾指出，朱次琦的"修身四行"与"读书五学"说的提出，是在"乾嘉以后，经典考证蔚成风尚，学者但知有'道问学'，而不知有'尊德性'"的背景下[1]，深感学者不修德讲学，贻害无穷，故而"有意

---

* 本文为国家社会科学基金一般项目"九江学派与晚清思想转型研究"（项目编号：18CZX029）和深圳市哲学社会科学规划课题"晚清哲学与近代广东学派研究"（项目编号：SZ2022B006）的阶段性成果。

① 余英时："乾嘉以后，经典考证蔚成风尚，学者但知有'道问学'，而不知有'尊德性'，他们笔下虽仍不时出现'尊德性'字样，但在绝大多数情况下是一种空泛的门面语，实际已无所指涉了。"余英时：《清代学术思想史重要观念通释》，《余英时文集》第四卷，广西师范大学出版社2004年版，第439页。

倡导一种新学"。① 作为乾嘉汉学的鼎盛时代的见证者，朱次琦本人的立学和教化宗旨建立在对汉学学风和研究方法的反思之上。其"四行五学"论说，结合了宋学在"尊德性"方面的既有成绩与清代汉学在"道问学"即知识领域的新成果。就其思想展开的具体过程而言，九江首先通过提炼了朱子《小学》篇和宋明理学有关修身理论，重新定义了"尊德性"的范畴。其于"德"目下设"修身之实四，曰：惇行孝弟，崇尚名节，变化气质，检摄威仪"②，后又基于对清代汉学流行的专于一经一史，忽略传统汉学博观通识的读书理念的反思和批判，提出"学"目下设"读书之学五，曰：经学、史学、掌故之学、性理之学、辞章之学"③。其"读书五学"的思想旨趣，在经学之外，整理朱子襄既突出了清初以来由清代经世学风带动的史学研究和经济、地理、制度学等新学术研究领域的重要意义，也兼顾了桐城派古文学风重视唐宋以来的古典文脉传统，表明其修身读书教化观念能够平等审视汉宋两大学术脉络，较为具体地展现了乾嘉之后，清代经世学发展的新特点。过往研究在探讨朱次琦"四行五学"说时，虽能注意到九江后学简朝亮所编《朱九江先生集》、康有为所编《先师九江佚文集》等九江存世文献，但对如刘燽芬编《朱子襄先生讲义》、邱炜萲编《朱九江先生论史口说》、张启煌著《朱九江先生集注》、朱杰勤整理《朱九江先生经说》《朱九江先生谈诗》等后世整理的九江讲学笔记及相关研究著作则缺乏细致的梳理和探讨。本文尝试结合哲学史、思想史既有研究成果，最大程度利用朱次琦存世文献，就朱次琦"四行五学"说所涉观念源流展开重审与辨析。

---

① 钱穆："乾、嘉以反宋，而今之考据则以反中国。遂循至于不读书，不修身。则稚圭有意提倡一种新学，实乃为旧学之殿也。"氏著《朱次琦学述》，《中国思想史论丛》第八册，台北：东大图书公司2006年版，第366页。

② 朱次琦："吾今为二三子告蕲至于古之实学而已矣。学孔子之学，无汉学，无宋学也。修身读书，此其实也，二三子其志于斯乎？修身之实四，曰：惇行孝弟，崇尚名节，变化气质，检摄威仪。"（清）朱次琦撰：《朱九江先生集》，《朱次琦集》，李辰点校，上海古籍出版社2020年版，第35页。

③ 朱次琦："虽然，修身者，不读书不可也。读书之实五，曰：经学、史学、掌故之学、性理之学、辞章之学。"（清）朱次琦撰：《朱九江先生集》，《朱次琦集》，李辰点校，上海古籍出版社2020年版，第36页。

一 "修身四行"说

由"惇行孝弟""崇尚名节""变化气质""检摄威仪"组成的"修身四行"说,首先来源于朱次琦对朱子《小学》篇诸条目的提炼与化约。朱次琦说:"立身之要,朱子白鹿洞《小学》篇言之详矣,而吾恐其繁,令复照朱子之意,约之以四大端。"① 而学术史上将朱子《小学》作为讲学首旨的做法,元明以来便渐为学者所认可。元代学者许衡曾在其《小学讲义》中道:"《小学》、《四书》,吾敬信如神明。自汝孩提,便令讲习,望于此有得。他书虽不治,无憾也。"② 明代学者陈选亦有言:"学圣人之道,必自《小学》始,否则虽欲勉焉以进于《大学》,犹作室而无基也,成亦难矣,况予骛空文乎?夫为学而不严诸己,不践其事,诵读虽勤,辞章虽工,皆空文也,于吾身何益哉?于家国天下何补哉?于圣人之道何所似哉?"③ 在朱次琦看来:"小学非六书而已也,纪文达必从《汉志》,非也。朱子小学,小学之道也。《大戴礼》曰:'古者年八岁而出就小学,学小艺焉,履小节焉。束发就大学,学大艺焉,履大节焉。'《尚书大传》略同,是故小学养大学。"④ 这里,我们首先可以看到朱次琦对小学定义与清代汉学所强调小学有所区别,前者指向修身,而后者只涉指文字考据之学。这表明,在朱次琦的"四行五学"的构建中,作为修身学的"小学"是贯穿士人教育整个过程的,且必须于为学伊始时,尽早树立"德性"意识。这一教学宗旨背后所反映的思想立场,较为具体地展现了朱次琦将对清代汉学的反思贯穿于"四行五学"的整

---

① (清)刘燸芬编:《朱子襄先生讲义》,光绪十年刊本,《清代稿钞本》第六十四册,广东人民出版社2007年版,第237页。
② (清)张伯行:《小学集解》,光绪二十七年广雅书局刊刻本1901年版,卷首,第12a页。
③ (清)张伯行:《小学集解》,光绪二十七年广雅书局刊刻本1901年版,卷首,第14b页。
④ (清)朱次琦撰:《朱九江先生集》,《朱次琦集》,李辰点校,上海古籍出版社2020年版,第38页。

体设计之中。

（一）诚心与孝弟

朱子《小学》分内外篇，内篇下设"立教""明伦""敬身""稽古"四目，外篇设"嘉言""善行"两目。而朱次琦之"修身四行"说，则首立"惇行孝弟"：

> 今之学者，其闻古之孝弟，则曰："吾心固如此也，其事则不能矣。"及其有失也，则曰："事如此，吾心不如此也。"然则汝心则是，汝事则非，孰使汝心不能违于事邪？抑汝心未诚耳。诚以行之如古之孝弟也，家人且化焉。郑濂举治家之道曰："不听妇言而已。"夫有言而不听，岂若化之而无言乎？且骨肉之间，学者动以理争也，夫乌知争财者罪，争气者罪，争理者亦罪。《礼》曰："门外之治谊断恩，门内之治恩掩谊。"盖不可理争也，有变则以仁术全之可也。①

"吾心固如此也，其事则不能矣"无疑是朱次琦对乾嘉以来，一味推崇书斋学术而忽视道德教育，致使士风日下的观察。作为儒学思想中最为悠久的观念之一，孝弟观念渊源可直溯孔子，《论语·学而》篇有子曰："君子务本，本立而道生。孝弟也者，其为仁之本与。"子曰："弟子入则孝，出则弟，谨而信，泛爱众，而亲仁。"《论语·为政》篇子曰："今之孝者，是谓能养。至于犬马，皆能有养；不敬，何以有别？"都表明了孔子及其门人以孝弟为仁学基础的学术主旨。朱次琦在修身论中首先提出"孝弟"，既可以视作回归孔学之首义，也可从中映射出其思想中"经与人分之不可"的治学观念，是其标榜修身学，区别于汉学研究的首要表现。朱次琦认为，"孝弟"的本质在于对孝的践履，他所强调的"惇行"，即要求在践履孝的行为过程中时时专注，不可有懈。他在讲学中时举宋儒语录教化子弟道：

---

① （清）朱次琦撰：《朱九江先生集》，《朱次琦集》，李辰点校，上海古籍出版社2020年版，第35—36页。

饶双峰先生谓:"子见斋衰者,冕衣裳者,与瞽者,见之虽少必作,过之必趋,令人无是心而伪饬是貌,是其中漓也。然此等人少,惟每每有是心不能本是心以行之,遂诿与做不来者最多,故事亲者必不容有未尽之心。其未尽者,皆不诚也,皆其性薄也。"①

"其未尽者,皆不诚也"中"诚",正为"惇行孝弟"中所强调的"惇"字。朱次琦论述"孝弟"时,特别强调在践行孝道时个人行为与态度的一致性,他善于从各种具体的人际关系入手,细致分析并探讨如何解决在"孝弟"践行过程中出现的诸种现实难题。如论及当子女与父母发生矛盾时,朱次琦回溯《礼记》中的义恩之辨,提出"家庭之内,义不掩恩",即矛盾发生时,作为子女,不当"任尔讲理",而应"委曲求全,自家认过,以冀亲心之悟己";在与兄弟姐妹(包括同父异母的兄弟)相处时,朱次琦则提出"以继统论,则有嫡庶之分,以性天论,则无亲疏之异",提倡平等对待兄妹间的关系;在论及如何处理家族群居中复杂的人际关系以及夫妇相处时,则尤重"反身"与"忠恕",如朱次琦举《资治通鉴》中韩琦说服宋英宗与其母曹皇后之间的矛盾之例道:

昔宋英宗有疾,两宫为左右谗间,遂成间隙,当韩琦、欧阳修在朝,琦独见,帝曰:"太后待我少恩。"琦对曰:"自古圣贤明王,不为少矣。独称舜为大孝,岂其余尽不孝哉?父母慈而子孝,此常事,不足道。惟父母不慈,而子不失孝,乃为可称,但恐陛下之事未至,父母岂有不慈哉?"仁宗大感又悟。②

我们看到,朱次琦这种经史结合的讲学方式,在其平日读书讲学中,是互为体用的。如在阐述"孝弟"含义时,他便举事例加以参证,而当

---

① (清)刘熽芬编:《朱子襄先生讲义》,光绪十年刊本,《清代稿钞本》第六十四册,广东人民出版社2007年版,第237页。
② (清)刘熽芬编:《朱子襄先生讲义》,光绪十年刊本,《清代稿钞本》第六十四册,广东人民出版社2007年版,第238页。

论断古今人事时，便将"孝弟"作为评价标准。此外，除了以经史大义和名人事迹作为"孝弟"之道的参照，朱次琦还时举日常经验中普通人的生活案例作为讲授"惇行孝弟"的教案，指出应在孝的具体践行过程中，重其"实"行，而反对其"虚"为。又如在评价世人择地葬亲时，朱次琦认为不应迷信风水，不赞同用僧尼的做法，行男女顶礼焚香与以金锡珠玉等物殉葬父母的行为。朱次琦认为："五经无泪字，丧帖云泣血，非骨肉之血，血即泪也。人子礼丧而宜泣擗踊，今人之泣血稽颡，薄情之甚矣。"① 即反对一切过分的行孝方式。又如程子所说生前为父母画像"若少一茎须，更非吾父母"之说与司马光"尊礼父母之遗像，不如保守父母之遗迹"说，朱次琦便认为二说固然可行，但亦非"充类至义之极"。他认为，与其尊像与守迹，不如将对待父母的慈孝之情转移至兄弟姐妹，因为"子弟皆父母余气所生，对之如见先人之神气也"②。

（二）敬身与崇名

作为修身四行论第二条，"崇尚名节"这一观念是由朱子《小学》篇中《敬身》一章中的"敬身"概念转化而来的，其本则源出于孔子。《敬身》章首言道："孔子曰：'君子无不敬也，敬身为大。身也者，亲之枝也。敢不敬与？不能敬其身，是伤其亲；伤其亲，是伤其本；伤其本，枝丛而亡。'仰圣模，景贤范，述此篇以训蒙士。"③ 由此可见，"敬身"这一概念，是从"孝"观念引申而来的。朱次琦则将"敬身"进一步与"崇名节"联系在一起，表现出他对儒家"正名"观的思考。

朱次琦指出："敬身者，即崇名节之谓也。士君子后日建施，皆于受辞与取、出处去就，得其正而已。"④ 又指出："孝经曰：'立身行道，扬

---

① （清）刘熽芬编：《朱子襄先生讲义》，光绪十年刊本，《清代稿钞本》第六十四册，广东人民出版社2007年版，第241页。
② （清）刘熽芬编：《朱子襄先生讲义》，光绪十年刊本，《清代稿钞本》第六十四册，广东人民出版社2007年版，第240页。
③ （宋）朱熹撰：《小学》，《朱子全书》第13册，朱杰人、严佐之、刘永翔主编，上海古籍出版社、安徽教育出版社2010年版，第415页。
④ （清）刘熽芬编：《朱子襄先生讲义》，光绪十年刊本，《清代稿钞本》第六十四册，广东人民出版社2007年版，第241页。

名于后世，以显父母。'立身也者，名节之谓也。今天下之士，其风好利而鲜名节，二百年于兹矣。学者不自立，非君子人也。昔者伊尹辨谊，武侯谨慎，辞受取与出处去就之闲，昭昭大节，至今照人如日月之在天也。"① 此处讲的"得其正"正是孔子宣扬的"正名"观念的体现。朱次琦在给学生讲述"崇尚名节"时，特别引述《孟子·滕文公》中"志士不忘在沟壑"一段：

> 孟子曰："昔齐景公田，招虞人以旌，不至，将杀之。志士不忘在沟壑，勇士不忘丧其元。孔子奚取焉？取非其招不往也，如不待其招而往，何哉？且夫枉尺而直寻者，以利言也。如以利，则枉寻直尺而利，亦可为与？"②

朱子在《四书章句集注》中注释"取非其招不往"一句道："此二句，乃孔子叹美虞人之言。夫虞人招之不以其物，尚守死而不往，况君子岂可不待其招而自往见之邪？此以上告之以不可往见之意。"又引杨时对"未有能直人者"一段注解评论："或曰：'居今之世，出处去就不必一一中节，欲其一一中节，则道不得行矣。'杨氏曰：'何其不自重也，枉己其能直人乎？古之人宁道之不行，而不轻其去就；是以孔孟虽在春秋战国之时，而进必以正，以至终不得行而死也。使不恤其去就而可以行道，孔孟当先为之矣。孔孟岂不欲道之行哉？'"③ 这里的"守死而不往""不轻其去就""进必以正"正印证了崇尚名节的观念在儒家思想中渊源已久。而对"名节"的推重，通常又表现为士人独特的处世观念。儒学历来有"内圣外王"之传统，故儒者极重"名节"，重"君子""小人"与"义""利"之别，而这一精神始祖，正直溯孔孟的"正名"观念。

---

① （清）朱次琦撰：《朱九江先生集》，《朱次琦集》，李辰点校，上海古籍出版社2020年版，第36页。
② （清）刘熽芬编：《朱子襄先生讲义》，光绪十年刊本，《清代稿钞本》第六十四册，广东人民出版社2007年版，第241页。
③ （宋）朱熹撰：《四书章句集注》，中华书局1983年版，第264—265页。

朱次琦在讲述"崇尚名节"时，与论析"惇行孝弟"时一样，注重运用经史互证的方法，遍举历代崇尚名节者与败坏名节者加以对比，认为士大夫是否重视名节或是否以名节被重用与社会治乱之间存在的直接的因果联系。如宋代君主重视士大夫地位，朱次琦指出，统治者推举名节之士的行为背后，虽然有"不免权术"与好立门户之弊①，但终能使士人阶级的风俗朝"好名"的方向发展，然而到明代，统治者"屡兴大狱，其忠良者皆毙"，使得后来的清代在开国之际，所用"亡国大夫"皆"闯献之党"，而"遗逸之民之士未出"，造成了"国朝二百余年来，士气大抵皆廉隅不立，一好利之天下也"。②

由此不难发现，朱次琦"崇尚名节"观念的提出，实则蕴含其对清代统治者只鼓励研究学问而不兼顾鼓励学者对名节的重视的举措的批评。在朱次琦看来，"士之于名节也，终身之力，岂一日之幸乎？"③ 他指出："观尧舜之圣，以耿介称。桀纣以猖狂称。孟子云'同乎流俗，合乎污世，不可与入尧舜之道'。又谓'伊尹学尧舜之道，必自一介不与，一介不取始'。至汤以币之，放太甲于桐，又反之，民大悦，良由磊落大节，不以去就取与间易其心。"④ 这里朱次琦谈到的"不以去就取与间易其心"正是其"崇尚名节"一行的精髓所在。在他看来，君子士人处身行事，必须名言相符，言行一致，并要坚持一生，不可一日松懈，而伊尹的"一介不与"与"一介不取"要求士子学人为官重俭轻利，唯此不辜士之身份与品格。

---

① 朱次琦曰："宋兴，即褒韩通，虽曰未为吾妻，欲其媚人；即为吾妻，欲其詈人。不免权术，然自后士风，亦能自振。明洪武初，承宋儒讲学之风，士子皆不苟于自待，虽慕声名，立门户，未尝非。东林讲学，诸君子意气不平，故百余年之风俗，皆是好名。"（清）刘熽芬编：《朱子襄先生讲义》，光绪十年刊本，《清代稿钞本》第六十四册，广东人民出版社2007年版，第241页。

② （清）刘熽芬编：《朱子襄先生讲义》，光绪十年刊本，《清代稿钞本》第六十四册，广东人民出版社2007年版，第241页。

③ （清）朱次琦撰：《朱九江先生集》，《朱次琦集》，李辰点校，上海古籍出版社2020年版，第45页。

④ （清）刘熽芬编：《朱子襄先生讲义》，光绪十年刊本，《清代稿钞本》第六十四册，广东人民出版社2007年版，第242页。

（三）自克与立志

"修身四行"说的第三行是要做到"变化气质"。"变化气质"这一概念来自北宋学者张载，而这一概念的学术原点实则可追溯至《尚书·洪范》篇中所提出的道德修养要求。张载认为人性有"气质之性"和"天地之性"。"天地之性"为善，而"气质之性"有善有恶，"变化气质"就是要求人们性情之中的负面气质朝正面变化。朱次琦把"变化气质"作为其"修身四行"说中的一环，亦是把它作为一种主动的道德修养要求。朱次琦在讲学时论道：

> 张子曰："形而有气质之性，善反之则天地之性存焉。"《鸿范》曰："沈潜刚克，高明柔克。"变化之道也。能自克而胜气质，则刚柔济事，是攸好德也。攸好德则宜在五福，不能自克而气质胜，则刚柔害事，是弱也。弱则宜在六极，此学者之元龟也。①

又论道：

> 朱子称吕伯恭变化气质，何哉？伯恭之少也，性暴怒，及读《论语》，曰："躬自厚而薄责于人，遂自克也。"朱子称之，将以告吾学者也。读书自克，吾学者之事也。②

在朱次琦看来，所谓君子的气质是极难做到的，大多数学者往往"不免偏于刚"则"偏于柔"，皆"不知变化"。③ 而由于不善变化，进而在现实生活中又容易将这种气质引入极端，进而发生"以躁杀人"（断

---

① （清）朱次琦撰：《朱九江先生集》，《朱次琦集》，李辰点校，上海古籍出版社2020年版，第36页。

② （清）朱次琦撰：《朱九江先生集》，《朱次琦集》，李辰点校，上海古籍出版社2020年版，第45页。

③ （清）刘熽芬编：《朱子襄先生讲义》，光绪十年刊本，《清代稿钞本》第六十四册，广东人民出版社2007年版，第243页。

案）或"以废缓误事"（处事）的极端情况。朱次琦认为，"人受生于天地，皆气也。然气与理非二也。气之精英，即理；犹木之发荣滋长，气也。枝柯条理，质也，不能判而为二。但天地之气，有清浊混杂志异，人不能自拔于流俗，皆其不能自克耳。自克者，所谓刚克柔克之谓也"①。在其看来，只有强调通过克服自身的气质的不足，才能达到变化的目的。朱次琦举朱子推崇吕祖谦的例子，一方面说明学者可以通过读书来变化气质，另一方面也提出要注重家教的养成，因为吕祖谦祖上为相门之家，其祖父吕蒙正便以良行称著，故而吕祖谦亦能得其师法，促成自身品性的改善。②

朱次琦又举白沙变化气质观念的例子来说明"变化气质"的具体方法在于"先立志"：

> 白沙先生曰："当先理其气质，气质厚则百事能当。但吾人进修，非知之艰，行之维难，故当先立志，志有在，而不能如是者有之，未有无是志而能如是者也。"③

何佑森曾指出，"张载的变化气质，教人重学，学要虚心，要心悟，要心存义理，要向内求；而朱熹的变化气质，却重读书，似乎和张载教人的为学工夫有所不同"④。朱熹道："承喻及从事心性之本，以求变化气质之功之说。此意甚善。然愚意此理初无内外本末之间，凡日用间涵泳本原酬酢事变，以至讲说辩论考究寻绎，一动一静，无非存心养性变化气质之事实。"⑤ 观朱次琦之变化气质学说，不仅尊重张载、白沙重

---

① （清）刘燽芬编：《朱子襄先生讲义》，光绪十年刊本，《清代稿钞本》第六十四册，广东人民出版社2007年版，第243页。
② 参见（清）刘燽芬编《朱子襄先生讲义》，光绪十年刊本，《清代稿钞本》第六十四册，广东人民出版社2007年版，第243页。
③ （清）刘燽芬编：《朱子襄先生讲义》，光绪十年刊本，《清代稿钞本》第六十四册，广东人民出版社2007年版，第243页。
④ 何佑森：《论变化气质》，《儒学与思想：何佑森先生学术论文集》，台北：台湾大学出版中心2009年版，第83页。
⑤ （宋）朱熹撰：《答李伯谏》，《朱文公文集》卷四十二，《朱子全书》第22册，朱杰人、严佐之、刘永翔主编，上海古籍出版社、安徽教育出版社2002年版，第1959页。

"悟"重"志"一面，也论及读书变化的知识进路，反映其"变化气质"观能体贴宋明理学中"尊德性"与"道问学"的双重面向，亦可视为其兼采汉宋思想的再次具体呈现。

（四）检心与行礼

"检摄威仪"作为"修身四行"说最后一环，亦极有特点。"威仪"一词源自《诗经·大雅·烝民》"古训是式，威仪是力"一句，其诗歌颂了周宣王时期名臣仲山甫的行为与事迹。朱次琦认为："《洪范》五行配五事，威仪之失，不特于义理不合。"亦即认可"威仪"概念所具有形上特性①，但与此同时，朱次琦更强调"检摄威仪"是一种检"心"、治"心"的工夫。

朱次琦引朱子《中庸集注》中"动乎四体"一句注释道："朱注云：'四体，谓动作威仪之闲，如执玉高卑，其容俯仰之类。凡此皆理之先见者也。然惟诚之至极，而无一毫私伪留于心目之间者，乃能有以察其几焉。'且关于利害，禹之言惠迪吉，从逆凶，作善降祥，作不善降殃，岂真有尸神以司之哉，类相感召也。如腥臭之招蝇，香花之引蝶，势使之然也，要其中有本焉。本者何？心是也。形骸之放，心放之耳。《家人》卦'言有物'二句，'揽其全，威如之吉'二句，提其要。俗士辄言不羁。羁者，络马头也。马受羁勒，然后归于天闲。若马不受羁，则野马耳。宜置之山巅水涯。若置之庙廊，不类矣。康成解《礼运》之说云：'三百之礼，三千之仪。'其事虽繁，实关于人心之检制。先王制为威仪，于行礼之会，心有不在，必多失礼。观于树，一叶之黄，即有一枝之陨，足以验心神之存亡，不徒关于德性。祸害亦因解得透辟。人不检摄威仪，则必渐流为轻佻一辈。"②

这里，朱次琦指出，祭祀过程中保持威仪姿态背后并非鬼神作祟，

---

① 《尚书·洪范》："五事：一曰貌，二曰言，三曰视，四曰听，五曰思。貌曰恭，言曰从，视曰明，听曰聪，思曰睿。恭作肃，从作乂，明作哲，聪作谋，睿作圣。"刘起釪：《尚书校释译论》第三册，中华书局2005年版，第1155页。

② （清）刘熽芬编：《朱子襄先生讲义》，光绪十年刊本，《清代稿钞本》第六十四册，广东人民出版社2007年版，第244页。

而是要表达由个人心身专注所引发的"存在"状态。他举臭味与苍蝇、鲜花与蝴蝶、野马与络羁等例子,说明儒家将"威仪"作为一种检制人心的行为标准,即通过礼来约束心、修正心,进而达到儒家治心返身的目标。

此外,朱次琦认为,欲为人师人吏,必有其器,故可知朱次琦之威仪观实为其经世理念之体现。在讲述"检摄威仪"一行时,朱次琦将其与"处世之道"相联系,他说:

> 若处世之道,更不可不知。吾人非独处之日,即与人之日。大约有两端。其居乡党而宗族亲戚相见,则亦情谊浃洽;若在师友,则惟在取益。……又所谓取益若何,惟在择交。观朱子集中有《训子书》一篇,语极警切,而有味。又如在官,假令当者下僚末职,在京不过部曹,在外不过为州县,自然不得不接上官,接奉之若何,备其礼数,训顺其言语,其余拜起礼节,一依大清会典而已。至若会典之中,近来各省风气,不无减省,以归简便。君子行礼,不求变俗。从之可也。若一切奔竞之事,断断不宜,至若于案情之出入,厉害之兴革,则更不能阿附大官,动于利害之见,稍为圆融。①

由以上引文可见,朱次琦的"检摄威仪"论在落实于实际中时,亦需根据不同的环境、对象作出不同的调整。如在对待乡党上,朱次琦认为要"谦卑逊顺";在对待师友上,则唯求"取益";为官上,则求"从俗行礼",但绝不可"动于利害",擅为"阿附"之事。整体而言,朱次琦在论述"修身四行"说时,除了采用概念溯源与辨析的方法,亦擅结合"以史证经"和"以经证史"的互证方法,并将其贯穿于讲学过程中,这一特点在朱次琦"读书五学"说的思想中,亦有充分展现。

---

① (清)刘燔芬编:《朱子襄先生讲义》,光绪十年刊本,《清代稿钞本》第六十四册,广东人民出版社2007年版,第244—245页。

二 "读书五学"说

在论及"读书五学"之初，朱次琦首先提出经学和史学互证互用方法的重要性，这一思想观念问题的产生，来自他对乾嘉汉学兴盛的背景下，学者只专注于经学而忽视史学的观察。陈寅恪曾评价清代学术道："一世才智之世，能为考据之学者，群舍史学而趋于经学之一途。"又说："清代经学发展甚过，转致史学之不振也。"[①] 朱次琦显然早已觉察到这种趋势。其"读书五学"，首言经学，符合清代学术发展的大趋势，但在五学中，他不言训诂考订之学，亦不明言义理之学，而是以经学纳考订，以性理变义理，这无疑是他平章汉宋，要将以考证为主的汉学和义理为主的宋学都纳入其读书致用思想体系中的一种考量。[②] 此外，朱次琦在五学中提出辞章之学，反映出他对汉学大炽以来，学者善为考据文章却忽视修辞立诚的观察和批评。

（一）论经史互证

朱次琦指出："古人只言经学，无所谓道学。孔子雅言之教可见，孔子亦由行古之道也。先王之教人，惟《诗》《书》《礼》《乐》《易象》《春秋》。夫子因之以为教。"[③] 表明其经学观念，无汉无宋，不独推宋儒，亦不行专经之教；又如朱次琦论道："孔子一代圣人，而当日所学，多周朝之书。观其删定诗书，于典谟商颂而外，录取周朝居多，又观其考礼，则从周，可知圣人无生今反古，不过于先代之典章，求其沿革之

[①] 陈寅恪：《重刻元西域人华化考》，《金明馆丛稿二编》，生活·读书·新知三联书店2009年版，第2页。

[②] 对于此问题的探讨，亦参见拙文《汉宋之争的三重向度——以朱次琦汉宋学论为中心的考察》，《中山大学学报》（社会科学版）2020年第3期。

[③] （清）刘熽芬编：《朱子襄先生讲义》，光绪十年刊本，《清代稿钞本》第六十四册，广东人民出版社2007年版，第245页。

述，以明所当法守耳。"① 这里提出的"圣人无生今反古"体现了朱次琦经学观念中的致用思想。他提出了研究经学的核心不在复古，而在借古论今。其论近似章学诚的"六经皆史"说，其旨有意将经学研究引入结合史学研究。如朱次琦论《春秋》道：

> 谓三传不足信，以经为主，不可屈经从传。独不思不读传何以知其事迹，无案何以有断，传即案也，经即断也，不读传何以知其事之案而断之乎？故朱竹垞先生曰："春王周正月，群疑积至今，邱明一周子，足可抵千金"是也。②

朱次琦提出经所有具有"经断"功能和史所具备"传案"功能不可割裂，他固然认同"以经为体、以史为用"，但主要通过强调经史的一体性，来拔高史学的价值，并强调读经治史的过程中，尤其要借助经传、史传来打通阻碍，解决"积疑"。在《年谱》中，他又具体强调了史学于经学的作用：

> 史之于经，尤医案也。③
> 《书》与《春秋》，经之史，史之经也。百王史法，其流也。正史纪传，《书》也。通鉴编年，《春秋》也。以此见治经治史，不可以或偏也。④

朱次琦首先要表达的一个观念，就是在经史关系中，史具有非常重要的价值内涵。他把《二十四史》和《资治通鉴》上升到《尚书》和《春

---

① （清）刘燠芬编：《朱子襄先生讲义》，光绪十年刊本，《清代稿钞本》第六十四册，广东人民出版社2007年版，第247页。
② 朱杰勤编：《朱九江先生经说》，《朱次琦集》，李辰点校，上海古籍出版社2020年版，第307页。
③ （清）朱次琦撰：《朱九江先生集》，《朱次琦集》，李辰点校，上海古籍出版社2020年版，第42页。
④ （清）朱次琦撰：《朱九江先生集》，《朱次琦集》，李辰点校，上海古籍出版社2020年版，第42页。

秋》的地位，就是例证，因为在他看来，经史必须一体，才能发挥其中的教化与经世功能。而他对此问题的论证，则是从更古老史学传统谈起。

朱次琦指出："三代以前，史学即经也。"① 即从先秦至刘向歆父子所撰《七略》入《汉书·艺文志》以来，《尚书》《春秋》都不独称为"史"，而皆视之如经。如司马迁之《史记》，只谓《太史公书》，而在《艺文志》中，却将其与其他史学著作放置在《春秋》之后，亦即皆以经视之，迟至曹魏时期的荀顗，才首先提出了于经学之外，别立史学的说法。而沿用至今的经史子集四部之法的确立，更是迟至唐代才出现。② 朱次琦对经史传统的回顾表达了经史本不分家的传统儒学思想，在他看来，重新理解司马迁、班固在史学上所树立的这一经史兼及的思想观念十分重要，他在讲学中也反复向学生申明此义：

> 史公之著书也，志在传事，务宜将三千年之事迹，纬之以文理，绘之以笔墨。善于序事，易于动听，使千秋万世永垂不朽，人皆知之。而于内有关学问、经济之文字，博古通今之著述，未之及载，盖在序事，则文章焉能载得，各明一体也。③

又提出：

> 班固著书，另一意志，在详一代之事。断代为书，皆汉朝之事，凡有益学问，有益经济之文，以及经术之文，干济之文，皆载入，故不觉其词之多且费。其本原盛大，皆与史公不同。④

在朱次琦看来，《史记》与《汉书》最大的不同在于前者重在叙事，

---

① 参见（清）刘燿芬编《朱子襄先生讲义》，光绪十年刊本，《清代稿钞本》第六十四册，广东人民出版社2007年版，第247页。
② 参见（清）刘燿芬编《朱子襄先生讲义》，光绪十年刊本，《清代稿钞本》第六十四册，广东人民出版社2007年版，第247页。
③ （清）邱炜菱编：《朱次琦先生论史口说》，光绪庚子年刻本1900年，第1b页。
④ （清）邱炜菱编：《朱次琦先生论史口说》，光绪庚子年刻本1900年，第1b页。

通过宣讲故事的方式将义理融入其中，而后者则更能在"经济文章"的部分有所突出，亦即通过载述经济治世的文章来推动学问与社会风气的进步。朱次琦称《史记》《汉书》"各明一体"，亦即要阐明"史"中所表现的"经"的价值，此说不仅印证其"经史互证"之思想，亦反映出其经史观念背后的经世倾向。

（二）论掌故经世

朱次琦在经学、史学之外，特视掌故之学，原因在于掌故之学是经世之学的重要组成部分。他说："掌故之学，至赜也。由今观之，地利军谋，斯其亟矣。"① 由于朱次琦生活的年代与捻军和太平天国之乱相重叠，经世的迫切要求对其产生深刻影响，故他尤其重视掌故之学对于治世的辅助作用。与此同时，朱次琦又提出："知掌故而不知经史，胥吏之才也。"② 强调掌故之学仍应以经史之学为基础，不应仅仅满足于掌故之学的经世作用，还需要注意与其他学问相配合，方能发挥其威力，这也正是他时刻强调五学一体学术理念的再次表现。

朱次琦掌故之学所要求的阅读范围非常广泛："宋郑樵《通志》、元马端临《文献通考》、南宋王应麟《玉海》（人谓此书似辞章类，不知叙事之详明，亦不失为典章制度之书也）、朱子《治平通鉴》、明邓元锡《函史》（上编事迹、下编典章制度）、明朱健《古今治平略》《册府元龟》《太平御览》、真西山《大学衍义》，邱文庄《大学衍义补》《漕运全书》《钱法考》《云南铜政考》，余外掌故之书，如天文，则明唐之彌、利玛窦、汤若望皆有书，地舆则如李吉甫《元和郡县图志》、宋乐史《太平寰宇记》皆至古也。"③

对于掌故图书的类型，朱次琦的分类也十分详细，他划分出天文、

---

① （清）朱次琦撰：《朱九江先生集》，《朱次琦集》，李辰点校，上海古籍出版社2020年版，第43页。
② （清）朱次琦撰：《朱九江先生集》，《朱次琦集》，李辰点校，上海古籍出版社2020年版，第43页。
③ （清）刘熽芬编：《朱子襄先生讲义》，光绪十年刊本，《清代稿钞本》第六十四册，广东人民出版社2007年版，第249页。

占验、舆地、通礼、六部、河防、兵书、农田、水利、钱法等诸多细目，他在推荐学生阅读梅文鼎的《全书》《天文大成》、开元吉《海上星占》《官蠡玩占》《舆地纪胜》《元明统一志》、洪吉亮《乾隆府厅州县图志》《瀛寰纪略》《大清一统志》《皇舆图表》、嘉庆重订《皇舆图表》《钦定皇舆西域图志》等书之外，着重提到清代的掌故书籍的分类与要籍。此外，礼书、兵书、水利等类型的掌故书籍也为朱次琦所重。他说："礼则有《朱子仪礼》《礼经通考》、陈祥道《礼书》、朱子《家礼》、吕祖谦《蓝田乡约》《明会典》，丧礼则有《读礼通考》，秦文恭《五经通考》、江永《礼书纲目》，兵书之传世者，如《吴子》《孙子》《尉缭子》《姜太公六韬》《黄石公三略》、李卫公《问答》（诸葛武侯《心书》伪造唐《阴符经》）、戚继光《练兵实纪》、戚继光《纪效新书》（二书最佳）。茅元仪《武备志》、明唐顺之《武编》，登坛必究。《金汤十二筹》、吕申公坤《守城救命书》、无名氏《心法》、吴宫桂《洴澼百金方》、邓绍《乡团纪略》；农田水利则有熊三拔《泰西水法》，利玛窦、徐光启《农政全书》《明朝救荒本草》（倪国连《康济录》从此出）《行水金鉴》，淮黄必读书。"①

（三）论格物性理

朱次琦认同性理之学，他说"读性理之书，然后能反身修德，将见己病痛驱除，由博返约，然后知性命源头，虽躬身施天下，泽及一时，亦分内事，如父母授子一家事，成非己功，其不成则己咎，如此将任咎之不暇，何暇计功"②。但他在朱熹和王阳明之间，显然更偏向重"道问学"的朱熹，这亦与他读书格物，进而期以实用的学术思想相为表里，朱次琦说：

> 读书者，格物之事也。王姚江讲学，讥朱子读书曰："致良知可也。"学者行之，流弊三百余年。夫良知良能，皆原孟子，今举所知

---

① （清）刘熽芬编：《朱子襄先生讲义》，光绪十年刊本，《清代稿钞本》第六十四册，广东人民出版社2007年版，第249页。

② （清）刘熽芬编：《朱子襄先生讲义》，光绪十年刊本，《清代稿钞本》第六十四册，广东人民出版社2007年版，第251页。

而遗所能乎，既不读书，何以致良知也。不读书而致良知，宜姚江不以佛氏明心为非也，此心学之弊也。子路佞于孔子曰："何必读书，然后为学。"则孔子之读书为学，其常也。昔者姚江谪龙场驿，忆其所读书而皆有得，姚江之学由读书始也，故其知且知兵，其能且能御乱。

他在给顺德学者吴昭良的《格物说》三篇①的跋文中亦表现了相同的思路：

> 《汉书》注良，实也。孟子良能良知，不过与良贵之良同义，本无深解，不闻以此为七篇宗旨也。况摘去良能，专称良知，谓千古圣贤传心之祕在是乎？大约王氏言吾人为学不资外求，良知之体，皦如明镜。妍媸之来，随物见形。而明镜曾无留染，无所住以生其心，佛氏曾有是言，未为失也。明镜之应，一照皆真，是生其心处，妍者妍，媸者媸，一过而不留，即无所住处，其平日论学指归，往往如是。然试问良知，作此解说，果有当于孟子论孩提爱亲之仁否？②

这里朱次琦所强调的"读书"之法，实是以朱学为准绳，从学术史的角度，检讨王阳明的致良知之说本不离读书之途。在朱次琦看来，书与竹皆是物，草木中皆有理可格，圣贤经传亦有理可格，不读书格物，知识从何处获取？朱次琦进一步指出：

> 六经者，古人已然之迹也。六经之学，所以践迹也。践迹而入

---

① "《格物说》三篇，顺德吴学博昭良善菴撰……其上篇有曰格物为圣人入门第一义，汉唐以来至程朱而后格物之说始定。"《格物说》三篇原文已不可见，其上下篇节文，中篇全文收录在张启煌的《朱九江先生集注》中，参见张启煌《朱九江先生集注·文集》卷六，香港：香港大学冯平山图书馆藏刊刻本1930年，第2b—5b页。
② （清）朱次琦撰：《朱九江先生集》，《朱次琦集》，李辰点校，上海古籍出版社2020年版，第139—140页。

于室，善人之道也。所谓深造之以道，欲其自得之也。子张问善人之道，子曰："不践迹亦不入于室。"陆子静，善人也，未尝不学，然始事于心，不始事于学，而曰"六经注我，我注六经"，虽善人乎，其非善人之道也。①

在朱次琦看来，陈白沙将学与教，即读书与静养分为二论，教人不读书而先静养；陆象山则教人"我注六经"，把读书置于次要位置，二者显然都与孔子的为学宗旨相出入。那么读书又如何与性理之学结合呢？朱次琦认为："读书即多，则识日广，志气亦渐粗豪，自古居于有用，而蔑天下之人，将记丑而博，为圣人所必诛矣。是又不可不读性理之书。"②这里朱次琦提出"性理之学"，特表明其对清代汉学只侧重知识学问进路的反思和检讨。

在朱次琦看来，清代学术研究中，以性理之学为本的宋学和以强调经学考据的汉学，二者互相视对方为完全无关并且相互对立的学问，对孔子以来儒家平衡德性与知识，兼顾教化与经世传统造成了严重破坏。特别是在经历了乾嘉盛世之后，清廷官场日趋腐败堕落，世风日下，汉学研究风靡天下，学者炫知识而轻践履，以知识高低论品行高下，反映了学者在"性理之学"修习工夫方面的严重不足。朱次琦提出"性理之学"正欲纠正此一学风，但他亦能结合明末清初以来朱子学研究对于偏于"性理"的反思，故在论述"性理之学"时将"读书"置为前提，反映了他将清初以来朱子学研究重视"经世"和"读书"的知识面向纳入其"性理之学"中的思想理路。

（四）论修辞立诚

在论及辞章之学时，朱次琦指出：

---

① （清）朱次琦撰：《朱九江先生集》，《朱次琦集》，李辰点校，上海古籍出版社 2020 年版，第 37—38 页。
② （清）刘燏芬编：《朱子襄先生讲义》，光绪十年刊本，《清代稿钞本》第六十四册，广东人民出版社 2007 年版，第 251 页。

经史之谊，通掌故而服性理焉，如是则辞章之发也，非犹乎文人无足观者矣。宋刘忠肃每诫子弟曰："士当以器识为先，一命为文人，无足观矣。"①

朱次琦此处试图表达的观点是，治经学、史学、掌故之学与性理之学的同时，亦须"修辞立其诚"。因为仅通晓掌故只能成为一般的技术性人才，仅知性理之学则沦为陆王心学，仅专经史则为乾嘉考据之学。与此同时，朱次琦虽倡辞章之学，但他也像反对其他四学无限制地扩大地位一样反对过度拔高辞章之学，而是平衡五学，故其将辞章之学放置在"读书五学"中的最后。

辞章之学首先指向诗学传统。朱次琦在评价古今文人时指出，天下诗文汗牛充栋，但真正能做到"千古不朽者"必须兼具三个条件，此即：性情、伦理与学问。②

朱次琦指出："诗为心声，古人感情丰富，郁积中怀，不能自已，故发为诗。后人先有题而后有诗，则性情已薄。三百篇之标题：一字如《氓》之诗，《丰》之诗；两字如《关雎》等；三字如《殷其雷》，四字如《野有死麕》，五字如《昊天有性命》，皆篇中之一字一句，并无深意存乎其间，以为篇什目录，此皆为诗人信口吟成，后人随意加题，实可为先有诗而后有题之证。今人先命题而后有诗，有序有跋，皆失其本意也。"③ 然而诗歌若只是抒发个人无谓的情绪，则亦为朱次琦所反对。

朱次琦认为："后世好诗，不出伦理。"④ 从朱次琦个人的文学倾向上来看，他对杜甫、韩愈的诗文最为推崇，他赞赏杜甫的诗道："王、孟、威、韦、柳，未尝不音节和谐，风骨高尚；至体大精思，尤以杜公

---

① （清）朱次琦撰：《朱九江先生集》，《朱次琦集》，李辰点校，上海古籍出版社2020年版，第43页。
② 朱次琦曰："古今诗人，车载斗量；诗集之多，汗牛充栋，而千古不朽者，只有数端：首言性情，次言伦理，终言学问。诗可以兴观群怨，性情之事也；迩事父，远事君，伦理之事也；多识于鸟兽草木之名，学问之事也。外此而可传者，未之有也。"朱杰勤整理：《朱次琦先生谈诗》，《广州学报》1937年第1期，第1页。
③ 朱杰勤整理：《朱次琦先生谈诗》，《广州学报》1937年第1期。
④ 朱杰勤整理：《朱次琦先生谈诗》，《广州学报》1937年第1期。

为贵。太白之诗，七古胜于五古，五古不过模仿前人，至七古则从《风》《雅》《楚辞》中来。至杜公更博大精深，辟太白所未辟之境。故七言诗至李杜而极盛，韩苏亦能继轨。"① 又说："少陵之诗，大含细入，吐属之雄，篇幅之广，尤觉包含万丈，而诗律之细，又复丝毫不苟。少陵之诗，盖从伦理中来。"② 其对杜诗的推崇，正在其能借辞章折射"伦理"。

性情、伦理之外，朱次琦特别提出辞章之学与学问之间的关系。他提出："文章之运，积久必变者，乃世道推迁，必尽态极妍而后止。"③ 亦即学习不同的诗文，需要根据辞章所涉及的不同体例与特点来把握，他提出："诗以神理为先，至古诗十九首以下，俱要揣摩其神理，至浏览景物之作，则以陶公为主；王、孟、韦、柳为继。凡此种诗，皆旷逸出尘，如魏晋间人，学之者则必胸期潇洒登临议论，则学杜韩。自此之后，沿流而降，皆可学矣。若学杜韩之诗，要从学问来。"④ 重点突出了诗学中的知识向度，而其将学问作为辞章之学中最后一环，以伦理和性情兼顾之，无疑再次反映了兼采汉宋的思想观念。

三　结语

朱次琦以修身与读书为问道之本，证之以经，通之以史，标榜人物，注重事迹制度，并将其付诸文章之上，其最终旨趣指向教化与经世。钱穆认为，新文化兴起之际，辞章之学变成了"白话文"，掌故之学变成了"二千年专制政治"，性理之学变成了"礼教吃人"，而以科学的方法整理国故运动兴起，则继承乾嘉考据学治经、治史。在钱穆看来，乾嘉之学反宋学，而今日的考据之学则反中国，最终导致今日之学者，不明读书何谓，亦不修身。⑤ 朱次琦的"修身四行"与"读书五学"说，在清代

---

① 朱杰勤整理：《朱次琦先生谈诗》，《广州学报》1937年第1期。
② 朱杰勤整理：《朱次琦先生谈诗》，《广州学报》1937年第1期。
③ 朱杰勤整理：《朱次琦先生谈诗》，《广州学报》1937年第1期。
④ 朱杰勤整理：《朱次琦先生谈诗》，《广州学报》1937年第1期。
⑤ 参见钱穆《朱次琦学述》，台北：东大图书公司2006年版，第323页。

汉学大炽的背景下，提出回归以道德立身为传统的儒学。其"一一以孔子为归"之思想表面看是在标榜复古，其实则结合了晚明清初以来汉学研究和朱子学研究的新成果，并提出对乾嘉以来，汉宋相争，学人偏于门户之见的深切批判，而其博雅通达的治学观念，在学术分科日益凸显的今日，无疑仍深具借鉴的意义。

德福与命遇：王船山《张子正蒙注》伦理思想初探

张瑞元

（西安石油大学马克思主义学院）

摘要：王船山《张子正蒙注》是对北宋理学家张载所撰《正蒙》的注释，其中对德福、善恶、命遇等伦理道德问题有深入的思考。船山认为，德福并非总能一致，外在境遇具有不可控制性。有道德的君子在善恶之念刚刚萌发之时就要通过克己工夫把恶念去除，对于善念则要涵养培育。在道德选择时执守大中至正的道德中道，就能在任何道德境遇中无往而不利。船山对德福等问题的伦理思考，既关涉自身的道德选择，也关涉社会的风俗教化。船山认为，有道德的君子当然期待德福一致以实现社会公正，但是在德福不一致的情况下，仍然应该通过不间断的为善去恶的道德修养工夫而追求向善。不管处境如何，儒者都应该坚守道德原则而以大中至正之道行事。这显示了船山作为儒家正传的道德理想主义追求。

关键词：王船山 张载 《张子正蒙注》 德福关系 善恶境遇 伦理

王船山《张子正蒙注》（以下简称《正蒙注》）是对北宋理学家张载所撰《正蒙》的注释。"希横渠之正学"的王船山，在《正蒙注》中有不少"六经注我"式的创造性发挥。因此，《正蒙注》可以作为船山思想研究的重要文献。船山《正蒙注》对德福、善恶、命遇等伦理道德问题有深入的思考。借助伦理学理论来诠释《正蒙注》伦理道德思想，有助于我们更深入地研究船山思想。

有德性的儒家君子一定能够得到现世的幸福吗？人世间能够建立为善得善报、为恶得恶报的公正秩序吗？笃信天命的正人君子面临不公正的人生遭遇时该如何自处？船山《正蒙注》从儒学的立场对这些问题给出了答案。

一 "德者福之基，福者德之致"

幸福与德性的关系是伦理学家经常讨论的课题之一。功利主义的伦理学把幸福、快乐作为道德的最高目标。康德的道义论的伦理学则认为道德和幸福是两个领域的事情。

德福关系是伦理学的一个核心议题。张载《正蒙·至当篇》谈到德福关系："至当之谓德，百顺之谓福，德者福之基，福者德之致，无人而非百顺，故君子乐得其道。"[①] 张载是正统儒家学者，其德福论的基调是德福一致。张载认为，德性是福的基础，福只是道德行为的结果。张载所理解的"德"，是处理每一项人伦关系都达到恰到好处的地步，即"至当"。这里的"德"既是有道德的君子所具有的德性，也是每一个具体的道德行为。张载所谓的"福"，是"百顺"之福，即生活万事顺畅，没有坎坷不幸。我们现代汉语用"幸福"翻译古汉语"福"字，张载此处所言之"福"，恰恰不是侥幸所获的福气、福报、福泽。张载认为，"福"是对"德"——有德性的君子及其种种道德行为——的必然的报答。

张载德福一致的德福论，与德国古典哲学家康德的德福论是有很大差异的。康德基于普遍性原则而建立的道德哲学体系，认为无法保证德福总是一致。康德的普遍性原则是说，"如果那个条件被认识到是客观的，即作为对每个有理性的存在者的意志都是有效的，这些原理就是客

[①] （宋）张载：《正蒙·至当篇》，《张载集》，章锡琛点校，中华书局1978年版，第32页。

观的，或者是一些实践的法则"①。在此基础上，康德认为，"因为每个人要将他的幸福建立在什么之中，这取决于每个人自己特殊的愉快和不愉快的情感，甚至在同一个主体中也取决于依照这种情感的变化的各不相同的需要，所以一个主观上必要的法则（作为自然规律）在客观上就是一个极其偶然的实践原则，它在不同的主体中可以且必定是很不相同的，因而永远不能充当一条法则，因为在对幸福的欲望上并不取决于合法则性的形式，而只是取决于质料，亦即取决于我在遵守法则时是否可以期待快乐，和可以期待多少快乐"②。也就是说，幸福因为掺杂着个体性的情感，不具有普遍性，所以无法作为道德原则。道德与幸福是两个领域的事情。康德的道德哲学，与张载的德福一致论，存在着明显的分歧。

儒家伦理重视修身、重视道德实践，与古希腊哲学家的道德伦理学有相似之处。近年来学界借助美德伦理学理论，研究传统儒家的伦理思想，取得了丰硕的成果。不过，在德福关系问题上，古希腊先哲亚里士多德与张载的认识也不尽一致。《尼各马可伦理学》谈到快乐与幸福时说：

> 人人都认为幸福是快乐的。也就是说，人们都把快乐加在幸福上。这样看是有道理。因为，既然没有一种受到阻碍的实现活动是完善的，而幸福又在本质上是完善的，一个幸福的人就还需要身体的善、外在的善以及运气，这样，他的实现活动才不会由于缺乏而受到阻碍。（有些人说，只要人好，在贫困中和灾难中都幸福。这样的话，无论有意无意，说都等于不说。）但是由于还必须有运气，有些人就认为幸福等于好运。但是事情并不是这样。如果过度，好运本身也会成为阻碍。这样，它也就不配称为好运了。③

---

① ［德］康德：《实践理性批判》，邓晓芒译，人民出版社2003年版，第21页。
② ［德］康德：《实践理性批判》，邓晓芒译，人民出版社2003年版，第31页。
③ ［古希腊］亚里士多德：《尼各马可伦理学》，廖申白译注，商务印书馆2013年版，第222页。

也就是说，幸福与否，还受到运气等外在因素的影响。这有深深的古希腊神话中英雄人物难以逃脱其命运的古希腊命运论传统。张载的德福一致论，似乎没有考虑德性以外的、人无法掌握的因素，单纯地信仰有德必有福。

那么，王夫之在对《正蒙》的注释中，又体现了他自己怎样的德福观呢？

王夫之注释说："当于理则顺。于事至当，则善协于一，无不顺矣。居之安而志无不遂、事无所逆之谓福。"① "以德致福，因其理之所宜，乃顺也。无入而不顺，故尧水、汤旱而天下安，文王囚、孔子厄而心志适，皆乐也，乐则福莫大焉。小人以得其欲为乐，非福也。"② 王夫之认为符合法则（"理"）就会顺，事事物物皆顺，那么顺与善就会统一；他认为福就是事事顺心。王夫之认为福由德而来，有德者因而有福，这是符合天理的，因而也是顺的，是顺应人心的。他还举例做了说明，尧治理天下时发洪水，汤治理天下时遇到大旱，但是尧与汤治理的天下，都天下太平。文王被纣王囚禁在羑里，孔子困厄于陈国、蔡国之间，但是他们都心态闲适，满心快乐，因为他们坚守道德，追寻道德理想，并不在意外界境遇的好坏。只要他们内心是快乐的，就是最大的幸福。小人以满足自己的欲望为快乐，那不是真正的幸福。

王夫之在这里揭示出一个深刻的道理，德福并非总能一致，外在境遇具有不可控制性。尧、汤都是贤明的圣王，但是气候等外在因素他们没有办法把握。文王、孔子都是圣人，但是都遭遇了不幸的政治和社会处境。这些外在环境，不是有道德就能避免的。尧、汤之所以成为圣王，是因为他们爱护民众，在自然灾害面前，民众依然信任和支持他们。文王、孔子之所以是圣人，就在于不论处境的顺逆，他们始终不放弃道德理想和道德原则。王夫之的这种认识，与西方哲学家的认识有共同之处。我们如果联系王夫之在明清易代之际的坚守，似乎更能理解他的这种解释不仅仅是一种学理的阐述，更有其道德理想灌注凝聚其中。

---

① （明）王夫之撰：《张子正蒙注》，《船山全书》，岳麓书社2011年版，第193页。
② （明）王夫之撰：《张子正蒙注》，《船山全书》，岳麓书社2011年版，第194页。

德福与命遇：王船山《张子正蒙注》伦理思想初探

王夫之说："当吉则居富贵而不疑，当凶则罹死亡而不恤，当否则退藏以听小人之利，当亨则大行而司衮钺之权。"① 面对吉凶亨否不同的境遇，道德君子都应该以道义为先，而不能不顾道德与正义，一味地趋吉避凶。在顺境中坦然接受富贵，在亨通时主持正义，为政一方。在仕途不畅、小人当道时隐退，不与小人同流合污。在凶险中坚持正义，即使面临死亡也在所不惜。面对不同道德情境，儒者都应该坚守道德。

王夫之在注释中，还从哲学史的角度，批评了心学家的道德观。他说："理者，物之固然，事之所以然也，显著于天下，循而得之，非若异端孤守一己之微明，离理气以为道德。"② 在王夫之看来，佛道异端和陆王心学一样，都只是孤守心的一点灵明，离开理气而讲论道德。真正的道德，不能离开理气，需要"以理御气"③，即用理主导气，用道德理性制约、范导气质。

张载说："德者，得也，凡有性质而可有者也。"④ 德是万物得自天的。王夫之对此注释说：

> 得，谓得之于天也。凡物皆太和絪缊之气所成，有质则有性，有性则有德，草木鸟兽非无性无德，而质与人殊，则性亦殊，德亦殊尔。若均是人也，所得者皆一阴一阳继善之理气，才虽或偏而德必同，故曰"人无有不善"。⑤

也就是说，包括草木鸟兽在内的天下万物，都是太和之气所生，都有质料、有本性、有德性。王夫之在这里展示了一个"质—性—德"的下贯体系。只是，不同的质料区分出了不同物种，因此就有不同的本性与德性。这里不同的"质"的区分，指的是人与动物、植物等的区分。

---

① （明）王夫之撰：《张子正蒙注》，《船山全书》，岳麓书社2011年版，第310页。
② （明）王夫之撰：《张子正蒙注》，《船山全书》，岳麓书社2011年版，第194页。
③ （明）王夫之撰：《张子正蒙注》，《船山全书》，岳麓书社2011年版，第196页。
④ （宋）张载：《正蒙·至当篇》，《张载集》，章锡琛点校，中华书局1978年版，第33页。
⑤ （明）王夫之撰：《张子正蒙注》，《船山全书》，岳麓书社2011年版，第195页。

人都是理气所生，因而人在本质上的性善的德性都是相同的，只是"才"（气质）稍有不同而已。凡是人都秉持了同样的理气，这就从最基础的理论上保证了所有人的德性都可以达到善的圆满境地。现实中各个人的"才"不同，区分出了现实的人的聪慧与蠢笨、善良与邪恶等。但是，无论现实中的人性善恶，都可以通过不断的道德修养，努力地践行道德行为，最终趋向于理气所赋予人的善的德性。因为，人性在本质上取决于"理"而非"气"，也就是说人的本性是人的理性，而非人的气质、人的动物性。王夫之在另一处说："性，谓理之具于心者；修，如修道之修，著其品节也。"① 德性本质上是存于心的"理"。现实中的人，如果想要完善德性，成为有道德的人，就需要经过修道践履这样的道德实践过程，最终才能完善人先天固有的性善的道德品质。

王夫之对"才""质"还有进一步的讨论。他说："心备万物之理，爱之本也。推以及人，于此求之而已。"②"用之大者因其才，性其本也，性全而才或不足，故圣人不易及。然心日尽则才亦日生；故求仁者但求之心，不以才之不足为患。"③ 仁爱之心具备了万物之理，是爱之本。道德修养中的"求仁"，即让自己成为一个充满仁爱之心的仁德之人，主要是扩充仁爱之心。有德性的人要施展自己的才能，让自己的仁爱之心惠及天下更多的人，这就需要本领和才能。仁爱之心是道德，本领才能是智慧。仁智统一当然是儒家的最终追求，但这种美好的理想往往难以实现。因此，在仁智、德才难以统一的时候，儒家往往是以德为先。张载就曾说过："不愿而多能，譬之豺狼不可近。"④ 不忠厚诚实，但是很有才能，这样的人就像凶猛的豺狼一样，对社会有害而无益。王夫之在这里说，性善是最根本的。圣人德性完备，才能本领也大，普通人很难达到这种境地。但是，只要通过道德修养工夫，让人的先天善性完全呈现，才能本领和智力上的不足可以通过不断学习进步而得到弥补。通过工夫

---

① （明）王夫之撰：《张子正蒙注》，《船山全书》，岳麓书社2011年版，第198页。
② （明）王夫之撰：《张子正蒙注》，《船山全书》，岳麓书社2011年版，第200页。
③ （明）王夫之撰：《张子正蒙注》，《船山全书》，岳麓书社2011年版，第200—201页。
④ （宋）张载：《正蒙·有德篇》，《张载集》，章锡琛点校，中华书局1978年版，第46页。

修养，善心善性不断地接近完满，那么，才能在此过程中也会不断地增长。因此，想要对社会有所贡献的人，不要发愁本领才能不够用，只要德性是善的，心是善良的。服务社群、奉献社会的能力，总会有办法不断地获得。王夫之此处所言"心日尽则才亦日生"，与其人性论"性日生日成"说是一致的。在另一处，王夫之也谈到人对社会的贡献，以每个人的最大才能为限度。"圣人之愿欲广大，而不过尽其才之所可为，人道尽而帝则顺，屈伸因乎时也。"① "有愿欲而欲穷极之，墨、释所以妄而淫。"② 即使是儒家圣人，虽然有博施济众的宏大愿望，但也只是以自己的最大才能为限度而造福社会，同时他的出而用世和隐退讲学也受到时代的限制。墨家兼爱天下和佛教众生平等的宏愿，出发点都是好的，但是不考虑才能大小和外在条件的限制，最终只能变成说大话而无法实现的妄言妄语。

总之，王夫之的德福观念认为，德福并非总能一致，外在境遇具有不可控制性。也就是说，有道德并不能保证获得幸福。这是王夫之的洞见。不过，作为儒者的王夫之在善恶问题上仍然期待善恶各得其所，希望鬼神能够福善祸淫，希望社会能够惩恶扬善，实现社会公正。

二 "善善恶恶各如其理"

善恶问题是伦理学的核心议题。"善同自己的对立面——恶一起都是德行和非德行的区分和对立的最概括的形式，它们具有肯定和否定的道德意义，具有符合和不符合德行要求的内容。人们通过善的概念反映自己最普遍的利益、意向、心愿和对未来的希望，它们在这里都表现为应当是的东西和值得赞扬的东西的抽象的道德观念。人们借助善的观念评价他们周围发生的一切社会现象和某些人的举动。"③ 同样，恶是"一种

---

① （明）王夫之撰：《张子正蒙注》，《船山全书》，岳麓书社2011年版，第226页。
② （明）王夫之撰：《张子正蒙注》，《船山全书》，岳麓书社2011年版，第226页。
③ ［苏］伊·谢·康主编：《伦理学辞典》，王荫庭等译，甘肃人民出版社1983年版，第85—86页。

道德意识概念，它是关于不道德的、违反道德要求的、应当受到谴责的行为的观念的最概括的表现，也是对不良道德品质的一般的抽象的评定"①。善恶不仅是道德知识，也是人们对某一种行为的道德判断。赏善罚恶，善恶各得其所，则是人们的一种道德期待，也就是人们对于正义的期盼。

王夫之说："应天下以喜怒刑赏，善善恶恶各如其理，鬼神之福善祸淫无成心者，此尔。故鬼神不可以淫祀祷，君子不可以非道悦。"② 治理天下善则有赏，恶则有罚，他人有善行我则喜，他人有恶行我则怒。这样，天下的善恶就各得其所，得到了它应该受到的对待。赏善罚恶，善恶各得其所，其实就是正义。在王夫之看来，不光人应该赏善罚恶，鬼神也会"福善祸淫"。此种认识，在先秦时期即有其思想渊源。《尚书·伊训》："作善，降之百祥。作不善，降之百殃。"王夫之进一步认为，鬼神不会接受不正义的淫祀的祝祷；同样，君子也不会接受不正义的、不合礼法的取悦。

王夫之说："二气合而体物，一屈一伸，神鬼分焉；而同此气则同此理，神非无自而彰，鬼非无所往而灭，故君子言往来，异于释氏之言生灭。屈伸一指也，死生一物也，无间断之死灭，则常流动于化中；而察乎人心，微者必显，孰能掩之邪！"③ 人与万物都由相同的气与理所生。人的死亡，就是理与气重新回复到原初的理气的状态。佛教的宇宙论认为，因缘和合而生万物、缘尽则断灭，世界的本质是空。王夫之对佛教这种缘起性空论持批判态度。死生一物，都是同样的理气，只是存在状态不同。因此，君子必须慎独。省察内心深处的私欲，即使微小的罪恶念头，也不要掩盖。因为这种恶念不及时消除，在将来会造成恶的、坏的行为。王夫之进一步申述说："一念之善恶动于不及觉之地，若或使之发露，盖气机之流行，有则必著之也。"④ 即使一念之间的善恶，也会自

---

① ［苏］伊·谢·康主编：《伦理学辞典》，王荫庭等译，甘肃人民出版社1983年版，第103页。
② （明）王夫之撰：《张子正蒙注》，《船山全书》，岳麓书社2011年版，第195页。
③ （明）王夫之撰：《张子正蒙注》，《船山全书》，岳麓书社2011年版，第84页。
④ （明）王夫之撰：《张子正蒙注》，《船山全书》，岳麓书社2011年版，第84页。

觉不自觉地显露出来。因此，人要非常自觉地克制恶念，让恶念在刚发生之时就克制住它。因为恶念一旦发动，就像自然规律一样，有因必有果，无法制止其发生了。所谓"气机之流行，有则必著之也"。王夫之说：

> 畏其实有之而不能遏也。一念之贞邪不审，虽或制之不发，而神气既为之累，见于事为，不觉而成乎非僻，不自测其所从来而不可遏抑。盖神气者，始终相贯，无遽生遽灭之理势，念之于数十年之前，而形之也忽成于一旦，故防之也不可不早，不得谓此念忘而后遂无忧，如释氏心忘罪灭之说也。①

即使数十年前的一个恶念，如果没有遏制住，虽然一时忘记此恶念，没有发生实际的罪恶的行为，但是在遭遇到某种道德情境之时，行为依然会按照这种恶念所执着的方式来行动，造成罪恶的行为后果。因此，佛教所说的"心忘罪灭"，是不可靠的理论。恶念发生后，即使一时克制住让它没有发作，但是，神与气已经被此恶念拖累，当有行为发生时，自觉不自觉地就受此恶念影响而有相应的行为。人有时候都无法测度这种恶行从何而来，但却没有办法遏制它的发生。因此，王夫之认为心忘而罪恶不会灭除，神气相贯通，始终不灭，善恶之念头最终必然显发为行动。因此，凡是有恶念必须尽早遏止，在道德修养过程中要不断防检，不要止息。用王夫之的话说，就是："未尝有辛勤岁月之积一旦悉化为乌有，明矣。……使一死而消散无余，则谚所谓伯夷、盗跖同归一丘者，又何恤而不逞志纵欲，不亡以待尽乎！"② 道德行为的累积，不会因为人的死亡而一切化为乌有。不道德的罪恶行为，也不会因为作恶者的死亡而消散无余。否则，贤人伯夷和大盗贼跖，在死后都只是一抔黄土。这样，那些坏人在活着时就会费尽心机地做坏事，反正死亡之后，贤与不贤、善与恶都是一样的。但实际情况并非如此。所以，王夫之在理气不

---

① （明）王夫之撰：《张子正蒙注》，《船山全书》，岳麓书社2011年版，第85页。
② （明）王夫之撰：《张子正蒙注》，《船山全书》，岳麓书社2011年版，第22页。

灭的理气论的基础上，对善恶论等伦理思想有深刻的认识。修养工夫论的意义就在于，恢复人的健顺之性，也就是太和之中理气的屈伸本性。正如王夫之所说：

> 散而归于太虚，复其絪缊之本体，非消灭也。聚而为庶物之生，自絪缊之常性，非幻成也。聚而不失其常，故有生之后，虽气禀物欲相窒相梏，而克自修治，即可复健顺之性。散而仍得吾体，故有生之善恶治乱，至形亡之后，清浊犹依其类。①

人死亡之后，善气归于善类，恶气归于恶类，人世间的治气归于治理之气一类，混乱之气归于乱气一类。虽然人的肉体生命不存在了，但是构成人的肉体的气，又恢复到了理气和合的太和状态之中，清浊善恶都有自己的分类。这是从宇宙论的意义上，为善恶论奠定了理气论基础。

王夫之说："善恶之几，决于一念，濡迟不决，则陷溺不振。"② 又说："吉凶之变，危而可使平，易而或以倾，得失争于善恶之几，能戒惧以持其终始，则要归于无咎。"③《周易》特别重视"几"，是指隐微的念头、事情的先兆。王夫之认为，在善恶刚刚发心动念的关头，就要作出扬善去恶的道德决断。在善恶分道扬镳的最原初的地方"善恶之几"，就要以《中庸》戒慎恐惧的工夫，自始至终地保持自己的仁心善念，这样才能最终平安无咎。

道德修养和道德教育，都要在善恶之念刚刚萌发之时就有所行动。王夫之说："心之初动，善恶分趣之几，辨之于早，缓则私意起而惑之矣。"④ 对善恶的判断，要重视隐微的"几"。孔子讲"再，斯可矣"，反对"三思"即多次思考犹豫，拿不定主意。道德判断是瞬时间发生的。道德知识的学习、道德情感的培养、道德意志的磨炼，这些都需要长期的培养过程。只有这样，才能在每一个道德判断、道德抉择的关头，迅

---

① （明）王夫之撰：《张子正蒙注》，《船山全书》，岳麓书社2011年版，第19—20页。
② （明）王夫之撰：《张子正蒙注》，《船山全书》，岳麓书社2011年版，第303页。
③ （明）王夫之撰：《张子正蒙注》，《船山全书》，岳麓书社2011年版，第283页。
④ （明）王夫之撰：《张子正蒙注》，《船山全书》，岳麓书社2011年版，第216页。

速地作出选择,从而开始施行道德的行为。在道德抉择跟前不能当机立断地作出判断,是平时的道德修养不够。反复犹豫不决,道德抉择就会有私心杂念掺杂其间。

张载说:"耳目虽为性累,然合内外之德,知其为启之之要也。"① 张载认为,在道德教育中,耳所听闻、眼所见到的只是耳目见闻道德知识,由道德知识到最终的道德行为,中间还有很多不可或缺的环节。但是,儒家还是很重视道德知识的学习的,对于儿童和初等的道德践履者,道德知识的学习是他们最终实践道德行为的重要起点。王夫之注释说:

> 累者,累之使御于见闻之小尔,非欲空之而后无累也。内者,心之神,外者,物之法象,法象非神不立,神非法象不显。多闻而择,多见而识,乃以启发其心思而会归于一,又非徒恃存神而置格物穷理之学也。此篇力辨见闻之小而要归于此,张子之学所以异于陆王之孤僻也。②

王夫之进一步解释说,道德需要"合内外之德",在内的是人的心神,这既包括心的认知能力,即对道德知识的学习和理解;也包括心的道德能力,比如恻隐、辞让、羞恶、是非等道德情感。正是这种内在的道德认知,尤其是道德情感,最终推动了道德行为的发生。在外的"物之法象",是指外物及其他外在事件、外在境遇。认知和道德都由外物、外事的激发而由内显发,但是,多闻、多见等外在因素也是有益处的。陆九渊、王阳明的心学忽略了对外在的事与物的深入了解,不重视格物穷理之学,一味地讲求存神等内在道德体验,容易滑向异端。

道德的核心是自由。有道德的人不断地追求让自己的行为符合道德法则,但却不强迫他人按道德法则行事。孔子的"己所不欲,勿施于人",最能表达道德的为己性这一特点。儒学从孔子开始就是为己之学。

---

① (宋)张载:《正蒙·大心篇》,《张载集》,章锡琛点校,中华书局1978年版,第25页。

② (明)王夫之撰:《张子正蒙注》,《船山全书》,岳麓书社2011年版,第147页。

正所谓"古之学者为己"。张载说:"制行以己,非所以同乎人。必物之同者,己则异矣;必物之是者,己则非矣。"① 王夫之注释说:"制行必极于至善,非人之所能企及也。德盛则物自化,己有善而必人之己若,则立异而成乎过。君子不忍人之不善,唯严于责己而已。"② 即使最美好的目的、最善良的愿望,也不要强迫别人像自己一样去做。真正有道德的人,能够言传身教,通过自己的道德行为,能够感染别人,有如春风化雨般,润物细无声地达到了教人为善的教化目的。如果自己有了一个出于善良目的的道德行为,就一定要求其他人像自己一样去行动,那样做反而是强人之难,是我自己站在道德制高点以德责人,这实际上是我自己的一种道德心理的过错。真正有道德的君子,虽然不忍心看到他人有动机不善良的不道德行为,但是,他的做法仅仅是严于律己,以身示范,只严于督责自己,而不是用道德条例去严格地要求别人。

总之,王夫之在对善恶问题的讨论中,提出有道德的君子在善恶之念刚刚萌发之时就要通过克己工夫把恶念去除,对于善念则要涵养培育。这样,善恶问题就与理欲问题联系起来了。宋明理学家一般主张存天理、去人欲,理是善的、欲是恶的。王夫之则通过公欲即理的命题,把人的合理欲求作为天理的部分。相对于佛老的禁欲主义,王夫之对人的自然之欲有了较多宽容。王夫之接受张载的存顺殁宁说,强调君子有生之年只管不断地进行道德修养,不要过多地去考虑结果。这种但做好事、不问前程的心态,与他对道德境遇的思考有着关联。

三 "无遇不安"

道德境遇,是伦理学非常重要的议题之一。英国哲学家伯纳德·威廉斯的《道德运气》一书就探讨了道德受到境遇的影响。斯洛特在《从

---

① (宋)张载:《正蒙·有德篇》,《张载集》,章锡琛点校,中华书局1978年版,第34页。

② (明)王夫之撰:《张子正蒙注》,《船山全书》,岳麓书社2011年版,第201页。

道德到美德》一书中，从美德伦理学的角度对威廉斯的道德运气的理论也有所回应。① 道德不是一般设想的无条件的，而是受到道德运气的影响。道德境遇、道德运气，在这样的情境中成为伦理学的话题。王夫之说："人之所以不利用者，据现在之境遇而执之也；若知将来之变不可测而守其中道，则无不利矣。"② 这里强调了道德境遇的重要性。只有执守大中至正的道德中道，才能在任何道德境遇中无往而不利。

> 安遇所以自处，敦仁则必及物。然人之所以不能常其爱者，境遇不齐而心为之变；心为境迁，则虽欲敦爱，而利于物者恐伤于己，仁不容不薄矣。若得丧安危，无遇不安，则苟可以爱而仁无所吝，一言一介，无迁就规避之心，不必泽及天下而后为仁也。③

儒家重视在任何道德情境下都能够保持对道德行为追求的坚定性，就像孔子在求仁的过程中"造次必于是，颠沛必于是"，对道德的最高准则"仁"追求不懈。理想状态是，儒家君子安于所遇到的道德境遇，以道德法则严格自我要求，不断地以儒家最高标准仁爱原则做人做事。现实总与理想有所偏差，即使儒家君子也无法经常性、持续性地保持自己的仁爱之心，在有些道德境遇中，仁爱之心就没有坚持。本有的仁心被境遇改变，虽然想坚持仁爱，但是害怕对他人有利就要损害自己的利益，所以仁爱之心就不得不减少。这就是道德境遇对道德心理的影响，最终影响了道德行为的程度。王夫之最终还是坚持儒家的动机论伦理学，认为只要在任何环境下都坚守自己的仁心而行事，一言一行都没有违背初心的迁就规避，即使没有达到泽被天下的境地，也能够算得上仁人君子。其行为，也是践行仁道的行为。

宋明理学家尊崇《中庸》，《中庸》首句曰"天命之谓性"，认为人的性善本性由上天所命。理学家经常把"命"和"遇"区分开来。命又

---

① 参见［美］迈克尔·斯洛特《从道德到美德》，周亮译，译林出版社2017年版，第141—152页。
② （明）王夫之撰：《张子正蒙注》，《船山全书》，岳麓书社2011年版，第207页。
③ （明）王夫之撰：《张子正蒙注》，《船山全书》，岳麓书社2011年版，第205页。

称为天命，是指天赋予人的性善本性。按照天所生的性善本性做道德的人、做道德的事。遇是人的现实境况、遭际。有的人运气好一帆风顺，有的人一生坎坷，传统的讲法如张载《西铭》所说的"富贵福泽""贫贱忧戚"等。以上二者的区分，按汉儒之说可分为理命与气命。张载曾说："天所命者通极于性，遇之吉凶不足以戕之。"① 张载区分了天命与遇命，等同于汉儒的理命与气命。王夫之注释说："命以吉凶寿夭言。以人情度之，则有厚于性而薄于命者，而富贵、贫贱、夷狄、患难，皆理之所察。予之以性，即予之以顺受之道，命不齐，而性无不可尽也。""性存而道义出，穷通夭寿，何至戕其生理。"② 王夫之在这里的注释中，部分地借助了孟子"命也，有性焉，君子不谓之命也"等论述中对性与命的区分。天命之性也是正命、理命。人出生后所生活的现实人生境遇有顺达、困穷之分，寿命有长寿、短命之别，但天所赋予人的先天善性，所赋予人遵循道德律令而行的正命、理命，都是道德君子所应该坚守的。

王夫之用周公孔孟举例，说明命运的重要性。他说："周公尽心王室而成王不受训，心怀耿忧，所以叹也。其后孔子于鲁，孟子于齐，知不可而为之，世终莫知，圣贤且无如之何。故竭忠尽教而人不瘳，君子之所深恻也。"③ 周公尽力辅佐兄长武王的儿子成王，忠心耿耿，但是成王却听信谣言，担心叔父周公篡权。在嫡长子继承制还未成为传统，兄终弟及也是一种政治权力传承选择的时代，成王的这种担心当然有一定道理。但是周公的确没有谋逆之心，他对作为君主的成王竭尽忠诚，希望感化教育他。周公最终感化了成王。周公在这样的道德境遇中，按道德行事就要困难得多。孔子、孟子更是知其不可为而为之。在逆境中坚守道德，当然要比在顺境中按道德行事要遇到更大的困难，需要付出更多的努力。"此屈伸相感之几也。故尧有不肖之子，舜有不顺之亲，文王有不仁之君，周公有不轨之兄，孔子有不道之世，皆惟其时而精其义，归

---

① （宋）张载：《张载集》，章锡琛点校，中华书局1978年版，第21页。
② （明）王夫之撰：《张子正蒙注》，《船山全书》，岳麓书社2011年版，第119页。
③ （明）王夫之撰：《张子正蒙注》，《船山全书》，岳麓书社2011年版，第307页。

于大正。"① 圣贤各有不同的道德遭遇，要践行父慈子孝、兄友弟恭的道德伦理都要付出更多的努力。当然，君子也正是在这样的道德逆境中，磨炼了意志，更坚定了对道德理想的追求。

王夫之说：

> 人虽穷凶极恶，亦必有所挟以为名，其所挟之名则亦是也。尧以天下与人而丹朱之傲不争，若殷之顽民称乱不止，亦有情理之可谅。倘挟吾之是以摘彼之非，庸讵不可，而己亦有歉矣。大其心以体之，则唯有责己而已。②

真正的道德都是为己的，要常反思自己的行为和内心。即使穷凶极恶的人，也有羞耻之心，做事情也要找一些名头和说法。他所凭借的名头是正确的、光明正大的。尧把帝位传给了舜，尧的儿子丹朱虽然傲慢无礼但是不去与舜争抢。殷商的后裔犯上作乱，也有一定的道理。如果道德的人只认为自己是对的，并以此去指摘他人的不是。这种做法有什么不可以的呢？但是自己本身也有所不足。真正的道德君子能做的，只有大心体物，只有通过为己之学，自我省察而已。王夫之又说："学以穷理而成身，察理于横逆之中，则义精而仁弘，求己以必尽之善，则诚至而化行，乃圣学之极致。"③ 为学的目的是穷尽人伦之理和自然之理，在道德遭遇中体察伦理，那么对义理的理解就精确了，仁爱之心也才能不断地被弘扬光大。自我反省，自我省察，要求务必要严格，期待完成能够达到的善行。这样，真正的诚心会感动人，最高的诚意达到了而教化也能够顺利进行。这是儒家圣学期待的最高目标。当然，现实中这种境界不容易达到。但是，道德目标不能不高远一点。

王夫之注释"大则不骄，化则不吝"时说："成物皆成己之事，而后骄心永释；因物顺应而己不劳，而后吝心不生；此广大高明之极也。学

---

① （明）王夫之撰：《张子正蒙注》，《船山全书》，岳麓书社2011年版，第217页。
② （明）王夫之撰：《张子正蒙注》，《船山全书》，岳麓书社2011年版，第179页。
③ （明）王夫之撰：《张子正蒙注》，《船山全书》，岳麓书社2011年版，第179页。

者则欲至于大,当勿以小有得而骄;欲几于化,当勿以私有得而吝。若颜子之勿伐善,勿施劳,竭才以思企及,则得矣。"① 成就道德自我和成就他人,都是儒者修身的目标。只有大心体物,才能让傲慢的心消失。高傲和大度是相反的。亚里士多德说:

> 大度的人的特点还在于,他无求于人或很少求于外人,而愿意提供帮助。他对有地位、有财富的人高傲,对中等阶级的人随和。因为超过前者是困难和骄傲的事情,而超过后者则很容易。对于前者高傲算不得低贱,而对于后者高傲则有如以强凌弱那样粗俗。②

在追求宽容大度,反对傲慢这一点上,东西方是相通的。王夫之认为,儒者除了成己成物以外,还要因物顺应,顺势而为。成己成物是包容宽厚之大度,顺势而为是不吝,也就是舍得。儒者要通过道德修养,从学者到大人、贤人的道德层级,就要既不傲慢,也不悭吝。孔子是儒家圣人人格的典范,颜回则是大人、贤人的道德代表。从学者、君子,到大人、贤人,再到作为儒家精神最高的人格典范的圣人,张载把道德修养的层级分为三层。颜回不夸耀自己的长处,不夸耀自己的功劳,竭尽所能,日复一日地通过道德修养,向儒家圣人的道德境界迈进。张载多次讲过道德修养过程中的"变"与"化",认为变是道德修养过程的巨大变动,化则是渐进性的道德提升。王夫之在此章注释中,重视"大"与"化",也就是重视道德修养的大人阶段,以及渐进性的春风化雨般的日常德性修养。

总而言之,王船山《张子正蒙注》对德福、善恶、命遇等伦理道德问题有深入的思考。船山认为,德福并非总能一致,外在境遇具有不可控制性。有道德的君子在善恶之念刚刚萌发之时就要通过克己工夫把恶念去除,对于善念则要涵养培育。在道德选择时执守大中至正的道德中

---

① (明)王夫之撰:《张子正蒙注》,《船山全书》,岳麓书社2011年版,第87页。
② [古希腊]亚里士多德:《尼各马可伦理学》,廖申白译注,商务印书馆2013年版,第111页。

道，就能在任何道德境遇中无往而不利。王船山对德福等问题的伦理思考，既关涉自身的道德选择，也关涉社会的风俗教化。有道德的君子期待德福一致以实现社会公正，但是在德福不一致的情况下，仍然通过不断为善去恶的道德修养追求向善。不管处境如何，坚守道德原则而以大中至正之道行事，显示了船山作为儒家正传的道德理想主义追求。王夫之通过对《正蒙》的诠释，对张载的德福观、善恶观、命遇观等都有所继承和发展。这对我们现代人思考这些终极性的人生伦理问题，树立正确的人生观、价值观具有重要的借鉴意义。

从东亚观点看阮元和其仁学
——以《论语论仁论》为中心[*]

[韩]柳旻定

（浙江大学历史学院）

摘要： 阮元（1764—1849）是清代考证学的代表人物之一，他属于乾嘉学派中的扬州学派，在治学路径上阮元和其他乾嘉学派学者一样主张"汉宋兼采"。但是阮元与其师戴震、同辈焦循更侧重义理的路径不同，阮元治学显然更注重训诂。另外，在音韵学、字义学、语法学等多个训诂学领域中，阮元把重点放在了字义学上。因此除了《经籍籑诂》之外，他也撰写了与儒家哲学的主要概念"仁"相关的专门著作——《论语论仁论》。《论语论仁论》具有"以训诂明义理"的显著特征，通过这部著作他建构了独特的"仁学"体系。阮元的"仁学"思想主要有三个特点：第一，他以人际关系为基础理解仁——所谓"相人偶"；第二，他强调了仁学形而下的一面，即现实世界中仁的实践；最后，他提出了"大仁"的概念，构建了仁的实践层次。从阮元仁学的前两个特征与韩国学者丁若镛的仁学观点具有相似性这一点来看，可以找出东亚经学具有普遍性的根据。另一方面，阮元强调仁的实践的同时还提出"大

---

[*] 本文已经发表在 2022 年"江南儒学""中华孔子学会年会""船山学研究与中国哲学的创造性转化、创新性发展"等会议上。非常感谢高瑞杰等各位老师的建议。该文是中国博士后科学基金会"博士后国际交流计划（2021 年）"学术交流项目"中国儒学的法古与创新——以在东亚地区的传播与扩散为中心"（项目编号：XWH6283103）的阶段性研究成果。

仁"的概念，提出了将一次性实践扩大，即"拓宽仁的实践对象"的思想基础（foundation）；相反，日本荻生徂徕虽然也同样强调仁的实践不应有局限性，但他并没有在仁的内涵中设定其他的概念、层差。从这一点来看，阮元的仁学思想展现了其在东亚经学领域内的独特性。

关键词：阮元 汉宋 兼采 论语论仁论 仁论 仁学 东亚儒学

一 绪论

考证学是从明末清初开始一直流行到清末的实证性研究的学风或方法。考证学的代表性思路是"实事求是"，因此有时会用"实学"一词来代替。它另一个名称是"训诂学"。清代考证学与汉代训诂不同，其最大特点是通过训诂发明义理。事实上清代考证学具有"汉宋兼采"的倾向，不同学者在注重训诂和义理方面存在差异。

阮元（1764—1849）是清代考证学的代表人物之一，在乾嘉学派中他属于扬州学派，他和其他乾嘉学派学者一样主张"汉宋兼采"。但是和他老师戴震和同辈焦循更注重义理的倾向不同，阮元更注重训诂。侯外庐先生评价阮元的学问说："如果说焦循是在学说体系上清算乾嘉汉学的思想，则阮元是在汇刻编纂上结束汉学的成绩。他是一个戴学的继承者，并且是一个在最后倡导汉学学风的人。"[1] 他的学问也影响到了韩国朝鲜儒学家金正喜（1786—1856）。[2]

另外，在经典解释方面，在音韵学、字义学、语法学等多个训诂学领域中，阮元把重点放在了字义学上。因此，除了《经籍纂诂》之外，他也以儒家哲学主要概念"仁"为中心撰写了相关的著作《论语论仁

---

[1] 侯外庐：《中国思想史》卷五，人民出版社1956年版，第577页。
[2] 朝鲜儒学家金正喜面聆阮元指教仅短暂的一两个月，但却明确了治学方向，奠定了学术基础，得到足资利用的文献、文物资料，并形成与中国学术界交流的师友网络。他仰慕阮元，崇尚阮元的学术，自署"阮堂"，以示门派及发扬中国乾嘉朴学的决心。道光十一年（1831）十月金正喜之弟子李尚迪来到中国，次年回国之际，阮元小弟子张穆托其带归自著《顾亭林年谱》和阮元著《诗书古训》。当时在北京的阮元之子阮常生，也委托李尚迪将阮元主持编纂的多达1400卷的巨著《皇清经解》转赠给金正喜。

论》。《论语论仁论》具有"通过训诂求义理"的显著特征，通过这些阮元建构了"仁学"体系，展开了属于阮元自己的思考。

当代学者关于阮元的研究已有不少①，其研究大体上是以"实事求是"的学问观和"汉宋兼采"的经学观等为中心进行的。② 他的西学观和考证学、仁学研究著作也不少，但是在国外很难找到有关的研究，在国内外也很少从东亚视角来审视他的仁学研究。③ 因此，本文首先要考察他的学问思路和经学观，然后再从东亚视角来考察其仁学的普遍性和特殊性。

二 学问思路和经学观

阮元，字伯元，号芸台，江苏扬州仪征人。清朝中期官员、经学家、训诂学家、金石学家。阮元为乾隆五十四年（1789）进士，先后在礼部、兵部、户部、工部供职，并历任山东、浙江学政，浙江、江西巡抚及漕运总督、湖广总督等职。身历乾隆、嘉庆、道光三朝，所至之处，以提倡学术、振兴文教自任，并勤于军政，治绩斐然。道光二十九年（1849），阮元去世，年八十六，获赐谥号"文达"。阮元是乾嘉学派晚期代表人物，也被认为是扬州学派的柱石。

阮元的生平著述也丰富。在广东设立学海堂、杭州设立诂经精舍，召集学者编辑《经籍籑诂》《十三经注疏校勘记》。此外，他还汇编了有

---

① 代表性的研究，参见陈居渊《焦循·阮元评传》，南京大学出版社2006年版；林久贵《阮元经学研究》，人民出版社2015年版。

② 在《十驾斋养新录·序》中，阮元说："先生（钱大昕）深于道德性情之理，持论必执其中，实事必求其是。"均体现出他强调学术研究中应坚持"实事求是"原则。阮元的实学思想，当包括两个层面的含义：一是质实实事之学（"学"的层面），二是实践、实行之学（"行"的层面）。这两方面只是相对独立，实则相互联系、相辅而行。阮元在其经学研究中，既致力于"质实""实事"之学，又努力倡导将其付诸实践、实行。参见（清）钱大昕《十驾斋养新录》，台北：凤凰出版社2016年版，第5页。

③ 关于阮元的《论语》仁学，参见陈居渊《焦循·阮元评传》，南京大学出版社2006年版，第501—512页；林久贵《阮元经学研究》，人民出版社2015年版，第124—129页；柳宏《清代〈论语〉诠释史论》，社会科学文献出版社2008年版，第178—188页。

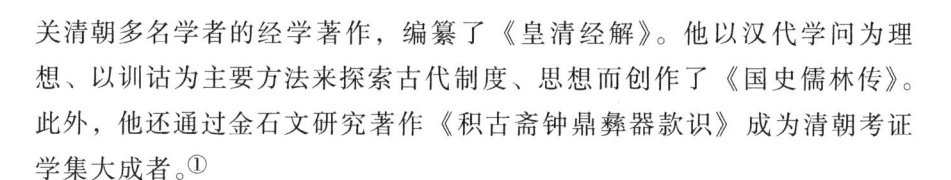

关清朝多名学者的经学著作，编纂了《皇清经解》。他以汉代学问为理想、以训诂为主要方法来探索古代制度、思想而创作了《国史儒林传》。此外，他还通过金石文研究著作《积古斋钟鼎彝器款识》成为清朝考证学集大成者。①

清朝初年，统治者表面上看似对西学采取较为宽容的态度，但实质上对西学是早有防范的。② 如《四库全书总目提要》的《寰有诠》一文中有"节取其技能，而禁传其学术"一语，就成为清初统治者处理西学的基本思路。③ 与康、雍、乾诸帝相比，阮元对西学的态度有着明显不同。阮元不仅重视西方的科学技术，而且重视对西方社会制度的评介。在他主纂的《广东通志》里特别置列了《外蕃传》，在该传中，阮元就介绍了一大批经常到广州进行贸易的西方国家、地区及其社会制度。《外蕃传》充分说明，阮元对西方各国有较全面的了解，在同时代人中开风气之先，因此打下了他的西学基础。④

但是，他不是主张单方面接受西方技术和思想⑤，阮元提倡应平等看待中学与西学各自的长处，同时将二者融会贯通。例如，阮元著的《畴

---

① 阮元的官员身份又有利于振兴一方之学术。为官的影响力，社会地位，总督、巡抚、学政之特权等对阮元能取得巨大经学学术成就，显然有某种便利。比如，他在组织人员校勘《十三经注疏》、编纂《经籍纂诂》及《皇清经解》等大型书籍时，就有召集人才、筹措经费、提供场地等方面的便利。梁启超先生说："内外大僚承风宏奖者甚众。嘉庆间，毕沅、阮元之流，本以经师致自身通显，任封疆，有力养士，所至提倡，隐然兹学之护法神也。"参见梁启超《清代学术概论》，中华书局2015年版，第48页。

② 雍正登基后一方面禁教，另一方面又容留若干教士在宫中。雍正二年（1724）的《圣谕广训》规定："又如西洋教宗天主，亦属不经，因其人通晓历教，故国家用之，亦不可不知也。"参见王爽《中国家训》，海南出版社2018年版，第225页。

③ 《四库全书总目提要》卷一二五中说："欧罗巴人天文推算之密，工匠制作之巧，实逾前古。其议论夸诈迂怪，亦为异端之尤。国朝节取其技能，而禁传其学术，具有深意。"（清）永瑢等撰：《寰有诠》卷六，《四库全书总目提要》卷一二五《子部·杂家类存目二》，浙江汪启淑家藏本，第150页。

④ 在任两广总督期间，阮元有了更多接触西人西学的机会。参见（清）赵尔巽等撰《清史稿》卷三六四《阮元传》，中华书局1977年版，第11421—114243页。

⑤ "天文算数之学，吾中土讲明而切究者，代不乏人。……学者苟能综二千年来相传之步算之书，一一取而研究之，则知吾中土之法之精微深妙，有非西人所能及者。彼不读古书，谬云西法胜于中法，是盖但知西法而已，安知所谓古法哉！"（清）阮元等撰：《畴人传》卷四十四，载《畴人传汇编》，广陵书社2009年版，第512页。

人传》是中国第一部科学家的传记集,该书记述了自太古至清嘉庆年间天文、数学、历法等方面的专门学者275人,另有西洋天文学家、数学家和来华传教士41人。《畴人传》以开放的态度重视西方科技,目的是"网罗今古,善善从长,融会中西,归于一是"。所以彭林指出,在中西文化激烈冲突的18世纪末,《畴人传》表达了阮元"尊重而不迷信西学,倡导学术的自尊与自强,用西学而不为西人所用"的西学观及文化本位意识。①

嘉庆十五年,阮元兼任国史馆总裁,承担纂修《国史儒林传》的重任。他在《拟国史儒林传序》中指出:

> 两汉名教得儒经之功,宋、明讲学得师道之益,皆于周孔之道得其分合,未可偏讥而互诮也。我朝列圣,道德纯备,包涵前古,崇宋学之性道,而以汉儒经义实之,圣学所指,海内向风。御纂诸经,兼收历代之说,四库馆开,风气益精博矣。②

阮元的经学研究选择走汉宋兼采之路,所谓"汉宋兼采",顾名思义即指在经学研究中将"汉学"与"宋学"并重。汉学是训诂,宋学是义理,因此,"汉宋兼采"意味着训诂与义理并重。阮元的经学研究,倡导了一种将训诂与义理有机结合的学术范式,坚持实事求是的文献考证精神,努力挖掘经典文字中所蕴含的先秦儒家学说和圣贤之道。他又提到:

> 综而论之,圣人之道,譬若官墙,文字训诂,其门迳也。门迳苟误,跬步皆歧,安能升堂入室乎。学人求道太高,卑视章句,譬犹天际之翔,出于丰屋之上,高则高矣,户奥之间未实窥也。或者但求名物,不论圣道,又若终年寝馈于门庑之间,无复知有堂室矣。

---

① 彭林:《从〈畴人传〉看中西文化冲突中的阮元》,《学术月刊》1998年第5期。
② (清)阮元:《揅经室集》集一卷二《拟国史儒林传序》,中华书局1993年版,第37页。

是故正衣尊视，恶难从易，但立宗旨，即居大名，此一蔽也。精校博考，经义确然，虽不逾闲，德便出入，此又一蔽也。①

另外，汉宋兼采是当时流行的风气之一。阮元一生历乾嘉时期近六十年，这一时期正值康乾盛世，又是清朝文化事业的鼎盛期。这时期的社会、思想、学术环境对阮元经学思想的形成及其经学文献整理的实践必然有所影响。清王朝自康熙中叶以后，政治统治趋于稳定，社会经济逐渐恢复，学术文化日益繁盛，经过雍正、乾隆、嘉庆朝的发展，迎来了清中期百余年的盛世局面。

这一时期，在统治思想上，朝廷所选择的仍是程朱理学。然而，"理学尽管仍在北京享受着政治性的供奉"②，但在学术界，反对空疏、崇尚质实的考据之学渐成时趋。尤其是四库馆开，其所修《总目》对汉学表现出鲜明的褒扬态度，把"考证精核"奉为主旨。于是，一时学人群趋于考据，所以清代江藩（1761—1831）说："近今汉学昌明，徧于寰宇，有一知半解者，无不痛诋宋学。"③

但是，随着考据学发展专门化，其弊端也开始显现，尤其是作为朝廷要员的阮元更加意识到学术与世用的严重脱离。因此，在考据学如日中天之时，学术领域就有异响，如戴震、阮元、焦循等学者的治学趣向由专治考据，转为考据与义理探求相结合的一脉已然形成。嘉庆中期以后，"汉宋兼采"学风逐渐盛行，余英时先生认为，"乾、嘉时代一般考证学家标榜汉学，而贬斥'宋学'为空谈义理。这样便造成一种印象，好像汉学考证完全不表现任何思想性（所谓'义理'）"④，事实上，通过对清初到清中叶学术发展的考察，考证学表现出一个确定的思想史方向。

---

① （清）阮元撰：《揅经室集》集一卷二《拟国史儒林传序》，中华书局1993年版，第37—38页。

② Benjamin A. Elman, *From Philosophy to Philology: Intellectual and Social Aspects of Change in Late Imperial China*, LA: UCLA Asian Pacific Monograph Series, 2001.

③ （清）江藩撰：《国朝宋学渊源记》卷上，中华书局1983年版，第154页。

④ 余英时：《论戴震与章学诚》，生活·读书·新知三联书店2000年版，第1页。

如果说阮元有自己的特点，那就是更加强调汉学（训诂）。戴震标榜训诂，实际上强调义理。清代焦循（1763—1820）也认为："说者分别汉学宋学，以义理归之宋。宋之义理诚详于汉，然训诂明乃能识羲、文、周、孔之义理。宋之义理，仍当以孔子之义理衡之，未容以宋之义理即定为孔子之义理也。"① 阮元不完全反对宋学，只是反对宋、明儒的学术方法："两汉学行醇实，尚近于春秋列国之时。汉末气节甚高，党祸横决，激而为放达，流而为老、庄，为禅、释。宋儒救之，取学术中最尊者为性理。至明儒，学案纷纷矣。"②

阮元认为宋儒说经缺少文献的根据，因而对古代经书多有曲解或臆说。他强调经学研究必须从训诂入手，"经非诂不明"③，"学训诂方能通绝代别国之言之意"④，"圣贤之言，不但深远者非训诂不明，即浅近者亦非训诂不明也。就圣贤之言而训之，或有误焉，圣贤之道亦误矣"⑤。因此，他认为必须"推明古训"、复兴"古学"，还经籍本来之义，其具体方法就是将训诂看作义理之学的基础。他说，"古今义理之学，必自训诂始"⑥，"有训诂而后有义理"⑦，因而他主张"崇宋学之性道，而以汉儒经义实之"。阮元比较严格地遵循汉学的宗旨，由文字、音韵、训诂入手，力图通过平实的考证，寻求经籍的原始义理，恢复圣人之道的本来面目。

阮元的另一个特点是在训诂学中也很关注"文字本义"。清初顾炎武（1613—1682）强调音韵，他说："学者读圣人之经与古人之作，而不能通其音；不知今人之音不同乎古也，而改古人之文以就之，可不谓之大

---

① （清）焦循：《雕菰集》卷十三《寄朱休承学士书》，《文选楼丛书》，广陵书社2011年版，第516页。
② （清）阮元撰：《揅经室集》集一卷十一《诂经精舍策问》，中华书局1993年版，第237页。
③ （清）阮元撰：《揅经室集》集二卷七《西湖诂经精舍记》，中华书局1993年版，第547页。
④ （清）阮元撰：《揅经室集》集一卷十一《与洪筠轩颐暄论三朝记书》，中华书局1993年版，第253页。
⑤ （清）阮元撰：《揅经室集》集一卷二《论语一贯说》，中华书局1993年版，第53页。
⑥ （清）阮元撰：《揅经室集》卷一《续一集》，中华书局1993年版，第2410页。
⑦ （清）阮元撰：《经籍籑诂》卷二一二《序》，清嘉庆刻本，第1页。

惑乎?"① 故他主张"读九经自考文始，考文自知音始"②，此已开声音训诂研究之先。阮元秉承顾炎武、戴震治学之余绪，他在训诂研究中努力探寻经传"文字本义"。如在《释敬》一文中，他说：

> 古圣人造一字必有一字之本义，本义最精确无弊。……"警"从"敬"得声得义。故释名曰："敬，警也，恒自肃警也。"此训最先最确。盖敬者言终日常自肃警，不敢怠逸放纵也。……非端坐静观主一之谓也，故以肃警无逸为敬。凡服官之人、读书之士，所当终身奉之者也。③

阮元一生都非常重视文字训诂研究，因此他努力通过对一些"有古人不甚称说之字，而后人标而论之者；有古人最称说之恒言要义，而后人置之不讲者"④的文字的训释，推阐圣贤之本义，把训诂与义理有机结合起来。这样的思考是他编纂《经籍纂诂》、就"仁"等性理学概念进行解释的背景。学术界在论述清代训诂学方面的成就时，很少有人提到阮元。但他在训诂学方面不仅下过一番功夫，而且作出了一定的贡献。

三 《论语论仁论》与其仁学

阮元重视经典文本⑤，他认为《论语》是孔子的言论集，最集中地

---

① （清）顾炎武撰：《亭林文集》卷四《答李子德书》，《顾亭林诗文集》，中华书局1983年版，第72页。
② （清）顾炎武撰：《亭林文集》卷四《答李子德书》，《顾亭林诗文集》，中华书局1983年版，第73页。
③ （清）阮元撰：《续一集》卷一《释敬》，《揅经室集》，中华书局1993年版，第1016—1017页。
④ （清）阮元撰：《揅经室集》集一卷一《释顺》，中华书局1993年版，第26页。
⑤ "圣贤之道存于经，经非话不明……然则经而文，其文无质，含话求经，其经不实。为文者尚不可以昧经话，况圣贤之道乎！"（清）阮元：《揅经室集》集二卷七《西湖诂经精舍记》，中华书局1993年版，第547页。

反映了孔子的思想。他说："孔子为百世师，孔子之言著于《论语》为多。"①他写了许多有关经学的著作，其中关于《论语》的著作最多。由此可以看出他对《论语》的重视程度。其《论语》研究主要有《论语论仁论》《论语注疏校勘记》《论语解》《论语一贯说》，前两篇载于《皇清经解》，后两篇收录于《揅经室一集》。《论语注疏校勘记》篇幅稍长，其余三篇较为短小。②

阮元《论语注疏校勘记》，以《论语注疏》为底本，将其校勘结果附在每篇之后。阮元认为"鲁齐古本异同，今不可详。今所习者，则何晏本也"③，故在校勘时以何晏《论语集解》为模本，他不但校勘《论语》经文，且对汉代诸家诠释经文之内容亦作出考订。阮元将其与汉石经、唐石经、宋石经、皇侃义疏、高丽本、十行本、闽本、北监本、毛本等比较观照，考其同异，勘出增字、脱字、误字等，是研究《论语》文本及《论语》传播的重要资料。

《论语解》一文篇幅十分短小，仅有三节，只对《论语》首篇之一、二两章进行了诠释分析，他从《论语》的思想内容和篇章结构切入，揭示出学、行、孝、仁在《论语》全书中的地位和意义。阮元认为首章三节"皆孔子一生事实，为《史记·孔子世家》全篇之总论，故弟子论撰之时，以此冠之二十篇之首也。二十篇之终曰'不知命无以为君子也'，与此始终相应也"。次章论孝，"实通彻本原之论也，其列之于首篇之次章，固所宜也"。④

从校勘学、篇章结构角度研究《论语》，前人及清人均有所及。《论语论仁论》《论语一贯说》在专题研究方面呈现出独特之处。此前的《论语》研究有专一版本之研究，但就某一范畴、某一概念进行研究，仅元代有齐履谦《论语言仁通旨》，然今已佚。《论语》论"仁"者，凡五十

---

① （清）阮元撰：《揅经室集》集一卷八《论语论仁论》，中华书局1993年版，第26页。
② 关于阮元《论语》著作，参见柳宏《清代〈论语〉诠释史论》，社会科学文献出版社2008年版，第176—177页。
③ （清）阮元撰：《揅经室集》集一卷八十一《十三经注疏校勘记序》，中华书局1993年版，第262页。
④ （清）阮元撰：《揅经室集》集一卷二《论语解》，中华书局1993年版，第51页。

八章,"仁"字见于《论语》,凡一百零五处;《论语》之"贯"字,凡三见,对此阮元均一一摘引出来,予以具体深入的考证、分析、阐述。可以说,阮元是不折不扣地开《论语》专题研究之新风。《论语》学史上,仅阮元能够如此深入透彻地专门论述一个范畴或一个问题。

阮元《论语论仁论》,同样是通过释"仁"而明义理。① 虽然仁是最重要的儒家哲学概念,历代先儒对"仁"字却未作以考据为基础而上溯孔子原意的具体解释。查《论语集解》《论语义疏》《论语注疏》《论语集注》等,主要是从义理角度将"仁"理解为"仁爱""仁行""仁道",极少从文字学角度独立地训解"仁"字。阮元专题论"仁"自然无法回避这一问题,在《清代〈论语〉诠释史论》中,柳宏先生说:"他在《论语论仁论》中,对'仁'字作了论语学史上最为具体透彻的训解。"②

根据《论语集注》的构成,在《论语》所有章节中,"仁"一共有59章。除了《尧曰》篇第一章外,阮元阐述了自己对《论语》所有章节论仁的看法(参见表1)。因此他提到了58章而不是59章,这意味着他在注释《论语》时很可能参考了朱熹的《论语集注》以外的其他版本。

表1　　　　　　　　　　《论语论仁论》构成

	篇名	《论语论仁论》中章节	备注
1	《学而》	2、3、6	3章
2	《为政》	—	—
3	《八佾》	3	1章
4	《里仁》	1、2、3、4、5、6、7	7章

---

① 陈居渊先生说:"嘉庆十三年(1808),阮元再度巡抚浙江,三月抵达杭州抚署。八月,好友凌廷堪来浙,阮元向他出示了毛奇龄的《四书改错》和新作《论语论仁论》。不久,又撰写《孟子论仁论》。《论语论仁论》与《孟子论仁论》是关于儒家仁学的专论,较为集中地体现了阮元'相人偶'的仁学思想。自儒家创始人孔子提出'仁'的思想后,历经二千余年,人们对它不断地理解与诠释,形成了所谓的'仁学'。它不仅是中国儒家思想的精粹,而且也是阮元哲学思想体系的核心。阮元的'仁学'思想集中反映在《论语论仁论》和《孟子论仁论》二篇论文中。收入《揅经室一集》卷8、卷9。"参见陈居渊《焦循·阮元评传》,南京大学出版社2006年版,第501页。

② 柳宏:《清代〈论语〉诠释史论》,社会科学文献出版社2008年版,第177页。

续表

	篇名	《论语论仁论》中章节	备注
5	《公冶长》	4，7，18	3章
6	《雍也》	5，20，21，24，28	5章
7	《述而》	6，14，29，33	4章
8	《泰伯》	2，7，10	3章
9	《子罕》	1，28	2章
10	《乡党》	—	—
11	《先进》	—	—
12	《颜渊》	1，2，3，20，22，24	6章
13	《子路》	12，19，27	3章
14	《宪问》	1，5，7，17，18，30	6章
15	《卫灵公》	8，9，34，35	4章
16	《季氏》	—	—
17	《阳货》	1，6，8，17，21	5章
18	《微子》	1	1章
19	《子张》	6，15，16	3章
20	《尧曰》	2	1章
总计		总57章	

阮元在把相似的内容汇总的基础之上阐述自己的见解，因此他排列注释的顺序不是按《论语》篇名排列的顺序。虽然各章都分别留下了个别的解释，但他将多章综合在一起，并在下面留下了自己的解释。例如，他将《子路》第27章、《子罕》第28章、《宪问》第30章、《卫灵公》第34章、《宪文》第5章、《子路》第19章合而为一阐述："元谓：以上六章，由司马牛问君子及忧无兄弟推之，可见为仁须讷言、修行、恭敬、忠勇，自然四海之人各以仁应，虽之绝域而不可弃，无兄弟亦无害也。亦即颜子天下归仁之道也。"① 阮元举例《论语》论仁之章句，主张："五十八章之旨，有相合而无相戾者，即推之诸经之旨，亦莫不相合而无

---

① （清）阮元撰：《揅经室集》集一卷八《论语论仁论》，中华书局1993年版，第177页。

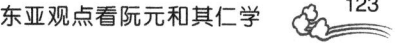

相戾者。"① 即他把《论语》提到的"仁"系统化，建构了"仁学"体系。

阮元的"仁学观"与中国的宋明理学家不同，他采取了"回到原典"的方法，即回归到孔子的文本而力图对抗宋明理学家的经典注释。这一点，与乾嘉考据的"训诂明而后明义理"是一脉相承的。关于"仁"的解释，阮元在《论语论仁论》中表现出三个特点。

第一，阮元以人际关系为基础理解仁。追溯"仁"字的起源，阮元指出夏、商以前无仁字。至春秋时，仁字的出现较多，阮元说"周人始因相人偶之恒言，而造为仁字"；古人因耦耕而人相偶，于是便创造出"仁"字来。② 他主张仁是从两人出发的，并进一步申说了"仁"的本义：

> 许叔重说文解字："仁，亲也。从人二。"段若膺大令注曰："见部曰：'亲者，密至也。'会意。中庸曰：'仁者，人也。'注：'人也，读如相人偶之人，以人意相存问之言。'大射仪：'揖以耦。'注：'言以者，耦之事成于此意相人耦也。'聘礼：'每曲揖。'注：'以人相人耦为敬也。'公食大夫礼：'宾入三揖。'注：'相人耦。'诗匪风笺云：'人偶能烹鱼者。人偶能辅周道治民者。'"元谓：贾谊新书匈奴篇曰："胡婴儿得近侍侧，胡贵人更进得佐酒前，上时人偶之。"以上诸义，是古所谓人耦，犹言尔我亲爱之辞。独则无耦，耦则相亲，故其字从人二。孟子曰："仁也者，人也。"谓仁之意即人之也。③

阮元根据《说文解字》等古代典籍，得出"仁"的含义为"从两人

---

① （清）阮元撰：《揅经室集》集一卷八《论语论仁论》，中华书局1993年版，第177页。
② "'仁'字不见于虞夏商书及诗三颂、易卦爻辞之内，似周初有此言而尚无此字。其见于毛诗者，则始自诗国风'洵美且仁'。再溯而上，则小雅四月'先祖匪人，胡宁忍予'。此'匪人''人'字实是'仁'字，即人偶之意，与论语'人也。夺伯氏邑'。相同。盖周初但写'人'字，周官礼后始造'仁'字也。郑笺解'匪人'为'非人'，孔疏疑其言之悖慢，皆不知'人'即'仁'也。"（清）阮元撰：《揅经室集》集一卷八《论语论仁论》，中华书局1993年版，第179页。
③ （清）阮元撰：《揅经室集》集一卷八《论语论仁论》，中华书局1993年版，第178—179页。

开始"，特此表述为"相人偶"。① 他同样从文字训诂上对此"仁"字做了一番辨彰学术、考镜源流的归纳工作。同时，他引用《孟子》和《中庸》，表现出以经证经的态度。然而将"仁"解释为"相人偶"，并不是阮元的发明。早在汉代郑玄（127—200）便有此说：对于《中庸》"仁者，人也。亲亲为大"。郑玄注"人也，读如相人偶之人"。在阮元看来，虽然郑玄以"相人偶"来解释"仁"，但是终究未能揭示"仁"的含义，而他通过对"仁"字初始意义的考证，从而确认"仁"为"圣人之大道"，这是阮元的新发现。

阮元的解释有两个含义，首先是释仁为人，其次是释仁为人与人之间的关系。这种看法也是丁若镛的"仁者二人也。其在古篆迭人为仁，迭子为孙，仁也者，人与人之至也"的意思。② 两位学者的这些共同点体现了文字训诂学解释的普遍性③，但是两位学者发明的义理不同，这也体现了东亚经学的特殊性。例如，阮元和丁若镛强调仁和恕相关，但与阮元不同，丁若镛提出恕有"推恕"和"容恕"两种形式，他坚持认为"推恕才是仁的主要实践原理"④。

第二，阮元强调了下学的一面，即在现实世界中仁的实践，他认为"仁"是一种切实的实践行为。这种看法在他《颜渊》篇第1章"克己复

---

① 阮元在《孟子论仁论》中又说："仁之篆体，从人二，训为相人偶，论语中已备论之矣。孟子曰：'仁也者，人也。'此孟子学于子思，得中庸之传也。中庸曰：'仁者，人也。'郑康成氏以'相人偶'注之。孟子此章'人也'，'人'字亦当读如'相人偶'之"人"。合而言之，谓合人与仁言之，即圣人之大道也。孟子曰：'人皆有不忍人之心。'以此一人不忍彼一人，即二人相人偶之实据也。今人见孺子尚不忍，王见牛尚不忍，况相并之二人哉。"（清）阮元撰：《揅经室集》集一卷九《孟子论仁论》，中华书局1993年版，第201页。

② ［韩］丁若镛：《论语古今注》卷十，《与犹堂全书》，首尔：茶山学术文化财团2012年版，第374b页。

③ 阮元和丁若镛仁学的共同点，参见杨儒宾《相偶性윤리학으로서의仁說：丁若镛과阮元》，《韩国文化》2008年第43期。

④ "恕有二种。一是推恕，一是容恕。其在古经，止有推恕，本无容恕，朱子所言者，盖容恕也。《中庸》曰：'施诸己而不愿，亦勿施于人。'此推恕也……推恕者，所以自修也。故孟子曰：'强恕而行，求仁莫近焉。'谓人与人之交际惟推恕为要法也。先圣言恕，皆是此义……推恕·容恕，虽若相近，其差千里。推恕者，主于自修，所以行己之善也，容恕者，主于治人，所以宽人之恶也。斯岂一样之物乎？"［韩］丁若镛：《大学公议》卷三，《与犹堂全书》，首尔：茶山学术文化财团2012年版，第20a页。

礼为仁"① 解释中表现得最清楚。他说：

> 颜子"克己"，"己"字即"自己"之"己"，与下"为仁由己"相同，言能克己复礼，即可并人为仁。一日克己复礼而天下归仁，此即己欲立而立人，己欲达而达人之道。仁虽由人而成，其实当自己始，若但知有己，不知有人，即不仁矣。孔子曰，勿谓仁者人也，必待人而后并为仁，为仁当由克己始，且即继上二"克己"字叠而申之曰："为仁由己，而由人乎哉！"亦可谓大声疾呼，明白晓畅矣。若以"克己"字解为私欲，则下文"为仁由己"之"己"，断不能再解为私，而由己不由人反诘辞气与上文不相属矣。颜子请问其目，孔子答以四勿。勿即克之谓也。视、听、言、动，专就己身而言。若克己而能非礼勿视、勿听、勿言、勿动，断无不爱人，断无与人不相人偶者，人必与己并为仁矣。俚言之，若曰："我先自己好，自然要人好。我要人好，人自与我同作好人也。"②

宋明理学家大都把"克己"的"己"解释为"私欲"，如朱熹说："己，谓身之欲也。复，反也。礼者，天理之节文也。为仁者所以全其心之德也。盖心之全德莫非天理，而亦不能不坏于人欲。故为人者必有以胜私欲而复于礼，则事皆天理，而本心之德复全于我矣。"③ 对此，阮元引用清代毛奇龄（1623—1716）的话来批评朱熹解"己"为"私欲"的观点。④ 阮元又引清代凌廷堪（1755—1809）的话来批评宋儒将"己"

---

① 参见《论语·颜渊》："颜渊问仁。子曰：'克己复礼为仁。一日克己复礼，天下归仁焉。为仁由己，而由人乎哉？'颜渊曰：'请问其目。'子曰：'非礼勿视，非礼勿听，非礼勿言，非礼勿动。'"
② （清）阮元撰：《揅经室集》集一卷八《论语论仁论》，中华书局1993年版，第181页。
③ （宋）朱熹撰：《论语集注》卷六，《四书章句集注》，中华书局2012年版，第133页。
④ "毛西河检讨《四书改错》曰：马融以约身为克己，从来说如此。惟刘炫曰：'克者，胜也。'此本扬子云，胜之私之谓克语。然己不是私，必从己字下添'之私'字，原是不安。至程氏直以己为私，称曰己私。致《集注》谓身之私欲，则以己上添身字，而专以良己字属私欲。于是宋后字书皆性注己作私，引《论语》'克己复礼'为证，则诬甚矣。"（清）阮元：《揅经室集》集一卷八《论语论仁论》，中华书局1993年版，第182页。

曲解为"私欲"："即以论语'克己'章而论，下文云'为仁由己，而由人乎哉'！'人''己'对称，正是郑氏相人偶之说。若如集注所云，岂可曰'为仁由私欲乎'？"①

与宋明理学家的解释不同，阮元的"己"意味着"自己"。他还强调，仁虽然是在与他人的关系中实现的，但实际上是从自己开始的，他论述了实践仁的过程中"克己"的重要性。他还参考汉代马融（79—166）的解释主张"克己"是"约身"："马注以克己为约身，最得经意……马季长以克己为约身者，能修己自胜，约俭其身，即下文'非礼勿动'四者。是范武子训'克'为'责'，责己失礼而复之，与下文'四勿'义亦通。马氏'约身'之训，即论语'以约失之者鲜矣'之'约'。约身则非礼勿视、听、言、动，故'克己复礼'连文。"② 可见，阮元对"仁"的理解实由马融对"克己"的解释而来。

如果解释"克己"为"约身"，仁不是心性修养的问题，而是现实中"实践"的问题。因为，"约身"是"约束自己""自查自纠"的意思，而且"约身"的"约"强调的是约束、管束——强调的是行动。既然"克己"是"约身"，使自己不违于礼，而不是克制私欲，那么只要遵循孔子所说的"四勿"，即非礼勿视、听、言、动，便能爱人而人相偶，也就达到了"克己复礼为仁"的境界。这里，阮元明白说明了"仁"不仅是心性修养问题，而且还是一个如何循礼寻仁的行动问题。

阮元既然认为"仁"为"克己"，而"克己"又为"约身"，那么"仁"也就离不开行事。阮元说："儒家学案标新竞胜之派皆预为括定。曾子、子游虑子张于人无所不容，过于高大，不能就切近之事与人为仁，亦同此说也。其曰'为仁'，可见仁必须为，非端坐静观即可曰仁也。"③所以，归根结底还是一个怎样将"仁"付诸实践的问题。

在阮元看来，"不能充仁之实事，不能谓之为仁也"，他说：

---

① （清）阮元撰：《揅经室集》集一卷八《论语论仁论》，中华书局1993年版，第183页。
② （清）阮元撰：《揅经室集》集一卷八《论语论仁论》，中华书局1993年版，第184页。
③ （清）阮元撰：《揅经室集》集一卷八《论语论仁论》，中华书局1993年版，第180页。

孟子论仁，至显明，至诚实，未尝有一毫流弊贻误后人也。一介之士，仁具于心；然具心者，仁之端也，必扩而充之，着于行事，始可称仁。孟子虽以恻隐为仁，然所谓恻隐之心，乃仁之端，非谓仁之实事也。孟子又曰："仁之实，事亲是也。"是充此心，始足以事亲，保四海也。若齐王但以羊易牛而不推恩，孝子但颡有泚而不掩父母，乍见孺子将入井而不拯救，是皆失其仁之本心，不能充仁之实事，不得谓之为仁也。孟子论良能、良知，良知即心端也，良能实事也。舍事实而专言心，非孟子本指也。孟子论仁，至显明，至诚实，亦未尝举心性而空之迷惑后人也。①

阮元认为"仁"一方面端具于心，另一方面又见之于行。对他而言，"仁"不仅仅体现在道德层面，更重要的是落实在行的层面。只有通过"实事"见之于"实行"的仁才是现实的"仁"，所以阮元又补充说："凡仁，必于身所行者验之而始见，亦必有二人而仁乃见，若一人闭户齐居，瞑目静坐，虽有德理在心，终不得指为圣门所谓之仁矣。"② 当然，阮元肯定仁的"实事"层面的意思同样是与他批评明代王学不蹈实事而故弄玄虚有关。③

出于同样的思考，阮元主张"比仁更高的是圣"，"圣"是一般人难以达到的最高境界，但"仁"的境界是常人通过努力就可以达到的，而孝悌是为"仁"之本，这就为"仁"的普遍推行铺平了道路。

于《述而》篇第33章④和《雍也》篇第28章⑤，阮元讲：

---

① （清）阮元撰：《揅经室集》集一卷九《孟子论仁论》，中华书局1993年版，第195—196页。

② （清）阮元撰：《揅经室集》集一卷八《论语论仁论》，中华书局1993年版，第176页。

③ "良能、良知，良字与'赵孟之所贵者非良贵也'。良字相同；良，实也。无奥旨也。……阳明宗旨，直是禅学，尚非释学也。"（清）阮元撰：《揅经室集》集一卷九《孟子论仁论》，中华书局1993年版，第202—203页。

④ 《论语》"子曰：'若圣与仁，则吾岂敢？抑为之不厌，诲人不倦，则可谓云尔已矣。'公西华曰：'正唯弟子不能学也。'"

⑤ 《论语》"子贡曰：'如有博施于民而能济众，何如？可谓仁乎？'子曰：'何事于仁，必也圣乎！尧、舜其犹病诸！夫仁者，已欲立而立人，已欲达而达人。能近取譬，可谓仁之方也已。'"

孔子论人，以圣为第一，仁即次之，仁固甚难能矣，"圣"、"仁"二字孔子皆谦不敢当。子贡视仁过高，误入圣域，故孔子分别"圣"字，将"仁"字降一等论之曰："所谓仁者，己之身欲立则亦立人，己之身欲达则亦达人。"所以必两人相人偶而仁始见也。即如己欲立孝道，亦必使人立孝道，所谓不匮锡类也。己欲达德行，亦必使人达德行，所谓爱人以德也。曾子所谓"人非人不济"，正是立人达人之道也，亦即近取譬之道也。此皆不视仁太高，误入"圣"字也。①

阮元指出，孔子将圣仁分开并认为仁次于圣，其目的是不让人"视仁过高，误入圣域"，要能"近譬近思"以从眼下身边的事情一步步去实现仁德，在这里他再次强调了仁不是在远而是在近处实践的事实，但是仁和圣之间在本质上可以贯通，由爱亲、敬长之实的仁可以逐步达到博施济众的圣，二者是实践层次广狭的差别，由仁可以至圣。

阮元仁圣贯通的观点与日本江户学者荻生徂徕（1666—1728）的圣人观形成了鲜明的对比。荻生徂徕认为圣和仁在德性本质上就不同，圣是最高的德性，圣可包仁，但仁却不能贯通到圣。朱熹《论语集注》曾说"仁以理言，通乎上下，圣以地言，则造其极之名也"，即以圣为人欲净尽之后的仁之至极来解释圣，虽然阮元以充之于实事解仁与朱熹以理解仁不同，但对于圣是仁之极处这种仁圣贯通的思路来说，二者是相通的。

荻生徂徕则反对朱熹的观点。他所理解的圣是"知之至"和"行之至"的结合，仁人只是"行之至"，圣可包仁；仁是可学而能，圣人的聪明睿智之德是天赋、不可学而能，圣人的"行之至"较仁人的"行之至"也更高一等，仁则不可由实践贯通到圣。正是由于对"圣"概念理解的实践功业和天赋德性之别，使得阮元和荻生徂徕在仁圣贯通问题产生了

---

① （清）阮元撰：《揅经室集》集一卷八《论语论仁论》，中华书局1993年版，第177—178页。

迥然不同的观点。①

第三，阮元通过"大仁"的概念构建了仁的实践层次。于《宪问》篇第17、18章②中讲：

> 此二章论管仲不必以死子纠为仁，而以匡天下为仁，盖管仲不以兵车会诸侯，使天下之民无兵革之灾，保全生民性命极多。仁道以爱人为主，若能保全千万生民，其仁大矣。故孔子极许管仲之仁，而略其不死公子纠之小节也。③

阮元通过"大仁"的概念厘清了仁的层次差异，其核心主张是人给予的越多其中体现的"仁"的层次性越高。阮元说，"仁之有益于人民者甚大"，阮元论"仁"的最高境界是造福国家社稷、保全千万生民。这一点在他对管仲的评价中阐述得最为透彻，地位越高就越能对更多的人施仁政。他的"大仁"概念最终指向皇帝，可见，阮元的仁解释是具有政

---

① 荻生徂徕说："仁为仁人，圣为圣人。圣人作者，有聪明睿知之德，岂仁人之所能及哉？"（[日]荻生徂徕：《论语征》，载[日]关仪一郎编《日本名家四书注释全书》卷五，首尔：文献书局[发行年未详]，第128页）圣人是仁人不能企及的层次。仁人之所以不能至于圣人，因为荻生徂徕所理解的圣是"知之至"，仁是"行之至"，但"尧舜禹汤周公，岂知至而行不至哉？"圣兼有知之至和行之至，即圣可包仁。而"知之至"也就是"聪明睿智之德"，"夫仁人可学而能焉，如圣人聪明睿智之德，禀诸天"，仁还可以学而至，但聪明睿智的德性乃是天所赋予，这是荻生徂徕所理解的"圣"之本质内涵，所以圣人不是后天可学而至者，圣可包仁，仁却不能从实践贯通到圣。在行之至的层面，仁、圣也有些微差别，圣人的"行之至"是"知之至"的表现，荻生徂徕认为"作者之谓圣"，圣人有知之至的德性所以可以有制作礼乐的"行之至"，所以圣人如周公可以制礼作乐，孔子虽"述而不作"，但却属于"能作而不敢作"，"虞夏商周之道，待孔子而载诸简，微孔子则古圣人之道若有若无"，因此孔子虽未制作，但德业"可以比诸作者之圣"。反观"仁人"的概念，荻生徂徕认为"成康以下，无制作之事，固以仁人称之"，仁人是在圣人制作之后沿着既有的轨范而"行之至"，这个层次的"行之至"与圣人本于天赋聪明的制作、德业是不同的。

② 《宪问》篇第17章："子路曰：'桓公杀公子纠，召忽死之，管仲不死。曰未仁乎？'子曰：'桓公九合诸侯，不以兵车，管仲之力也。如其仁，如其仁。'"《宪问》篇第18章"子贡曰：'管仲非仁者？与桓公杀公子纠，不能死，又相之。'子曰：'管仲相桓公，霸诸侯，一匡天下，民到于今受其赐。微管仲，吾其被发左衽矣。岂若匹夫匹妇之为谅也，自经于沟渎而莫之知也。'"

③ （清）阮元撰：《揅经室集》集一卷八《论语论仁论》，中华书局1993年版，第190页。

治性的。

通过"大仁"的概念，阮元提出了"拓宽仁的实践对象"的思想。这些特点与荻生徂徕形成了鲜明的对比。荻生徂徕将仁本身设定为广大的概念，认为是在执政者的位置上可以对下面的人给予的行为。① 从这一点来看，荻生徂徕的仁学具有阶级性质（hierarchy）。与荻生徂徕不同，阮元没有限制仁的行为者。阮元认为，仁不仅是执政者，也是一般人可以实践的普遍价值。但是，阮元担心仁的实践仅限于特定的空间和时间。换言之，因为他担心将仁的行为者扩大到一般人时，其实践仅限于一次性或仅限于自己隔壁的亲属，所以设定"大仁"概念，区别其活动和影响范围。阮元设定了"大仁"概念，认为仁是有层差的，主张空间上的仁实践的不断扩大；与之相反，荻生徂徕虽然同样强调拓宽仁的实践对象，即"仁"本身是广大的，但他没有设定其他的概念和层差，这一点体现了阮元在东亚经学内的独特性。

"大仁"概念的提出与阮元长期的仕途生活有关。他历经清朝的三个皇帝，目睹了官场的种种腐败，好友刘凤诰、孙星衍的坎坷，自己在官场所受到的挫折，所有这些都促使阮元践行"力行在无倦""履之而后艰"的信念从而比较深刻地体认到"仁"的现实意义。同时，阮元一再强调"仁之有益于人民者甚大"，"仁道以爱人为主，若能保全千万生民，其仁大也"，这已体现出民贵君轻的民本政治思想。

而且阮元认为把仁付诸实践也有阶级性，因此，他所倡导的"仁爱"明显具有阶级的属性：

---

① "'为人君止于仁'，是在上之德也。君子而未仁，是虽有君子之名而其实未成。故曰：'恶乎成名?'"［日］荻生徂徕：《论语征》，载［日］关仪一郎编《日本名家四书注释全书》卷五，首尔：文献书局［发行本未详］，第91页。"仁人之于民，如和风甘雨之被物，物得其养而莫不生长。故其好人恶人，皆有益于人也。好之至，用之，恶之至，退之，用之，使民被其泽，退之，使民免其害。是好恶之有益于人也。"［日］荻生徂徕：《论语征》，载［日］关仪一郎编《日本名家四书注释全书》卷五，首尔：文献书局［发行本未详］，第90页。"孔门之教，仁为至大。何也？能举先王之道而体之者仁也。先王之道，安天下之道也。其道虽多端，要归于安天下焉。其本在敬天命。天命我为天子为诸侯为大夫，则有臣民在焉，为士则有宗族妻子在焉，皆待我而后安者也，且也士大夫皆与其君共天职者也。故君子之道，唯仁为大焉。"［日］荻生徂徕：《辨道》，松本新六梓行，第7a页。

> 相人偶者，谓人之偶之也。凡仁，必于身所行者验之而始见，亦必有二人而仁乃见，若一人闭户齐居，瞑目静坐，虽有德理在心，终不得指为圣门所谓之仁矣。盖士庶人之仁，见于宗族乡党，天子诸侯卿大夫之仁，见于国家臣民，同一相人偶之道，是必人与人相偶而仁乃见也。①

各阶层的人实践"仁"的条件和范围是不同的，士大夫有适合士大夫的仁的实践方式，诸侯有适合诸侯的仁的实践方式。在阮元眼里"仁"是一个意蕴丰富的概念，在孔子"仁学"体系中，作为形下层面的"仁之内涵"除了忠、孝、信、义、恭、宽、敏、惠外，还包括切、讷、刚、勇、毅等范畴，它们构成了丰富广博的孔子"仁学"体系，这种体系从人际关系中理解仁并提出了需要什么样的节操、德目作为实践方式。阮元将仁称为"相人偶"，以人与人的关系为基础理解仁，将其行为者扩大到一般人。虽然这一点与日本江户荻生徂徕相比具有进步性，但最终他也把每个阶级实践的仁的行为层级化，从这一点来看，很难完全将阮元仁学定义为"超越阶级"。

总之，阮元认为解"仁"为"相人偶"能够统合诸家之意，并能够贯通《论语》所述诸"仁"，他希图世人安于本分谨守规矩而不要有僭越之念，即"君臣之道立，上下之分定，于是乎聚天下之士庶人而属之君卿大夫，聚天下之君卿大夫而属之天子，上下相安，君臣不乱，则世无祸患，民无伤危矣。即如百乘之家不敢上僭千乘，千乘之国不敢上僭万乘，则天下永安矣"②。

四 小结

考证学是从明末清初开始一直流行到清末的实证性研究的学风或方

---

① （清）阮元撰：《揅经室集》集一卷八《论语论仁论》，中华书局1993年版，第176页。
② （清）阮元撰：《揅经室集》集一卷八《孝经解》，中华书局1993年版，第47页。

法。考证学的代表性思路是"实事求是",因此有时会用"实学"一词来代替。清代考证学与汉代训诂不同,它最大的特点是通过训诂发明义理。事实上清代考证学具有"汉宋兼采"的倾向,每个学者在训诂和义理方法上存在不同侧重的差异。

阮元是清代考证学的代表人物之一,他是乾嘉学派中的扬州学派,他和其他乾嘉学派学者一样主张"汉宋兼采"。但是阮元与其老师戴震和同辈焦循更侧重义理的路径不同,阮元显然更注重训诂。另外,在音韵学、字义学、语法学等多个训诂学领域中,阮元把重点放在了字义学上。因此除了《经籍纂诂》之外,他也撰写了与儒家哲学主要概念"仁"相关的著作——《论语论仁论》。

《论语论仁论》明确地具有"以训诂明义理"的特征,通过这部著作他建构了"仁学"体系,展开了属于其独特的思考。他的"仁学"思想有三个特点:第一,他以人际关系为基础理解仁,即所谓"相人偶";第二,他强调了形而下学的一面,即在现实世界中仁的实践;第三,他提出了"大仁"的概念,构建了仁的实践层次。柳宏先生评价阮元的仁学说:"因为《论语》学史上,诠释仁时,通常都是向内转,都强调自身修养一面。阮元作出了颠覆,有了新的理解。"[①]

从阮元《论语》仁学的第一个特征和第二个特征与韩国丁若镛的仁学的相似性这一点来看,可以发现东亚经学具有普遍性的根据。另一方面,阮元在强调仁的实践的同时还提出"大仁"的概念,提出了将一次性实践扩大,即"拓宽仁的实践对象"的思想基础(foundation);相反,荻生徂徕虽然同样强调仁的实践的扩大,但他并没有在"仁"的内涵中设定其他的概念、层差。换言之,荻生徂徕将仁的行为者限定为社会政治阶级中的执政者,而阮元将仁定义为"相人偶",以人间关系为基础理解仁,将其行为者普及为一般人,这一点与此有关。从这一点来看,阮元表现了其在东亚经学领域内的独特性。

---

① 柳宏:《清代〈论语〉诠释史论》,社会科学文献出版社 2008 年版,第 115 页。

"内生的超越"：朱熹道德哲学反形而上学进路[*]

全林强

（五邑大学马克思主义学院）

摘要：当代的朱熹道德哲学研究呈现出了一个复杂的特征：批评者和辩护者共用一个"内在的超越"范式。批评者所批评的与辩护者所辩护的是形上之"心"的有与无，这种范式成为理解朱熹的主流话语。但是，这种范式本身是有困境的，其根源在于它的形上与形下的二分结构。"内生的超越"是为了克服"内在的超越"的困境，并且是在现代哲学反形而上学的意义上提出的。它所关注的是现实的人"心"，而不是良知、明德等形上实体。"心"具有超越自我的动力，并不需要预设内在的超越性来解释超越自我的动力。"心"对自我的超越是多维度的，是可善可恶的。超越的向"善"的维度并不是"心"自身的规定，而是在"心"与"物"的共同创造的过程中产生的。朱熹主张"物"及"理"的实在论，物之"理"不只是作为认知的对象，而是在这一过程中拥有了"能"，从而扮演了指引"心"的角色。如此，"物"向"心"提供了超越向善的要求和动力，在形而上学缺席的情况下仍然能够保证儒家对于超越性的追寻的理想。

关键词：朱熹　反形而上学　内生的超越　内在的超越

---

[*] 本文为2023年度广东省教育厅高等学校特色创新项目（哲学社会科学）"粤港澳大湾区儒家哲学史研究"（项目编号：2023WTSCX099）的阶段性成果。

一 "内在的超越"的局限

在新儒家看来,朱熹哲学在"心"的超越性层面的缺失,导致了一个逻辑基础缺失的困境:儒家道德哲学本质上要求"心"有内在的超越性作为主体道德动力的基础。从而,当代朱熹道德哲学的研究就出现一种复杂的情况:批评和辩护的同质化。一个批评者会以朱熹道德哲学缺少内在的超越性为理由,批评朱熹缺失道德动力,无法为主体突破经验、环境等所带来的限制提供一个内在动力的来源的解释[1];一个辩护者对于这种批评的回应则是论证朱熹道德哲学本具内在的超越性,论证批评者对于朱熹的解读是错误的。[2] 批评和辩护表现出了一种同质化取向,即内在的超越性作为唯一的朱熹道德哲学的叙事框架。批评者以内在的超越性为儒家道德哲学的最合理的叙述框架,而把朱熹道德哲学视为一种教内别传,试图确立一种"正教"的主流话语权。[3] 辩护者也承认内在的超越性作为儒家道德哲学的主流话语,而把朱熹道德哲学视为主流之一员,以达到回应上述批评的目的。

内在的超越性作为一条"唯一"的叙事框架狭隘化了朱熹道德哲学的诠释。宋明理学,甚至儒家道德哲学在此叙事中遭到了严重的裁剪。内在的超越性的叙事框架固然可以提供一种理论式的哲学史的梳理,但是,它本身可能是以理论的误解为前提的[4],又可能导致把一些原本不属

---

[1] 参见牟宗三《心体与性体》下册,上海古籍出版社1999年版,第427页;李明辉《儒家与康德(增订版)》,台北:联经出版事业公司2018年版,第45页;刘述先《朱子哲学思想的发展与完成》,台北:台湾学生书局1982年版,第204页。

[2] 参见成中英《朱熹论"人心"与"道心"——从心的主体化与主宰性到道德心的实践》,《陕西师范大学学报》(哲学社会科学版)2017年第6期;金春峰《对朱熹哲学思想的重新认识——兼评冯友兰、牟宗三解释模式之扭曲》,《学术月刊》2011年第6期;王凯立《"明德"即"本心"——重检朱子道德哲学》,《道德与文明》2020年第5期。

[3] 参见赵法生《内在与超越之间——论牟宗三的内在超越说》,《哲学动态》2021年第10期。

[4] 参见任剑涛《内在超越与外在超越:宗教信仰、道德信念与秩序问题》,《中国社会科学》2012年第7期。

于朱熹道德哲学的观点强行嵌入,并且可能导致先入为主的诠释,缺乏理论论证的效力。①

内在的超越性的叙事本身所具有的优越性,使研究者忽略了它本身固有的理论问题,而被看成一种完美的解释框架,看成能够为朱熹道德哲学的解释提供合法性基础。这点实际上是创造了一个理论之"神"作为判断的标准,而是不把对朱熹道德哲学的解释本身视为目的的。朱熹道德哲学发生的目的和发展的走向就是内在的超越性,它的归宿也是内在超越性,只有这样它才能在儒家哲学史中获得合法性的地位。实际上,主流话语权成了一种教条主义的"霸权",从而也使得内在的超越性本身固有的困境没有获得足够的重视。

首先,"内在的超越"的提出是为中国哲学与西方哲学的差异性提出区分的明确标识。② 当代儒家学者以西方哲学是"外在的超越","超越性"是在主体之外的独立实体,如此导致了道德动力的主体性缺失。而儒家哲学则主张超越性是内在于主体的,是主体本有的。冯耀明则认为,正是这种目的导致了新儒家忽略了"内在"与"超越"两个概念之间本有的矛盾。从概念关系来看,"超越"必然是"外在"的,"内在的超越"这个概念本身就是矛盾的。③ 儒家学者没有能够给予"内在"与"超越"关系以合逻辑的证明,而是使用一些无效的语言手段"辩证的诡辞"来模糊化二者的关系。其次,内在的超越产生了两个主体的界分:现实主体和形上主体。王庆节批评王阳明的"良知"导致了对于真实身体的忽视,是一种绝对自我概念,无法建构起"自我"与"他我"的关

---

① 冯耀明认为"内在的超越"说是一种本质主义,"便必须要证明后来宋明儒有而孔孟没有的一些观念及论旨是孔孟学说之所涵。然而,牟先生在这里似乎是'心证'多于'论证',不能给我们一个'绝对'而'必然'的答案"。(参见冯耀明《"超越内在"的迷思:从分析哲学观点看当代新儒学》,新界:香港中文大学出版社2003年版,第77页)

② 参见黄玉顺《中国哲学"内在超越"的两个教条——关于人本主义的反思》,《学术界》2020年第2期;郑家栋《"超越"与"内在超越"——牟宗三与康德之间》,《中国社会科学》2001年第4期。

③ 参见冯耀明《"超越内在"的迷思:从分析哲学观点看当代新儒学》,新界:香港中文大学出版社2003年版,第48页;张汝伦《论"内在超越"》,《哲学研究》2018年第3期;任剑涛《内在超越与外在超越:宗教信仰、道德信念与秩序问题》,《中国社会科学》2012年第7期。

联，因此，它无法为关注他人的伦理学进行辩护。① 最后，内在的超越赋予了身处现实困境之中的现实主体拥有能够摆脱现实，实现超越性追求的力量来源的解释。这是儒家学者所普遍看到的积极效应，但是它的消极效应却遭到忽略：为道德不作为作辩护。②

内在的超越性的上述困境是形而上学所带来的结果。本体的"心"始终与现实的心是分离的，尽管本体的"心"是内在于现实的心之中的，它也无法把一个无时空性的形上"心"嵌入时空性的现实之心之中。这种观点忽略了冯友兰对于"物"与"太极"之间"如何'有'法"的关系的质疑，"但所谓'有'者，系何意义，'人人有一太极，物物有一太极'，如何'有'法，乃一可讨论之问题"③。冯友兰所针对的是朱熹哲学中的"物""太极"的关系问题而发的，但是也可以被视为对内在的超越性进路的一个有效问题。冯耀明、王庆节等人所揭示的理论困境无不是"如何有"问题的扩展。内在的超越性与外在的超越性（新儒家所指朱熹哲学）对于"如何有"的回答并没有太大的差异：都采取了模糊的、忽略的态度。心固有内在超越之本心这一"内在"如何理解，本质上是没有解决的。牟宗三等人为了凸显道德主体性，强调内在的超越性相对于现实之心的独立性，反而凸显了形下与形上之间的矛盾。④

内在的超越性这一当代朱熹道德哲学研究的叙事路径是不完善的，或者说，朱熹道德哲学研究的叙事路径并不应该只有这一条。这条路径本质上是形而上学的，而朱熹也有反对此种进路的倾向，"问：'本心依旧在否？'曰：'如今未要理会在不在。论着理来，他自是在那里。只是这一处不恁地，便是这一处不在了。如"率土之滨，莫非王臣"忽然有一乡人自不服化，称王称伯，便是这一处无君，君也只在那里，然而他

---

① 参见王庆节《道德感动与儒家示范伦理学》，北京大学出版社2016年版，第115页。
② 参见全林强《朱熹道德主体的经验性建构进路》，《上饶师范学院学报》2022年第2期。
③ 冯友兰：《三松堂全集》（第四卷），河南人民出版社2001年版，第39页。冯友兰把"如何'有'"看成神秘主义的观点，"用如此看法，则所谓'人人有一太极，物物有一太极'者，是一种神秘主义的说法，我们现在不能持之"。
④ 参见杨泽波《牟宗三三系论论衡》，复旦大学出版社2006年版，第154页。

靠不得。不可道是天理只在那里，自家这私欲放行不妨。'"① 徐复观通过考察《隆兴府学濂溪先生祠记》《邵州州学濂溪先生祠记》指出朱熹晚年有反形而上学的倾向，"所以他便可以引用伊川《易传》序的'体用一源，显微无间'两句话，并谓太极不是自为一物，这样一来，把太极图的层级性去掉，因而它的形上性大大减低了"②，"所表露出他此时所把握的理、心的问题，又落实到二程的层次。由此可以了解他有许多反佛教，也是反形而上学的语言，不是偶然的"③。但是，朱熹道德哲学的反形而上学维度一直没有获得学界的注意，这点是极为遗憾的。朱熹的思想历程本来就是一个多层次的、多样式的复杂结合体，形而上学进路并不足以完整地呈现其全貌，或者说它仅仅是体现了朱熹思想的一方面。

在现代哲学中，形而上学更可能被视为一个极有限效力的理论形态，它本身也是有问题的。本文更愿意在反形而上学的视角下理解朱熹道德哲学，试图提供一种不同于内在的超越性的研究路径，从而克服后者的理论困境。我们把这种路径称为"内生的超越性"研究路径。"内生"与"内在"仅有一字之差，所体现的却是一种完全相反的理论取向：反形而上学和形而上学。"内生的超越性"试图回答：在缺少形而上学的前提预设下，朱熹道德哲学如何能够保持儒家追寻超越性的本性，而不至于转变为一种经验性的理论。

二 道德动力的主体：现实之心

内生的超越性是一种反形而上学的观点，它把"内在的超越性"视为形而上学而放弃这种主张。形而上学预设了现实的人的二元结构，即现实的人"中"存在一种永恒性的、超越性的异己结构。真正的道德主体性是"永恒性超越性"而不是现实的人，同时也是道德动力的来源。

---

① （宋）朱熹撰：《朱子全书》第15册，朱杰人、严佐之、刘永翔主编，上海古籍出版社、安徽教育出版社2010年版，第1760页。
② 徐复观：《中国思想史论集续篇》，九州出版社2013年版，第567页。
③ 徐复观：《中国思想史论集续篇》，九州出版社2013年版，第567页。

这样一种结构在道德动力问题上导致了两种相互矛盾的理论效果。全林强在《朱熹道德主体的经验性建构进路》一文中证明了这一点：内在的超越性同时包含了道德的积极性后果和消极性后果。① 所谓积极性后果，就是内在的超越性为主体提供了一种超越现实性的动力。比如，一个罪犯也拥有内在的超越性——"良知"，良知不会因为罪犯的作恶多端而消失。如果罪犯某一天良知发现，就会发生道德转变。内在的超越性给予罪犯转变为道德高尚之人以必然性。也即，如果罪犯愿意，他必然是可以通过对于内在的超越性的"觉"而获得这种转变的。这是内在的超越性关于道德动力的核心主张。但是，全林强证明了内在的超越性同时也导致了消极性后果，即主体对于内在超越性的"觉"导致道德不作为。"本心"作为人的本质规定，具有存在的恒常性，不会因现实之人的行为而发生变化。从而，任何人只要以"本心"为信念，"人"的资格就是明确的。即使张三杀人放火仍然不会消减他作为"人"的资格，他并不需要现实的道德实践去体现"人"的本质规定，从而他的道德不作为获得了辩护。

内在的超越性的理论忽略了消极性后果，只关注到了积极性后果。内在的超越性无非要为现实的人能够超越自身的限制达到某种更高境界提供必然性。但是，这种"必然性"并非必然，仅仅是一种可能性，而且产生了相互矛盾的理论效果。积极性后果和消极性后果构成了这种理论固有的矛盾，二者是共存的，无法单方面地保留积极性后果而消除消极性后果。

积极性后果和消极性后果共存于"内在的超越"说，其原因在于内在的超越性与现实性的二元结构。虽然此理论把超越性视为"内在的"，但是并不意味着它消解了二元性，"内在的"不是解决形上与形下划分的一个有效的方法论。这一缺陷是从冯友兰"如何'有'法"问题推导出来，但是，它并没有获得学界足够的重视。现实主体和形上主体如何可能是同一的？形上主体的"觉"何以必定是现实主体的"觉"？这些问题本身是需要解决的，但是，它却作为一种有效的结论而被接受了，并且

---

① 参见全林强《朱熹道德主体的经验性建构进路》，《上饶师范学院学报》2022年第2期。

作为批判朱熹道德哲学的前提。这是非常奇怪的。

相反，朱熹道德哲学不存在这种同一性的需求。形上与形下的关系"不杂不离"是最基本的关系，"天下未有无理之气，亦未有无气之理"①。形上、形下是共存性的，又相异的存在，"所谓理与气，此决是二物。但在物上看，则二物浑沦，不可分开各在一处，然不害二物之各为一物也；若在理上看，则虽未有物而已有物之理，然亦但有其理而已，未尝实有是物也"②。形上并不比形下更具本质性，形上是无形相的，而形下是有形相的，二者区别在于此。形上不是感觉、感官等"粗"的功能所能把握的，而是要"推"。理性（心）通过有形的形下"推"出无形的形上，"理与气本无先后之可言。但推上去时，却如理在先，气在后相似"③。有气即有理，理与气是共同存在的，二者是同级概念，而不存在概念层级差序。④ 冯友兰认为"推"是一种逻辑过程，从现实存在到

---

① （宋）朱熹撰：《朱子全书》第14册，朱杰人、严佐之、刘永翔主编，上海古籍出版社、安徽教育出版社2010年版，第114页。陈来在《朱子哲学研究》中认为朱熹对于理气关系的晚年定论是：第一，理气无所谓先后；第二，理气"先后"是冯友兰所讲的逻辑关系，而不是时间先后关系。参见陈来《朱子哲学研究》，华东师范大学出版社2000年版，第96页。

② （宋）朱熹撰：《朱子全书》第22册，朱杰人、严佐之、刘永翔主编，上海古籍出版社、安徽教育出版社2010年版，第2146页。

③ （宋）朱熹撰：《朱子全书》第14册，朱杰人、严佐之、刘永翔主编，上海古籍出版社、安徽教育出版社2010年版，第115页。

④ 参见全林强《理气纠缠：规范性动力——对"形著论"倾向的反思》，《中共宁波市委党校学报》2021第3期。陈来认为朱熹理气为二物，但从构成论上看，理气又是统一的，"朱熹认为理和气在构成万物上作用不同，理构成万物之性，气构成万物之形，一个事物只有兼理气才成其为一个现实事物。正如《太极解义》一样，在这种构成论中理的实体化更加明显"。（陈来：《朱子哲学研究》，华东师范大学出版社2000年版，第93页）于此，我们可以提出一个怀疑：如果"理""气"是有概念层级差序的，则"理""气"的构成论是无法成立的。冯耀明指出了这点，"传统中国哲学以理气合而成就物，又以气化或气之聚散说明物之成毁，似乎并不是分就两种身份之物说的……宋明儒所说的理贯注于气中而成就物，是就一般意义之现象事物说的"。（冯耀明：《"超越内在"的迷思：从分析哲学观点看当代新儒学》，新界：香港中文大学出版社2003年版，第126页）岛田虔次反对把朱熹"理"表达为根源性的"客观唯心主义"理论，而是把"理"称为"理之自然主义"，"本文就是以此作为构想原点的，想要说明，与其说从朱子学到阳明学是客观唯心论到主观唯心论，还不如说是'理之自然主义'到'理之主观主义'——使用这样的名称乃是万不得已之策——更适当一些"。（参见［日］岛田虔次《中国思想史研究》，邓红译，上海古籍出版社2009年版，第170页）"理之自然主义"体现了"理"的形而上学特征的消退，"理""气"同属一个概念层级。

逻辑实在的推理。逻辑实在与现实存在并非同一层级概念，二者处于完全不同的存在领域。但是，逻辑实在并不适用于朱熹。对于朱熹，理与气不是前后件的逻辑关联，而是共存共在的关系。理、气都是客观实在的，不是思维形式的产物。理与气的关系是有气必有理，有理必有气的，二者是相互纠缠的"气与理本相依"①。理、气的共存共在的纠缠性在传统哲学中并未遭到质疑，只有在西方本体论介入之后，理与气关系的"谁是第一性""本质与现象"的层级划分的问题才凸显出来。这种层级观本质上是以形上与形下的二分法为前提的，它有自己本身的哲学意义，但是却不适合作为朱熹哲学的解释框架。

任一"物"皆有理、气。由于理、气是同级的，气是一个现实性的概念，则理也是一个现实性概念，而不是表征"超越"的概念，从而"物"并不蕴含内在的超越性。"理"仅仅是"物"之理，而不是规定"物"或"物"之根源的"理"。"物"规定了"理"，有什么样的"物"就有什么样的"理"。亦即，朱熹"内生的超越性"说否定了"物"有先验的或先天的超越性的，而是主张"物"的超越性是现实性的自我超越。

"心"也是物，是"肉团心"，这是本然之心，也是现实之心，也是与天地之心共在的心，"天地以此心普及万物，人得之遂为人之心，物得之遂为物之心，草木禽兽接着遂为草木禽兽之心，只是一个天地之心尔"②。朱熹在这里并没有把心区分为形上、形下，而是统一地把天地之心和人、物、草木禽兽之心皆视为同性质的、同形态的，"某直敢说，人生时无浩然之气，只是有那气质昏浊颓塌之气。这浩然之气，方是养得恁地"③。新儒家认为朱熹的"心"是"气"性的，其实这点并没有错

---

① （宋）朱熹撰：《朱子全书》第16册，朱杰人、严佐之、刘永翔主编，上海古籍出版社、安徽教育出版社2010年版，第1902页。
② （宋）朱熹撰：《朱子全书》第14册，朱杰人、严佐之、刘永翔主编，上海古籍出版社、安徽教育出版社2010年版，第117页。
③ （宋）朱熹撰：《朱子全书》第15册，朱杰人、严佐之、刘永翔主编，上海古籍出版社、安徽教育出版社2010年版，第1731页。

误。人物之心就是现实之心,"人只是一个心"①,朱熹是从现实的人来理解道德的,而不是从内在的超越性,这正是朱熹睿智之处。

个体对于超越性的追寻,以及个体启动追寻的动力是基于现实的个体的,而不是基于超越现实的本体。任一个体都是从现实个体自身实现超越的,它所超越的是现实个体自身,而不是要追寻一个理想的目标,"常人终日为不善,偶有一毫之善,此善心生也"②。脚踏实地地履行自身的义务,对于现实局限的自我超越,才是正确的道德路径,"求仁只是'主敬','求放心',若能如此,道理便在这里"③。这种超越的动力是现实的"我"启动的,它不需要形而上学的预设,也不需要形而上学的期望。这点与心学是完全相反的。朱熹批评陆九渊"求仁",把"仁"作为一种道德追求的形上的目标,是不具有现实性的,是一种虚幻性的期望,"他们便说一日悟得'克己复礼',想见天下归其仁;便是想像饮酒便能醉人,恰似说'如饮醇酎'意思"④,"问:'象山言:"'本立而道生',多却'而'字。"'曰:'圣贤言语一步是一步。近来一种议论,只是跳躑。初则两三步做一步,甚则十数步作一步,又甚则千百步作一步,所以学之者皆颠狂。'"⑤ 朱熹则要求"仁"是现实性的目标,是在主体切近的道德实践中一步一步地真实实现的,而不是想象的,"孝弟便是仁,非孝弟外别有仁,非仁外别有孝弟"⑥。

朱熹对于"心"的理解具有现代哲学的意义。"心"不是一个形而上学的范畴,不是本体,而是一个现实性范畴。他承认了"心"是有局限

---

① (宋)朱熹撰:《朱子全书》第15册,朱杰人、严佐之、刘永翔主编,上海古籍出版社、安徽教育出版社2010年版,第986页。
② (宋)朱熹撰:《朱子全书》第14册,朱杰人、严佐之、刘永翔主编,上海古籍出版社、安徽教育出版社2010年版,第398页。
③ (宋)朱熹撰:《朱子全书》第14册,朱杰人、严佐之、刘永翔主编,上海古籍出版社、安徽教育出版社2010年版,第254页。
④ (宋)朱熹撰:《朱子全书》第18册,朱杰人、严佐之、刘永翔主编,上海古籍出版社、安徽教育出版社2010年版,第3893页。
⑤ (宋)朱熹撰:《朱子全书》第18册,朱杰人、严佐之、刘永翔主编,上海古籍出版社、安徽教育出版社2010年版,第3877页。
⑥ (宋)朱熹撰:《朱子全书》第18册,朱杰人、严佐之、刘永翔主编,上海古籍出版社、安徽教育出版社2010年版,第3877—3878页。

性的，不断超越这一局限性，便是"心"的道德完善、道德进步的意义。而本体之心或形上之心本身包含了一种理想的、完善的含义。"一钱金子"与"一两金子"并无本质的差异①，量词的差异并不会引起前后"金子"的不同，拥有一钱金子并不比拥有一两金子更富有。因此，形而上学或者本体论无法为道德完善、道德进步提供一个辩护。王凯立从内在的超越立场为朱熹道德哲学能够回答"道德完善如何可能""道德如何可能"提供辩护②，但是他忽视了上文对于内在的超越的所有批判，以及如下问题：现实的人的道德进步为什么需要一个形上性的、超越性的"明德"来给予解释，而不是由现实的人来解释？难道一个人的现实道德转变本身不足以解释他自己的道德进步、道德完善吗？如果道德进步、道德完善是要回归某种原初形态的溯源主义，那么"本心""明德"等本体的预设是合理的，因为这种观点仅仅把道德理想、目标界定为某种已有形态，"本心""明德"作为这种道德形态的载体。如果道德进步、道德完善是一种主体与其所在的社会存在的共同发展过程，那么道德进步、道德完善便是一个永无止境的过程。道德进步、道德完善是主体与社会的不断创造新形态的过程，既是社会道德的创造过程，又是主体的道德修炼过程。

朱熹的"心"提供了一种在儒家道德哲学中的全新含义，"心"便是现实之心，"心"不具有二分架构的特征，没有超越性内在于心。道德进步的起点是现实的心，道德进步所需的动力也源自现实的心。动力的来源不是某种内在于现实的心的超越性，而是现实的心本身。朱熹的道德哲学所关注的是现实的人的具体的道德实践，而不是道德理想。

三 何为"内生的超越性"？

反形而上学的朱熹道德哲学可能会产生一个问题：一个十恶不赦的

---

① 参见牟宗三《心体与性体》下册，上海古籍出版社1999年版，第219—220页。
② 王凯立：《"明德"即"本心"——重检朱子道德哲学》，《道德与文明》2020年第5期。

人何以能够产生道德进步的动力？承认现实的心是道德行为的起点，将意味着，缺少道德理性的启发或者引导，那么个体向善的动力得不到一个合理的解释。现实之心有多种维度，可以向恶，也可以向善。如果张三是一个全无道德之人，那么张三就缺少向善的道德动力，从而道德进步将是不可能的。取消形而上学带来这一后果，即道德动力缺失的问题，在儒家道德哲学中也被发现。杨泽波可以说是儒家哲学中这一潮流的代表。杨泽波试图取消"良心本心"的形而上学义，"我彻底排除了良心本心是天生的这种可能性"[1]，以人类学图式类型的"伦理心境"替代，"要证明良心本心是一种伦理心境，当然需要对伦理心境这个概念给予明确的界定"[2]。伦理心境是主体与社会互动的结果，"伦理心境来源于伦理道德范围内社会生活和智性思维在内心的结晶"[3]，它本质地包含道德完善、道德进步的动力，"伦理心境是心的一种境界，促使人不断向上直至成就道德而后已"[4]。但是，为什么"伦理心境"会是善的？杨泽波对于这个问题的回答又重新入了形而上学的窠臼。他预设了人性本有向善的潜能或倾向，称为"自然生长的倾向"[5]，"我们只能认为，人天生便有着一种生长和发展的倾向，这种倾向有利于其族类的生存和发展。一个人后来成为不善并不是因为没有这种倾向，也不是因为另有一个恶的源头，只是因为没有顺从自己原先具有的倾向去发展，或者说是没有让自己原先具有的倾向得到很好的发展罢了"[6]。

这实际上又回到了传统的"性善论"或"性有善向善论"，仍然是一种形而上学。这种反形而上学的尝试是不成功的。它为了确保向善的道德完善、道德进步之可能，仍需一种形上的道德标准的预设来解释完善、进步的可能性。杨泽波的"儒家生生伦理学"为了防止该理论转化为经验主义，所采取的是以一种形而上学反对另一个种形而上学，因此，他

---

[1] 杨泽波：《孟子性善论研究（再修订版）》，上海人民出版社2016年版，第90页。
[2] 杨泽波：《孟子性善论研究（再修订版）》，上海人民出版社2016年版，第75页。
[3] 杨泽波：《孟子性善论研究（再修订版）》，上海人民出版社2016年版，第79页。
[4] 杨泽波：《孟子性善论研究（再修订版）》，上海人民出版社2016年版，第81页。
[5] 杨泽波：《孟子性善论研究（再修订版）》，上海人民出版社2016年版，第90页。
[6] 杨泽波：《孟子性善论研究（再修订版）》，上海人民出版社2016年版，第94页。

的反形而上学路线是不成功的。张三是十恶不赦之人,也并不缺少道德进步的动力,这种动力是张三的"人性"所与生俱来的。动力之存在与张三本人的道德状态并无关联,它是本具的。这种主张以"自然生长倾向"取代了内在的超越性之"本心""明德"等道德本体,实际与内在的超越性并无差异。

杨泽波在反形而上学与儒家对于"善"追寻的关系问题上的失败,是否说明了儒家的超越性追求必须以形而上学为理论基础呢?"内在的超越"范式是不是必然的呢?我们所提出的"内生的超越性"是不是一个例外?

"内在的超越"或"自然生长的倾向"都把道德价值追溯到主体自身,主张道德价值需要得到主体自身来获得解释。这是一种单向式的解释范式,也是传统儒家道德哲学的范式。朱熹则提出了一种不同于传统的范式,即对于道德价值的解释不仅仅要追溯至主体自身,同时也要包含主体所在的存在境遇。张三能否由一个十恶不赦之人转变为一个道德高尚之人,不是仅仅由张三本人来解释的,而是包含了张三存在的社会境遇。张三的转变是"心"与社会境遇共同创造的一个结果。张三的转变是一个主体性过程,同时也是一个客观性过程,只是它更加注重的是张三个体因素的变化。但是这个过程不是"心"的自我建构的过程,而是"心"与社会共同的创造性的过程,则"心"便需受到"物"的尺度的规定。

承认"心"的"物"的尺度的规定,便是朱熹"心与理一"的本质内涵。"心"在心物的创造过程中,把物的尺度纳入"心"中,构成"心"的内容。"心"便在这一过程中获得更新、转变。这里是否会产生杨泽波所担忧的经验主义的后果,即认为"心"纯粹是经验、历史的产物呢?这个问题确实值得我们去关注。我们关注它的原因并非经验主义消解了"心"的道德能动性,而是如果我们接受这种经验主义,那么我们将无法解释个体的道德完善、道德进步。假设张三所在的社会是一个与我们道德价值颠倒的社会,我们称之为"善""好""美"的价值在张三所在的社会则称为"恶""坏""丑",反之亦然。对于经验主义而言,"心"经验、历史的产物,是一种被动式的结果,那么"心"便不会有超越社会价值观念的动力，也就是道德进步是不可能的。杨泽波对于"心"的经验主义的担忧是有合理性的。反形而上学的朱熹道德哲学不能采取经验主义的范式，但又不能重回形而上学的窠臼。

"心"是历史性的、经验性的，但是"心"又不仅仅是历史、经验的，"心"有超越自我的本质需求。张三之"心"是恶的，这种恶构成了"心"的一种局限性，也就是说，张三之"心"不会停留在现状之内，而是无时无刻不在寻求对自身的超越。"心"的自我超越包含了多重维度，在任一时刻，"心"都展现出它的多种发展的可能性。朱熹把"心"的这种能力称为"生物"，"某谓天地别无勾当，只是以生物为心。一元之气，运转流通，略无停间，只是生出许多万物而已"①。"惟是一阳初复，万物未生，冷冷静静；而一阳既动，生物之心闯然而见，虽在积阴之中，自藏掩不得"②。"生物"本质包含了不断突破其自身的特征，它不断创造出超越自身现实形态的"物"，通过这一不断超越的过程来实现它自身的价值，"一穗有百粒，每粒个个完全；又将这百粒去种，又各成百粒。生生只管不已，初间只是这一粒分去"③。同理地，对于人之心也包含了对于不断突破自身现实形态的特征。张三之"心"的某种"恶"是张三现实道德形态，而"心"包含了超越这种"恶"进入另一种状态的必然性。这种必然性包含了多种的可能性，"悔者将自恶而入善，吝者将自善而入恶"④：第一，张三之心可以变得更加"恶"，一种比现实之恶更甚的形态，亦即，张三从某种恶人变成为另一种更恶的人；第二，张三的自我超越包含了另一种维度——从恶向善的转变，张三可以转变为一个好人。

从反形而上学的视角来看待朱熹"生物之心"的意义，就在于他指

---

① （宋）朱熹撰：《朱子全书》第14册，朱杰人、严佐之、刘永翔主编，上海古籍出版社、安徽教育出版社2010年版，第117页。
② （宋）朱熹撰：《朱子全书》第16册，朱杰人、严佐之、刘永翔主编，上海古籍出版社、安徽教育出版社2010年版，第2391页。
③ （宋）朱熹撰：《朱子全书》第17册，朱杰人、严佐之、刘永翔主编，上海古籍出版社、安徽教育出版社2010年版，第3126页。
④ （宋）朱熹撰：《朱子全书》第16册，朱杰人、严佐之、刘永翔主编，上海古籍出版社、安徽教育出版社2010年版，第2510页。

明了"心"本身蕴含了一种超越自身的必然性。从传统的朱熹研究来看，这种超越自身的必然性是向"善"的，也就是朝着主体道德完善、道德进步的方向。但是，从反形而上学的视角来看，我们必须否定超越性的"善"的取向，超越性本身包含着相反的方向，"四端皆有相反者"[1]。肯定个体自我超越的必然性是可以证明的，但是，这种必然性所指向的是道德完善，道德进步则无法证明，但可以证伪。张三对于自身的超越可能仅仅意味着他变得比现在的自己更恶，而不是转向善。更恶的张三本身也是对不那么恶的张三的一种超越。"生物"指明的是对自身形态的超越的必然性，任何人、任何物都有这一本质的需求，但它并没有指明超越的取向性问题。

因此，当我们从反形而上学的视角来理解朱熹时，"善"或道德完善、道德进步便不能作为"生物"的必然性的目的。"生物"所指的仅仅是"心"本身包含了超越自我的必然性，而并没有明示"这是什么样的必然性"。这种退一步的策略更有利于我们实现朱熹道德哲学的反形而上学的解释。传统儒学把这种"必然性"与"善"相关联，必然进入形而上学的窠臼。杨泽波认为性有"自然生长倾向"，但是又认为这种"自然生长倾向"具有善性，实际上承认了生长的必然性与"善"的目的是关联的，亦即承认了"自然生长倾向"的内在的超越性，因此，这种理论仍然是一种形而上学。

至此，我们是否回答了本节一开始所提出的问题呢？显然没有。"心"具有自我超越的必然性，但是它并没有指明这种超越的必然性是指向"善"或道德完善、道德进步的。张三变得更恶，或转变为"善"，都是自我超越的必然性所包含的可能性。从反形而上学的视角来看，仅依靠"心"无法解释"道德完善如何可能""道德如何可能"等问题，"心"并不必然蕴含道德力量，也可能蕴含反道德力量。张三生长在与我们道德价值观念相反的社会中，他所接受的观念的力量必定是反道德的，也就是，我们无法对张三提出"道德完善如何可能""道德如何可能"的

---

[1] （宋）朱熹撰：《朱子全书》第15册，朱杰人、严佐之、刘永翔主编，上海古籍出版社、安徽教育出版社2010年版，第1845页。

问题。但是，我们可以对张三提出"如何变得更恶""如何变得更反道德"等问题，这些问题本身也是"心"的自我超越所携带的。

那么，反形而上学的朱熹道德哲学能提供的答案只能如此了吗？当然不是。朱熹并不把道德仅仅架构在"心"，而是主张"心"与"物"的共同创造的过程。朱熹批评时人："今人论道，只论理，不论事；只说心，不说身。……固是内是本，外是末，但偏说存于中，不说制于外，则无下手脚处，此心便不实。外面尽有过言、过行更不管，却云吾正其心，有此理否。"①

朱熹承认"物"之理在道德中的作用，这点是极为重要的。"物"扮演了一个外在于"心"的超越性力量，提供了"心"自我纠正的力量来源，"善在那里，自家却去行他。行之久，则与自家为一；为一，则得之在我。未能行，善自善，我自我"②。"孺子将入于井"便是"物"，为张三之"心"提供了一条道德规则"理"，"心""理"共同创造的过程中，"理"是有能动的，可以产生纠正"心"的力量。新儒家对于"心""理"关系的理解并不准确，"理"并不是"心"摄入的、被动的对象，而是在"心""理"的创造过程中互动的关联结构。"理"之在"物"原本不具有能动性，是无力量的，但是当"理"进入了"心""理"创造过程时，"理"便取得了"心"的能动性，从而对于"心"产生指引作用。

此处，便会产生另一个问题：张三所在之社会是与我们的道德价值相反的，那么，对于该社会而言，"孺子将入于井"所具有的"理"也是与我们相反的，它仍然无法充当一个超越于张三的"理"，无法发挥指引作用。显然，这是一种道德相对主义的主张。道德相对主义认为"物"的道德价值与所在的社会价值观相关，"物"的道德价值是由所在的社会道德价值观所赋予的。因此，"孺子将入于井"在张三所在之社会并不具有我们社会的道德价值。在我们的社会，援手是"理"，而对于该社会，

---

① （宋）朱熹撰：《朱子全书》第18册，朱杰人、严佐之、刘永翔主编，上海古籍出版社、安徽教育出版社2010年版，第3795页。

② （宋）朱熹撰：《朱子全书》第14册，朱杰人、严佐之、刘永翔主编，上海古籍出版社、安徽教育出版社2010年版，第386页。

不援手或冷漠被视为"理"。二者都与具体的社会道德价值观相对应。如此,"孺子将入于井"之"理"并不构成对张三的超越,无法为张三提供正确的指引。

反形而上学的朱熹道德哲学当然是反对道德相对主义的。朱熹所提出的是一种道德实在论①,即援手是"孺子将入于井"本身所固有的"理",不是社会道德价值系统所赋予的。亦即无论在何种社会、何种道德价值系统中,援手都是"孺子将入于井"之"理"。在我们的社会中会发生孺子将入于井的事件,在张三所在的社会也会有"孺子将入于井"的事件。我们无法确定张三何时会碰上这一事件,但是只要他碰上,则"孺子将入于井"提供了一个超越自身的指引和契机。"孺子将入于井"在"心"中激发"理"的能力"仁",与"心"原有的价值观念发生对立,产生对自我的超越的需求。"孺子将入于井"与"心"处在共同的创造过程中,二者便产生相互的引力和斥力,是一个共同作用的过程。牟宗三、李明辉等人仅仅承认"心"的能动性,亦即"物"是一个静止的、被动的对象,是被摄入"心"成为内容的。在这个过程中,主宰、能动的始终都是"心",而"物"的静止的、被动的身份与他们所理解中的朱熹没有任何区别。但是,朱熹则主张"心""物"的共同创造过程,"心"有能动性,"物"也有能动性,"物"能够激发出相应的"理"能,从而"心""物"成为能动的对立。"孺子将入于井"在张三"心"中激发出"援手"的能,因此,在恶、坏、丑之心中打开了善、好、美的超越之"心",也就解决了本节一开始所提出来的问题。

朱熹讲"心与理一",而不是"心即理",是因为"心"的超越性不是心自己构建的,而是在"心"与"物"共同创造的过程中实现的。所谓"心即理"所主张的是心对于超越性的自我规定,是"心"建构出来的超越性的自我表达。"心"外之"物"仅仅被视为一种受体,亦即"心"构建的超越性给予"物","物"自身缺乏超越性。但是,朱熹的"心与理一"与"心即理"不同。"物""理"是有客观实在性的,是一种实在论。"物"与"心"是在共同创造的过程中被理解的,而不是

---

① 参见全林强《"援手"为什么能够获得辩护?》,《道德与文明》2021年第3期。

"物"仅仅被视为"心"摄入的一个对象。在这一过程中,"物"能够激发于"心"而具有"能",从而"物"便向"心"提出了自我超越向善的要求。

四 反形而上学视角中"活理"和"死理"问题

"孺子将入于井"提供了一个很好的分析道德动力的来源的事例。张三之所以对小孩施以援手,在于张三作为一个现实个体,而不是如传统理学所讲的,回归"本心""良知""明德"等。张三的任何行为都是张三以现实个体的身份来进行的,而不是以"本心""良知""明德"等形上的身份来进行。一种理论主张张三能够完全脱离他的现实而从另外一种视角来重新定义他的行为,则意味着此张三并非彼张三,道德主体本身已经发生了转变。这种理论一直未回答的是:本心、良知、明德的"觉照"如何可能的问题。张三"觉"到"本心""良知""明德"与"本心""良知""明德"之"觉"之间的差异没有获得区分。"本心""良知""明德"之"觉"即使是真实的,也并不意味着张三对于"本心""良知""明德"的"觉"是真实的。"觉"的主体在此已经发生了转化,而能够产生现实行为的"觉"只能是张三的"觉",而不是"本心""良知""明德"的觉。

张三的道德进步的动力无法还原为形上的本体,因为行动主体是张三,而不是"本心""良知""明德"。即使"本心""良知""明德"是内在的超越性,也无法解释张三道德进步的动力来源。这仅仅是他们想要一劳永逸地解决问题的企图。相反,内生的超越性则以现实个体为道德主体,关注现实个体所拥有的一切内容。现实个体是道德动力的根源,它本身蕴含了对于现实个体自身的超越性需求。这种超越性的需求并不意味着道德进步,而是说,它要求对于自身局限性的认识,并且有超越这种局限性的维度。个体的自我超越的维度,可能是变得更坏,也有可能变得更好。它仅仅给予个体自我超越的能力。

内生的超越性是反形而上学的，取消了关于主体道德价值取向的先验预设。"本心""良知""明德"否定外在事物（事件）与主体的共同创造的可能性。外在事物（事件）无法参与到主体的道德发展的过程中，只能扮演被动的、被摄入的对象。它被授予主体的规范性而被纳入主体之中，并不会对主体产生任何影响，本质上它是主观建构之物，而不是事物自身，"实际上导致以心代天，最终取消了天的超越性"[①]。内生的超越性则主张"心与理一"，外在事物（事件）参与到现实个体超越自身局限的过程之中。外在事物和现实个体是共同作用的，外在事物能够在现实个体激发出拥有"能"的"理"。

在传统上，朱熹的"理"被视为"死理"[②]，"死理"被视为朱熹哲学的一个缺陷。这一批评是从本体论上来理解的。"理"为物之规范性、规律、秩序，必然是"死理"，是不可能具有能动性的。这一点并非朱熹"理"的缺陷。因为任何人都很难承认物之"理"作为物的规范性，同时，它又是能够推动物的发展的力量，除非是一种泛神论。[③] 朱熹承认"理"的实在论，乃是在于确认"物"与"心"的共存形态，以及事物与现实个体能够相互作用。"理"的实在论是在二者共同创造的过程中实现向"理能"论的转变，而不是从本体论的静态视角来理解的。"理"只有处于这一创造过程中，才能具有"活"的特性，因为"理"在这一过程中不仅成为现实个体的内容，而且为现实个体提供了突破自我的力量。

五 结论

"内在的超越"说对朱熹道德哲学的现代解释产生了狭隘化的视角，它固然提供了一种方便的解释方法，但是，这种视角建立在对于朱熹的

---

① 张汝伦：《论"内在超越"》，《哲学研究》2018年第3期。
② （明）曹端：《曹端集》，中华书局2003年版，王秉伦点校，第216页。
③ 徐陶认为"内在的超越"说预设了"精神实体"，它对于终极本质和绝对起源的理论取向阻碍了它作为一种现代性的哲学理论。参见徐陶《中西哲学会通视域中的"内在超越"与"天人合一"》，《学术月刊》2016年第6期。

批评及试图纠正"错误"的基础上。这便产生了把解释引向有利于批评朱熹的层面。辩护者是在承认"内在的超越"说作为优势的解释框架的基础上进行的辩护,难以区分这是对朱熹的辩护,还是对朱熹的批评。当然,我们并不反对"内在的超越"可以作为理解朱熹的一种可行的框架,我们反对的是它作为唯一的解释框架。同理,我们所提出的"内生的超越"框架,也仅仅是众多框架中之一,它并不是独断性的,它承认自己是一个有限的解释框架,也承认其他的框架的有限合理性。

"内生的超越"所指向的是"内在的超越"所包含的困境,并在后者的基础上提出克服这些困境的方案。"内在的超越"是当下朱熹道德哲学的主流解释框架,理应首先受到关注。任何一种理论都是有局限的,它的理论前提都应该受到的反思质疑。它所蕴含的形而上学的二元性问题是导致本文所列的困境的根源。另外,形而上学被现代哲学证明它并不是有效的哲学形式,克服形而上学是当代哲学的一个主流取向。"内生的超越"正是基于反形而上学的理论价值取向,主张超越性是现实个体所有,而不是"本心""良知""明德",把道德主体性归还给现实个体。"内生的超越"关注的是现实个体。现实个体的自我超越性是在现实个体"心"与生存境况"物"的共同创造过程中实现的,是一种内外交互("心与理一")的框架。道德完善、道德进步是在这一过程中被提出来,并在这一过程中获得道德动力的。道德动力是现实性的,是由现实个体产生的,对于现实个体具有亲身性,而不是像"内在的超越"把道德动力溯源至内在异己的超越性。

《周易本义》的象占结构与"所当然之理"
——朱子卜筮与义理关系的一个视角

孙逸超

(上海师范大学哲学系)

摘要：朱子在《周易本义》中将卦爻辞表达为"象占结构"，将占卜结果的指示理解为具体的局势和处境下处置应对的应然方式，直接呈现出"所当然之理"。朱子与门人着意分别卦爻辞中的"象"与"占"是着眼于占辞的类型不同，"所当然之理"在象占结构中的位置也随之而易。除了指示应然行动的占断之辞之外，善恶是非与吉凶利害的占辞构成了德福关系的张力。占辞"贞"与负面结果的组合构成了德福关系的对立，占辞"无咎"与吉凶的组合彰显出"所当然之理"的多种层次，德福的多种关系也彰显出"所当然之理"与吉凶功利结果或包含，或对立，或一致，或为前提的多种关系。通过卦爻辞的体例结构和三圣对其中"所当然之理"的展开，具体地呈现朱子卜筮与义理关系的同时，也深化了"所当然之理"的内涵和边界。

关键词：《周易本义》 象占结构 所当然之理 占辞 德福一致

对于朱子的"易本卜筮之书"的学说以及卜筮与义理之间的关系，

学界有着较多的研究和探讨。① 但是很少从朱子注《易》的象占结构和解《易》体例切入，观察这作为占辞的卦爻辞所蕴含的"所当然之理"，以及吉凶与善恶的德福关系问题。朱子的卜筮与义理并非对立或是文本形成的不同历史阶段，而是在用于占断的占辞中直接呈现义理。尽管很早就有学者注意到《周易》一书作为"事理"的核心内涵②，但对于朱子的"卜筮"与"象占"中所具有的"事理"特别是"当然之理"的含义并没有学者加以剖析。木下铁矢曾详细分析了朱子《周易本义》中"理"与"辞"的复杂关系，其中极具启发意义的是认为在象占结构中，单独的"象"或"占"都不是"理"，"象"与"占"的结合才是"道理"，也即是"处置事物之理"。③ 这里的"道理""处置事物之理"正是作为"应事接物之道"的"所当然之理"，而他正是在作为卜筮之书的根据的"象占"结构中被详细揭示和展开的。

朱子的"天理"可以理解为"所当然而不容已与所以然而不可易"，学界对此二者的理解争议颇多，对于"所当然之理"这一看似易于理解的概念却也有不同的理解和表述。道德法则、社会规范是"所当然之理"的一种较为主流的理解。④ 有学者认为是事物存在和变化遵循的规则⑤，

---

① 参见张克宾《朱熹"〈易〉本是卜筮之书"疏论》，《中国哲学史》2011年第2期；吴宁《〈易〉本卜筮之书：朱子论〈易〉的形成》，《衡水学院学报》2012年第3期；王志阳《论朱熹"易本为卜筮之书"观念》，《社会科学论坛》2015年第4期；唐琳《朱熹"易本卜筮之书"析论》，《华中国学》2015年第2期。肖满省概述了后世对朱子卜筮与义理关系和象占分途的争论。参见肖满省《朱熹"易本为卜筮而作"的意义》，《朱子学刊》2016年第2辑第118页。

② 参见刘百闵《周易事理通义自序》上册，台北：世界书局2009年版。

③ [日]木下铁矢：《朱熹再读》第四章"'易'理解"，东京：研文出版社1999年版，第224、246页。

④ 参见张岱年《中国古典哲学概念范畴要论》，中国社会科学出版社1989年版，第43页；[日]山井涌《气的思想：中国自然观与人的观念的发展》，上海人民出版社2007年版，第412页；杨国荣《当然与必然的交融》，载吴震主编《宋代新儒学的精神世界——以朱子学为中心》，华东师范大学出版社2009年版，第28—29页；彭永捷《朱陆之辩——朱熹陆九渊哲学比较研究》，人民出版社2003年版，第90页；杨俊峰《心理之间：朱子心性论研究》，中国社会科学出版社2014年版，第170页。

⑤ 参见张立文《朱熹思想研究》，中国社会科学出版社1994年版，第145页；蒙培元《朱熹哲学十论》，人民大学出版社2010年版，第67页；乐爱国《朱熹格物致知论研究》，岳麓书社2010年版，第139页。

也有学者认为是事物的合理存在与共生关系①,或是"因为不得不这样做,所以应当这样做"的哲学阐释②,这些解释并不限于人伦社会与道德。本文认为人伦关系中的"所当然"可以更准确地表述为"应事接物之理"③,而在《周易本义》的象占结构中可以将这一意涵更为充分而丰富地表达出来。

朱子从淳熙二年(1175)开始确立"易本卜筮之书"的宗旨,使得《周易本义》初具雏形,这就是"当然之理"在易学解释中的展开,到了淳熙十三年(1186)序定《易学启蒙》则是对于阴阳消长的根本原理的解释,这是"所以然"的第二层涵义。本文就是要考察《周易本义》以"象占结构"为中心的注释体例中所呈现的"所当然之理"的具体方式,从这个视角深化朱子卜筮与义理关系的理解,以及"所当然之理"的内涵。

一 "易本卜筮之书"与象占结构的提出

虽然朱子关于"易本卜筮之书"的思想发轫于乾道年间,但正式对外提出则在淳熙二年。他在给张栻的书信中提到:

> 近又读易,见一意思。圣人作易,本是使人卜筮,以决所行之可否,而因之以教人为善。……故卦爻之辞只是因依象类,虚设于此,以待扣而决者。使以所值之辞决所行之事,似若假之神明。而

---

① 参见王健《观念与历史的际会》,华东师范大学出版社2015年版,第171页。
② 杨立华:《天理的内涵:朱子天理观的再思考》,《中国哲学史》2014年第2期。
③ 如戴君仁认为即使"物理",也是"处物之宜",而非"在物之理"。参见戴君仁《朱子阳明的格物致知说》,《梅园论学集》,台北:开明书店1970年版,第181页。曾春海认为当然之理是"道德主体在做道德实践时应当如何应事。……在具体的道德处境中穷究所应对的事物之义理,到极处有个是非的分别"。曾春海:《朱熹哲学论丛》,台北:文津出版社2001年版,第94页。吴展良认为朱子所认识的知识是人如何应对处理事物之道。参见吴展良《朱子的认识方式及其现代诠释》,《中国哲学与文化》第1辑,广西师范大学出版社2007年版,第175页。

《周易本义》的象占结构与"所当然之理"

亦必有是理而后有是辞。①

此书中，朱子已经给出了"易本卜筮之书"的三个关键要素。首先卜筮的作用有二，一是"行之可否"，二是"教人为善"。前者是占，后者是戒。其次是象—占结构，即因象而设占。之所以做出这样行动的决定，是根据"象"判断的。最后，"辞"所表达的就是"象—占"中所呈现的"理"。这个理就是"行之可否"，在具体处境下如何行动、如何应对。所以朱子强调"象—占"结构与"理""辞"的关系，"如易之词，乃是象占之词。若舍象占而曰有得于词，吾未见其有得也"②。卦爻辞所表达的就是象占结构，以及其中所呈现出的"理"。这不只是解经体例的问题，更是《周易》如何表达当然之理的问题。

朱子在次年给吕祖谦的书信中说，

> 读易之法，窃疑是卦爻之词本为卜筮者断吉凶，而因之以训戒。至《彖》、《象》、《文言》之作，始因其吉凶训戒之意而推说其义理以明之。……故今欲凡读一卦一爻，便如占筮所得，虚心以求其词义之所指，以为吉凶可否之决。然后考其象之所已然者，求其理之所以然者，然后推之于事，使上自王公、下至民庶，所以修身治国皆有可用。③

这里再次明确了卜筮的两个功能"断吉凶""训戒"，也就是占、戒。除此之外，朱子又作了两点补充。一是提出三圣易的不同，孔子始由占

---

① （宋）朱熹撰：《朱文公文集》卷三十一《答张钦夫》二十八书，《朱子全书》第22册，朱杰人、严佐之、刘永翔主编，上海古籍出版社、安徽教育出版社2010年版，第1350页。题下小注：淳熙二年十二月，浙本作十一月。

② （宋）朱熹撰：《朱文公文集》卷四十八《答吕子约》三十七书，《朱子全书》第22册，朱杰人、严佐之、刘永翔主编，上海古籍出版社、安徽教育出版社2010年版，第2219页。

③ （宋）朱熹撰：《朱文公文集》卷三十四《答吕伯恭》四十七书，《朱子全书》第22册，朱杰人、严佐之、刘永翔主编，上海古籍出版社、安徽教育出版社2010年版，第1465—1466页。陈来系此书于淳熙三年（1176）春，《朱子书信编年考证》，生活·读书·新知三联书店2011年版，第145页。

筮转为义理。二是读易的目标，除了占与戒之外，还要求"象"与"理"。这个"理"就是"象占结构"中所蕴含的如何行动应对的指示。但需要结合具体的象加以解释和发挥。

发轫期的卜筮之说主要有三点内容：一是卜筮"决所行之可否"，这就是在具体处境下的"当然之道"；二是象占结构；三是三圣易。其中第一点最为关键，朱子日后说，"卜筮之书，如火珠林之类，许多道理，依旧在其间。但是因他作这卜筮后，却去推出许多道理来"①。这里的"道理"就是卜筮所决定的恰当的行动，而表达这一道理的卦爻辞则是基于象占结构，象占结构在朱子的易学体系中又有着三圣的历史演进过程。因此这三点内容可以说是环环相扣，而其中核心的部分就是通过卦爻辞的象占结构指示应然行动，表达"所当然之理"。

> 盖即那占筮之中，而所以处置是事之理，便在那里了。故其法若粗浅，而随人贤愚，皆得其用。盖文王虽是有定象，有定辞，皆是虚说此个地头，合是如此处置，初不黏着物上。②

朱子在这里明白指出占筮之中的道理就是"所以处置是事之理"，也就是"所当然之理"的内涵。卦爻辞所指示的只是阴阳所构成的处境和这种处境下的当然应对之道，并不是实践层面的具体事件。"易之所说皆是假说，不必是有恁地事。假设如此，则如此；假设如彼，则如彼。假说有这般事来，人处这般地位，便当恁地应。"③"占"所指出的就是在这种假设处境下应对的恰当方式，"合是如此处置""便当恁地应"，这就是"当然之理"的核心内涵。具体来说，

> 易之所以变易者，固皆是理之当然。圣人作易，则因其爻象之变，灼见理之所当然者而系之辞，教人以变易从道之方耳。如乾初

---

① （宋）黎靖德编：《朱子语类》卷六十六，王星贤点校，中华书局1986年版，第1624页。
② （宋）黎靖德编：《朱子语类》卷六十七，王星贤点校，中华书局1986年版，第1647页。
③ （宋）黎靖德编：《朱子语类》卷六十七，王星贤点校，中华书局1986年版，第1672页。

则潜，二则见之类，皆随时变易以从道之谓也。①

潜龙是象，勿用是占，正如木下铁矢所说，占辞"勿用"不是道理，象—占所共同构成的"潜龙则勿用"才是"道理"。②"潜龙勿用"可以说是朱子象占结构的标准模型，朱子反复用他来说明"占辞"中的"道理"，"易本因卜筮而有象，因象而有占，占辞中便有道理。……盖潜龙则勿用，此便是道理"③。"盖提撕警觉，使人各为其所当为也。如初九当潜，则鼓之以'勿用'；九二当见，则鼓之以'利见大人'。"④"潜龙"则"勿用"，在具体处境和局势（"象"）之下应当如何应对、采取恰当的行动（"占"）就是"理之所当然"，其内容就是"处置应对之理"，这就是占辞中所含的道理。

二　象占结构的类型与"所当然之理"的位置

不过由于《周易》卦爻辞的复杂性，"潜龙勿用"只能说是一种"理想模型"，"象占结构"以及其中所呈现的"所当然之理"仍有多种形态，其中的关键问题在于不同卦爻辞中的"象"与"占"的判分和形态有所不同。所以朱子在与弟子的讨论中，特别注意分辨何者为象，何者为占，董铢问：

> 如乾初九，"潜龙"是象，"勿用"是占辞；坤六五，"黄裳"是象，"元吉"是占辞，甚分明。至若坤初六"履霜坚冰至"；六二"直方大，不习无不利"；六三"含章可贞，或从王事，无成有终"；

---

① （宋）朱熹撰：《朱文公文集》卷四十九《答王子合》十三书，《朱子全书》第22册，朱杰人、严佐之、刘永翔主编，上海古籍出版社、安徽教育出版社2010年版，第2259页。
② ［日］木下铁矢：《朱熹再读》，东京：研文出版社1999年版，第224页。
③ （宋）黎靖德编：《朱子语类》卷六十八，王星贤点校，中华书局1986年版，第1695页。
④ （宋）黎靖德编：《朱子语类》卷七十五，王星贤点校，中华书局1986年版，第1933页。

上六"龙战于野，其血玄黄"，皆是举象而占意已见于象中。此又别是一例，如何？

董铢认为潜龙勿用、黄裳元吉这样的爻辞，象和占分得非常清楚。但他认为坤的初六、六二、六三、上六都没有明确给出占断之辞，也就是缺少"占"的成分，因此他提出这些情况是"占在象中"，"别是一例"。朱子承认了这两者的区分，但他认为董铢所说的"占在象中"并不正确，只是由于董铢没能准确地判分象与占，

> 象占例不一，有占意只见于象中者，亦自可见。①如乾初九，坤六四，此至分明易见者。②如"直方大"，惟直方故能大，所谓"敬义立而德不孤"。六二有"直方大"之象，占者有此德而得此爻，则"不习而无不利矣"，言不待学习，而无不利也。故谓"直方大"为象，"不习无不利"为占辞，亦可。然"直方"，故能大，故"不习无不利"。象既如此，占者亦不离此意矣。①

朱子认为：其一，有些象占分得清楚，比如乾初九、坤六四；其二，但董铢对于"占"的理解有些狭隘，虽然没有出现吉、凶、无咎这样的词，凡是作为判断结果的表述都可以称为"占"。比如坤六二中"直方大"为象，"不习无不利"为占。朱子认为虽然可以分出象与占的不同，但是有时"象"中包含了得到"占"的全部要素，也可以说"占"是"象"所代表的局势所含内在趋势的结果，即"象中有占意"。比如坤卦六二，只要主体包含"直方大"的条件，就自然会得到"不习无不利"的结果，不需要在爻象之外另找条件来实现结果。但"直方大"是象，"不习无不利"是占，这一区分仍然是很清楚的。并不能说这个爻辞中没有"占"。朱子在《周易本义》中说，"占者有其德，则其占如是也"②。

---

① （宋）黎靖德编：《朱子语类》卷六十九，王星贤点校，中华书局1986年版，第1738页。
② （宋）朱熹撰：《周易本义》卷一，《朱子全书》第1册，朱杰人、严佐之、刘永翔主编，上海古籍出版社、安徽教育出版社2010年版，第33页。

《周易本义》的象占结构与"所当然之理"

这里的"象"就是六二之"德",占的结果就会自然实现。这是朱子既分别了象与占,又认为"象中有占意"的情况。

不过董铢所说的"占在象中"在《周易》卦爻辞中也并非没有,比如他所举的坤卦上六"龙战于野,其血玄黄"。朱子认为"阴盛之极,至与阳争,两败俱伤,其象如此。占者如是,其凶可知"①。上六的八个字都是描写阴阳象征之象,没有另外给出结果。但朱子认为,从"其血玄黄"就能判断出其结果为"凶"。"占者如是"的部分都是象,最后的"凶"是朱子补出的占,这才是真正意义上的"占在象中",也就是"有象无占"。

以上朱子和董铢判分出有占、无占两种情况,而在"有占"的情况中,其中的占辞与"所当然之理"的关系又有多种情况。"象"是包含主体条件在内的整体处境和局势,"占"可以分为三类,表示吉凶结果的,包括吉、凶、悔、吝、亨,称为 A 类。比如坤六二"元吉"是对在此局势下应当做出的行动的结果的判断,"所当然之理"主要在"象"中。朱子认为这一通过吉凶指示行动的正当性的做法从伏羲开始就是如此,"圣人便作易,教人去占,占得恁地便吉,恁地便凶"②。"只是使人知卜得此卦如此者吉,彼卦如此者凶。"③"如此""恁地"就是"所当然之理",文王时将正反两方面的情况都揭示出来,更加明确了吉凶以所当然的行动为前提,"如此吉者,不如此则凶;如此凶者,不如此则吉。如'出门同人',须是自出去与人同。方吉;若以人从欲,则凶"④。这些都是所当然的行为与福祸一致的情况,但有时候"所当然之理"的内容也要部分取决于结果的吉凶,有时候善恶与吉凶并不一致,这是第二类占辞的作用和意义,包括厉、贞、无咎、有终、亨,表示行动方式、道德评价,称为 B 类。A 类代表吉凶利害,B 类代表善恶是非。最后一类是"勿用""利见大人""利有攸往"等明确指示应然行动的占断,称为 C 类。比如乾初九"勿用",是对当下处境和局势的应然行动的指示,这个"占"就是当下之"象"的"所当然之理"。坤六四"无咎"是对在此局势下应

---

① (宋)朱熹撰:《周易本义》卷一,《朱子全书》第 1 册,朱杰人、严佐之、刘永翔主编,上海古籍出版社、安徽教育出版社 2010 年版,第 33 页。
② (宋)黎靖德编:《朱子语类》卷六十六,王星贤点校,中华书局 1986 年版,第 1625 页。
③ (宋)黎靖德编:《朱子语类》卷六十六,王星贤点校,中华书局 1986 年版,第 1629 页。
④ (宋)黎靖德编:《朱子语类》卷六十七,王星贤点校,中华书局 1986 年版,第 1665 页。

当做出的行动的价值判断。当然有时候卦爻辞中还会出现"戒"的部分，与"占"相配合。比如"敬之，无咎"。朱子注"敬之则无咎矣，戒占者宜如是也。"①

由于卦爻辞中占断之辞的类型不同，导致朱子在注释中表达其"象占结构"的形式主要有两种。一是"占者如是，则吉/则如其占"。二是"占者有其德，则如其占"。当然二者都有不同的变体形式，但其中的核心部分"占者如是""占者有其德"是需要注意的。"有其德"是指主体的才能、德性，这多出现在占辞为 A 或 B 的情况下。此时卦爻辞中的"象"就是"德"，有些是对卦爻象的真实反映，已经具备的条件，有些与卦爻象不同，是需要通过主体努力实现的条件。朱子认为仍可以通过改变主体条件来改变结果，那么此时的"所当然之理"就是要使主体获得此种应对的才能。"如是"往往出现在 C 类占辞的结构中，占辞中直接给出了此时应然的行动方式，占辞本身就是"所当然之理"。这种体例的涵义是要将这一具体处境下应然的应对方式实现出来，尚未实现的"是"是"天理之本然"的当然之理，实现出来的"如是"则是"人事之当然"的当然之理。

三类占辞的不同，使得"所当然之理"需要"象"与"占"结合给出具体内容，处于象占结构中不同的位置。A 类占辞是对行动正当性的直接指示，所当然之理在"象"中，C 类占辞本身就是当下的所当然之理，而 B 类占辞则需要结合象占理解所当然之理，而且包含了善恶与吉凶的不一致的情况，行动的正当性未必带来福报和吉的结果。这种情况是如何产生的，下面将由具体的占辞切入进行分析。

三 德福不一致：占辞"贞"中的"所当然之理"

在厘清了朱子的象占结构、占辞的三种类型以及"所当然之理"

---

① （宋）朱熹撰：《周易本义》卷一，《朱子全书》第 1 册，朱杰人、严佐之、刘永翔主编，上海古籍出版社、安徽教育出版社 2010 年版，第 57 页。

《周易本义》的象占结构与"所当然之理"

的内涵和位置之后,我们需要从朱子对占辞注解的体例出发,进一步分析其中所蕴含的"所当然之理"。C 类占辞的所当然之理就是占辞所指示的应然行动方式,A 类占辞中的"所当然之理"多在"象"中。相对而言较为复杂的是 B 类,特别是 A 类与 B 类同时出现的情况,往往会因二者相反的情况而呈现出张力,比如虽善而凶,虽凶而无咎。正是这种张力反衬出当然之理的道德挺立感,也就是"善恶是非"与"吉凶利害"的矛盾点。象占结构不仅直接呈现出具体处境和局势下的所当然之理,还蕴含"所当然之理"对"德福一致"问题的复杂呈现。本节首先以 B 类占辞中的"贞"为例,考察朱子占辞中所呈现的"所当然之理"与吉凶利害之间的复杂关系,首先回答有德者何以无福的问题。

> 正,是说他当然之理,盖言其本相如此。①

占辞"贞"本身就是"当然之理",在具体处境之下恰当的应对方式。然而此种应然的应对方式,未必能得到好的结果。这就构成了 A 类与 B 类占辞之间的张力,

> 吉凶以正胜,有虽得凶而不可避者。纵贫贱困穷死亡,却无悔吝。②

结果虽凶,可是却是这一处境下最恰当的应对措置方式。何以会发生此种情形?这就需要考察"贞凶""贞吝""贞厉"的解释。

首先是贞凶,

---

① (宋)黎靖德编:《朱子语类》卷七十五,王星贤点校,中华书局 1986 年版,第 1940 页。
② (宋)黎靖德编:《朱子语类》卷七十一,王星贤点校,中华书局 1986 年版,第 1801 页。

卦爻	《周易本义》注文
屯九五	虽有六二正应，而阴柔才弱，不足以济。……占者以处小事，则守正犹可获吉；以处大事，则虽正而不免于凶
师六五	若使君子任事，而又使小人参之，则是使之舆尸而归，故虽贞而亦不免于凶也
随九四	然势陵于五，故虽正而凶
颐六三	既拂于颐，虽正亦凶
巽上九	丧其资斧，失所以断也。如是，则虽贞亦凶矣
节上六	既处过极，故虽得正而不免于凶
中孚上九	居信之极而不知变，虽得其贞，亦凶道也

这些解释中可以把因素分为三类。一是主体的才能，如屯九五才弱，巽上九失于刚断。二是外在的形势。如师六五有小人参与，随九四臣势逼君，颐六三以上求下之养。三是不能灵活应变。节上六过于节俭，不知损益。中孚上九过于信任，不知变通。

其次是贞吝，

卦爻	《周易本义》注文
泰上六	戒占者不可力争，但可自守。虽得其贞，亦不免于羞吝①
恒九三	正而不恒，为可羞吝
晋上九	然以极刚治小邑，虽得其正，亦可吝矣②
解六三	言虽以正得之，亦可羞也。唯避而去之为可免耳

正而得羞吝的原因有二。一是外在的形势，如泰上六，泰极否来，民心涣散，只能自治为正道，但仍不免羞吝。解六三，以小人之才乘君子之器。此时的正当应对方式只有避去一途。二是主体的才能，如恒九

---

① "程先生说民心离散，自其亲近者而告命之，虽正亦吝。然此时只得如此，虽吝却未至于凶。"（宋）黎靖德编：《朱子语类》卷七十，王星贤点校，中华书局1986年版，第1761页。
② "贞吝之义，诸义只云贞固守此则吝，不应于此独云于正道为吝也。"（宋）黎靖德编：《朱子语类》卷七十二，王星贤点校，中华书局1986年版，第1827页。

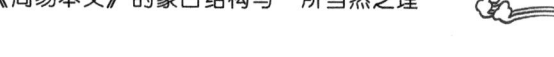

三，不能持久。晋上九，过于刚猛，虽然采取了正当的方式，但仍未能得到尽善的结果。

最后是贞厉，

卦爻	《周易本义》注文
小畜上九	阴加于阳，虽正亦厉
履九五	凡事必行，无所疑碍……虽使得正，亦危道也①
噬嗑六五	然必贞厉，乃得无咎，亦戒占者之辞也
大壮九三	视有如无，君子之过于勇也。如此则虽正亦危矣
晋九四	不中不正，以窃高位。贪而畏人，盖危道也。……占者如是，虽正亦危
革九三	躁动于革者也，故其占有征凶贞厉之戒

一是外在形势，如小畜上九，以阴敌阳，妻僭夫，臣凌君，不免于危。晋九四，才不配位，虽以正道应对，亦不免于危道。② 二是主体的才能，如履九五，过于刚断，虽是合当做的事，却因操之过急而有危险。大壮九三，壮虽正道，过于勇猛则处置不当，反为危道。另外还有一种用法是"贞固危惧"，这是把"厉"看作行动的一种，而非结果。这样贞和厉就在同一层面，不构成矛盾。如噬嗑六五、革九三。

综上，之所以"守正"仍会得到负面的结果，有三类原因，一是外在的形势，二是主体的才能，三是不能灵活应变。其中后两者都是主体方面的问题，如果换一个才德更好的主体，是可以避免负面的结果的发生的。根本上说，守正仍会得到好的结果。"所当然之理"只要被极致恰当地实现出来，就可以获得吉的结果。因此，从根本上说仍是"德福一致"的，不一致的情况是由于主观因素造就的。当然，即使没能更为恰当地措置，却仍是"正"，仍是"所当然之理"。

---

① "夬履是做得式快，虽合履底也有危厉。"（宋）黎靖德编：《朱子语类》卷七十，王星贤点校，中华书局1986年版，第1759页。

② 朱子晋九四爻的注释有个小问题，既说"不中不正"，又说"虽正亦危"，似乎前后矛盾。事实上，前者是指才不配位这一处境不正，后者是这一处境中的应对方式得正。这是两个不同层面的描述，并不矛盾。

至于第一类，外在的形势，最极端的情形就是"虽得凶而不可避"，这是在极坏的处境之下，只能"杀身成仁"。如泰上六，泰极否来，民心涣散，只有自治为正道。主体的才能、德性再好，也只能如此。还有一些主体不可避免的凶险，如随九四、小畜上九都是臣势逼君，即使最好的应对方式也很难善终。再如师六五有小人参与，只有以正道应对。因为小人参与，难得善终。但也不能为求一己私利，而姑息讨好小人。可见第一类基本是因为陷入某种局势，包括整体趋势、所处之位、外在因素等，不是因为主体自身的问题而导致的德福不一致，这是真正无奈的德福不一致。

四　善与吉凶：占辞"无咎"所指示的"所当然之理"

相较于"贞"与"凶"直接相反的德福张力而言，B类占辞中的"无咎"所指示的善恶与是非的情况更复杂一些。对于卦爻辞中出现的"无咎"的涵义，朱子认为主要有两种：自己无咎和他人无咎：

> 无咎有两义，如不节之嗟无咎，王辅嗣云："是他自做得，又将谁咎？"至出门同人无咎，又是他做得好了，人咎他不得，所以亦云："又谁咎也。"①

第一种如节卦六三"不节若，则嗟若，无咎"。这是说过错在自己，他人无咎，不能归咎于他人，咎由自取。第二种如同人初九"同人于门，无咎"就是自己无咎，没有过错，无可责备。当然这也可以分成不同小类型，有时就是简单的没有过错，与局势和结果无关。而这里说"又谁咎也"，则是在局势或处境不利的情况下，对其行动特别的表彰。如大过

---

① （宋）黎靖德编：《朱子语类》卷七十一，王星贤点校，中华书局1986年版，第1806页。

上六象传"不可咎也",朱子说"然而其心何罪?故不可咎也"①。大过上六,过涉灭顶,结果是凶,可是其行动是正义的,不可以因结果而怪罪。当然第一种情况比较少见,真正构成所当然之理指向并且与吉凶利害形成"德福"张力的主要是第二种情况。

"自己无咎"在朱子的注解中又可以分为三类:未及乎咎、非其咎和免乎咎。第一类是"未及乎咎",尚未发生结果,谈不上咎害或过错。如姤九三:"然既无所遇,则无阴邪之伤。故虽危厉而无大咎也。"② 二则遇初,四则应初,只有三爻不与初之小人相关,所以没有阴邪之伤,也没有咎害,所以说"无咎"。这种情况较少。

第二类是"非其咎",这是德福问题的核心部分。这一类"无咎"与吉凶等 A 类占辞的同时出现构成了善恶是非与吉凶利害的紧张关系。无咎所代表的是善恶是非的价值判断,是对呈现"所当然之理"的行为的直接指示,而吉凶则是功利判断,两者之间并不必然相关,还可能发生冲突,朱子说:"吉凶是事,咎是道理。"③ 这是对两种不同性质的占辞的极好概括。大致而言,"无咎"与 A 类占辞的关系有两类,一是与好的结果的组合,一是与坏的结果的组合。前者以"吉无咎"为代表,后者以"凶无咎"为代表。

首先来看"凶无咎",主要表现为两类占辞也是德与福的对立性。结果虽凶,可是其行动并无过错。朱子特别喜欢使用的是"于义无咎",出自《小象传》。"义"是差异性在事物上的具体实现,也就是应事接物的恰当准则。"无咎"则是对此的价值肯定。此时的"所当然之理"一般出现在"象"中。如大过上六:"处过极之地,才弱不足以济,然于义为无咎矣。盖杀身成仁之事,故其象占如此。"在某种特定局势之下,虽然得到了坏的结果,可是其行动是正义的。在朱子看来这一局面下不是没有

---

① (宋)黎靖德编:《朱子语类》卷七十一,王星贤点校,中华书局1986年版,第1806页。

② (宋)朱熹撰:《周易本义》卷二,《朱子全书》第1册,朱杰人、严佐之、刘永翔主编,上海古籍出版社、安徽教育出版社2010年版,第70页。

③ (宋)黎靖德编:《朱子语类》卷七十二,王星贤点校,中华书局1986年版,第1835页。

成功的可能，但主体"才弱"，不能够得到好的结果。朱子举例说，"东汉诸人不量深浅，至于杀身亡家，此是凶。然而其心何罪？故不可咎也"①。对于这种情况，应然的行动是优先于结果的，即使能力有限。而作为"象"的"过涉灭顶"固然是此时的"所当然之理"。但从朱子的评价来看，他似乎认为还有更好的应对措置的方式，在才弱势微之时未必一定要杀身成仁。再如困九二："若征行则非其时，故凶，而于义为无咎也。"当困之时，二五君臣以诚相应，自是应然之道。"以之事君，则君应之。以之事神，则神应之。"②但在困之时，应当审时度势，不当毅然往征，所以结果得凶，但至诚感君之心本无过错，只是具体措置欠周全，所以无咎。

"贞"所指示的就是"所当然之理"，但上述"无咎"的占辞则蕴含了"所当然之理"的两个层次，"无咎"所指示的行为固然是一种"所当然之理"的一种呈现方式，但这并非极致恰当的做法。"所当然之理"中包含了当下局势的各种可能选择，也包含了各种可能结果。吉凶的抉择仍有着恰当与否和优劣的分别，完全可以通过改变自身的条件，或者采取更加灵活恰当的方式应对，这才是真正的"所当然之理"。而这种情况下是可以避免凶害，而实现"德福一致"的。

除了"凶无咎"，还有"小吝无咎""厉无咎"等也属于这一类，如噬嗑六三"占虽小吝，然时当噬嗑，于义为无咎也"③。噬嗑六三虽然阴柔不中，才能有限。但此时正是除去奸恶之时，即使才能略有不足，也义不容辞，所以结果虽小吝，仍应采取应然之行动。渐卦初六爻"其占为小子厉，虽有言，而于义则无咎也"④。渐之初六虽然过于谨慎，但此时应当如此，不必顾忌他人的看法。此时的形势使得取得吝、厉的结果

---

① （宋）黎靖德编：《朱子语类》卷七十一，王星贤点校，中华书局1986年版，第1806页。

② （宋）黎靖德编：《朱子语类》卷七十三，王星贤点校，中华书局1986年版，第1843页。

③ （宋）朱熹撰：《周易本义》卷一，《朱子全书》第1册，朱杰人、严佐之、刘永翔主编，上海古籍出版社、安徽教育出版社2010年版，第50页。

④ （宋）朱熹撰：《周易本义》卷二，《朱子全书》第1册，朱杰人、严佐之、刘永翔主编，上海古籍出版社、安徽教育出版社2010年版，第78页。

是"所当然之理"的必然结果，不可回避。最为极致恰当的措置也避免不了坏的现实结果，这就与上面"凶无咎"的"所当然之理"有所不同，而与"贞凶"相似，难以真正实现"德福一致"。

第二，"吉无咎"或"元吉无咎"。无咎与吉的连用看上去似乎是善恶与吉凶实现了一致，实则不那么简单。朱子曾分判"吉无咎"与"无咎吉"两种情况：

> 吉无咎，谓如一件事自家做出来好，方得无罪咎；若做得不好，虽是好事，也则有咎。无咎吉，谓如一件事元是合做底，自家做出来又好。①

朱子在这里认为"吉无咎"是指"吉则无咎"，"吉"是"无咎"的前提，"象"所指示的行动就只是"所当然之理"的一个大致方向，未必得吉，只有进一步的行动使得结果为吉，才是"无咎"。这里的"无咎"就是"所当然之理"的极致恰当的状态，包含了功利结果在内。如益初九"元吉无咎"朱子注："必元吉，然后得无咎。"这是继承了伊川的讲法："必尽善而后无咎。"所谓"尽善"，"当益下之时，受上之益者也。不可徒然无所报效，故利用为大作。纵可为，亦须是尽善，方能无过"②。此时的应然方式就是"利用为大作"，这是无咎。但必须处理好与在上者的关系，使得这一结果为"元吉"，才是对于"无咎""当然之理"的完整实现。再如萃九四"大吉无咎"，朱子注："上比九五，下比众阴，得其萃矣。然以阳居阴不正，故戒占者，必大吉，然后得无咎也。"上下相得，是极好的整体局势，但自身才能有限，必须努力得到好的结果，才是对"无咎"的完整实现，才可以说是没有过错。"福"反而成为"德"的前提。

不过朱子有时又认为"吉无咎"是指"吉且无咎"，"吉凶是事，咎

---

① （宋）黎靖德编：《朱子语类》卷七十，王星贤点校，中华书局1986年版，第1751—1752页。

② （宋）黎靖德编：《朱子语类》卷七十五，王星贤点校，中华书局1986年版，第1924页。

是道理。盖有事则吉，而理则过差者，是之谓吉而有咎"①。得到好的结果，未必其行动的方式就是合乎当然之道的。所以不仅要得到好的结果，还要用正当的手段得到好的结果，也就是"吉"而且"无咎"。此时"无咎"与"吉"就是处于相对分离的状态，与"吉则无咎"完全不同。

至于"无咎吉"，只有两个类似的案例。比初六："有孚比之，无咎。有孚盈缶，终来有他，吉。"可是这里是分作两件事，前者是"贵乎有信，则可以无咎矣"。在比之初，应当有信。后者是"若其充实，则又有他吉也"②。又能使信充实周遍，是另一个好事。这两者并无直接关联。另一个是小畜初九："复自道，何其咎？吉。"朱子注"能自守以正，不为所畜，故有复自道之象，占者如是，则无咎而吉也"③。这是以"复自道"为无咎，作为"吉"的前提。也就是按照"复自道"这一当然之则行动，就是"无咎"，没有过错，这样才能得到吉的结果，所以朱子说得很直接，"复自道，便吉。复不自道，便凶"④。"复自道"是"所当然之理"，"无咎"是这一行为的价值判断，并且成为功利结果的前提，依照"所当然之理"的方式就"吉"，反之则"凶"，实现了真正意义上的"德福一致"。

第三类是"免乎咎"，这个"无咎"是指在具体处境下通过实际行动得到好的结果。"辟咎"是结果尚未发生，如果依照此行动，就能避免坏的结果，得到好的结果。"补过"是结果已经发生，进一步行动能够改变坏的结果，使其向好的方向实现。如果说前两类偏向于"理"的本然层面，这一类则属于"事"的行动层面。前两类是"天理之本然"，这一类是"人事之当然"，选择具体的行动改变咎害的结果。

辟咎的例子有：

---

① （宋）黎靖德编：《朱子语类》卷七十二，王星贤点校，中华书局1986年版，第1835页。
② （宋）朱熹撰：《周易本义》卷一，《朱子全书》第1册，朱杰人、严佐之、刘永翔主编，上海古籍出版社·安徽教育出版社2010年版，第39页。
③ （宋）朱熹撰：《周易本义》卷一，《朱子全书》第1册，朱杰人、严佐之、刘永翔主编，上海古籍出版社·安徽教育出版社2010年版，第40页。
④ （宋）黎靖德编：《朱子语类》卷七十，王星贤点校，中华书局1986年版，第1756页。

《周易本义》的象占结构与"所当然之理"

敬之则无咎矣。戒占者宜如是也。①
然亦必见恶人，然后可以辟咎。如孔子之于阳货也。②

"辟咎"一词本出离卦初九的《象传》，居离之处，尚未发生任何具体的结果，此时保持敬畏谨慎的状态，是为了避免坏的结果的出现，也就是"敬之则无咎"。睽初九：如果不见恶人，反而会引起他们的猜忌陷害，这种处境下只有去见恶人，才能避免坏的结果的发生。

补过的例子有：

戒占者如是，则能补过而无咎，所以广迁善之门也。③
贲极反本，复于无色，善补过矣。④
其占固无所利，然能忧而改之，则无咎也。勉人迁善，为教深矣。⑤
终无咎者，始虽不甚好，然于义理为无害，故终亦无咎。无咎者，善补过之谓也。⑥

"无咎者，善补过也"本来出自《系辞》，之后被广泛用于对于卦爻辞的解释。朱子特别强调"补过"的"迁善"之义。如豫上六，本来居豫之极，陷于逸豫不能自拔，故为"冥豫"之象。但如果能够及时改过，仍能得到"无咎"的结果。朱子说这是"广迁善之门"，任何情况下都有

---

① （宋）朱熹撰：《周易本义》卷一，《朱子全书》第1册，朱杰人、严佐之、刘永翔主编，上海古籍出版社、安徽教育出版社2010年版，第57页。
② （宋）朱熹撰：《周易本义》卷二，《朱子全书》第1册，朱杰人、严佐之、刘永翔主编，上海古籍出版社、安徽教育出版社2010年版，第65页。
③ （宋）朱熹撰：《周易本义》卷一，《朱子全书》第1册，朱杰人、严佐之、刘永翔主编，上海古籍出版社、安徽教育出版社2010年版，第46页。
④ （宋）朱熹撰：《周易本义》卷一，《朱子全书》第1册，朱杰人、严佐之、刘永翔主编，上海古籍出版社、安徽教育出版社2010年版，第51页。
⑤ （宋）朱熹撰：《周易本义》卷一，《朱子全书》第1册，朱杰人、严佐之、刘永翔主编，上海古籍出版社、安徽教育出版社2010年版，第48页。
⑥ （宋）黎靖德编：《朱子语类》卷七十一，王星贤点校，中华书局1986年版，第1807页。

主体行动、努力的空间。贲之上九则是文极反质,也是改变原来错误的做法,得到好的结果。临卦之六三是甘临之小人,本来也没有好结果,但此时能够改变自己的才性,就能没有咎害。这也是为了"勉人迁善",在不好的处境下最大地实现当下的当然之善。总之,"补过"是糟糕的处境和结果已经发生,需要采取行动,实现此时的当然之理,以得到好的结果,也就是"无咎"。坎之六四,处坎险以济君,本当得险,但以此时当然的方式应对,改变了不好的处境和结果,所以说是"善补过"。由于"补过"是对已经造就的糟糕局面的挽救,所以只能是没有过错而已,但并非当然之则的极致实现。"无咎,但能补过而已。未是极至处。"①

五　三圣易的占辞——"所当然之理"的历史之维

朱子在提出"易本卜筮之书"时,与象占结构相配合的就是分别三圣易。关于朱子对于三圣易的分别的研究颇多②,本文所要关心的是其中"占"所蕴含的当然之理。虽然总体而言,占辞所指示的就是具体处境下恰当的应对、行动的方式,但是对于占筮和占辞中的"所当然之理",从伏羲、文王到孔子三圣有着呈现和展开的过程。

朱子认为伏羲之时并没有卦爻辞,仅仅有八卦或六十四卦的卦象,因此,伏羲所能指导人们行动的方式非常有限,一般而言,就是"吉""凶"而已。目的也非常单纯,仅仅是趋利避害。

> 盖上古之时,民淳俗朴,风气未开,于天下事全未知识。故圣人立龟以与之卜,作易以与之筮,使之趋利避害,以成天下之事。③

---

① (宋)黎靖德编:《朱子语类》卷七十二,王星贤点校,中华书局1986年版,第1837页。
② 参见张克宾《朱熹易学思想研究》,人民出版社2015年版,第78—92页。
③ (宋)黎靖德编:《朱子语类》卷六十六,王星贤点校,中华书局1986年版,第1621页。

《周易本义》的象占结构与"所当然之理"

想当初伏羲画卦之时，只是阳为吉，阴为凶，无文字。某不敢说，窃意如此。①

朱子虽然不是很确定，但他认为"阳为吉，阴为凶"，这是最基本的原则，伏羲教人趋利避害至少要遵循这一原则。但需要注意的是"吉""凶"并不是"当然之理""道理"，"如此则吉""如此则凶"才是"道理"。

古时人蠢蠢然，事事都不晓，做得是也不知，做得不是也不知。圣人便作易，教人去占，占得恁地便吉，恁地便凶。②
然伏羲作易，只画八卦如此，也何尝明说阴阳刚柔吉凶之理？然其中则具此道理。……如此则吉，如此则凶，如此则善，如此则恶，未有许多言语。③

伏羲占卜的目的不是仅仅告诉人们吉凶而已，主要是告诉人们应该如何行动，行动才决定了吉凶，而非相反。换言之，如何行动会导致何种结果，这才是这一具体处境下的当然之道。比如处于乾卦，根据乾卦之象判断这样行动就会得到好的结果，另一卦象如此行动就会得到不好的结果，这才是"道理"。

到了文王、周公就有了卦爻辞，这使得"当然之道"的内涵大大丰富了。"后文王见其不可晓，故为之作彖辞；或占得爻处不可晓，故周公为之作爻辞；又不可晓，故孔子为之作十翼，皆解当初之意。"④ 文王最重要的贡献就是通过占辞指示问占者的行动，而这一行动就是对于具体

---

① （宋）黎靖德编：《朱子语类》卷六十六，王星贤点校，中华书局1986年版，第1622页。
② （宋）黎靖德编：《朱子语类》卷六十六，王星贤点校，中华书局1986年版，第1625页。
③ （宋）黎靖德编：《朱子语类》卷六十六，王星贤点校，中华书局1986年版，第1630页。
④ （宋）黎靖德编：《朱子语类》卷六十六，王星贤点校，中华书局1986年版，第1622页。

处境下的所当然之则的实现。文王正是通过占辞来表达其中具体当然之理的复杂性,特别是善恶是非与吉凶之间的张力。

首先,他们继承了伏羲"如此则吉""如此则凶"的当然之理的基本原理,通过卦爻辞的方式,作出了更明白的判断。这就是一爻具两义,

> 凡易一爻皆具两义,如此吉者,不如此则凶;如此凶者,不如此则吉。如"出门同人",须是自出去与人同。方吉;若以人从欲,则凶。亦有分晓说破底:"妇人吉,夫子凶";"咸其腓,虽凶居吉";"君子得舆,小人剥庐"。①

朱子认为一爻具两义有两种情况,一是不直接点出的,仅仅说吉或凶,这样相反的情况已经暗含其中,"然伏羲之卦,又也难理会,故文王从而为之辞于其间,无非教人之意。……凡言吉,则不如是,便有个凶在那里。凡言不好,则莫如是,然后有个好在那里,他只是不曾说出耳"②。不仅继承了行动决定结果的这一应对之理的本质,也明白给出了行动主体的选择性特点,也就是指出实现吉、好的当然性。第二种情况则是"分晓说破",明白指出两条路,妇人与夫子结果不同,君子与小人结果不同。妇人、夫子是说恒卦六五,"然须看得象占分明。六五有恒其德贞之象,占者若妇人则吉,夫子则凶。所谓吉凶者,非爻之能吉凶,爻有此象,而占者视其德而有吉凶耳"③。如此则吉,如彼则凶,这是这一境遇下的当然之则。而当然之则的实现与否是由主体的才能和行动所决定的。而为君子之所为便是吉,为小人之所为便是凶,"如人占得这爻,便要人知得这爻之象是吉是凶,吉便为之,凶便不为。然如此,理却自在其中矣。……若人占得此爻(剥上九),则为君子之所为者必吉,

---

① (宋)黎靖德编:《朱子语类》卷六十七,王星贤点校,中华书局1986年版,第1665页。
② (宋)黎靖德编:《朱子语类》卷六十六,王星贤点校,中华书局1986年版,第1621页。
③ (宋)黎靖德编:《朱子语类》卷七十二,王星贤点校,中华书局1986年版,第1822页。

《周易本义》的象占结构与"所当然之理"

而为小人之所为者必凶矣。其象如此,而理在其中矣"①。这一具体处境下的当然应对之理自然就是为君子之所为。此即所谓"其象如此,而理在其中矣"。

其次,因为有卦爻辞,文王周公就有空间作出更明确的道德劝诫,使得善恶与吉凶分离。"凡言吉,则不如是,便有个凶在那里。凡言不好,则莫如是,然后有个好在那里。"② 吉凶自是利害,而好与不好则是善恶。虽然二者有时重合,得到吉的结果就是善。但也必须得到吉才是善,而得到吉的结果的行动方式,则是此时的当然之理。

> 圣人作易,盖谓当时之民,遇事都闭塞不知所为。故圣人示以此理,教他恁地做,便会吉;如此做,便会凶。必恁地,则吉而可为;如此,则凶而不可为。……如南蒯得"黄裳"之卦,自以为大吉,而不知黄中居下之义,方始会元吉;反之则凶。③

占到吉凶并不是直接作为结果出现的,而是如此做才能得到吉,"如此做"才是当然之理。如不能如此做,则是凶。换言之,与其说占卜得到的是最终结果,不如说是指导下一步行动的指南。至于吉而可为,则是教人为善。比如坤卦六五,必须黄中居下,才得到元吉,这就是"必恁地,则吉而可为"。这种善恶与吉凶的分离正是文王、周公通过卦爻辞表达的复杂义理。

> 及文王周公分为六十四卦,添入"乾元亨利贞","坤元亨利牝马之贞",早不是伏羲之意,已是文王周公自说他一般道理了。④

---

① (宋)黎靖德编:《朱子语类》卷六十六,王星贤点校,中华书局1986年版,第1631页。
② (宋)黎靖德编:《朱子语类》卷六十六,王星贤点校,中华书局1986年版,第1621页。
③ (宋)黎靖德编:《朱子语类》卷六十七,王星贤点校,中华书局1986年版,第1657页。
④ (宋)黎靖德编:《朱子语类》卷六十六,王星贤点校,中华书局1986年版,第1629页。

伏羲只是说阳吉阴凶，乾卦有乾卦之象而已，文王却不止说"大亨"，而且还要"守正"。固然在乾时可直接得到"大亨"，但仍需要继续"守正"，"然后可以保其终也"。① 这里的结果与善恶就不是完全重合的，虽然这个境遇足以造成好的结果，但仍需要主体的行动完全实现当下的当然之理。因此，文王、周公并不简单遵循伏羲的"阳吉阴凶"的原则，

> 虽是一阴一阳，易中之辞，大抵阳吉而阴凶。间亦有阳凶而阴吉者，何故？盖有当为，有不当为。若当为而不为，不当为而为之，虽阳亦凶。②
>
> 有阳居阳爻而吉底，又有凶底；有阴居阴爻而吉底，又有凶底；有有应而吉底，有有应而凶底，是"不可为典要"之书也。③

虽如阳爻居阳位，却因为其他条件的限制而不能得吉。虽以阴爻居阴位，却得到好的结果。这是由于某一处境下复杂的情形，或是主体的行动，导致了阴反吉、阳反凶的结果。这就是《易传》中所说的"不可为典要"。

到了孔子那里则离开卜筮，另说一种义理，这一义理的基础是"阴阳消长之理，进退存亡之道"。

> 至孔子乃于其中推出所以设卦观象系辞之旨，而因以识夫吉凶、进退存亡之道。盖圣人当时已晓卜筮之法与其词意所在，故就其间

---

① （宋）朱熹撰：《周易本义》卷一，《朱子全书》第 1 册，朱杰人、严佐之、刘永翔主编，上海古籍出版社、安徽教育出版社 2010 年版，第 30 页。
② （宋）黎靖德编：《朱子语类》卷六十五，王星贤点校，中华书局 1986 年版，第 1607 页。
③ （宋）黎靖德编：《朱子语类》卷七十六，王星贤点校，中华书局 1986 年版，第 1956 页。

推出此理。①

后来孔子见得有是书必有是理，故因那阴阳消长盈虚，说出个进退存亡之道理来。②

孔子不拘泥于占辞本身，而是在《十翼》中直接揭示占辞背后的阴阳之理，也是阴阳消长之中的当然应对之道。这是孔子异于常人之处，也是在这个意义上，孔子可以说是"义理易"的始祖。具体而言，孔子会在占辞之外，根据阴阳之理，加以劝诫，另外发明"道理"，也就是当然应对之道。

到得孔子，尽是说道理。然犹就卜筮上发出许多道理，欲人晓得所以凶，所以吉。卦爻好则吉，卦爻不好则凶。若卦爻大好而己德相当，则吉；卦爻虽吉，而己德不足以胜之，则虽吉亦凶；卦爻虽凶，而己德足以胜之，则虽凶犹吉。反覆都就占筮上发明诲人底道理。③

文王周公虽然已经有吉凶与善恶不相符合的情况，且一爻具两义，但他们毕竟还是从占辞上说，也就是直接指导问占者的行动。但到了孔子则进一步阐发其中的道理，何以在这一处境之下需要如此行动，也就是通过阴阳的状态对"所当然"加以解释。这就是"所以吉""所以凶"。在一定的阴阳局势下，固然已经具有了吉凶之分，但更重要的是主体的行动方式，也就是此时的当然应对之道。最后的结果并不由当下的局势及其包含的趋势完全决定，而是这一局势下主体的行动最后决定结果。所以说，卦爻虽然都好，但如果自己的德行不能够相符合，不能按

---

① （宋）朱熹撰：《朱文公文集》卷六十二《答黎季忱》，《朱子全书》第23册，朱杰人、严佐之、刘永翔主编，上海古籍出版社、安徽教育出版社2010年版，第3006页。
② （宋）黎靖德编：《朱子语类》卷六十七，王星贤点校，中华书局1986年版，第1658页。
③ （宋）黎靖德编：《朱子语类》卷六十六，王星贤点校，中华书局1986年版，第1630页。

照恰当的方式行动，结果仍会转变为凶。反之亦然。

> 如云："需于泥，致寇至。"此卦爻本自不好，而《象》却曰："自我致寇，敬慎不败也。"盖卦爻虽不好，而占之者能敬慎畏防，则亦不至于败。……此则圣人就占处发明诲人之理也。①

> "需于泥，灾在外"，占得此象，虽若不吉，然能敬慎则不败，又能坚忍以需待，处之得其道，所以不凶。②

朱子认为孔子发明义理最典型的就是需卦的九三爻，朱子提出了"占外之占"的命题。"敬慎不败，发明占外之占，圣人示人之意切矣。"③本来爻辞"需于泥，致寇至"。是因为九三"去险愈近而过刚不中"④，外在的局势和主体的才能都不足以使之摆脱险境，因此占得此爻则是凶而无疑了。但孔子却说"敬慎不败"，如果能够改变主体的才德，保持敬畏谨慎，就能渡过难关。这就是"处之得其道"，是这一处境下的所当然之则。因此，"占外之占"本质上就是补充这一处境下的所当然之理，而不是另外再给一个占卜结果。可以说是"理外之理"，"爻虽无此意，孔子作象，所以裨爻辞之不足。如自我致寇、敬慎不败之类甚多"。⑤

再如《象传》中常有"义"字，

> 易本为卜筮作。古人质朴，作事须卜之鬼神。孔子恐义理一向

---

① （宋）黎靖德编：《朱子语类》卷六十六，王星贤点校，中华书局1986年版，第1630页。
② （宋）黎靖德编：《朱子语类》卷六十六，王星贤点校，中华书局1986年版，第1628页。
③ （宋）朱熹撰：《周易本义》卷五，《朱子全书》第1册，朱杰人、严佐之、刘永翔主编，上海古籍出版社、安徽教育出版社2010年版，第106页。
④ （宋）朱熹撰：《周易本义》卷一，《朱子全书》第1册，朱杰人、严佐之、刘永翔主编，上海古籍出版社、安徽教育出版社2010年版，第36页。
⑤ （宋）黎靖德编：《朱子语类》卷七十二，王星贤点校，中华书局1986年版，第1838页。

没卜筮中，故明其义。至如曰"义无咎也"、"义弗乘也"，只是一个义。①

孔子担心只讲吉凶，人们不能明白善恶是非之道理，因此点出"义"所当为，也就是解释在这一处境上采取某种行动的原因不是直接的吉凶结果，而是这一处境下的恰当正义的处置方式。至于某些场合因为某些原因，也会有不可避免灾祸的情况，"如小过'飞鸟以凶'，若占得此爻，则更无可避祸处，故象曰：'不可如何也。'"② 这时不行动就是最好的行动。总之，孔子往往在文王周公的基础上，更加仔细地说明，或是补充当然应对之道，或是指出其中的道德应然性，或是精益求精地劝诫。这是对当然之则的进一步发挥和说明。

六　小结

以上便是朱子在淳熙二年（1175）确立的象占结构在朱子的《周易》解释中所展现的丰富内涵。而"象占"所要揭示的就是朱子的"所当然之理"，就是在具体处境下（象）的恰当的应对措置的方式和准则。通过《周易》卦爻辞的解释和象占结构的表述，朱子进一步丰富了"所当然之理"的内涵，首先是强调了"具体处境"（象）的重要性，没有离开了具体处境和局势的所当然之理和应然的措置应对的行动。《周易》"象占结构"中的"所当然之理"，更加突出了"象"的地位，一切行动都是对当下具体处境的具体应对，这才是"所当然之理"。象占结构中的"所当然之理"不是简单地包含于"象"或者"占"，而是取决于"象""占"具体内容和性质而构成的复合形态。

通过 A 类占辞与 B 类占辞张力的考察，揭示"所当然之理"的不同

---

① （宋）黎靖德编：《朱子语类》卷六十六，王星贤点校，中华书局1986年版，第1627页。
② （宋）黎靖德编：《朱子语类》卷六十七，王星贤点校，中华书局1986年版，第1665页。

层次,在"象占结构"中的位置和呈现方式,彰显出的德福一致问题的不同面向。占辞"贞"本身就是"所当然之理",它与"凶"构成了德福不一致。在特定处境下,吉凶利害不是考虑的对象,只有当下的当然之则才是行动的本质。面对不利的处境,则需要改变主体条件,或采取另外的行动改变当前的局面。至于坚守当然之理、坚守正道,未必能得到好的结果,这主要是由外在的形势、主体的才能、主体不能灵活应变三方面原因造成的。尽管如此,此时也只能实现此时的当然之则,吉凶则非所论矣。"无咎"的情况要更为复杂,首先,朱子区分了"无咎"的多种含义。其次,其中的"非其咎"关乎所当然之理和德福的核心问题,与"贞"仅与负面的功利结果构成张力不同,"无咎"还与正面的功利结果构成问题。在无咎与凶的关系中,可以看到"所当然之理"的两个层次,一种得到负面结果的应然的措置应对的方式,和可以实现正面结果的极致恰当的措置应对的方式。无咎与吉也有两种"所当然之理",即是否以功利结果为前提和内容的两种所当然之理。

由此而言,德福关系不是简单的对立或者一致,可以分为一致、对立与相关三种情况。无咎是吉的前提,这是德福一致的理想情况。无咎或贞却不可避免的"凶",这是对立的情况。但二者相关的情况则较为复杂,凶无咎有两种所当然之理,通过改变主体条件和能力,可以极致恰当地实现当然之理,从而改变不利的结果。吉无咎,可以是"吉则无咎",吉是无咎的前提,这就是以功利结果为德性充分实现的前提,也可以是"吉且无咎",使得功利结果作为德性实现的部分目标。"所当然之理"就含有了功利结果的内容或前提。因此,在多数情况下朱子认为善恶与吉凶还是可以达成一致的,只有在外在局势和处境极为恶劣的情况下才不得不产生对立。德福关系中,有时德是福的前提,有时福是德的前提,有时"所当然之理"(德)的极致恰当实现方是福。有时"所当然之理"中包含了吉凶的不同可能,有时"所当然之理"必然指向吉,有时"所当然之理"只能是以凶为结果。凶与无咎未必对立,吉与无咎未必一致。

以上所讨论的都是基于卦爻象所揭示的应然趋势,这是"天理之本然"。所有这些可能的好的结果,都只是当下处境条件所具有的趋势和应然结果，而非现实的必然性，都需要主体采取应然之行动加以恰当实现。将此潜在于具体处境之中的方式和准则实现出来的具体行动，这是"人事之当然"。这就涉及无咎含义中的"免乎咎"。其中包含补过和避咎两种情况，前者是已经发生糟糕的结果而加以补救的恰当方式，后者是尚未发生而预先避免的恰当方式，这两者都是应对措置的当然之则。但它们相较于前述情况而言，更偏向于实现所当然之理的行动，也就是"人事之当然"。

因此，在象占结构中所包含的"所当然之理"，会根据不同的占辞和象占结构，在不同的局势和处境下展现出复杂的内涵，特别是与功利结果的关系所带来的德福关系问题。象占结构为我们理解朱子卜筮表达义理的方式提供了有益的视角，也丰富了我们对于朱子的"所当然之理"的内涵与边界的理解。

儒学经典诠释

早期儒家的政治理想

——从人口、财货的角度来看

孟庆楠

(北京大学哲学系)

摘要：早期儒家的政治理想中包含着多元的分阶次实现的为政目标，其中以人口的众多与财货的富足为基础，人伦与道德的建构则是在富庶基础上所要达成的更高目标。对物质生活条件的满足乃是基于儒家对人性的认识。对人天生的物欲的安顿与节制，是为政必须面对的问题，贯穿在人伦与道德的建构之中。但同时，只有物质生活是不够的，还要通过道德教化，帮助百姓真正建立起属于人的生活。而这一更高目标的达成，始终面临着在道德建构与欲望满足之间寻求平衡的难题。

关键词：儒家　政治理想　教化　物欲

从孔子开始，儒者即尝试通过获取政治权力来塑造某种理想的秩序与价值。虽然在孔子之后不乏"隐而不见"[1]的儒者，但子夏所言"学而优则仕"[2]的观念，恐怕仍是大多数儒门弟子的共同理想。基于儒者普遍具有这样一种入世的冲动，儒家对于人伦生活的很多理解与构想也往往是从为政的角度出发的。本文即尝试在这一视角下，探讨儒家在治国

---

[1] (汉)司马迁撰：《史记·儒林列传》，中华书局1959年版，第3116页。
[2] (三国)何晏注：《论语注疏》，北京大学出版社1999年版，第259页。

平天下的政治理想中，究竟要塑造一种怎样的世界？实际上，如果谈到政治理想，可以包含不同层面的意义，包括理想的政治原则、行政的架构、施政的手段等。而我们这里所关注的，主要是儒家所要实现的为政目标或效果。对于这一问题，人们或许首先会想到儒家所主张的人伦秩序与道德的确立。这当然是儒家施政目标中非常重要的内容，但这并不是全部。本文尝试考察在秩序与道德之外，儒家还期待达成怎样的目标。同时本文也试图通过对儒家政治理想与施政目标的进一步了解，更准确地把握人伦、道德之于儒家的意义。

一 庶富教

有关政治理想的问题，是一个在孔子与弟子的对话中时常出现的主题。孔子与弟子们在不同的现实场景中所表达出的为政理想包含了更丰富、也更鲜活的元素。

首先引起我们关注的是孔子携弟子周游至卫国时在车上的一段见闻与对话：

> 子适卫，冉有仆。子曰："庶矣哉！"冉有曰："既庶矣，又何加焉？"曰："富之。"曰："既富矣，又何加焉？"曰："教之。"①

孔子到卫国去，见卫国风貌而有了"庶矣哉"的感叹。这一对人口众多的感叹是带有认同之意的。而冉有适时的提问，把这一感慨引向了对政治理想的讨论。仅以此来看，冉有不愧为孔门政事科的高弟。在这里，冉有提问使用了"既×矣，又何加焉"的表述，意指在前者实现的基础上，还可以如何更进一步。这一表述清晰地展现出了一个逐步递升的阶次。既然已经获得了众多的人口，更进一步是使之财货富足，再进一步则是对其施以教化。庶、富、教的序列，构成了一组多元的施政目

---

① （三国）何晏注：《论语注疏》，北京大学出版社1999年版，第174页。

标，而教化的施行指向着最高政治理想的实现。

类似的理念也出现在另外一场更为有名的孔门对话中。子路、曾皙、冉有、公西华陪坐在老师身边。孔子请他们畅谈自己的为政理想，几人分别作答。姑且搁置最后"铿然舍瑟春风里"的曾皙和刻意谦退"愿为小相焉"的公西华，子路和冉有互为对照的作答，再次呈现了一种典型的儒家政治理想：

> 子路率尔而对曰："千乘之国，摄乎大国之间，加之以师旅，因之以饥馑。由也为之，比及三年，可使有勇，且知方也。"夫子哂之。"求！尔何如？"对曰："方六七十，如五六十，求也为之，比及三年，可使足民。如其礼乐，以俟君子。"①

面对老师的设问，子路与冉有的回答都是从治国的角度展开的，同时都以三年为限来表达自己施政的目标。子路"率尔而对曰"的反应，正符合其自视甚高且直率坦诚的性格特点。这也决定了他的回答会呈现出更高的标准，冉有的谦逊则意味着次一等的答案。不过需要指出的是，这里所谓的高下，并不是说二人对最高目标的追寻存在差异，而是更多地体现着三年时间限定下个人治理能力所能实现的施政成效。实际上，我们仍可通过二人的自道，看到他们共有的对某种最高目标的追寻。我们先来看看冉有的回答。冉有选择的施政平台，是一个"方六七十，如五六十"的小国。以三年为限，可以使治下的百姓衣食充足。同时，冉有表达了对能力限度的自觉，他自己无力在有限的时间内完成礼乐教化方面的工作，礼乐教化要有待于君子来完成。这一表述透露出了两个信息。其一，在有限的时间条件下，百姓的衣食充足是被优先实现的。这表明在冉有的认识中，保障百姓衣食充足，对于施政具有基础性的意义。其二，礼乐教化有待于君子，"君子"的称谓在这里显然包含着一种更高的期待。礼乐教化相对于衣食的满足，是为政者更高的追求。与冉有相较，子路给自己设定了更苛刻的初始条件，也更直接地表达了对更高目标的预期。子路选择"千乘之国"作

---

① （三国）何晏注：《论语注疏》，北京大学出版社1999年版，第153页。

为其施展抱负的平台，而且这个千乘大国还处于艰难的内外环境之中。在这种条件下，同样是三年为期，子路高标准的预期所强调的，恰恰是冉有留待君子去实现的内容：通过礼乐教化，使百姓"有勇，且知方"。至于因应饥馑等方面的工作，子路没有提及。但结合冉有"以俟君子"的表达，我们有理由认为，道德教化的施行是在解决饥馑问题的基础上实现的。由此我们可以看到一个以"使民足"为基础到"使有勇，且知方"的目标阶次。这里虽然没有提及人口的问题，但子路所设定的饥馑的状态以及"使足民"所表达的对这一状态的克服，当然是与生存，亦即与人口的增减多寡有关。由此来看，这里的为政阶次与之前孔子基于卫国境况所表达的庶、富、教的次第是大体相合的。

孔子及其弟子所描摹的施政目标包含了不同的元素。其一，是人口，人口要众多。其二，是百姓的物质生活条件，亦即所谓财货，财货要富足。其三，是百姓的道德生活状态，试图使百姓具有良好的道德，"有勇，且知方"。需要略作说明的是，这种"有勇，且知方"的状态，是与礼乐所规范的人伦秩序有关的，但又不完全相同。"有勇，且知方"当然包含着对人伦秩序的遵从。而在遵从于外在规范的基础上，这里还包含了"知"的意义。"知"并不是简单的知道，而是带有一种价值上的认同。在这个意义上，对人伦秩序的遵守成为一种自发的或自觉的选择，而非出于外在的强制性的规范。对于这一点，孔子在有关"道之以德，齐之以礼"与"道之以政，齐之以刑"的区别中，有着清晰的说明。[1] 孔子称，"道之以德，齐之以礼"最终所达成的状态，是百姓"有耻且格"。所谓"格"，就是言行格正，言行合于礼乐道德的规定。同时，百姓又是"有耻"的。"有耻"意味着道德感的确立。而这种道德感的确立必然要基于对礼乐所规范的人伦秩序的认同：认为应该如此，而没有做到，才会感到羞耻。这在本质上与子路所说的"有勇，且知方也"是一致的。而这样一种百姓"有勇，且知方"或"有耻且格"的状态，是通过"道之以德，齐之以礼"的教化而实现的。

---

[1] 《论语·为政》："子曰：'道之以政，齐之以刑，民免而无耻。道之以德，齐之以礼，有耻且格。'"（三国）何晏注：《论语注疏》，北京大学出版社1999年版，第15页。

以上三种元素，人口、财货以及人伦道德，或是当时各家所共同关注的对象。如以实现"天下之利"为己任的墨家，就同样主张："今者王公大人为政于国家者，皆欲国家之富，人民之众，刑政之治。"① 这一表述中的"刑政之治"，虽然不同于儒家所强调的道德，但二者都指向对某种人伦秩序的维护。其余二者则完全一致。当然，对比之下我们也会看到儒墨所论述的政治理想包含着一个重要的区别：在墨子的论说中，人口、财货、秩序虽然有其叙述的次序，但三种元素更多是一种并举，彼此间并没有明确的实现阶次。而如上文所述，儒家则特别强调庶、富、教的次第。这也表现出了儒家思想在这一问题上的特点。

二　制民之产

孟子作为战国中期儒家的代表人物，其所主张的政治理想中也包含着人口、财货、道德等因素。孟子理想的政治形态是所谓的"仁政"。孟子曾借齐宣王以牛易羊之事，引导宣王推恩以行"仁政"：

> 是故明君制民之产，必使仰足以事父母，俯足以畜妻子，乐岁终身饱，凶年免于死亡。然后驱而之善，故民之从之也轻。今也制民之产，仰不足以事父母，俯不足以畜妻子；乐岁终身苦，凶年不免于死亡。此惟救死而恐不赡，奚暇治礼义哉？王欲行之，则盍反其本矣！五亩之宅，树之以桑，五十者可以衣帛矣。鸡豚狗彘之畜，无失其时，七十者可以食肉矣。百亩之田，勿夺其时，八口之家可以无饥矣。谨庠序之教，申之以孝悌之义，颁白者不负戴于道路矣。老者衣帛食肉，黎民不饥不寒，然而不王者，未之有也。②

上引材料对为政的考虑主要包含两个因素，一是施政的手段，二是

---

① （清）孙诒让撰：《墨子间诂》，孙启治点校，中华书局2001年版，第43页。
② （汉）赵岐注：《孟子注疏》，北京大学出版社1999年版，第23—24页。

这些手段所要达到的目标。施政的手段与目标是对应的。就具体内容来看，孟子所主张的施政手段与目标指向两个方面。一方面是围绕"民之产"展开的。孟子主张，君主应着手于"制民之产"。这里所谓"产"，主要是指物质财产。结合孟子的相关论述可以知道，"制民之产"包括对土地分配以及种植、蓄养等经济活动的照顾和管理。在这条材料中具体表现为"五亩之宅，树之以桑"，有"鸡豚狗彘之畜，无失其时"，又令"百亩之田，勿夺其时"等。这些举措的目的就满足百姓对物质生活的需求。很显然，这种落实于物质生活的举措与目标也直接关联着人的生存，或者说人口问题。从比较极端的情况考虑，"制民之产"保证了即便在凶年民众也可"免于死亡"，也就是避免人口的减少。而"仁政"的另一方面，则指向了人伦道德的建构。"事父母""畜妻子"体现了对人伦秩序的维系。通过庠序之教的安排，"申之以孝悌之义"，则是基于人伦秩序的道德要求。对于上述两方面的施政内容，孟子也明确了二者之间的关系。君主对百姓道德生活的建构，是以满足其基本物质生活为前提的。这一关系可以通过"然后"一词获得确认，君主要先"制民之产"，然后才能驱动、引导百姓向善。

此外，据《孟子·滕文公上》所记，孟子在劝导陈相时有一段关于历史演进的叙述，其中也表达了类似的想法：

> 当尧之时，天下犹未平，洪水横流，泛滥于天下，草木畅茂，禽兽繁殖，五谷不登，禽兽逼人，兽蹄鸟迹之道交于中国。尧独忧之，举舜而敷治焉。舜使益掌火，益烈山泽而焚之，禽兽逃匿。禹疏九河，瀹济、漯而注诸海，决汝、汉，排淮、泗而注之江，然后中国可得而食也。当是时也，禹八年于外，三过其门而不入，虽欲耕，得乎？后稷教民稼穑，树艺五谷。五谷熟而民人育。人之有道也，饱食、暖衣、逸居而无教，则近于禽兽。圣人有忧之，使契为司徒，教以人伦：父子有亲，君臣有义，夫妇有别，长幼有叙，朋友有信。[①]

---

① （汉）赵岐注：《孟子注疏》，北京大学出版社1999年版，第23—24页。

这条材料所见，是儒家的一种圣人叙事。孟子在这里先后呈现了尧、舜、益、禹、后稷、契的事迹。具体来看，尧面对的是一个混乱的、不具备生存条件的世界，这构成了整个叙述的开端背景。尧举舜，就是希望其为百姓开创出某种有序的生活世界。在舜的主持下，益掌火，焚烧山泽，驱逐禽兽，使山泽大地成为人的世界。禹疏九河，进一步划定了人所居处的大地的秩序。在这个阶段，禹忙于治水，无暇于耕种。之后才有后稷教民稼穑，民众有了五谷之食而得以繁育。但只有物质生活的满足是不够的，于是又使契教百姓人伦道德。在这样的叙述中，益、禹、后稷、契等人先后在不同领域各行其政。各人所行之政，借由历史性的叙述而呈现出一种阶次。人民的繁育与物质生活的改善仍然是被优先实现的，而通过对百姓的教化以建立人伦道德则是更高的目标。

类似的观念，也见于荀子及其后学的思想中。今《荀子》书中，集中讨论政治思想的《王制》《富国》《王霸》《君道》等篇，都表现出了对百姓物质生活的关注。一般被认为出自荀子后学编录的《大略》篇中有一段很明确的论述：

> 不富无以养民情，不教无以理民性。故家五亩宅，百亩田，务其业而勿夺其时，所以富之也。立大学，设庠序，修六礼，明十教，所以道之也。《诗》曰："饮之食之，教之诲之。"王事具矣。[1]

很明显，这里所言"富之""道之"，就是孔子在卫国所说的"富之""教之"。而"富之""道之"的具体方式及其所设定的"五亩宅""百亩田"的生活场景，又与孟子所论高度一致。

三 恒产与物欲

通过上述考察我们可以看到，早期儒家在关注人伦道德的同时，也

---

[1] （清）王先谦撰：《荀子集解》，沈啸寰、王星贤点校，中华书局1988年版，第498—499页。

充分注意到了人口财货的基础性地位。在有关为政阶次的设计中，人口众多与财货富足是被优先考虑的，而人伦秩序与道德的建构则是在富庶的基础上所要达成的更高目标。不过，孔子及其弟子对施政目标的论说，并没有明确解释庶、富、教之间何以呈现这样的阶次，礼乐教化所带来的百姓"有勇，且知方"的状态为什么是以人口众多和财货富足为基础的。对于这个问题，孟子或能为我们提供部分的答案。

孟子在为齐宣王讲解为政之道时已经指出，如果为政者连百姓最基本的生存需求都无法保障，百姓是无暇治礼义的。对于这一点，孟子在讲"制民之产"之前还有几句话，说得更为透彻：

> 无恒产而有恒心者，惟士为能。若民则无恒产，因无恒心。苟无恒心，放辟邪侈，无不为已。①

朱熹注："恒产，可常生之业也。恒心，人所常有之善心也。"②"制民之产"就是要让百姓获得"恒产"，也就是获得生存的保障。孟子之所以要先"制民之产"，是因为对百姓而言，如果没有"恒产"，就不可能有什么"恒心"。在"无恒产"的状态下，百姓只会考虑如何生存下去，为了生存不择手段。"放辟邪侈"就成为一种很自然的生存选择。

以上对于物质生活的讨论，主要还是就生存底线来考虑的。先活下来，再考虑其他。这当然是一种朴素而有效的道理，也决定了君主为政要先满足百姓的生存需求。但如果细读材料，我们不难发现，在很多语境下，对百姓物质生活的满足往往不只是保障其生存。"凶年免于死亡"只是在极端境遇下的底线要求。而在一般情况下，为政者对百姓的照顾，要能使百姓吃饱穿暖，家中年长之人还能够获得相对精美的衣服饮食。那么，在施政中优先满足这种程度的物质需求，又是出于什么理由呢？

---

① （汉）赵岐注：《孟子注疏》，北京大学出版社1999年版，第23页。
② （宋）朱熹撰：《四书章句集注》，中华书局1983年版，第211页。

早期儒家的政治理想

实际上，在孟子乃至儒家的思想体系中，物质生活，或者说对物质需求的满足，还具有更深层次的意义。孟子清楚地知道，人天生具有对外物的欲求。

> 告子曰："生之谓性。"①
> 告子曰："食、色，性也。"②
> 孟子曰："口之于味也，目之于色也，耳之于声也，鼻之于臭也，四肢之于安佚也，性也。有命焉，君子不谓性也。"③

前两条材料在大众的文化认知中常被误认为孟子之言，实际上是告子的说法，当然也可能是告子转述当时的一种普遍认识。孟子并没有否认这一说法，只不过在孟子看来，口、目、耳、鼻、四肢对于外物的欲求，属于"命"的范畴，不是严格意义上的人性。所谓"有命焉"，朱熹引程子之言解释道："五者之欲，性也。然有分，不能皆如其愿，则是命也。不可谓我性之所有，而求必得之也。"④ 按照这种解释，人的物欲能否得到满足以及得到什么程度的满足，不是求而必得的，而是受到某些不可抗拒的外在因素限制。所以，孟子在严格意义上，把人的物欲排除在"性"的概念之外，但他也并不否认物欲是天性的一部分。对于这种天性，孟子保持了高度的警惕。比如在有关大体与小体的论述中，就明确指出，耳目之官作为人之小体，常"蔽于物"⑤。耳目与外物接触，在物的刺激下即被牵引而去，生出无尽的物欲。这当然是危险的，所以一个重要的工夫就是"寡欲"。必须指出的是，孟子所言"寡欲"，只是要人们节制、减少过度的物欲，但不是无欲。物欲既然是天生的本性，就需要某种程度的满足。

如果说孟子对于物欲的态度仍是以警惕和克制为主，那么荀子则对

---

① （汉）赵岐注：《孟子注疏》，北京大学出版社1999年版，第295页。
② （汉）赵岐注：《孟子注疏》，北京大学出版社1999年版，第296页。
③ （汉）赵岐注：《孟子注疏》，北京大学出版社1999年版，第393页。
④ （宋）朱熹撰：《四书章句集注》，中华书局1983年版，第369页。
⑤ （宋）朱熹撰：《四书章句集注》，中华书局1983年版，第314页。

物欲作出了某种正面的安顿。当然,这并不是说荀子不清楚物欲的危险。荀子的性恶论在很大程度上就是基于对物欲的危险性的认识而提出的。他指出,如果对物欲不加以任何人为的控制,那么必然引起争夺,进而导致"犯分乱理而归于暴"的局面。但这只是物欲放纵的结果,就物欲本身而言,只是人的"本始材朴"①,甚至无所谓善恶:

> 若夫目好色,耳好声,口好味,心好利,骨体肤理好愉佚,是皆生于人之情性者也,感而自然,不待事而后生之者也。②

这些身体官能的欲望,是人天生的本性,也是所有秩序建构不得不面对的。礼制建构的首要工作就是保障这些欲望获得合理的满足:

> 礼起于何也?曰:人生而有欲,欲而不得,则不能无求;求而无度量分界,则不能不争;争则乱,乱则穷。先王恶其乱也,故制礼义以分之,以养人之欲,给人之求,使欲必不穷乎物,物必不屈于欲,两者相持而长,是礼之所起也。③

荀子在这里很清楚地表达了对物欲的态度,就是要"养人之欲,给人之求"。这是礼得以确立的基础。同时,对人的物质欲望的满足又包含着对人的身份地位的区分以及对人伦关系的构建。礼规定了满足物欲的"度量分界",对不同身份地位的人给予不同程度的物欲满足。由此来看,礼的设计及其所要达成的人伦与道德的建构,是以满足人们的物欲为基础的,对物欲的安顿与节制贯穿在人伦与道德的建构之中。由此回到有关为政阶次的议题,儒家对于物欲的这种态度,也就解释了君主为政为什么要优先满足人们某种程度的物质需求。

---

① (清)王先谦撰:《荀子集解》,沈啸寰、王星贤点校,中华书局1988年版,第366页。
② (清)王先谦撰:《荀子集解》,沈啸寰、王星贤点校,中华书局1988年版,第437—438页。
③ (清)王先谦撰:《荀子集解》,沈啸寰、王星贤点校,中华书局1988年版,第346页。

四　有勇，且知方

通过以上分析，我们进一步明确了对百姓物质生活的满足在早期儒家所设定的为政阶次中所具有的地位和意义。我们之所以要做这样的工作，还是因为在以往有关儒家政治的认识中，人们会更多地强调道德教化的重要性，而在一定程度上轻视早期儒家对物质生活的关注。但需要指出的是，对物质生活的基础性地位的澄清，并不是要否定道德教化之于儒家的意义。相反，在明确了物质生活对儒家政治的影响后，我们能够更好地理解道德建构作为儒家为政的最高目标到底具有怎样的意义。早期儒家的施政阶次，为我们理解道德教化的意义提供了一个更为完整的背景。我们不应孤立地看待道德教化，而是要理解为什么在达到了施政的前序目标之后，儒家还要坚持追求更高的道德教化的目标。

在上引孟子劝导陈相的那段论述中，孟子已经讲得很清楚，"人之有道也，饱食、暖衣、逸居而无教，则近于禽兽"。如果君主施政只是在满足百姓的物质需求，那实际上是在放任百姓如同禽兽一般地生活。人的生活除了饱食、暖衣、逸居，还需要有秩序和伦理。而道德教化的意义，就在于帮助百姓真正建立起属于人的生活。很显然，这样的看法是与其对人性，乃至对人的认识密切相关的。此外，孟子和荀子都对物欲的危险性有着清晰的认识，即对外物的过度追求会导致纷争与混乱。因此，在承认物欲的合理性的同时，孟子主张以"养心"也就是"先立乎其大"的方式控制"小体"的欲望，荀子则是通过"师法之化""礼义之道"以实现"化性起伪"的效果来节制欲望。孟子和荀子虽然在一些细节上有着不同的考虑，但是他们都认为，君主需要以道德、礼法来引导教化百姓，由此建构起真正的、完整的人的生活。

需要指出的是，人伦、道德的建立在儒家为政的目标阶次中居于最高地位，这固然说明了这一目标的重要性，但同时也暗示着要达成这一目标可能会面临最大的困难。冉求在自道政治理想时"如其礼乐，以俟君子"的谦退态度，已经说明他对于道德教化的难度有着清晰的自觉。那么，人伦、道德的建构为什么如此困难呢？这恐怕是一个非常复杂的问题。但如果就上文已经讨论过的内容而言，我们或可给出一个简要的回答：人伦、道德的建构在很大程度上就是在克服人同于禽兽的天性，也就是克服人对生存以及物质利益的欲求。

克服人对生存以及物质利益的欲求至少要面临两个层次的困难。第一，这种欲求本身是具有一定合理性的，是人的生存发展所必需的。因此，在一般情况下，人们所面临的问题不是如何断绝人的欲望，而是如何在欲望的满足与合乎礼义之间寻求一种平衡。但对这种平衡的把握绝非易事。儒家很清楚，生活的世界是复杂的。如果只是斩断欲望，那么一条简单而严苛的规则就可以应对所有情况了。但如果想要在各种复杂的境遇中，在满足欲望与维系人伦道德之间寻求一种恰当的平衡，就不是某些固化的礼义规则可以解决的了。二者之间的平衡是一种需要不断探索和历练的技艺。第二，既然需要在满足欲望与合乎礼义之间寻求某种平衡，那么这种平衡必然在不同程度上包含着对欲望的节制。而对生存以及物质利益的欲求是人的天性，是人天生所具的本能。这种天性对人的行为、心理有着根深蒂固的影响。无论在何种情况下作出何种程度的抑制，都会遇到阻力。如果在人们在摆脱了生存焦虑、在物质欲望获得了一定的满足之后，克制物欲的放纵，那么遇到的阻力会较小一些。但在另一些特定的伦理困境中，会要求人们舍弃基本的物质利益，甚至是自己的生命，来坚守道德的准则，这无疑会更加艰难。我们之前曾经提到，子路为政，要使百姓"有勇，且知方也"。这里所谓"勇"，不能简单地理解为勇敢，而是指勇敢地坚守道德准则。"勇"一定是与"知方"、是与道德准则联系在一起的。为了坚守道德准则而放弃自身的利益，这需要一种"勇"的品质。特别是在某种极端情况下，"勇"指向着"杀身以成仁"①、"舍生而取义"②。这无疑

---

① （三国）何晏注：《论语注疏》，北京大学出版社1999年版，第210页。
② （汉）赵岐注：《孟子注疏》，北京大学出版社1999年版，第308页。

是一种艰难的取舍，并不是所有人都能做到的，所以孟子说"无恒产而有恒心者，惟士为能"。

尽管这是一个难以达成的目标，但儒家仍然把它作为最高的政治理想。在这样的政治理想下，整个人伦生活始终保持着一个向上的可能与追求。

孔教观的近代视界

魏义霞

（黑龙江大学哲学学院）

摘要：对于康有为的历史贡献和功过是非，梁启超有过一句经典的评价："先生所以效力于国民者，以宗教事业为最伟；其所以得谤于天下者，亦以宗教事业为最多。"[1] 此处之宗教，具体指孔教，也就是康有为奔走呼号的立孔教为国教的宗教观。事实上，从康有为提出立孔教为国教之日起，就遭到来自各方面的指责和攻击。康有为的宗教观、孔教观也由此备受诟病，对于孔教观的争议更是不绝于耳。甚至可以说，孔教观对于康有为有多重要，遭受的抨击和指责就有多激烈。康有为提出孔教观之日，也就是他被推到舆论的风口浪尖之时。从同为维新派的严复到作为弟子的梁启超，再到后来由维新派转向革命派的章炳麟，以至于直到五四新文化运动的领袖——陈独秀、李大钊，无不对康有为的孔教观提出疑问，乃至展开批判。综观中国近代哲学史、思想史可以看到，在中国近代，从未有一种观点遭受如此众多的质疑和如此长时间的持续关注，这也从一个侧面展示了康有为的孔教观在当时引起的巨大轰动和对中国近现代思想的广泛影响。

关键词：孔教观　严复　梁启超　章炳麟

---

[1] 梁启超：《南海康先生传》，《梁启超全集》第一册，北京出版社1999年版，第488页。

一 严复：保教保种还是自强保种

严复与康有为一样认为，孔子言灵魂，孔子之学具有宗教性，并且将孔子的思想称为孔教。不仅如此，严复对孟德斯鸠有关孔子不言灵魂的观点极为不满，并在《孟德斯鸠法意》的按语中反复予以反驳。现摘录如下：

> 窘哉！孟氏（指孟德斯鸠——引者注）之言宗教也。由此观之，孟氏特法家之雄耳，其于哲学，未闻道耳。能言政俗，而不能言心性，即此章之论，举其大者，有数失焉：谓利害不关真伪，其失一也；以孔教不言灵魂，其失二也；以佛为主灵魂不死之说，其失三也；谓景教主灵魂不死，而独违其弊，其失四也。①
>
> 夫宇宙有大例焉，曰必诚而后利，未有伪妄而不害者也。世有哲人，所以汲汲为学者，求理道之真耳。理道之真，所以为言行之是也。是非之判，所以为利害之分也。彼古今宗教所常有利者，以其中之莫不有真也。而亦未尝不害者，惟其中之尚有伪也。是故学日进，则教日休。何则？伪者渐去，而真者独存也。彼谓宗教之利行，不关真伪，独视其与政俗相得与否，其所见既甚肤，而信道尤不笃。自以谓功利主义之言，而不知其实误也。且孔教亦何尝以身后为无物乎？孔子之赞《易》也，曰精气为物，游魂为变。《礼》有皋复，《诗》曰陟降，季札之葬子也，曰：体魂则归于地，魂气则无不之，未闻仲尼以其言为妄诞也。且使无灵魂矣，则庙享尸祭，所焄蒿悽怆，与一切之礼乐，胡为者乎？故必精而言之，则老子之说吾不知，而真不主灵魂者独佛耳！其所谓喀尔摩，与其所以入涅槃而灭度者，皆与诸教之所谓灵魂者大殊。至孟（指孟德斯鸠——引者注）谓景教主灵魂不死之说，而独违其弊，则尤不知所言之何所

---

① 严复：《法意》按语，《严复集》第四册，王栻主编，中华书局1986年版，第1016页。

谓也。①

一目了然，严复在这里证明孔子思想是宗教的证据出自《周易》的"精气为物，游魂为变"，通过自己的诠释和发挥，从正反两方面论证了孔子思想是宗教。从反面看，严复坚决反对孟德斯鸠认为"孔教不言灵魂"的观点，并从哲学观入手对孟德斯鸠对于孔教、佛教和基督教的错误认识予以澄清，从反面证明了孔子的思想是宗教。严复指出，孟德斯鸠充其量是法学家，却称不上哲学家，因为他不谙哲学。这是因为，有真伪然后有利害是哲学的通则，哲学之所以求真，是因为"理道之真，所以为言行之是也。是非之判，所以为利害之分也"。这表明，宗教之所以利行，是因为其中有真。孟德斯鸠不谙此道，因而断言宗教利行而"不关真伪"，只是取决于"其与政俗相得与否"。孟德斯鸠的这个观点对孔教、佛教和基督教的认识产生误判，孔子不言灵魂与佛教言灵魂、基督教主灵魂不死之说皆属此类。从正面看，严复肯定孔子言灵魂，拿出的证据除了康有为津津乐道的《易》中所言"精气为物，游魂为变"之外，又加上了《礼》《诗》以及其他记载——"孔子之赞《易》也，曰精气为物，游魂为变。《礼》有皋复，《诗》曰陟降，季札之葬子也，曰：体魄则归于地，魂气则无不之，未闻仲尼以其言为妄诞也"。可以看到，在证明孔子的思想是宗教上，严复与康有为的做法可谓别无二致。为了证明孔子是宗教家，康有为将《易》说成孔子所作。在这个前提下，康有为一面提高《易》之地位，一面肯定《易》专言"性与天道"，以至于梁启超评价《易》在康有为那里是专讲灵魂界之书。康有为之所以借助《易》将孔子塑造成宗教家，主要是看中并且始终聚焦于《易》中的"精气为物，游魂为变"一语。更为重要的是，严复之所以肯定孔子的思想是宗教，与康有为拥有同样的判教标准——承认孔子言灵魂。

值得注意的是，严复对宗教的态度与康有为明显不同，不像康有为那样试图凭借宗教来激发中国人的信仰，反而对宗教与教育、科学作对立解。严复甚至声称，教育的最大目的就在于"去宗教之流毒"。对

---

① 严复：《法意》按语，《严复集》第四册，王栻主编，中华书局1986年版，第1016页。

此，他写道："时至今日，五洲之民，苟非最劣之种，莫不知教育为生民之最急者矣。然亦知教育以何者为最大之目的乎？教育最大之目的，曰去宗教之流毒而已。夫宗教本旨，以明民也。以民智之稚，日用之不可知，往往真伪杂行，不可致诘，开其为此，禁其为彼，假托鬼神，震慑愚智。虽其始也，皆有一节之用，一时之功，洎乎群演益高，则常为进步之沮力。"① 在严复看来，宗教的最初目的在于"明民"，最终却蜕变为"进步之沮力"。具体地说，由于民智低下，对于宗教日用而不知，导致真伪杂行，以至于"假托鬼神，震慑愚智"，最终走向了开启民智的反面。由于认定科学与宗教是相悖的，严复坚决反对康有为通过保教来保国的主张。这就是说，严复尽管与康有为一样认定孔子的思想是宗教并将孔子以及儒家思想称为孔教，然而，严复对待孔教的态度却与康有为大相径庭。究其原因，不仅在于两人对宗教的理解迥然不同，而且在于两人对中国宗教状况的判断大相径庭。对中国宗教状况的判断上，严复不是像康有为那样将孔教说成中国的国教，而是从"风俗固结"的角度对中国的宗教状况进行分析和考察，并最终得出结论：中国流行的宗教，若非土教，就是佛教，孔教的势力和影响微乎其微。

除此之外，严复意识到了中国之教与西方之教迥异其趣，指出礼和三纲五常是中国之教的具体表现和核心内容，礼甚至成为中国之教的代名词。沿着这个思路，他强调，中国之教与宗法等级相互作用，乃至互为表里。正因为如此，中国之教与中国的政治密不可分，既对中国人的生活产生了巨大影响，也直接导致了中国近代社会的贫困衰微、落后挨打。正是在这个意义上，严复一再声称：

> 欧洲之所谓教，中国之所谓礼。……乃至后世其用此礼也，则杂之以男子之私。己则不义，而责事己者以贞。己之妾媵，列屋闲居。而女子其夫既亡，虽恩不足恋，贫不足存，甚或子女亲戚皆不存，而其身犹不可以再嫁。夫曰事夫不可以贰，固也。而幽居不答，

---

① 严复：《法意》按语，《严复集》第四册，王栻主编，中华书局1986年版，第1016—1017页。

终风且暴者，又岂理之平者哉？且吾国女子之于其夫，非其自择者也。夫事君之不可不忠者，以委贽策名，发于己也。事亲之不可不孝者，以属毛离里，本乎天也。朋友之不可不信者，以然诺久要，交相愿也。独夫妇之际，以他人之制，为终身之偿，稍一违之，罪大恶极。呜呼！……中国夫妇之伦，其一事尔。他若嫡庶姑妇，前子后母之间，则以类相从，为人道之至苦。①

西国言论，最难自繇者，莫若宗教，故穆勒持论，多取宗教为喻。中国事与相方者，乃在纲常名教。事关纲常名教，其言论不容自繇，殆过西国之宗教。②

基于上述分析，严复坚决反对康有为通过保教（孔教）来保国、保种的主张，而是循着生存竞争、适者生存的思路将拯救中国的希望寄托于"自强保种"。于是，他如是说："支那古语云：天道好生。吾不解造物者之必以造万物为嗜好也。其故何耶？此姑不论。但论其既好生物，则必有生而无死，而后可谓之好生。若云有生无死，则地不能容，故不容不死。不知同此一器，容积既满，则不能再加，必减其数而后可。此我等之智则然，此所以成其为局于形器之人也。若造物则当不如是，使造物而亦如是，则其智能与吾等耳，吾何为而奉之哉！今若反之曰：上天好杀。正惟好杀，故不能不生。盖生者正所以备杀之材料，故言好生则不当有死，言好杀则不能不生。同一臆测，顾其说不强于好生之说耶？吾作此说，非一人之私言也。英达尔温氏（即达尔文——引者注）曰：'生物之初，官器至简，然既托物以为养，则不能不争；既争，则优者胜而劣者败，劣者之种遂灭，而优者之种以传。既传，则复于优者中再争，而尤优者获传焉。如此递相胜不已，则灭者日多，而留者乃日进，乃始有人。人者，今日有官品中之至优者也，然他日则不可知矣。'达氏之

---

① 严复：《法意》按语，《严复集》第四册，王栻主编，中华书局1986年版，第1017—1018页。

② ［英］约翰·密尔：《群己权界论》，严复译，商务印书馆1981年版，译凡例。

说，今之学问家与政事家咸奉以为宗。盖争存天择之理，其说不可易矣。"① 依据严复的解释和论证，与其说像中国古人所云"天道好生"，倒不如云"上天好杀"。正因为"上天好杀"，所以才生物以备其杀。严复坦言，"上天好杀"与"天道好生"尽管都是推测（"臆测"），然而，"上天好杀"比"天道好杀"更具有说服力，并且与达尔文的进化论不谋而合。进化论证明，生物皆进化而来，并且处于进化之中。生物在最初时期的器官极简，之后越进化越复杂。为了生存和进化的需要，生物不能不竞争，只有竞争中的优胜者才能进化而繁衍。严复强调，达尔文进化论并不限于生物学，而是影响到学术、政治等所有领域，因为生存竞争、适者生存是自然界和人类社会的普遍法则。正因为如此，他秉持进化论的思路和逻辑寻求中国的救亡图存之路。

严复指出，达尔文进化论让人意识到，人是一种生物——"自达尔文出，知人为天演中一境，且演且进，来者方将"②；作为一种生物，人当然无法逃遁生存竞争、优胜劣汰的法则。人类的竞争以国群为单位，因为人生存在不同的国群，人与人之间的竞争主要表现为国群与国群之间的竞争。所谓保种，也就是自己所在的国群与其他国群之间进行生存竞争——质言之，中国近代的救亡图存就是中国与西方列强进行生存竞争。严复强调，自然界的生存竞争全赖天演，人类的生存竞争有别于自然界之处在于人具有"精神志气"。具体地说，人的素质包括三个方面，即"一曰血气体力""二曰聪明智虑""三曰德行仁义"。从根本上说，人类的生存竞争就是这三方面素质的竞争，竞争的结果取决于人凭借自身的才力心思与妨碍自身生存者的竞争，优胜者生存、繁衍而日昌，劣败者淘汰而日亡。在严复看来，生存竞争、优胜劣汰的法则证明，对于近代的中国来说，无论保种还是保国的方式都不是保教，而只能是"自强"，也就是"自强保种"。分析至此，严复确立了"自强保种"的救亡路线，并且提出了"一曰鼓民力""二曰开民智""三曰新民德"的具体

---

① 严复：《保种余义》，《严复集》第一册，王栻主编，中华书局1986年版，第85—86页。

② 严复译著：《天演论》，中州古籍出版社1998年版，第43页。

措施和实施方案。"鼓民力""开民智""新民德"既是严复拯救中国的三大纲领,也是他所提倡的"自强保种"的具体途径。

二 梁启超:孔教与自由

梁启超以多变著称于世,对康有为孔教观的态度也经历了巨大转变。大致说来,在戊戌维新之前,梁启超对康有为的观点亦步亦趋,此时的他坚信宗教是"铸造国民脑质之药料",与康有为一样将振兴中国的希望寄托于宗教,并且十分赞成康有为的做法,拥护康有为立孔教为国教的主张。不仅如此,梁启超此时寄予厚望的宗教就是康有为阐发的"孔子之真教旨"。与此相一致,梁启超在早期著作中多次说道:

吾请语学者以经学:一当知孔子之为教主。[1]
故今欲振兴东方,不可不发明孔子之真教旨,而南海先生所发明者,则孔子之教旨。[2]

戊戌变法失败逃亡日本之后,梁启超开始接触到大量的西方学说,思想也随之发生巨大转变。与此相伴而来的是,他对孔教的热情急剧减弱。此时的梁启超一改从前对宗教的顶礼膜拜,转而攻击宗教禁锢民智,有碍自由。在这种背景下,他开始反对康有为的孔教观。

进而言之,梁启超之所以反对康有为的孔教观,原因颇为复杂。除了受制于宗教观之外,还有其他方面的原因。总的说来,梁启超对康有为孔教的批判是在不同维度上立论的,背后隐藏着复杂的心态和动机。

首先,梁启超认为,康有为利用佛教推崇孔教,暴露出依傍心理,是缺少自由和独立人格的表现。对于康有为来说,保教是为了保国、保

---

[1] 梁启超:《〈西学书目表〉后序》,《梁启超全集》第一册,北京出版社1999年版,第86页。

[2] 梁启超:《论支那宗教改革》,《梁启超全集》第一册,北京出版社1999年版,第263页。

种，只有孔教才能肩负起这一重责大任。作为拯救中国的具体方案，孔教不仅具有思想启蒙的理论意义，而且肩负着救亡图存的现实使命。基于这种认识，康有为本能地排斥包括佛教、基督教（康有为称之为耶教）在内的其他宗教而独尊孔教。以对佛教的排斥为例，他先是通过比较突出佛教与孔教的差异乃至对立，接着声称二者"相反""极相反"，最后断言孔教高于佛教。康有为的孔教之所以掀起轩然大波，原因颇为复杂。仅就学理而论，除了孔教在概念内涵方面的模糊之外，还由于孔教与佛教的关系。康有为一面大声疾呼立孔教为国教，一面声称孔教和佛教圆融无碍，为了增强孔教的势力而在孔教中杂糅、吸收了佛教的内容。针对康有为的这种做法，有人从动机上指责康有为动机不纯，言行不一，所提倡的孔教"貌孔心夷"[①]，有人甚至抨击说，康有为所提倡的孔教实质上就是"康教"而根本不是什么"孔教"。梁启超对于这些批评乃至攻击表现出极大的认同，对于康有为表面推崇孔教、实则暗度陈仓的做法更是无法苟同。究其原因，梁启超的不满主要集中在康有为不敢承认自己思想的创新性。换言之，梁启超不是对康有为在孔教中杂糅、吸纳佛教不满，而是对康有为不敢承认这一点而明言自己援佛入儒不满。在梁启超看来，康有为之所以这样做，是因为依傍心理作祟，归根结底是因为缺少人格独立和精神自由。梁启超认为，自由精神和独立人格无论对于个人还是国家都至关重要，故而对康有为的做法流露出强烈的不屑，最终与康有为分道扬镳。对此，梁启超在《清代学术概论》中直言不讳地写道："中国思想之痼疾，确在'好依傍'与'名实混淆'。若援佛入儒也，若好造伪书也，皆原本于此等精神。……康有为之大同，空前创获，而必自谓出孔子。及至孔子之改制，何为必托古？诸子何为皆托古？则亦依傍混淆也已。此病根不拔，则思想终无独立自由之望，启超盖于此三致意焉。然持论既屡与其师不合，康、梁学派遂分。"[②]

梁启超对康有为孔教观的认识和评价代表了当时许多学者的看法，

[①] 大多数学者认为，此语出自辜鸿铭对康有为孔教观的评价，原文是："其貌则孔也，其心则夷也。"这代表了时人的看法，也表达了梁启超的心声。

[②] 梁启超：《清代学术概论》，《梁启超全集》第五册，北京出版社1999年版，第3101页。

也具有一定的合理性。从初衷上看，康有为之所以不遗余力地提倡孔教是为了通过保教来保国、保种，可谓用心良苦。尽管梁启超对于康有为的良苦用心非常理解，然而，他对保教与保国关系的看法却与康有为正好相反。正是由于这个原因，梁启超在保教问题上与康有为渐行渐远，以至于在写给康有为的信中直言不讳："弟子以为欲救今日之中国，莫急于以新学说变其思想（欧洲之兴全在此），然初时不可不有所破坏。孔学之不适于新世界者多矣，而更提倡保之，是北行南辕也。先生所示自由服从二义，弟子以为行事当兼二者，而思想则惟有自由耳。思想不自由，民智更无进步之望矣。"①

与此同时，梁启超对保教与尊孔分别对待，专门作《保教非所以尊孔论》指出，即使保教也不一定非要尊孔。除此之外，他还发表了《论宗教家与哲学家之长短得失》《评非宗教同盟》等论文，力图通过厘清宗教观念，将孔子思想与宗教区分开来。对于孔教，梁启超的总体看法是："吾以为孔教者，教育之教也，非宗教之教也；其为教也，主于实行，不主于信仰。故在文明时代之效或稍多，而在野蛮时代之效或反少。"② 按照梁启超的说法，即使"孔教"一词成立的话，那么，孔教之"教"也非"宗教"之教，而是"教育"之教。这表明，孔子的身份是教育家而不像康有为认定的那样是宗教家。事实上，梁启超在彰显孔子教育家身份的同时，还明确认定孔子是历史学家。对此，他解释说："《春秋》以前不会有史家，历史学者假如要开会馆找祖师，或者可用孔子，因《春秋》和孔子有密切的关系。孔子虽根据鲁史记作《春秋》，但掺杂了很多个人意见。《春秋》若即以史为目的，固然可叫做史。即使在史以外，另有目的，亦可以叫做史。本来，记载什么东西，总有目的。凡作史总有目的；没有无目的的历史。孔子无论为哲学上、政治上，有其他目的，我们亦不能不承认他是史家。即使他以记载体裁发表政见，《春秋》仍不

---

① 梁启超：《致康有为》，《梁启超全集》第十册，北京出版社1999年版，第5936页。
② 梁启超：《论佛教与群治之关系》，《梁启超全集》第二册，北京出版社1999年版，第906页。

失为史学著作的一种。"① 梁启超本人具有浓郁而执着的史学情结，在史学领域给予孔子至高地位，甚至将孔子誉为史学之祖。据此可知，梁启超之所以认定孔子是史家之祖，证据是孔子作《春秋》之前中国无史家。这既从一个侧面表明《春秋》在他的视界中是史书而不像康有为那样将之奉为经书，又预示了梁启超对孔子的推崇是从学术（史学）而不是宗教的维度立论或展开的。梁启超特意强调，即使肯定孔子是哲学家或政治家，也不妨碍认定孔子是史学家。这个强调凸显了史学家对于孔子身份的至关重要，而他自始至终都没有提及宗教家。

梁启超极力纠正康有为的泛宗教倾向，试图通过宗教与哲学、文化和教化等概念的区分将孔子之学以及儒学从康有为归类的宗教中剥离出来。为了达到这一目的，梁启超的工作从三个不同方面展开。第一，通过对宗教概念内涵的界定，从宏观上厘定、澄清宗教与哲学之间的界限，进而揭示宗教与哲学以及凸显宗教家与哲学家的不同功能和作用，这方面的代表作是《评非宗教同盟》《论佛教与群治之关系》《论宗教家与哲学家之长短得失》等论文。第二，厘定儒家的哲学内涵，《儒家哲学》便是其中的代表，仅从书名上便可看出是阐发儒家哲学的著作。第三，鉴于康有为孔教概念的宽泛而模糊，梁启超代之以儒学、儒家道术、儒家哲学或儒家文化等概念。通过上述措施，梁启超给予孔子全新的定位——孔子不再像在康有为思想中那样被独尊，当然也不再是教主。与此相联系，在对先秦诸子思想的阐释中，梁启超只认为墨子是宗教家，并对墨子的宗教思想予以阐发，孔子则与老子的思想一样与宗教无涉。在梁启超的视界中，孔子不是宗教家，却是伟大的教育家，也是中国文化的代表，或者与创立美国的华盛顿，或者与创立佛教的释迦牟尼相提并论，成为勇于开辟新天地的英雄。

其次，梁启超认为，康有为使用的孔教以及孔学概念是模糊的，没有厘清先秦诸子尤其是孔子与老子、墨子之间的关系。康有为将诸子百家皆归入孔子之学，以彰显孔子在中国本土文化中的至上权威。对此，

---

① 梁启超：《中国历史研究法（补编）》，《梁启超全集》第八册，北京出版社1999年版，第4869页。

梁启超指出，康有为在将孔子奉为教主的同时，将孔教说成中国的国教。对孔子的特别推崇最终异化为对孔子权威的消解，在客观上给康有为所提倡的孔教造成致命冲击。

康有为将诸子百家皆归入孔子之学（又称孔学）一家，以此彰显孔子在中国本土文化中的至上地位和绝对权威。梁启超对此给出的评价是，康有为的做法使人对他的目的和动机产生怀疑，最终导致事与愿违的后果。这样一来，康有为在主观上对孔子的特别推崇却在客观上异化为对孔子权威的消解，进而给孔子本人以及康有为所提倡的孔教都带来致命的冲击。对于其中的道理，梁启超这样写道："于是有为心目中之孔子，又带有'神秘性'矣。……《改制考》复以真经之全部分为孔子托古之作，则数千年来共认为神圣不可侵犯之经典，根本发生疑问，引起学者怀疑批评的态度。四、虽极力推挹孔子，然既谓孔子之创学派与诸子之创学派，同一动机，同一目的，同一手段，则已夷孔子于诸子之列。所谓'别黑白定一尊'之观念，全然解放，导人以比较的研究。"①

既为了证明孔子是中国的教主，也为了证明中国也像西方那样拥有自己的教化，康有为以孔子与耶稣分庭抗礼，故而极力神化孔子。他声称："'六经'皆孔子作，百家皆孔子之学。"② 由此说来，孔子之学囊括了诸子百家在内的全部中国本土文化。在康有为那里，由于教学相混，孔子之学以及孔学又称为孔子之教，简称孔教。对此，梁启超指出，康有为通过"百家皆孔子之学"对孔子的神化在使孔子带有"神秘性"的同时，势必引起人们的怀疑。原因在于，康有为将诸子百家都归为孔子之学势必引导人们对孔子与诸子进行比较，而比较的本身就已经将孔子与诸子置于同等地位——"夷孔子于诸子之列"了。这就是说，康有为的做法事与愿违，本意是凸显孔子的地位和权威，结果却贬低了孔子的权威。

针对这种情况，梁启超不再像康有为那样将先秦诸子都说成孔子后

---

① 梁启超：《清代学术概论》，《梁启超全集》第五册，北京出版社1999年版，第3098页。

② 康有为撰：《万木草堂口说·学术源流》，《康有为全集》（第二集），中国人民大学出版社2007年版，第145页。

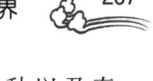

学，反而让老子、墨子与孔子平起平坐。梁启超指出，作为春秋以及春秋战国之际的三位文化巨人，老子、孔子和墨子都是中国文化和哲学的始祖。作为中国的"三圣""三位大圣"，老子、墨子与孔子一样成为中国哲学和文化共同的源头活水，后来的学派都是从老学、孔学和墨学的思想中衍生出来的。对于老子、孔子、墨子创立的老学、孔学和墨学，梁启超一面肯定三者学派各殊、学术迥异，一面强调"三圣"所创之教宗旨相同。正是在这个意义上，梁启超断言："孔、老、墨三位大圣，虽然学派各殊，'求理想与实用一致'，却是他们共同的归着点。如孔子的'尽性赞化'，'自强不息'，老子的'各归其根'，墨子的'上同于天'，都是看出个'大的自我'、'灵的自我'和这'小的自我'、'肉的自我'同体，想要因小通大，推肉合灵。我们若是跟着三圣所走的路，求'现代的理想与实用一致'，我想不知有多少境界可以辟得出来哩。"①

与孔子、老子和墨子同为"三圣"的观点一脉相承，梁启超推出了自己对孔子地位的认定。总的说来，虽然梁启超对于孔子在中国本土文化中的地位给予肯定，然而，他却不像康有为那样将孔子奉为中国文化的象征，进而将囊括诸子百家的中国本土文化都称为孔学。在梁启超那里，孔子创立的孔学与老子创立的老学、墨子创立的墨学三分天下。这就是说，与将孔子、老子和墨子并称"三位大圣"互为表里，对于中国文化来说，孔学（儒家）、老学（道家）与墨学（墨家）三足鼎立，缺一不可。这代表了梁启超对于诸子百家的主要看法，也成为他审视、解读中国本土文化的基本逻辑，因而贯穿于他对中国古代哲学史、思想史、政治史和法律史的研究。例如，在《中国法理学发达史论》中，梁启超专门辟出"旧学派关于法之观念"一章。这一章共分三节，分别是"儒家"、"道家"和"墨家"。再如，梁启超的《先秦政治思想史》依然将孔子、老子和墨子的思想独立出来，分别称为"儒家思想"、"道家思想"和"墨家思想"，只不过是多了一个"法家思想"而已。这些做法共同证明，孔子、老子和墨子在梁启超的思想中是并列关系，三人（梁启超称为"三圣"）创立的学派也是并列的。这意味着孔学与老学、墨学彼此独

---

① 梁启超：《游欧心影录》，《梁启超全集》第五册，北京出版社1999年版，第2986页。

立，其间并无交叉或重合，更不存在康有为所说的老学、墨学源于孔学的可能性。

从某种意义上说，如何审视、认定孔子以及孔子与老子、墨子的关系是对先秦诸子的整体把握和基本看法。这就是说，梁启超将孔子与老子、墨子一起并尊为"三圣""三位大圣"之日，也就不再像康有为、谭嗣同那样以孔教或孔学囊括、代表中国本土文化之时。例如，梁启超在《老孔墨以后学派概观》的"孔子所衍生之学派"中，只列了孟子一人。显而易见，这与康有为视界中徒侣六万、流派纷呈的孔子后学形成了强烈对比。稍加思考即可发现，这个结果带有必然性，因为梁启超将孔子与老子、墨子同时誉为中国文化的"三位大圣""三圣"，也就等于宣布孔子思想以及儒学不再是康有为所宣称的代表全部中国文化的孔学或孔教。事实上，梁启超将孔子创立的学派称为儒家本身就意味着对孔子创立的儒家与老子创立的道家、墨子创立的墨家等量齐观，认定三家各自独立，在地位上平等。与此相一致，梁启超给予儒家、道家和墨家同样的重视和研究——既解读孔子和儒家的思想，又关注、阐发老子和道家思想，更是热衷于解读、诠释墨子和墨家思想。例如，在《先秦政治思想史》中，梁启超将老子创立的道家、墨子创立的墨家与孔子创立的儒家一起纳入研究视野。在推出《孔子》《儒家哲学》的同时，梁启超不忘对老子以及道家思想的研究，在这方面，《老子哲学》堪称典范。值得提及的是，梁启超对墨学研究兴趣盎然，代表作便是著名的墨学三部曲——《子墨子学说》《墨经校释》《墨子学案》。如果说《墨经校释》侧重经典整理和解读的话，那么，《子墨子学说》《墨子学案》则注重思想诠释和发微，由此掀起了近代墨学的复兴。梁启超的墨学研究产生了巨大的影响，胡适、冯友兰等墨学大家都或多或少地受到梁启超的影响。更为重要的是，梁启超在将孔子与老子、墨子一起奉为"三位大圣""三圣"之时，将老子置于孔子和墨子之前，这一点从《老孔墨以后学派概观》的标题上便可一目了然。"老孔墨"的排序表明，梁启超在"三位大圣"中不是像康有为、谭嗣同那样凸显孔子的至上权威，而是突出老子的优先地位。正因为如此，这个排序本身就是对孔子的急剧去魅。

最后，梁启超对康有为凭借孔教保国、保种不以为然，而是开辟了

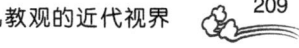

一条"抉破罗网,造出新思想"的救亡路径,并将"揭孔教之缺点"作为其中的主要任务。

梁启超早年对宗教的评价是肯定的,并将拯救中国的希望寄托于孔教。后来,他对宗教的态度发生天翻地覆的逆转,开始认定宗教禁锢人心,与自由背道而驰,并且禁锢民智的发达。在这种情形之下,梁启超不可能再像戊戌维新之前那样笃信老师——康有为试图凭借保孔教来保国、保种的主张和做法,而是极力对之予以反驳。例如,在写给康有为的信中,梁启超坦陈了自己对保教的主张,同时一针见血地批评了康有为保教的迂腐和不合时宜。现摘录如下:"至先生谓各国皆以保教,而教强国强。以弟子观之,则正相反。保教而教强,固有之矣,然教强非国之利也。欧洲拉丁民族保教力最强,而人皆退化,国皆日衰,西班牙、葡萄牙、意大利是也。条顿民族如英、美、德各国,皆政教分离,而国乃强。今欧洲之言保教者,皆下愚之人耳,或凭借教令为衣食者耳。实则耶教今日亦何尝能强,其澌灭可立而待矣。哲学家攻之,格致学攻之,身无完肤,屡变其说,以趋时势,仅延残喘,穷遁狼狈之状,可笑已甚,我何必更尤而效之。且弟子实见夫欧洲所以有今日者,皆由脱教主之羁轭得来,盖非是则思想不自由,而民智终不得开也。培根、笛卡儿、赫胥黎、达尔文、斯宾塞等,轰轰大名,皆以攻耶稣教著也,而其大有造于欧洲,实亦不可诬也。"[1] 据此可知,梁启超对康有为的反驳从三个方面展开。第一,有别于康有为将保国寄托于保教,梁启超断言凭借保教不可能达到保国的目的。对于教与国的关系,梁启超承认教可以通过保而强,却不承认通过保教、教强而可以保国、国强。原因在于,不是像康有为认定的那样教强国一定强,而是恰好相反,国强才能教强。梁启超强调,教强与国强不总是正比关系,有时恰恰是反比关系。对于这一点,欧洲南部拉丁民族与中北部条顿民族组成的国家之间强弱盛衰的强烈对比即是明证。第二,梁启超认为,望眼世界可以看到,宗教的状况江河日下。拿欧洲来说,主张保教之人不是民智不发达的下愚之人,就是以宗教为职业的神职人员。在这种背景之下,即便是影响巨大的基督

---

[1] 梁启超:《致康有为》,《梁启超全集》第十册,北京出版社1999年版,第5936页。

教,也面临着渐灭的境地。第三,梁启超指出,宗教既禁锢人的思想,又压制人的自由。在欧洲各国,无论有名的政治家还是哲学巨擘对宗教都鸣鼓而击之。梁启超旨在强调,像康有为那样凭借保教来保国、保种是行不通的,在这方面,欧洲保教势力最强的西班牙、葡萄牙和意大利等国日衰的境遇就是前车之鉴。

基于对宗教的分析和保教与保国关系的理解,梁启超得出结论,中国的出路不是保教,而是政教分离。沿着这个思路,对于中国的救亡图存和未来构想,梁启超开辟了与康有为不同的方向和主旨,具体办法和核心主题便是提倡自由,"揭孔教之缺点"则是其中的重要内容。对此,梁启超向康有为坦言:"弟子以为欲救今日之中国,莫急于以新学说变其思想(欧洲之兴全在此),然初时不可不有所破坏。孔学之不适于新世界者多矣,而更提倡保之,是北行南辕也。先生所示自由服从二义,弟子以为行事当兼二者,而思想则惟有自由耳。思想不自由,民智更无进步之望矣。先生谓弟子故为立异,以避服从之义,实则不然也。其有所见,自认为如此,然后有利益于国民,则固不可为违心之论也。……弟子意欲以抉破罗网,造出新思想自任,故极思冲决此范围,明知非中正之言,然今后必有起而矫之者,矫之而适得其正,则道进矣。即如日本当明治初元,亦以破坏为事,至近年然后保存国粹之议起。国粹说在今日固大善,然使二十年前而昌之,则民智终不可得开而已。此意弟子怀之已数年,前在庇能时与先生言之,先生所面责者,当时虽无以难,而此志今不能改也。顷与树园、慧儒、觉顿、默厂(树园番禺人,名文举即扣虱谈虎客。慧儒名奎,新会人。汤觉顿、陈默厂四人皆万木草堂弟子——原初稿批注。)等思以数年之功著一大书,揭孔教之缺点,而是正之,知先生必不以为然矣。"① 在此,梁启超以"抉破罗网,造出新思想"为己任,提出的拯救中国的方案是以新学改变中国人的旧思想,而不是保守中国固有的孔教或旧思想。

进而言之,梁启超提倡的新思想围绕着自由这个核心和宗旨展开,

---

① 梁启超:《致康有为》,《梁启超全集》第十册,北京出版社 1999 年版,第 5936 页。

将对自由的推崇表达得淋漓尽致。梁启超之所以对自由推崇备至，是因为他相信：如果没有思想上的自由，也就没有民智上的进步。更为重要的是，针对康有为基于自由与服从的张力而对自由的拒斥，梁启超特意申明，自由与服从并不矛盾，完全可以并行不悖——在行动上，人应该兼顾自由与服从；思想上，人应该唯自由是从。基于这种认识，他大力提倡精神自由，以此涤荡、铲除中国人固有的旧观念和旧思想。为此，梁启超不惜以破坏为手段，在"明知非中正之言"的前提下仍然毅然决然地大力鼓吹自由。他坦言，自己之所以这样做，"意欲以抉破罗网，造出新思想自任"；至于不正之处，希望有后起者"起而矫之"。"明知非中正之言"却如鲠在喉不吐不快，从一个侧面暴露出梁启超对于言论的不慎重，也是他所执前后矛盾的原因之一。梁启超的"流质易变"被严复诟病，康有为更是多次加以教诲和劝诫，在这里却直接流露出梁启超在当时宣传自由心情的迫切和态度的决绝。可以想象，在极力抨击宗教的情形下，他对孔教的热情急剧减弱，并且基于对宗教与自由关系的理解而公开反对康有为的立孔教为国教。

三　章炳麟：儒家还是道家？

康有为的孔教观受到同为维新派的严复以及弟子梁启超的质疑，更是遭到了章炳麟等人的猛烈批判。章炳麟终生致力于整理国故、保存国粹，国故亟待整理，国粹亟须保存，是因为国学的衰微，而康有为与这一切脱不了干系。具体地说，作为近代国学概念进入主流话语的主要推手，章炳麟积极提倡国学，弘扬国粹。在他所讲的国学、国粹中，孔子以及儒家思想并非"显学"。这预示着章炳麟在国学观上与康有为以孔教称谓孔子和儒家思想、凸显儒家的核心地位南辕北辙。事实正是如此，章炳麟谴责儒家功利之心太重，不利于纯化革命道德。更有甚者，章炳麟把国学不振的原因归咎于康有为的孔教观，并且在他所创办的国学杂志——《制言》的发刊宣言中指名道姓地说："今国学所以不振者三……二曰，南海康氏之徒以史书为账簿也。"①《制言》是国学讲习会的喉舌，章炳麟在《制言》的发刊宣言中不仅表达了振兴国学的希望和期待，而且揭露了国学不振的三大原因，康有为对国学的误导便是其中之一。章炳麟在此所讲的作为国学不振三大原因之一的"南海康氏之徒以史书为账簿"，是指康有为"百家皆孔子之学"的孔教观。由此，章炳麟对康有为孔教观的憎恶、鞭挞可见一斑。

章炳麟拥有自己的宗教观，对于康有为将包括孔子在内的先秦诸子的思想归为宗教的做法无法苟同。在这方面，章炳麟专门作《论佛法与宗教、哲学以及现实之关系》一文，对宗教与哲学等概念予以厘清。康有为没有对作为百家之学的孔学与儒学进行区分，并且教学相混。这就是说，在他那里，孔学、孔教、孔子之学与孔子之教异名而同实，老学与老教、墨学与墨教可以相互混用。章炳麟借助对佛法的解读阐明了自己对宗教与哲学关系的理解，在一定程度上避免了康有为的教学相混。

基于对宗教的界定，章炳麟将先秦诸子的思想归为学而不是归为教。在《国学概论》中，他开宗明义地指出："经典诸子非宗教。"② 康有为认定孔子思想是宗教，并且声称战国时诸子纷纷创教，就是为了改孔子之制，并且与孔子争教。与此相一致，康有为将孔子以及儒学称为孔教、儒教，将老子以及道家思想称为老教，将墨子以及墨家思想称为墨教。章炳麟否认先秦诸子的思想是宗教，既表明他不同意康有为对于孔子以及诸子思想是宗教的判断，又预示了严复与康有为孔教观的迥异其趣。

章炳麟激烈反对康有为将诸子百家归为孔子之学，称为孔教的做法。可以看到，章炳麟对老子、孔子和墨子关系的界定与康有为截然不同，不是像康有为那样将老子、墨子说成孔子后学，也没有将儒家、道家和墨家以及诸子百家之学统统归功于孔子一人。对于老子、孔子和墨子三人之间的关系，章炳麟的看法与康有为大相径庭。这可以归结为两个要点。第一，章炳麟明确断言，老子高于孔子——在学问上更是如此。康有为一再拔高孔子的地位和权威，并且为此而贬抑老子——在将老子说

---

① 章太炎：《制言发刊宣言》，《章太炎全集》（五），上海人民出版社1985年版，第159页。
② 钱穆：《国学概论》，上海古籍出版社2007年版，第3页。

成孔子后学的前提下，强调老子只得孔学的"一端""一体"。按照章炳麟的说法，儒家起于道家，最直接的证据便是孔子学礼于老子——"道家老子……为儒家之先导"。孔子问礼于老子不仅证明了儒家起源于道家，而且证明了孔子在学问上对老子的折服。除此之外，章炳麟还有更为明确的认定，那就是在孔子、墨子面前的老子以学问胜。第二，章炳麟认为，墨子在道德上高于老子和孔子。康有为一面将孔子塑造成道德典范和人格楷模，一面抨击老子和墨子，对老子的诋毁更是无以复加。例如，康有为指责老子怀心术，像猫捕鼠一样桎梏百姓，开中国两千年暴政之先河。诸如此类，不一而足。与康有为的观点天差地别，章炳麟并没有对老子人格的蔑视，更是凸显墨子人格的高尚超迈——"其（指墨子——引者注）道德则非孔、老所敢窥视也"。正是在这个意义上，他一而再、再而三地声称：

  道家老子，本是史官，知成败祸福之事，悉在人谋，故能排斥鬼神，为儒家之先导。（道家如老、庄辈，皆无崇信鬼神之事。列子稍近神仙，亦非如汉世方士所为也）《老子》"谷神不死，是谓玄牝"等语，未知何指。道士依傍其说，推为教祖，实于老子无与，亦以怵于利害，胆为之怯，故事事以卑弱自持。所云无为权首，将受其咎，人皆取先，已独取后者，实以表其胆怯之征。盖前世伊尹、太公之属。（《汉·艺文志》道家有《伊尹》五十一篇、《太公》二百三十七篇）皆为辅佐，不为帝王。学老氏之术者，周时有范蠡，汉初有张良，其位置亦相类，皆惕然于权首之戒者也。孔子受学老聃，故儒家所希，只在王佐，可谓不背其师说矣。①

  墨家者，古宗教家，与孔、老绝殊者也。儒家公孟言无鬼神。（见《墨子·公孟篇》）道家老子言以道莅天下，其鬼不神，是故儒、道皆无宗教。儒家后有董仲舒，明求雨禳灾之术，似为宗教。道家则由方士妄托，为近世之道教，皆非其本旨也。惟墨家出于清庙之守，故有《明鬼》三篇，而论道必归于天志，此乃所谓宗教矣。兼

---

① 章太炎：《诸子学略说》，《章太炎政论选集》上册，中华书局1977年版，第291页。

爱、尚同之说，为孟子所非；非乐、节葬之义，为荀卿所驳。其实墨之异儒者，并不止此。盖非命之说，为墨家所独胜。①

夫儒家不信鬼神而言有命，墨家尊信鬼神而言无命，此似自相刺缪者。不知墨子之非命，正以成立宗教，彼之尊天右鬼者，谓其能福善祸淫耳。若言有命，则天鬼为无权矣。卒之盗跖寿终，伯夷饿天，墨子之说，其不应者甚多，此其宗教所以不能传久也。又凡建立宗教者，必以音乐庄严之具感触人心，使之不厌。而墨子贵俭非乐，故其教不能逾二百岁。（秦汉已无墨者）虽然，墨子之学，诚有不逮孔、老者，其道德则非孔、老所敢窥视也。②

章炳麟对老子、孔子和墨子的比较不仅关注包括哲学、宗教在内的思想本身，而且对三子的人格、道德进行比较，是与众不同的。总的说来，章炳麟虽然在思想上偏袒老子创立的道家而贬低孔子创立的儒家，但是，他却在对墨子人格的标榜中反衬了对老子人格及道德的不屑。这些共同流露出章炳麟对孔子的强烈不满。原因在于，他对老子、孔子与墨子三人的比较显示，老子以思想见长，墨子以道德取胜，孔子最低。章炳麟对孔子、老子、墨子的比较特别是比较的结论奠定了他对儒家、道家和墨家的态度，也大致框定了对先秦诸子和百家思想以及相互关系的基本看法。

章炳麟国学的重心是先秦（章炳麟有时称为周秦）诸子，并且形成了系统的先秦诸子观。在对于先秦诸子的整体审视以及诸子百家的关系问题上，章炳麟并没有像康有为那样为了推崇孔子而将老子、墨子及诸子百家皆归于孔子之学，而是沿着刘歆的思路将先秦诸子划分为十家。对此，章炳麟论证说：

古之学者，多出王官世卿用事之时，百姓当家，则务农商畜牧，无所谓学问也。其欲学者，不得不给事官府为之胥徒，或乃供洒扫为

---

① 章太炎：《诸子学略说》，《章太炎政论选集》上册，中华书局1977年版，第293页。
② 章太炎：《诸子学略说》，《章太炎政论选集》上册，中华书局1977年版，第295页。

仆役焉。……当时学术相传,在其子弟,而犹称为家者,亦仍古者畴官世业之名耳。《史记》称老聃为柱下史,庄子称老聃为征藏史,道家固出于史官矣。孔子问礼老聃,卒以删定六艺,而儒家亦自此萌芽。墨家先有史佚,为成王师,其后墨翟亦受学于史角。阴阳家者,其所掌为文史星历之事,则《左氏》所载瞽史之徒,能知天道者是也。其他虽无征验,而大抵出于王官。是故《汉·艺文志》论之曰:

儒家者流,盖出于司徒之官。道家者流,盖出于史官。阴阳家者流,盖出于羲和之官。法家者流,盖出于理官。名家者流,盖出于礼官。墨家者流,盖出于清庙之守。纵横家者流,盖出于行人之官。杂家者流,盖出于议官。农家者流,盖出于农稷之官。小说家者流,盖出于稗官。

此诸子出于王官之证。惟其各为一官,守法奉职,故彼此不必相通。《庄子·天下篇》云:譬如耳目鼻口,皆有所明,不能相通,是也。亦有兼学二术者,如儒家多兼纵横,法家多兼名,此表里一体,互为经纬者也。若告子之兼学儒、墨,则见讥于孟氏,而墨子亦谓告子为仁,譬犹跂以为长,隐以为广,其弟子请墨子弃之。(见《墨子·公孟篇》)进退失据,两无所容,此可谓调和者之戒矣。①

在将先秦诸子划分为十家的前提下,章炳麟承认各家之间有相兼、杂糅的情况,"儒家多兼纵横,法家多兼名","告子之兼学儒、墨"就属于这种情况。他并没有止步于此,而是鉴于各家的相兼、杂糅,在此基础上又对各家的关系予以进一步梳理,整合分类,进而得出了如下结论:"上来所述诸子,凡得十家,而《汉志》称九流者,彼云九家可观,盖小说特为附录而已。就此十家论之,儒、道本同源而异流,与杂家、纵横家合为一类,墨家、阴阳家为一类,农家、小说家为一类,法家、名家各自独立,特有其相通者。"② 由此可见,在章炳麟的视界中,先秦诸子以及各家思想之间的界限是清楚的,十家之分便是明证。即使是其中的

---

① 章太炎:《诸子学略说》,《章太炎政论选集》上册,中华书局1977年版,第287—288页。
② 章太炎:《诸子学略说》,《章太炎政论选集》上册,中华书局1977年版,第306页。

杂家和纵横家、墨家和阴阳家、农家和小说家归为一类，那也是在承认彼此之间"异流"的前提下进行的，更何况尚有像法家、名家那样"各自独立"而不可与其他各家归为一类的情况。章炳麟的诸子观与康有为对各家的整合划一不可同日而语，更是与康有为通过诸子百家的整齐划一而宣布"百家皆孔子之学"，以此证明孔子的独尊天差地别。

同样基于对宗教的界定和对诸子百家的基本判断，章炳麟认为，墨家和阴阳家属于宗教：墨子是宗教家，墨子的明鬼、天志思想就是宗教；与墨家相似的还有阴阳家，阴阳家也属宗教。在这个前提下，章炳麟强调，墨家与阴阳家的宗教属于两种不同的类型，并对二者进行了比较。对此，章炳麟如是说：

> 阴阳家亦属宗教，而与墨子有殊观。《墨子·贵义篇》云：子墨子北之齐，遇日者。日者曰："帝以今日杀黑龙于北方，而先生之色黑，不可以北。"子墨子不听，遂北至淄水，不遂而返焉。日者曰："我谓先生不可以北。"子墨子曰："南人不得北，北人不得南，其色有黑者，有白者，何故皆不遂也。且帝以甲乙杀青龙于东方，以丙丁杀赤龙于南方，以庚辛杀白龙于西方，以壬癸杀黑龙于北方，以戊己杀黄龙于中方。若用子之言，则是禁天下之行者也。"盖墨家言宗教，以善恶为祸福之标准，阴阳家言宗教，以趋避为祸福之标准，此其所以异也。或疑《七略》以阴阳家录入诸子，而《数术》自为一略，二者何以相异？答曰：以今论之，实无所异，但其理有浅深耳。盖数术诸家，皆繁碎占验之辞，而阴阳家则自有理论，如《邹子》四十九篇、《邹子终始》五十六篇、《邹奭子》十二篇，观《史记·孟荀列传》所述，邹衍之说，穷高极深，非专术家之事矣。《南公》三十六篇，即言"楚虽三户，亡秦必楚"者，是为豫言之图谶，亦与常占有异。如杨雄（扬雄——引者注）之《太玄》、司马光之《潜虚》、邵雍之《皇极经世》、黄道周之《三易洞玑》，皆应在阴阳家，而不应在儒家六艺家，此与蓍龟形法之属，高下固殊绝矣。①

---

① 章太炎：《诸子学略说》，《章太炎政论选集》上册，中华书局1977年版，第295—296页。

章炳麟对墨家与阴阳家关系的界定从两个不同的方面展开。一方面，在与先秦诸子比较的维度上，章炳麟凸显墨家与阴阳家之同。最明显的证据是，康有为一面断言"先秦诸子非宗教"，章炳麟一面将墨家、阴阳家的思想归为宗教。在这方面，章炳麟着重对墨子与孔子、老子的思想进行比较，一面以身份儒家的"公孟言无鬼神"证明孔子代表的儒家认定"无鬼神"、以作为道家的老子主张"以道莅天下"证明老子认为鬼不神明，进而将孔子、老子代表的儒家、道家都排斥在宗教之外；一面指出墨家"出于清庙之守"，墨子作《明鬼》三篇，主张"天志"，从渊源与主张两个维度共同证明墨家是宗教。为了凸显墨子与老子、孔子在宗教方面的本质区别，章炳麟甚至强调，"墨家者，古宗教家，与孔、老绝殊者也"。另一方面，在肯定墨家、阴阳家皆"属宗教"的前提下，对两家的宗教"殊观"。依据他的分析和理解，墨家讲求因果，以人之行为的善恶解释人的祸福。为了阐明其中的道理，章炳麟以《墨子·贵义》篇的"子墨子北之齐"为例进行了解释，旨在证明墨子不相信占卜，而是唯以利天下为务。对于阴阳家，章炳麟承认阴阳家"有理论"，尤其是邹衍的学说"穷高极深，非专术家之事"。尽管如此，章炳麟还是凸显阴阳家的数术性质，强调其与墨家的最大区别在于注重占验。沿着这个思路，章炳麟将扬雄的《太玄》、司马光的《潜虚》、邵雍的《皇极经世》和黄道周的《三易洞玑》都归入阴阳家，并且强调这些不在儒家六艺的范围之内。这表明，在墨家与阴阳家比较的维度上，章炳麟突出两家之异。基于上述分析，章炳麟得出结论：尽管墨家与阴阳家都言宗教，然而，两家却秉承不同的标准。一言以蔽之，墨家"以善恶为祸福之标准"，阴阳家却"以趋避为祸福之标准"，由此导致两家的宗教之异。

四　近代视域下的孔教观

　　尽管严复、梁启超和章炳麟等人都试图将孔教或儒学与宗教相剥离，然而，在后来的科学与宗教（科学与玄学）的论战中，康有为的孔教称谓还是使孔子之学作为宗教而成为被批判的对象。在这方面，孔教又引出了五四运动新文化时期的反孔教即是明证。不仅如此，礼是儒学、孔教的基本范畴，在古代社会具有等级意蕴和内涵，并且与三纲密切相关。于是，五四新文化运动从反孔教推出了反礼教。除此之外，近代以来中国无哲学的认识以及当下关于中国哲学合法性的争论等均或多或少与康有为的孔教观存在某种历史勾连。五四运动时期对待孔子的态度以及孔子在近代的命运与康有为密切相关，这一切归根结底可以归结为康有为首创的孔教概念以及由此导致的对孔子思想和对孔子之学的孔教称谓。康有为的孔教观从出现之日起就伴随着巨大争议，并且与中国近代的政治、文化纠缠在一起，致使争议一直不绝于耳是不争的事实。康有为对于立孔教为国教的呼吁以及对待孔教与佛教关系的矛盾心理和行为在当时就引起了争议，更是成为当下儒学是不是宗教争论之滥觞。

值得一提的是，严复、梁启超、章炳麟和五四新文化运动者对康有为孔教观的批判，态度是一致的，具体的理由——或者说，批判的角度却迥然相异：严复的批判呈现出与康有为不同的救亡路线——康有为企图通过保教（孔教）来保国、保种，严复从进化论生存竞争、适者生存的法则出发，主张"自强保种"。梁启超基于宗教与自由相悖的观点，指出孔教束缚中国人的心智，妨碍"兴民权"，对孔教观的批判背后隐藏着与康有为关于自由的分歧。章炳麟对康有为孔教观的批判基于对诸子百家的流派划分，直接呈现出他所秉持的古文经学与康有为尊奉的今文经学导致的对孔子身份的不同认定。换言之，章炳麟对孔教观的批判除了反对康有为的"百家皆孔子之学"外，还存在着与康有为之间关于中国文化的主流究竟是儒家还是道家的分歧。陈独秀、李大钊对康有为孔教观的批判旨在揭露孔教与帝制之间扯不断的纠葛，在政治诉求和价值旨趣上与康有为之间呈现出民主与保皇的区别。与严复、梁启超以及章炳麟对康有为孔教观的批判相比，陈独秀、李大钊的批判主要立足于政治领域，学术意趣急剧减退。

康有为的孔教概念以及孔教观对后世产生了重要影响，在当下引起了儒学是不是宗教的争论。对于目前的争论，只有深入了解康有为孔教思想的现实需要和理论初衷，还原当时的历史背景和文化语境，全面把握康有为提出的孔教概念以及他的孔教观，才能进行同情的理解并给予客观的评价。

尽管在当时就引起非议，然而，无论是康有为的孔教概念还是孔教观并没有就此销声匿迹。事实上，康有为的孔教观在五四新文化运动时期尽管遭受猛烈批判却依然是主流话语，之后一直对现当代中国哲学和文化产生重要影响。与此同时，康有为孔教视域下的孔佛关系尤其是对孔教与佛教圆融无碍的论证弥合了儒学与宗教之间的界限，当下方兴未艾的儒学是不是宗教的争论与康有为具有直接的内在联系。无论对康有为的孔教观作何评价，有一点是可以肯定的，那就是：正如将仁说成孔教、佛教与耶教的共同宗旨一样，康有为强调孔教与佛教相近相通，并且利用佛教阐释孔教，初衷是应对文化全球化的时代需要，也是对孔子以及儒家思想代表的中国本土文化进行创新解读和内容转换的初步尝试。尽管康有为的具体做法和论证存在有待商榷之处，然而，他的致思方向则是值得肯定的。

一百多年之后的今天，中国已经站起来、富起来和强起来了，落后挨打的屈辱已经成为历史。由于没有了近代哲学家面对的救亡图存的迫在眉睫，康有为与严复之间基于救亡图存的孔教之争在现实性上丧失了必要性。与此同时，康有为与章炳麟之间基于今文经学与古文经学的学术立场引发的有关孔子的争议也已经淡出了学术视野。至于陈独秀、李大钊等五四新文化运动者抨击的康有为利用孔教复辟帝制，则永远成为不可能。尽管如此，当下对于康有为立孔教为国教的争议仍然在继续，尤其是对康有为儒学观的认识分歧呈现出愈演愈烈之势。经过历史的沉淀之后，能否撇开孔教在历史上与帝制的种种瓜葛，其至抛开恢复政治儒学或将孔教意识形态化不谈，专门从学术的角度澄清孔教的价值和缺陷？这成为当今学术界面对康有为的孔教观时，不得不深入思考的问题。无论答案是肯定的还是否定的，有一点毫无疑问，那就是：撇开孔教与帝制以及意识形态的关系，专门从学术的角度对康有为的孔教观予以审视，无论对于把握中国近代哲学还是儒学在近代的发展演变都是必要的。正因为如此，反思康有为的孔教观，可以给当下提供诸多有益的思想启迪和历史借鉴。

论孟子说诗理论的哲学意义

许春华

（河北大学哲学与社会学学院）

摘要：在先秦儒家诗学传统中，孟子的说诗理论相对系统、完整，"迹息诗亡"是说诗的态度，主张"诗义"才是更根本的；"知人论世"与"以意逆志"是说诗的方法，前者推崇"诗"承载着圣人先王的精神生命，后者以对诗义的理解为起点，上升到普遍的哲学理解。孟子通过说诗，对"仁""孝"等儒家核心观念的阐释，呈现一种中国哲学"具体的普遍性"。在孟子儒学思想世界和先秦儒家诗学传统中，应该充分重视孟子说诗理论的哲学意义。

关键词：说诗理论　迹息诗亡　知人论世　以意逆志　哲学意义

在先秦儒家产生过程中，孔子率先实现了"诗"的"哲学的突破"，赋予了"诗"一种哲学意义，"诗"成为先秦儒家的经典。自此以后，孔门弟子与再传弟子、孟子、荀子等儒学诸子，不仅说诗、论诗，也在各自的思想世界中大量引诗，形成了先秦儒家发展进程中一个非常重要的思想传统。[①]

[①] 参见笔者的系列论文《"兴"："诗"与"仁"的对接——论孔子诗学的哲学意义》，《哲学研究》2022年第6期；《"诗"与"仁"——论孔子诗教的哲学意义》（与王欣合著），《杭州师范大学学报》（社会科学版）2022年第6期；《孔子诗学思想的两种面向——〈论语〉与〈史记·孔子世家〉的比较》，《孔学堂》2022年冬季号；《先秦儒学的两种引诗传统》，《中国社会科学报》2022年9月27日；《为何是"思无邪"——〈诗三百〉与孔子的致思进路》，2022年8月"前子学时代与子学时代"学术研讨会提交论文。

孟子传承了孔门儒学对于"诗""书"等儒学经典的重视。据司马迁记载，当孟子的思想主张不能推行实践时，"退而与万章之徒序《诗》《书》，述仲尼之意"（《史记·孟子荀卿列传》）。汉儒赵岐注："孟子通《五经》，尤长于《诗》《书》。"[①] 相对而言，孟子说诗的思想内容比较丰富，包括"迹息诗亡"说、"知人论世"说、"以意逆志"说等，是先秦儒家中第一位自觉的、比较系统的说诗思想家，在先秦儒家诗学传统乃至整个儒家诗学传统中，孟子说诗理论占有非常重要的学术地位。

一 "迹息诗亡"说

春秋时代出现的大量赋诗现象，是以西周以来"诗""乐"一体为基础的。时至春秋晚期，贵族奉行的雅乐败坏沦落，赋诗传统逐渐销声匿迹，一种与雅乐不同的新声则渐渐兴起，孔子感叹："恶紫之夺朱也！恶郑声之乱雅乐也！"（《论语·阳货》）针对"诗""乐"这种现状，孔子转而以"诗"之"义"作为"哲学的突破"的方向，对"诗三百"作出了一种价值判断，"诗三百，一言以蔽之，曰：'思无邪。'"（《论语·为政》）"思无邪"由此奠定了先秦儒家诗学传统的本体地位和发展方向。

孟子所生活的战国时代，雅乐衰亡已为大势所趋，"诗"之"义"业已成为孔门儒学说诗、论诗的根本取向。正是在这种时代背景和思想趋势下，孟子提出了"迹息诗亡"说。我们先看原文：

> 王者之迹息而诗亡，诗亡然后《春秋》作。晋之乘，楚之梼杌，鲁之春秋，一也。其事则齐桓、晋文，其文则史。孔子曰："其义则丘窃取之矣。"（《孟子·离娄下》）

[①] （宋）朱熹撰：《孟子序说》，《四书章句集注》，中华书局1983年版，第197页。

后世儒者往往是沉浸于文本之中加以注解，而没有在整个先秦儒家诗学传统中来考量，认为这段文本旨在围绕"《春秋》作"展开，"《诗》亡"仅仅是前提和衬托而已。所以，他们注解的重点只是放在探讨哪种形态之"诗"，以及如何"亡"的问题，如汉儒赵岐云："《颂》声不作，故《诗》亡。"[①] 宋儒朱熹注："《诗》亡，谓《黍离》降为《国风》而《雅》亡也。"[②] 汉儒和宋儒的注解，推断作为"乐声"形态之"诗"的衰亡，即意味着"诗"的彻底消亡，并没有充分注意到先秦儒家的说诗、论诗，以及大量引诗的思想景象，有遮蔽"诗"的哲学意义之嫌。

正如前文所说，从《孟子》七篇的思想结构来看，相对于《春秋》，孟子更为重视《诗》《书》儒学经典的作用。在说诗、论诗的问题上，孟子"述仲尼之意"，不仅传承了"诗"之"义"的思想传统，而且自觉地、系统地展开论述，"迹息诗亡"说是孟子说诗的根本态度。我们可以从以下两点，来重新理解《孟子》这段文本。

第一，"诗"与"春秋"是对应的。若准确理解"《诗》亡"的问题，"王者之迹"是其中的关键术语。从形式上看，"王者之迹"是指随着春秋时代周天子政治权力式微，那种三代以来的"王道"不再，诸侯争雄的"霸道"日益占据时代主流，故文本以"王者之迹"与春秋时代齐桓公、晋文公相对。从内容上看，若把"王者之迹"理解为历史之"迹"，则它应陈列到三代历史博物馆中，是一种历史之"陈迹"，是一种没有生命之"陈迹"。若理解为先王精神之"迹"，则"王者之迹"承载的是三代文明中的鲜活生命，是圣人先王的精神生命载体。孟子之所以在其文本中，不厌其烦地引证尧、舜、禹、文王、周公等，恐怕后者才是其思想世界的组成部分，即把这些圣人先王视为一种"精神生命体"，视为一种"思想存在物"。

何谓"《诗》亡"？从春秋至战国时期"诗"的存在形态来看，春秋时期贵族在各种政治活动如邦交、朝政、宴飨、祭祀中大量赋诗、引诗，

---

① （汉）赵岐：《孟子章句》，载（汉）郑玄等注《十三经古注》，中华书局 2014 年版，第 2111 页。

② （宋）朱熹撰：《四书章句集注》，中华书局 1983 年版，第 295 页。

按照毛诗的结构排序，吟诵和引证的顺序分别是"雅""风""颂"①，尽管春秋时代已经出现了"诗"独立的趋势，但"诗乐"一体仍占据主导地位，所谓"《诗》亡"，应该是指春秋时代的赋诗形态，即以"声"为表现形式的、"诗乐"一体的消亡。② 另一种以文字、语言为表现形式的引诗形式，则被先秦儒家传承下来，不仅如此，自孔子以来，以"诗"之"义"为根本取向，业已成为先秦儒家说诗、论诗的主流。说诗以命题的方式、引诗以文本的方式，是构成先秦儒家诗学传统的两大支流。

由此来看，所谓"《春秋》作"并非意味着"《诗》亡"，"诗"只不过改变了与"乐"一体的存在形式，以说诗、引诗的形式继续作为先秦儒家的生命形态而存在。从其承载的精神生命而言，它是以另一种形态的"春秋"而存续，宋儒程子曰："《诗》、《书》载道之文，《春秋》圣人之用。《诗》、《书》如药方，《春秋》如用药治疾。"③ 明代儒家郝敬也谈到，"《诗》直其辞而美刺见，《春秋》直其事而是非彰。《诗》之志，《春秋》之义，一也"④。"诗"与"春秋"之相互衬托、相互为用，反映出春秋战国时代"诗"之兴盛与"礼坏乐崩"的对应关系。

第二，"诗"既然未"亡"，那么孟子说诗、引诗，是如徐复观先生所说，"自春秋时代以至孔子、孟子，他们引《诗》多为感兴地引用"⑤。还是另有更为重要的深意。此段文本中，孟子托孔子所云"窃取"为谦辞，朱熹注："盖言断之在己，所谓笔则笔，削则削。"⑥ 此注虽是朱熹

---

① 据《左传》记载，春秋时代赋诗58首69次，其中"风"24首26次，"小雅"26首34次，"大雅"6首7次，"颂"1首1次，另赋"逸诗"1首1次。其中"大雅"与"小雅"最多，赋诗58首，"雅"占比55%，"风"占比41%；赋诗69次，"雅"占比59%，"风"占比38%。春秋时代引诗140次，180首，其中"风"31首，"小雅"49首，"大雅"65首，"颂"25首，另"逸诗"10首。其中"大雅"与"小雅"最多，合计占比63%，"风"占比17%，"颂"占比14%。参见拙文《"诗"如何成为儒学经典——重新审视春秋时代"诗""礼""乐"的关系》。

② 参见俞志慧《君子儒与诗教》，生活·读书·新知 三联书店2005年版，第126—127、139—178页。

③ （宋）程颢、程颐撰：《河南程氏遗书》卷二，《二程集》，王孝鱼点校，中华书局2004年版，第19页。

④ （明）郝敬撰：《毛诗原解 毛诗序说》，中华书局2021年版，第643页。

⑤ 徐复观：《中国人性论史》，华东师范大学出版社2005年版，第36页。

⑥ （宋）朱熹撰：《四书章句集注》，中华书局1983年版，第295页。

对"春秋"而言，但孟子托孔子所云"其义"，我们可以理解为既对"春秋"，亦对"诗"而言，或者说孔子既"窃取""春秋"之"义"，亦"窃取""诗"之"义"。若从孟子说诗、引诗而言，"窃取""诗"之"义"也许更为根本。所谓"断之在己"，突出了"窃取"的主体性、自觉性，这也是孔门儒学对《诗》《书》等儒学经典的态度。先秦儒家诸子对于儒学经典，当然不是出于一时"感兴"，不是引证其表面的文字、文辞，也不仅仅是为了探寻一种经典依据，而是着力于儒学经典中的意义世界，使经典之中的意义世界与儒学的思想世界彼此涵摄、相互融渗。即使极力批评孟子说诗的顾颉刚先生，也不得不把孟子这种说诗理论称之为"诗学的根本大义"[①]。只有从这个意义上理解，孟子说诗理论在先秦儒家诗学传统中才有其存在的合理性，也才能彰显其存在的哲学意义。

二 "知人论世"说

如果说"迹息诗亡"说，是孟子说诗理论的根本态度，那么"知人论世"说、"以意逆志"说，则是孟子说诗理论的两种方法，在儒家诗学传统中占有同样重要的思想地位。在此我们先探讨"知人论世"说，"以意逆志"说放在下一个问题探讨。

> 一乡之善士斯友一乡之善士，一国之善士斯友一国之善士，天下之善士斯友天下之善士。以友天下之善士为未足，又尚论古之人。颂其《诗》，读其《书》，不知其人，可乎？是以论其世也。是尚友也。（《孟子·万章下》）

孟子认为从"一乡""一国""天下"谈论"尚友之道"，犹"未足"也，尚须论"古之人"。从其逻辑关系来看，"颂其《诗》""读其

---

① 顾颉刚：《诗经在春秋战国间的地位》，载《古史辨》第三册，上海古籍出版社1982年版，第360页。

《书》"是"知其人""论其世"的前提,"人"即"诗""书"中的圣人、先王;"世"即"诗""书"的生活世界。这就是诵读经典、引用经典时的"知人论世"。

此文文义并非深奥不测,不过,若作为孟子说诗理论的重要方法,尚有两个问题需要"重新理解"。第一个问题,孟子如何看待"诗",如何理解文本中的"颂""知""论"。第二个问题,如何理解"知其人"之"人"、"论其世"之"世",亦即"诗"承载的圣人先王及其历史事件。

先看第一个问题。"孟子道性善,言必称尧舜。"(《孟子·滕文公上》)在先秦儒家看来,尧、舜、禹、文武周公等圣人先王,不仅仅是一种历史人物,而且承载着三代文明的价值理想、道德信念,这种价值理想、道德信念既是当下,亦是今后亘古不变的价值判准。不过,孟子并未对"诗"中承载的圣人先王采取顶礼膜拜的态度,而是用一种解读和阐释的方式。所谓"颂其诗"之"颂",既有"讽诵"之义,亦有"读解"之义,相对而言,"读解"更合乎对"诗"进行经典释义的要求,如清儒焦循所云:"讽诵止得其文辞,读乃得其义蕴。"[①] 同理,"知其人"之"知","论其世"之"论",也是把这种对三代文明之"知"、之"论",统摄、融合于孟子的思想世界之中。

再看第二个问题。"知其人"之"人"、"论其世"之"世",指"古"之"人"、之"世",亦即"诗"中承载的圣人先王及其历史事件,据统计,孟子思想世界中涉及儒家道统的绝大部分圣人先王,按历史朝代先后排序,其中舜帝3次、大禹1次、商汤2次、文王9次、武王2次、周公2次、孔子5次。对于历史学家而言,追求圣人先王及其历史事件的客观真实性,无疑是首要的任务;作为思想家的孟子则不同,对思想世界中出场的圣人先王及其历史事件,其衡量标准是这些圣人先王及其历史事件在思想世界生成中的作用。在孟子的思想世界中,"历史"成了"思想"的注脚,这些圣人先王及其历史事件,或可称为"思想人物""思想事件",这就是此段文本中屡屡所说的"友"的态度和方法,所谓

[①] (清)焦循撰:《孟子正义》,沈文倬点校,中华书局1987年版,第727页。

"尚友"即推崇这种态度和方法,"思想人物"指这些圣人先王的精神生命,"思想事件"指历史事件中透示的价值理想与道德信念。这些圣人先王及其历史事件,在孟子思想世界中纷纷出场,打上了孟子思想世界的"烙印"。或者说,"诗"中圣人先王的精神生命,与孟子的思想世界是融为一体的,已经成为孟子思想世界中不可分割的经典世界。

三 "以意逆志"说

"以意逆志"说是孟子与弟子咸丘蒙论诗的一段对话:

> 咸丘蒙曰:"舜之不臣尧,则吾既得闻命矣。《诗》云:'普天之下,莫非王土;率土之滨,莫非王臣。'而舜既为天子矣,敢问瞽瞍之非臣,如何?"曰:"是诗也,非是之谓也;劳于王事,而不得养父母也。曰:'此莫非王事,我独贤劳也。'故说《诗》者,不以文害辞,不以辞害志。以意逆志,是为得之。如以辞而已矣,《云汉》之诗曰:'周余黎民,靡有孑遗。'信斯言也,是周无遗民也。孝子之至,莫大乎尊亲;尊亲之至,莫大乎以天下养。为天子父,尊之至也;以天下养,养之至也。《诗》曰:'永言孝思,孝思维则。'此之谓也。"

此段文本的思想主线是探讨宗法制度中"君"与"臣"、"父"与"子"的关系。"普天之下,莫非王土;率土之滨,莫非王臣"出自《小雅·北山》。在咸丘蒙看来,舜之父瞽叟虽是天子之父,亦应为天子之臣民。孟子则主张宗法制度下君臣关系不可僭越,同时亦不能凌驾父子关系之上,故回答《北山》之义不在"率土之滨,莫非王臣",而在"此莫非王事,我独贤劳也"(毛诗原文为"大夫不均,我从事独贤")。继而孟子指明,说诗者不能停留于诗文表面的"文""辞",更不能"以文害辞""以辞害志"。并又举例说明,若按照表面"文""辞"理解,《大雅·云汉》"周余黎民,靡有孑遗"采用了夸张手法,诗义并非如此,

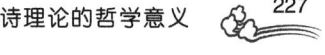

自不能信以为真。"孝"之至为"尊亲","尊亲"之至为"天下养",舜作为"子"对父亲瞽叟做到了极致,《大雅·下武》"永言孝思,孝思维则"即是赞美舜之"孝"。

此文从咸丘蒙与孟子对诗义的辩论,引出了如何理解诗义的方法问题。孟子以《大雅·云汉》"周余黎民,靡有孑遗"举例,更显示出这种经典释义方法的必要性和重要性。这一问题的核心是"故说诗者不以文害辞,不以辞害志。以意逆志,是为得之"。其具体展开则指"文""辞"、"意""志"及其相互关系。我们先看后世儒家比较典型的两种注解方式,汉儒赵岐注:"文,诗之文章,所引以兴事也。辞,使人所歌咏之辞。志,诗人志所欲之事。意,学者之心意也。孟子言说诗者,当本之。不可以文害其辞,文不显,乃反显也。不可以辞害其志。辞曰:'周余黎民,靡有孑遗。'志在忧旱灾,民无孑然遗脱。不遭旱灾者,非无民也。人情不远,以己之意,逆诗人之志,是谓得其实矣。"[1] 宋儒朱熹注:"文,字也。辞,语也。逆,迎也。……言说诗之法,不可以一字而害一句之义,不可以一句而害设辞之志,当以己意迎取作者之志,乃可得之。若但以其辞而已,则如《云汉》所言,是周之民真无遗种矣。"[2]

从汉儒赵岐、宋儒朱熹的注解来看,尽管他们注解的路向不同,但他们都共同强调"以意逆志"中"意"的重要性,均强调"以己之意"的重要作用。"己"即说诗者,"意"即通过说诗对诗义的重新理解,亦即"释义"。这种"释义"既不仅仅是朱熹所注解的"作者之志",也不完全是赵岐所解读的"学者之心意",而是超越二者的"文本意义论"[3],即依据孟子思想世界对诗文的意义阐释。从"文""辞"、"意""志"的层次来看,"文""辞"是"诗"之表层,而"意""志"则为"诗"之深层,当然这种"表层"并非一种纯粹的符号系统,而是有其意

---

[1] (汉)赵岐:《孟子章句》,载(汉)郑玄等注《十三经古注》,中华书局2014年版,第2120页。
[2] (宋)朱熹撰:《四书章句集注》,中华书局1983年版,第306—307页。
[3] "文本意义论"是一种不单从作者也不单从读者,而是从文本或行为本身揭示文本或行为的意义。参见洪汉鼎《论哲学诠释学的阐释概念》,《中国社会科学》2021年第7期。

义世界的语言载体。所以，孟子明确说诗并非消解"文""辞"，而只是要求以"不……害"为底线，以"以意逆志"为最高尺度。"不……害"底线只能得到诗文的"本义"，"以意逆志"才会获得与孟子思想世界相合无间的"释义"。这是孟子"以意逆志"说的理论贡献所在。

相对于"知人论世"说，孟子"以意逆志"说对于先秦儒家诗学传统乃至整个儒家诗学传统的影响更大。孔子所云"思无邪"是对"诗三百"的一种判断，这种判断不是归纳判断，不是事实判断，而是对"诗三百"之"体"的阐释，是对"诗三百"的一种价值判断，这是孔子诗学的哲学意义所在。孟子的说诗理论尤其是"以意逆志"说，是以具体诗篇的意义理解为起点，由此意义理解再上升到对"诗义"普遍的理解，这是一种从特殊的诗义理解提升到普遍的哲学理解的逻辑理路，这是孟子说诗理论的哲学意义所在。朱自清先生认为，孟子说诗虽然还不免有断章取义之处，但他已经开始注意就诗文全篇的意义进行说解，如孟子与咸丘蒙说诗，"咸丘蒙是断章取义，孟子却就全篇说解。这是一个新态度"[①]。这种论断是比较客观的。

四 "仁"与"孝"：说诗的例证

《孟子》七篇中，有一段非常著名的文本，可以视为孟子说诗的有力例证。这也是孟子与其弟子围绕诗文的对话：

> 公孙丑问曰："高子曰：'《小弁》，小人之诗也。'"孟子曰："何以言之？"曰："怨。"曰："固哉，高叟之为《诗》也！有人于此，越人关弓而射之，则己谈笑而道之；无他，疏之也。其兄关弓而射之，则己垂涕泣而道之；无他，戚之也。《小弁》之怨，亲亲也。亲亲，仁也。固矣夫，高叟之为《诗》也！"
> 曰："《凯风》何以不怨？"曰："《凯风》，亲之过小者也；《小

---

① 朱自清：《诗言志辨 经典常谈》，商务印书馆2017年版，第78页。

弁》，亲之过大者也。亲之过大而不怨，是愈疏也；亲之过小而怨，是不可磯也。愈疏，不孝也；不可磯，亦不孝也。孔子曰：'舜其至孝矣，五十而慕。'"（《告子下》）

此段文本诗文涉及《小雅·小弁》《邶风·凯风》，但并未指明引用诗篇的某章。《小弁》，赵岐云："伯奇之诗也。……伯奇仁人，而父虐之，故作《小弁》之诗。"① 《凯风》篇旨是述七子之母，不能安其室，七子作诗以自责。高叟以"诗"判别君子、小人，这在先秦儒家诗学思想传统中尚属首次。

此段引诗文本可以按照师生问答的主题，分为两个部分。第一部分探讨"怨"与"亲亲"的关系，文中两次以"固哉""固矣"评判高叟说诗，"固"，陋也，狭隘之义，是指高叟说诗拘泥于文字表面。按照高叟的说诗逻辑，《小弁》多次谈到"心之忧矣"，是对亲人的哀怨，故谓"小人之诗"。孟子并非似高叟只是停留于表面的"文""辞"，亦非完全沉浸于抽象的诗义中。孟子解释说，假设越人关弓而射杀某人，可以处之泰然；若其兄关弓而射杀某人，就会哀痛备至；其间的区别在于亲疏远近的情感不同，"这种对于生活世界的体认，可以融化对经典文字的过分拘泥，从而把经典还原为实际的生命"②。"疏"者不怨，是没有血缘成分；"怨"者"亲亲"，是有亲情实感，《小弁》之怨，属"亲亲"之怨，爱亲血缘之情，乃仁之发端，故孟子云："亲亲，仁也。"

第二部分探讨"亲亲"与"孝"的关系，公孙丑提出，《凯风》亦孝子之诗，为何没有哀怨之情。孟子给出的解释是，"亲亲"之情即"怨"得其中，以此衡量《凯风》为"过小"，《小弁》为"过大"，"磯"，以水激石，"过小"则对亲人无涵容之量；"过大"则会与亲情愈来愈疏远。"过小"之"不可磯"、"过大"之"愈疏"，都是不孝的一种体现，而舜帝怨慕得体，可谓至孝。孟子与高叟之根本区别，在于是否

---

① （汉）赵岐：《孟子章句》，载（汉）郑玄等注《十三经古注》，中华书局2014年版，第2142页。

② 王博：《中国儒学史·先秦卷》，北京大学出版社2011年版，第359页。

在生活世界中理解"怨""仁""孝"等，孟子"伤高叟不达诗人之意也"①，高叟之"固"即对诗义抽象的、僵化的理解，孟子则把诗义置于生活世界中作出具体的理解，在现实的具体的生活情境中解读诗义，而非僵化地固守诗义。

牟宗三先生在《中国哲学十九讲》中，在谈到中国哲学与西方哲学对待真理的不同态度时，提出了"抽象的普遍性"与"具体的普遍性"问题。所谓"抽象的普遍性"，即从抽象概念到抽象概念，推断普遍的东西肯定是抽象的，这是自古希腊柏拉图、亚里士多德以来西方哲学的一种主导观念，"西方的哲学从亚里士多德以来，一直在这个表象的思想这范围里打转"②。而中国哲学如对"仁""孝"这些主导观念，则是在现实的生活世界中，去理解他们的真理性及其内容，牟宗三先生以孔子为例，"孔子讲仁并不是抽象地讲，仁是可以在我们的真实生命里具体呈现的，所以孔子当下从生活中点仁。孝也是仁的表现，也具有普遍性，只不过孝这种表现是在对父母的特殊关系中表现。这情形本身虽然是特殊的，但是表现出来的是理，是普遍的真理"③。也就是说，孔子、孟子讲"仁""孝"这些观念时，他们不是从抽象的概念出发，而是要充分照顾到这些观念的生活情境和语境，这就是"具体的普遍性"。孟子说诗中提出的"亲亲，仁也"，"舜其至孝"，正是在具体的生活世界中理解诗义，而非出于一种抽象的概念理解诗义，其中的哲学意义恐怕也体现在"具体的普遍性"之中。

五 结语

孟子提出的"迹息诗亡""知人论世""以意逆志"等说诗理论，是自孔子以来第一次自觉地说诗的态度，也是比较系统地阐释诗义的方法

---

① （汉）赵岐：《孟子章句》，载（汉）郑玄等注《十三经古注》，中华书局2014年版，第2142页。
② 牟宗三：《中国哲学十九讲》，上海古籍出版社1997年版，第32页。
③ 牟宗三：《中国哲学十九讲》，上海古籍出版社1997年版，第34页。

论，在先秦儒家诗学传统中具有非常重要的思想价值，对于整个儒家诗学传统影响深远。在儒家诗学思想传统中，释读诗义之"难"早已成为学人之共识。清人姚际恒《诗经通论·序》云："诸经中《诗》之为教独大，而释《诗》者较诸经为独难。"近人章学诚、王国维也对此同感。[①] 正因如此，我们才应该更加重视孟子说诗理论，在孟子儒学思想世界和整个儒家诗学传统中的哲学意义。

[①] 姚际恒：《诗经通论》，语文出版社2020年版，第7页。皮锡瑞在《经学通论·诗经》中提出，"论诗比其他经尤难明，其难明者有八"。皮锡瑞：《经学通论》，中华书局1954年版，第1页。王国维在《与友人论〈诗〉〈书〉中成语书》中提出，"《诗》《书》为人人诵习之书，然于六艺中最难读"。王国维：《观堂集林》卷二，中华书局1959年版，第75页。

徐复观先生的名字、出生年月日及其对心灵生活的慧解[*]

黄兆强

（台湾东吴大学）

摘要： 就徐复观先生的名字来说，"秉常"当系徐先生之原名；所自取之字则为"佛观"，以字行。先生中年时，其业师熊十力先生取《易·复卦·象传》之义而易"佛观"为"复观"。自此迄其辞世，先生遂以"复观"一名行于世。且而今所确知者乃先生系出生于"兔年大年初三"，这可以说是一项确然不易之信息。对照阳历，则只有1903年元月（1月）31日符合这项信息。换言之，其出生之年月日乃系1903年元月31日无疑。最后，人生千万不可物化（含官能化：只追逐官能上的享受）。徐先生一辈子念兹在兹的便在于此。儒家固不轻视物质，但更重视者，毋宁是精神和心灵，尤其是人在精神上和心灵上的表现。作为新儒家的徐先生固不为例外。彼重视心灵生活而反物化（尤指过度的物欲，过分追求物质享受），恒见诸其众多著作中。其杂文中所见者，为数亦不少。仁义之所在，则不为苟生也。一言以蔽之，物质生命（形躯生命），其位阶应在精神生命之下。

---

[*] 本文主要由两个部分组成，而这两个部分皆源自笔者6年前在台湾所出版的一本著作：《政治中当然有道德问题：徐复观政治思想管窥》，台北：台湾学生书局2016年版。此著作在中国大陆流通不广（基本上买不到），是以把这两部分予以修订增删后汇整在一起而再呈献于大陆读者的跟前，恐不至于全无参考价值。其实，不克撰著新篇以飨读者之另一原因，也可以说最主要的原因，是由于年事已高而精力不济。然而，无论如何，始终以不能撰写新篇而愧对读者不已！

徐复观先生的名字、出生年月日及其对心灵生活的慧解

关键词： 徐复观　名字　出生年月日　心灵生活

一　前言

众所周知，现代（当代）新儒家海外第二代的代表人物主要有三位，徐复观、唐君毅和牟宗三。[①] 唐、牟二先生的名字与出生年月日，几乎从来没有人怀疑过或表示过异议。[②] 徐先生则不然，其出生年月日，乃至名字，都有不同的说法。笔者虽对哲学，尤其对三位大师的学术思想，甚感兴趣，但专业则是历史学，所以对史实（就已然逝去的历史事实来说，便成史实）问题，尤感兴趣。且徐先生是笔者的业师，所以对其名字与出生年月日的真情实况，尤其好奇；由是遂展开一点研究。至于本文的另一主题之所以要探讨徐先生对心灵生活的卓见，其原因则如下：徐先生之为儒家，恐怕没有人会提出异议。按：儒家不必然看轻物质，更不至于鄙视物质；然而，彼等更重视者，毋宁是精神或心灵。简言之，即人在精神上或心灵上的表现，乃系儒家所更重视者。作为现代新儒家的徐先生，当然不可能是例外。然而，针对精神或心灵之表现，徐先生的

[①] 就个人所悉，目前大陆一般学者所作的排名，三位先生的顺序大抵是先牟，其次是唐，再其次是徐。这种排序，大概是以三位先生的知名度或被研究的多寡度为准的。其实，牟排在唐前，这是最近二三十年在大陆出现的一种近况而已，即牟先生 1995 年逝世后才是如此的。如果以两位先生同时在世，即 1978 年前来说（唐先生 1978 年 2 月 2 日辞世），唐先生的排名是在牟先生之前的。究其原因大抵有四：唐先生成名较早；在上庠执教鞭亦较早；教授等级较高 [以执教于香港的一个阶段来说，1964 年香港中文大学成立时，唐先生即获聘为讲座教授，而同时任教于香港大学的牟先生只是讲师。按英国制度，讲师往上是高级讲师，再往上是教授（reader），再往上才是 professor/chairprofessor。1974 年牟先生在香港中文大学退休时，其职级是 reader]；唐先生比牟先生稍长约半年。笔者绝不是以上面四项条件来定位两位先生在学术表现上的优劣。笔者只是指出这比较罕为人注意到的"事实"而已。因为三位先生皆笔者的业师，而笔者对他们三位都同样尊敬，是以排名乃以出生先后为准，盖出生年次为一客观标准而与学术表现或成就毫不相干也。其排名顺序遂如下：徐复观（1903 年 1 月 31 日—1982 年 4 月 1 日）、唐君毅（1909 年 1 月 17 日—1978 年 2 月 2 日）、牟宗三（1909 年 6 月 12 日—1995 年 4 月 12 日）。

[②] 笔者这里用"几乎"二字是有原因的：唐先生某一学生（姑隐其姓名）曾经说唐先生是虚报（少报）其出生年岁，借以在香港中文大学多任教一段时日。据闻，唐先生获悉后，非常生气，乃谓："我唐君毅什么都可以假，但出生日期绝不会假。"笔者研究唐先生有年，各项相关资料显示，其出生日期之为 1909 年 1 月 17 日，是千真万确的。

具体意见到底如何，尤其针对人之精神生活或心灵生活的表现，先生的看法到底何若，似乎颇值得关注。唯以篇幅关系，下文乃粗略陈说之。

二　徐复观先生的名字

先生的名字，现今常见者为："徐复观"。一般人所知道的是："复观"乃徐先生的业师熊十力先生为徐先生所取，以代替原来"佛观"二字。① 中华民国三十七年（1948）熊先生尝谈及此事。熊先生云："复观原名佛观，今为吾子易'佛观'以今名，且字曰'见心'。"② 牟先生亦

---

① 按：徐先生于中华民国三十三年即拜谒熊十力先生于四川重庆北碚。事见徐复观《沉痛的追念》，黎汉基、李明辉编，《徐复观杂文补编》，台北："中央研究院"文哲所筹备处2001年版，第2册，第117页；又可参徐复观《我的读书生活》，《文星》1959年12月卷4第6期。后文又收入《徐复观文录》，台北：环宇出版社1971年版，第3册，第171—172页。"佛观"易为"复观"，盖4年后之事。《名字说》末尾所标示之日期：中华民国三十七年（1948）1月1日。

② 熊十力：《与徐复观、颂乔并附徐复观名字说》，《熊十力论学书札》，上海书店2009年版，第89—90页。《名字说》原文颇长，但对了解熊先生何以易"佛观"为"复观"与获悉熊先生对徐先生期望甚殷之情，殊有帮助，是以转录全文如下："古人命名，无苟也。文王名昌。用能昌大其德，如天不已。（诗曰：'唯天之命，于穆不已。文王之德之纯，纯亦不已。'）尽大地万万世，无量无边众生，皆文王之德所含茹也。孔子名丘，其修德似之。凝聚日增，穷高无极。今之大地、万万世、无量无边众生，同仰此山丘也。名依义立，义必实践，其可忽乎！复观原名佛观。佛氏于宇宙万象，作空观而已。般若《心经》，照见五蕴皆空，是大乘无量义之总摄。（五蕴即目宇宙万象）此等宇宙观，其影响于人生及群化诸方面，毕竟不妥。大乘虽以大悲不舍世间救此空观，然为众生未度尽故，方兴悲愿，其教化终归趣寂。与圣人裁成天地、辅相万物、参赞化育、开物成务、立成器以为天下利、富有日新诸广大义趣，究不相似。故余造《新论》，继大般若空经而盛演《变经》（《变经》一词，见《新论》语体本《绪言》）。此意不容忽也。今为吾子易'佛观'以今名，且字曰'见心'。《易·复》之《象》曰（笔者按：似应作'《彖》曰'）：'复其见天地之心乎。'取义在斯。复者，剥之反也。今大地众生，方颠倒以趋于剥，吾夏人尤剥极，其忍不思复乎。剥极而复，非去其惨酷之忿心，而见温婆之天心，则不可以复也。余衰年，丁此剥运，一身无所计，唯于族类之忧不容已。鸟兽犹爱其类，何况于人？同类不恤，侈言悲众生，必唐大之谈也。立爱自近（原作'进'，疑当作'近'）始，是余志也。余愿与世人相勖勉，以见天心之学，久而当有复也。子以维桑之谊，周旋于老夫杖履间，寄望弥切。慎勿忘易名命字之旨也。民国三十七年一月一日"有关徐先生之名字，又有如下之记载："余乳名丙焰。八岁入学，先父为易名为秉常。十六、七岁时读《大乘起信论》，自取佛观以为字。民十五年岁杪入陶子钦先生军中为书记，委任状书徐佛观，尔后秉常之名，遂少为朋辈所知。"这最后一段文字，乃转录自http：//bbs.tianya.cn/post-books-14509-1.shtml。唯一时间不克查获以下语句的出处："余乳名丙焰。八岁入学，先父为易名为秉常。"（至于"十六、七岁时读《大乘起信论》……遂少为朋辈所知。"其出处则详见下文）今谨录于此，以备读者进一步稽考。徐先生之乳名为丙焰，笔者未之悉。年前遂请教旅居美国的徐先生哲嗣长女公子均琴女士。女士答谓，彼亦不悉，唯不宜轻信云。

徐复观先生的名字、出生年月日及其对心灵生活的慧解

有类似说法，尝云："徐先生原名佛观，熊先生为之改名复观。熊先生意佛观不若复观。老子云：'万物并作，吾以观复。'"① 按：《老子》第十六章有云："致虚极，守静笃。万物并作，吾以观复。夫物芸芸，各复归其根。归根曰静，是谓覆命。覆命曰常，知常曰明。不知常，妄作凶。"据以上熊先生及牟先生所言，则"佛观"为徐先生的原名。然而，根据其他信息，则有不同说法。如与徐先生相交五十多年的好友涂寿眉即说："徐先生名秉常，字佛观，以后由熊十力先生更名为复观。"② "秉常"才是徐先生的原名；"佛观"，则先生之字也。另有一种说法则是，"复观"是先生之号。黎汉基即说："徐复观先生，原名秉常，字佛观，'复观'一名乃业师熊十力所赐之号。"③ 以上各说，唯一相同的是，"复观"乃熊先生为徐先生所取者，至于先生之原名为"秉常"？抑为"佛观"？"佛观"系先生之名？抑系先生之字？以上牟、涂、黎三人之说法，很明显不一致。我们现在看看徐先生本人怎么说。在《我的母亲》一文中，先生说："大哥纪常，种田……弟弟孚观读书无成，改在家里种田。"④ 按照中国人命名的习惯，兄弟的名字，其中经常有一个字是相同的。⑤ 据上揭《我的母亲》一文，徐先生哥哥既名"纪常"，则"秉常"便应该是先生的原名了。然而，据同一文，先生弟则名"孚观"⑥，据此，则

---

① 牟宗三：《悼念徐复观先生》，收入曹永洋等编《徐复观教授纪念文集》，时报文化出版公司 1984 年版，第 13 页。推牟先生之意，熊先生乃从道家老子立场之考量而改易徐先生的名字的。其实对照上文，熊先生是从儒家《易传》之立场作出考量的。上引文熊先生以下一语："《易·复》之《象》曰：'复其见天地之心乎。'取义于斯。"便是最好的佐证。换言之，牟先生的说法不确。又：上引语中"《象》曰"，应作"《彖》曰"为是。

② 涂寿眉：《我所知道的徐复观先生》，《徐复观教授纪念文集》，第 39 页。按：涂先生与徐先生于民国十四年（1925）同时考上湖北省立国学馆，即两人乃同窗也。

③ 黎汉基、曹永洋编：《前言》，《徐复观家书集》，台北："中央研究院"中国文哲研究所筹备处 2001 年版，第 9 页。

④ 徐复观：《我的母亲》，《徐复观文录》，台北：环宇出版社 1971 年版，第 3 册，第 177—188 页，上引文见第 180—181 页。

⑤ 我家兄弟共四人，三哥名兆显，四哥名兆燊（殁），五哥名兆汉，笔者名兆强，也是另一例子。

⑥ 徐先生胞兄"纪常"一名之深富儒家意味，不言而喻。至于其胞弟"孚观"一名，个人以为亦深富儒家味道。今细言如下。据不完全统计，"孚"字在《易经》卦爻辞中出现超过 40 次。若连同"有"字而成为"有孚"一词，则亦不下 20 次；纵然仅以卦辞而论，需、讼、观、坎、损的卦辞即见之。而所谓"孚"，简言之，即等同"信""诚信"，譬如成语"深孚众望"即深获众人信服，让大家深深信服之意。至于徐先生的胞弟"孚观"一名，则《易（转下页）

"佛观"才是先生的原名！换言之，《我的母亲》一文亦作不了准。先生自拟墓志《徐公佛观之墓》（以下简称）则有如下记载："公名秉常，字佛观，亦名复观。一九零四年元月三日生。……"①在寻获更可靠的其他一手资料之前，先生之名字，姑且以此墓志为准。《徐复观杂文补编》（册一）收录了先生所写如下的一个按语："谨按：余原名秉常，十六七岁时，阅《大乘起信论》，自取佛观以为字，民国十六年入军中为书记，委任状写为佛观；尔后秉常之名，遂少为友朋所知。民国三十七年，熊师为易佛观为复观，并特撰《名字说》以张其义。"②

以上各说中，自当以徐先生本人之说法最为可靠。"秉常"一名既出自先生之自述，且两见之（一见自拟之墓志，另一见自撰之按语），则"秉常"当确为先生之原名无疑。其字则为"佛观"，以字行。③ 民国三

（接上页）经》观卦的卦辞中便见之："观，盥而不荐，有孚颙若。"盥，简言之，即洗手洁净。颙，肃敬景仰貌。全句意谓洗手致祭而尚未荐献祭品之前，[应]具庄严肃穆、诚信敬仰之状。"孚观"一词之深富儒家味道，可以想见。是徐先生兄弟三人的名字（依次为：纪常、秉常、孚观），皆深富儒家味道也。熊先生针对徐先生字"佛观"一名，尝云："佛氏于宇宙万象，作空观而已。"这很明显反映熊先生是从佛家角度以解读"观"字。然而，笔者忽发奇想而有另一看法，如下：如上所言，徐先生胞兄名"纪常"，胞弟名"孚观"。而徐先生则名"秉常"，此"常"字或即缘胞兄"纪常"一名中"常"字而来。众人尽知，徐先生甚重情谊（含兄弟之友爱）。笔者乃想到当徐先生十六七岁（下详）自取其字为"佛观"时，有可能为了表示与其胞弟间深具兄弟友爱之情，于是乎乃取"观"一字。简言之，先生之名和字，有可能前者继踵其胞兄，后者则接武其胞弟也。

① 把《徐公佛观之墓》的墓志视为徐先生本人自拟者，源自翟志成、冯耀明校注《无惭尺布裹头归——徐复观最后日记》，台北：允晨文化实业公司1987年版，第229—231页。

② 熊十力先生尝针对徐先生之名字而撰写《〈徐复观〉名字说》一短文。徐先生乃特撰一按语以道明其原委。按语原载《自由报》1969年第995期；收入《徐复观杂文补编》，台北："中央研究院"文哲所筹备处2001年版，第1册，第571页。

③ 先生之名"秉常"和字"佛观"，或许值得一说。据《辞海》，中华书局1975年版，"秉"字条，秉者，持也，执也。《诗·大雅·烝民》："民之秉彝，好是懿德。"《传》："彝，常也。"由此看来，为徐先生起名为"秉常"的人（大概是徐父）也许考虑到"彝"字笔画太多，因此以"常"字取代之。简言之，所谓"秉常"，即执持常道以作为行事做人之准则之意。如果这个解读不误，则"秉常"一词是一个非常儒家式的命名。至于先生字佛观之"佛观"一词则刚好相反，而深具佛家的味道，也可以说颇富出世的味道（儒家则明为入世者，此众所周知）。一般来说，名字为父母（或至少某位长辈）所起者。字则不然，大多为其本人所自取者，徐先生本人即一例。笔者以为，徐先生在《大乘起信论》的"启迪"下，且又有可能为了稍微平衡一下儒学/儒家的味道，所以便取"佛观"为字。其实，如把"佛观"视为与"秉常"相反也无妨，盖相反而恒相成也，即今人所恒言之矛盾对立统一也。由此来说，整体来看，徐先生的名和字是很有意思的，盖前者（秉常）深富儒学/儒家的味道，而后者（自取之字：佛观）则释家味道也。熊先生之改易则去其佛氏义而使先生回复旧观，真可谓"复观"也。

十七年（1948），即先生中年时，熊先生取《易·复卦》《象传》之义而易"佛观"为"复观"。自此迄其辞世，先生遂以"复观"一名行于世。唯无论先生自称或他人称之，"佛观"一名，仍时而获睹。①

三 出生年月日

徐先生原先的名字到底是什么，虽有不同的说法，但主要只是两说：秉常或佛观。但其出生日期，则至少有四种不同的说法。

（一）1902年1月2日：区结成先生说："徐复观，湖北浠水人。一九零二年一月二日生。"②

（二）1903年1月31日：余纪忠先生说："徐复观先生，民国前九年国历一月三十一日，生于湖北省浠水县贫农家庭。"③ 杨牧先生也有同一说法："徐先生湖北浠水人，生于清光绪二十九年（1903）。"④ 曹永洋先生也说："徐师于民前九年（1903）国历一月三十一日出生。"⑤

（三）1904年1月3日：上揭所谓自拟墓志《徐公佛观之墓》载："公名秉常，字佛观，亦名复观。一九零四年元月三日生。……"

（四）1904年2月18日：黎汉基先生说："一九零四年（另有一说是一九零三年）二月十八日出生。"⑥ 高焜源先生对各种说法及其出处，

---

① 譬如徐先生与唐君毅先生鱼雁往还之书信即其例。大体言之，早期书信以"佛观"居多，后期则以"复观"为常；然亦不无例外。两人书信分别收入《徐复观全集》，九州出版社2014年版，第25卷；《唐君毅全集》，台北：台湾学生书局1991年版，第26卷。

② 区结成：《徐复观先生传略》，《徐复观教授纪念文集》，第440页。又上揭《无惭尺布裹头归——徐复观最后日记》一书封面内页亦有同一说法。此所谓《传略》，其实不太略，且具一定的学术性。全文计27页（第438—464页），接近20000字，含注释50多个。

③ 余纪忠：《徐复观先生传略》（与上揭区结成所撰者，其篇名全相同），《徐复观教授纪念文集》，第1页；此《传略》又收入《徐复观最后杂文集》，台北：时报出版公司1984年版，第1页。此《传略》相对于区结成所撰的《传略》来说，的确如其名，盖只有1,000字左右而已。

④ 杨牧：《动乱风云人文激荡——敬悼徐复观先生》，《徐复观教授纪念文集》，第259页。

⑤ 曹永洋：《我景仰的徐复观老师》，《徐复观教授纪念文集》，第278页。

⑥ 上揭《徐复观家书集·前言》。

皆有相当翔实的说明，可参看。①

综合上述，先生之出生日期计有四说：1902年1月2日、1903年1月31日、1904年1月3日、1904年2月18日。上揭《我的母亲》一文载："旧历年的除夕，离着我的生日只有三天"②。依此，徐先生一定是农历（阴历、农历）正月③初三出生的。就1902年来说，农历正月初三就只能是阳历（国历）2月10日（所以区结成的说法有误）；就1903年来说，农历正月初三就只能是阳历1月31日；就1904年来说，就只能是阳历2月18日。但上揭自拟墓志，则作"1904年元月三日"。然而，1904年的元月（阳历1月）三日，并非农历正月初三！所以1904年的元月三日一定不是徐先生的出生日期。然而，有谓这个最后的算法是：年是以阳历来算，月、日则以旧历来算。持此说的人，其意乃谓：徐先生确系生于1904年；至于元月三日指的则是农历，即农历正月初三（参高焜源，上揭文）。如年月日均换算为阳历，则为1904年2月18日。徐先生《哭徐高阮》一文说："你比我年轻十多岁。"④ 徐高阮先生之生年为1914年。如徐高阮先生确系比徐先生年轻十多岁，则徐先生之生年不可能是1904年，而至少应系1903年，甚至更早。

综合各说，以出生于1903年或1904年皆各有理据。如系生于1903，则先生的生日是该年的1月31日；如系生于1904，则先生的生日便是该年的2月18日。就1904年元月三日及1904年2月18日来说，其实都是同一天，前者的月日是以阴历来算（所以所谓"元月三日"，指的是正月初三，而非阳历1904年第一个月的第三天)），而后者的月日（2月18日）则以阳历来算而已。2013年1月30日笔者尝就此问题去信请教徐先

---

① 高焜源：《一九四九年以前年谱》，《徐复观思想研究——一个台湾战后思想史的考察》，台湾师范大师，博士学位论文，2009年，第354—355页。
② 徐复观：《徐复观文录》，台北：环宇出版社1971年版，第3册，第178页。徐先生的日记也有相关记载，且两见之，如下。（一）：1981年2月7日，即正月初三，徐先生日记："此乃我的生日，食素。"（二）：1982年1月27日："是日为旧历一月三日，为我之生日。"翟志成、冯耀明校注，上揭《无惭尺布裹头归——徐复观最后日记》，第97、218页。
③ 一般来说，正月指的是农历每年的第一个月（约为阳历二月，即February），即大年初一、大年初二、大年初三过春节时的一个月。而元月指的是阳历的第一个月，即英文的January。
④ 徐复观：《徐复观文录》，台北：环宇出版社1971年版，第3册，第224页。

徐复观先生的名字、出生年月日及其对心灵生活的慧解

生的哲嗣长女公子均琴女士。翌日（2013年1月31日）女士复信指出说："先父属兔，生日是在农历正月初三。"兔年的正月初三，1903和1904年两年中，只有1903年与之符合。今细说如下：1903年的兔年（癸卯）的第一天（大年初一）是1903年1月29日，依次第三天（大年初三）则是1月31日，该年（兔年）最后一天是1904年2月15日。所以1904年的2月18日（农历正月初三）已过了兔年三天了；换言之，1904年的正月（农历第一个月；当年的正月初一乃1904年2月16日）已不再是兔年的正月了。今既确知徐先生出生于兔年（生肖属兔）的正月初三，如换算为阳历，则为1903年1月31日是也。[①]

四　心灵生活是硬道理

时至今日，任何人都不会否认物质条件在生活中所扮演的角色。但笔者以为在某些情况下，心灵生活或精神生活也许更值得关注，其价值也更高。在物化情况越来越严重的今天来说，徐先生以悲天悯人的儒者情怀及纵观古今中外历史发展而得出反物化的言论，可说甚具参考价值。

（一）逐物非人生之目的；人虽有限，但可无限

人是动物，这是三岁小孩都知道的。动物是生物，这也是三岁小孩都晓得的，不必多说。既然是生物，那求生便是他的本能。这也是凡人

[①] 六七年前出版的上揭拙著《政治中当然有道德问题：徐复观政治思想管窥》中，笔者已把徐先生的出生年考实为1903年了。但最近还有学者，且是台湾方面的学者，仍把1904年视为徐先生的出生年！拙著在大陆不大流通，所以如果是大陆学者有此失误，那也未为大病，但台湾学者竟然也如此！有谓：真理不重复，错误便重复了。所以笔者把旧文稍加整理后再刊登一遍，且在大陆刊登，相信仍是不无参考价值的。台湾学者仍误认徐先生的出生年为1904年者，兹举一例：2022年11月5日台湾南华大学生史学系尝举办以下研讨会："第二十三届比较哲学研讨会——纪念徐复观先生逝世四十周年"。发表论文者计有10人。《会议手册（论文集）》收录论文9篇（其中1篇两人共同发表），其中一位叶姓教授和另一位黄姓教授便在徐复观一名的后面以圆括号标示其生卒年为"1904—1982"（见《论文集》第21、31页）。其余7文未标示徐先生的生卒年。如有所标示，则出生年有可能仍误作1904年！

皆知悉的。"天地之大德曰生"①；生物求生（以求生为目的），譬如蝼蚁尚且贪生，这是天经地义而可说完全符合天地之道的。生物为了求生和继续生存下去（此乃生物自觉地或不自觉地满足其一己之本能之必然现象），不能不依靠食物等的物质外在条件。这反映了所有动物，乃至所有生物求生的实然状况、必然状况，甚至是当然状况。所以作为动物，作为生物的人来说，他追求物质或满足一己之物质生活，可以说是理所当然的。然而，在这里我们必须注意一个大前提，那就是人之追求物质是因为要求生，是因为要过活，是因为要活下去。换言之，物质是手段，是求生不得不依靠的东西而已；千万别把它视为目的之所在，即千万不要为了逐物而逐物。因为求"生"才是目的，而逐"物"绝不是目的；千万别颠倒过来，别搞反了，把手段误为目的！所以我们所逐之物（追求物质享受），只要能满足吾人生存的基本要求（或稍微多一点点吧），我们便不该再作进一步的追求了，更不应该作无限度的追求，否则便犯了上文所说的把逐物当成目的之所在了。当然觅食或享受食物只是人类众多逐物项目中的一项而已；人在逐物上的其他表现尚多，今举食一端以概其余。

然而，如果逐物不是人生的目的，那人生的目的，即活下去的目的，又是什么呢？答案是：人生的目的正在于不要逐物、要摆脱逐物、超越逐物这个层次（当然为了满足基本生活而来的逐物，则另当别论，这是不必多说的。其实，这大可不以"逐物"定位之）；而去追求另一个层次。而正是因为追求这一个层次，这便使得人与其他动物、生物，有了区别。"人之所以异于禽兽，几希。庶人去之，君子存之。"② 换言之，人之所以是人（即孟子所说的是君子而不是庶人），而不是，或不只是动物或生物，便是由于人有了这一个更高的追求。其实，这个更高的追求，与顺乎"兽性"而来的自然欲求，其在发机动念上的差别是非常微末的。

---

① 《易经·系辞传（下）》。徐先生也很重视"生"的问题，可详参上揭拙著第二章。该章即用此语来命名。

② 《孟子·离娄下》。庶人，盖指一般人；君子，盖指有道德的人。其实，孟子的话倒过来似乎更恰当。即正因为"去之"，所以是庶人；因为"存之"，所以成为君子。当然，在这里不必拘泥。

徐复观先生的名字、出生年月日及其对心灵生活的慧解

有谓："一念圣贤，再念禽兽。"当然，也可以反过来说："一念禽兽，再念圣贤。"一念固然可以使人翻上，但也可以使人陷溺。此可见孟子"几希"一词不是随便说说的。①

人是一个有限的存在物，受到很多局限而不自由（至少不是全然自由）；但人之异于禽兽，便是由于"虽有限而可无限"：超越、超克自己的局限（上文所说的物质、物欲的过度追求乃人的局限）。这是人所以为人最高贵的地方。在这个地方，人是可以完全自由的，作得了主的。把这一点最高贵之处去掉，那人就和禽兽没有什么分别了。② 当然人也可以有高出动物、高出禽兽千万倍的地方。动物为了生存，可以抢，可以偷（其实，"抢"和"偷"是人类发明和使用的概念。动物为了生存，它就直接把东西拿来吃，根本无所谓抢，无所谓偷）。然而，人不同，他为了追求上面所说过的更高的一个层次或境界，连赖以维持生命的物质（譬如食物、水等）都可以一概不要，而选择死亡。面临"所欲有甚于生"者，譬如义之所在时，人便可以舍生取义了。又面临"所恶有甚于死"者，譬如不忍人格受辱，不忍国家被侵凌时，人便可以慷慨赴死或从容

---

① 广东话有："把心一横"一语。譬如说，夫妻两人在家中吵架吵得很凶，他随手拿起菜刀，砍伤了她，怕她抵死反抗，甚至秋后算账，于是把心一横，干脆手起刀落，把她杀了。由此可见"横心"（违反心、违背心）是会使人向恶、行恶的。如果横心会使人向恶、行恶，那么向善、行善的心又是一颗什么心呢？其实，它就是同一颗心，是一颗不横之时的心（即不失其本性时之心），或可称为"顺心"吧；其实，它就是吾人所常说的"良心"，是给人正向力量的一颗心。要言之，横心既然使人向恶、行恶，那么顺心，或单说一个"心"字时，这个心定然是指使人向善、行善的良心。熊先生为徐先生取字曰"见心"，此"心"指的当然是"良心"；绝不会是习心或横心。又有谓："怒从心上起，恶向胆边生。"用现在的话来说，便是"情绪失控下，他会干出傻事、恶事的"。所以心一定要平，要正。当然，这里所说的"心"指的不是良心；恰好相反，是丧失其良心而完全为情绪所操控的一颗心。又：笔者探讨徐先生之所以著书立说乃源自一颗不容自己之心时，也说过横心这个问题，读者可参阅。黄兆强：《性情与爱情：新儒家三大师相关论说阐微》，台北：台湾学生书局2021年版，第49—52页。

② 当然，从另一角度来看，人和禽兽仍是有分别的。因为人有其更高的"无限性"。这个无限性在于人可以做到"比动物更动物，比禽兽更禽兽！"这真是一大吊诡，人世间价值之颠倒，恐莫此为甚。罗素曾经说过，把人和禽兽相比，其实是侮辱了禽兽。这对自诩为万物之灵的人类来说，罗素的话不啻当头棒喝。然而，当今之世，人类的行为比不上禽兽，所谓"禽兽不如"的，真的是数不胜数、罄竹难书。但这是另一个话题，不多说。

就义而不为苟生了。①

如上文所说不误,那比起物质追求来说,精神层次(如道德实践、宗教信仰、个人荣誉感等)之追求,便可贵得多了。而这点也许就正系人之所以为人而异于禽兽的地方。

然而,就一般人(即孟子所说的庶人)来说,舍生取义、不为苟生,是很不容易做到的。"你我皆凡人,活在人世间",自然免不了千牵百挂。一己的生命也许不足珍惜;但你的家人呢?你挚爱的朋友呢?曾经跟你一起打拼过的伙伴呢?人是活在人际网络中的。你可以一概舍弃得了吗?可以说抛开就抛开得了吗?"情与义,值千金",人是活在情与义/情或义当中的,所以就算苟活而不克舍生者,我们也不必予以深责。当然,为了更深的情、更高的义(所谓情深义重或情深义厚),而慷慨赴死或从容就义者,我们对这些人士便只有激赏,只有赞叹了。他们相关的言行举止,从史家立场来说,便应予以揭示,予以表扬。反之,其大节有亏,甚至祸国殃民者,史家也应该予以挞伐。"诛奸谀于既死,发潜德之幽光"(《韩昌黎全集·答崔立之书》),史家之责任和可贵处,恐怕正在于此。

徐先生,固新儒家也;但众所周知,徐先生亦史家也。先生歌颂提倡和平和落实和平的政治家,而挞伐破坏和平和蹂躏和平的政客②,这正系作为新儒家的史家(即充满道德意识的史家)在"诛奸谀于既死,发潜德之幽光"方面,最深刻且最具体的表现。笔者个人不能自已地要为徐先生鼓掌和喝彩。但这是题外话,恕不展开。

(二)精神生活、心灵生活应在物质生活之上;反物化

上文稍微扯远了,但主旨不外是说明:物质生活固然重要,这个没有人会否认。但精神生活、心灵生活也许更为重要。如果本末倒置,人类社会成为物化的社会,一切以物质为上,那是很值得商榷的。至于就

---

① 有谓:"慷慨赴死易,从容就义难"。赴死或就义,其实指的都是死。但其间是有难易之别的;这里就不细表了。

② 当然,若为正义而战,徐先生是赞成的,这里就不展开了。

徐复观先生的名字、出生年月日及其对心灵生活的慧解

本文的主角徐先生来说,他反物化的言论,非常值得参考。据阅览所及,至少就国际政论文章来说,先生早在1958年便关注这个课题了。在《什么是美国今日的根本问题》一文中,先生严厉地批评过度追求财富,追求官能刺激的种种行为。该文主要指出美国今日的根本问题乃系物化。① 对于这个问题,另一文说得更明确。先生说:

> 耳目的官能,只凝结到由技术而来的器物的新奇变化。器物的新奇变化所给与于耳目官能的刺激,这就是美国生活方式的全部。循环的刺激,可以引起官能的钝感。刺激与刺激间的空隙,只显出人生的空虚。在刺激中,以刺激代替了一切的人生价值;在钝感与空虚中,拒绝掉一切的人生价值。……美国文化,成就了技术,得到了财富;但消失了人生,失掉了人生。②

上文主要是针对美国人过分追求财富及官能刺激来说的。相关文章发表于1971年。③ 就50多年后的今天来说,又何独美国为然呢?! 美国是典型的资本主义社会。我国的情况,则有所不同。然而,今天亦在变易当中。以中国传统社会过去所追求的"淡泊名利"来说,如果今天仍

---

① 《什么是美国今日的根本问题》,上揭《徐复观杂文·看世局》,第231—242页,尤其第240页;原载《民主评论》1958年卷9第1期。其实,"富与贵,是人之所欲也;不以其道得之,不处也"(《论语·里仁》)。可见孔子他老人家也不反对人追逐富贵(富乃就财资来说,贵乃指地位而言),只要不过分和求之有道,那便没什么好批评的。荀子:"意志修,则骄富贵;道义重,则轻王公;内省则外物轻矣。"《荀子·修身》当然,如果能够做到荀子所陈述的境界,那自然是人上人。其中,"意志""道义",尤其是"内省",是极关紧要的。但内省,又谈何容易呢! 省缘乎觉。内省即自觉之谓。人要有自觉,产生自觉心,有时候是千难万难的。

② 《尼克逊新经济政策对美国经济的极限》,上揭《徐复观杂文补编》,台北:"中央研究院"文哲所筹备处2001年版,第3册,第304页;原载《华侨日报》1971年10月5日。

③ 其实在十年前,即1961年时,先生已发表过类似的意见。先生说:"不奇便不新;不新便不能给官能以快感。……正如索诺金(P. A. Sorokin, 1889—1968)在《人性的再建》(The Reconstruction of Humanity, 1948年出版)一书中所说,西方近代的文化,是'官能的文化',一切要在官能上来解决,一切东西要能看得见,听得到,摸得着,量得出。不如此,便不寄以信任,而将其贬逐于文化范围之外。文化的目的,也在于官能的满足;人生幸福,即是官能的快感。此一倾向,到二十世纪而愈演愈剧,在美国而更发扬光大"。徐复观:《徐复观文录》,第3册,台北:环宇出版社1971年版,第60页。

有人继踵仿效，恐必被丑诋为"不思长进""不知进取"，甚或被讪讥为"其人本身无能力而端出的一个借口"而已。人间价值的颠倒，恐莫此为甚。

上引文章主要是批评美国过度物化。三年后，即 1974 年，先生更进一步对全球展开"攻击"。先生说：

> 大量生产，必然要求大量消费。大量消费，必然引发以消费来建立人生的价值。各人的现收入不够消费的要求时，便出现负债消费的方法，此即所谓分期付款。①……整个人生都在消费中轮回角逐，必然以消费代替其他一切人生价值，使人类成为除消费外没有任何价值、没有任何意义的动物；这意味着人的地位的失坠，人的"自我"的否定，终必至于人相食而后止。因此，日本、美国，乃至西欧国家，目前都承认经济中的循环报应的事实，要求重新恢复"节俭"的观念，重新恢复"惜物"的观念。……这样的新时代中，人可能发现更多的"自我"，可能建立较好的人与人的关系。②

有谓："君子役物，小人役于物。"（《荀子·修身》）因为役于物，所以便成了先生上文所说的没有自我、没有任何意义的动物。役于物便是物化（被物所同化，亦即人自甘堕落、自化于物的境地）。荀子以君子和小人对举，是借着两者对物的不同态度以显示其人为君子抑或为小人。其实，我们不妨依徐先生意，而进一步以人和动物来对举；换言之，即

---

① 笔者按：近四五十年来，尚有另一更为流行的方式，即利用信用卡先用（预支）未来钱的方式。当然，这两个方式亦早已合流，即用信用卡分期付款。"分期付款"一词，五六十年前（20 世纪 60 年代），已流行于香港。1987 年笔者从香港来台湾工作，其时未闻此语。徐先生 1969 年秋赴香港，上文撰于 1974 年，先生亦入乡随俗了。知悉 1969 年秋徐先生已赴香港，乃据《台港之间》一文文末所记载撰文之日期（197 年 7 月 30 日）并结合文文中第二段"去年十月，我从台湾到香港"一语而知之。该文收入《徐复观杂文补编》，"中央研究院"文哲所筹备处 2001 年版，第 6 册，第 322 页。由此亦可证《徐复观先生年谱》之相关记载有误。该年谱收入曹永洋等编《徐复观教授纪念文集》，第 561—567 页。

② 《世界正进入到一个新地时代》，上揭《徐复观杂文补编》，台北："中央研究院"文哲所筹备处 2001 年版，第 4 册，第 147—148 页；原载《华侨日报》1974 年 1 月 8 日。

以人、禽对举。本此，则人物化而沉沦为物，或人反物化而复位为人，似比荀子"君子""小人"之对举，更为显豁；对读者也更具震撼性，并进而产生当头棒喝之效。先生后生荀子2000多年，近今物化情况更甚于往昔。所以借人禽对举，似乎更足以振聋发聩。①

（三）小结

人类为了生存/存活，不可能不仰赖物质。这是三岁小孩都知道的道理。物质之重要，便不必再多说了。但人类应该清楚确认的是，物质是人类生活或存活的手段而已；千万不可本末倒置。换言之，人生千万不可物化（含官能化：只追逐官能上的享受）。徐先生一辈子念兹在兹的便在于此。如上述所言不误，则逐物、追求物质享受，便绝不应该是人类生存的目的。反之，我们应该注意的是，人类仰赖物质而得以生存/存活之后，便应该追求更高、更理想的目的。此即心灵生活或精神生活是也。有时人类为了追求，为了满足某些心灵生活、精神生活，或为了达至或完成某一理想、某些理想时，他甚至选择放弃物质（食物、水等）以结束一己的形躯生命。用中国的传统说法来说，此即杀身成仁，舍生取义。此可见精神生命或心灵生命，在仁义之士看来，是远高于或远胜于物质生命的。当然，死有重于泰山，也有轻于鸿毛。在分寸上有时很不好拿捏。然而，原则只有一个。仁义之所在，则不为苟生也。一言以蔽之，物质生命（形躯生命），其位阶应在精神生命之下。

五　结语

就名字来说，"秉常"当系徐先生之原名；所自取之字则为"佛观"，以字行。先生中年时，其业师熊十力先生取《易·复卦·象传》之义而

---

① 2000多年前，荀子以小人和君子对举以彰显物化和反物化/非物化这个议题，可说眼光极为独到且深具前瞻性。其实，这个议题很值得探讨。中国古人，以至于他国古人，何时开始关注这个议题，很可以视为人类自我超越、自我超克的肇始的一个明确指标；也可以说是人类人文精神开启的一个重要指标。

易"佛观"为"复观"。自此迄其辞世,先生遂以"复观"一名行于世。

先生之出生年月日,计有1902年1月2日、1903年1月31日、1904年1月3日和1904年2月18日四个不同的说法。然而,今所确知者乃先生系出生于"兔年大年初三"。这可以说是一项确然不易之信息。对照阳历,则只有1903年元月(1月)31日符合这项信息。换言之,其出生之年月日乃系1903年元月(1月)31日无疑。

儒家固不轻视物质,但更重视者,毋宁是精神和心灵,尤其是人在精神上和心灵上的表现。作为新儒家的徐先生固不为例外。彼重视心灵生活而反物化(尤指过度的物欲,过分追求物质享受),恒见诸其众多著作中。其杂文中所见者,为数亦不少。以篇幅关系,上文虽仅从杂文中举出三数例,但足概其余无疑。

据《论语》以说六艺

——马一浮《论语》诠释探析

于文博

（北京化工大学马克思主义学院）

摘要： 马一浮将《论语》纳入"六艺该摄一切学术"的"六艺论"核心经典体系，把《论语》视为六艺之学的基础和开端。按照"据《论语》以说六艺"的思路，马一浮依次探讨了《论语》蕴含的《诗》《书》《礼》《乐》《易》《春秋》教化意蕴。《诗》的识仁体仁、《书》对道德与政治关系的探讨、《礼》《乐》与孝的紧密联系、《易》之中"不易""变易""简易"的关系、《春秋》从道德视角评析政权性质和历史进程等内容，都在《论语》中得以呈现。马一浮的《论语》诠释紧扣《论语》与六艺的关联，展现出注重经典之间相互贯通、注重道德对于政治的优先地位、注重道德修养的重要作用等思想特色，为进一步全面探讨"六艺论"奠定了重要基础。

关键词：《论语》 六艺 经典道德

马一浮"六艺该摄一切学术"的"六艺论"思想在中国现代学术史上独具一格。在马一浮以《诗》《书》《礼》《乐》《易》《春秋》六艺即六经为核心构建的价值体系、经典体系、学术评价体系中，《论语》虽然不属于狭义的六艺范畴，但却在其中发挥着十分重要的作用。作为初学入德门径，《论语》较为完整地呈现了"六艺大旨"，是深研"六艺论"

必不可少的环节。马一浮的《论语》诠释主要集中在《泰和宜山会语》和《复性书院讲录》中。《泰和宜山会语》是1938年4月至1939年年初马一浮先后在江西泰和、广西宜山为西迁途中的浙江大学师生讲学的语录汇编,其中明确提出了"六艺该摄一切学术"的"六艺论"纲领,也就《论语》中君子、小人等重要概念进行了辨析。《复性书院讲录》则是1939年9月至1941年5月马一浮在四川乐山创办复性书院期间,为书院诸生逐一讲解《论语》《孝经》和六艺大义的讲稿,于1942年年底成书,《论语大义》是《复性书院讲录》卷二的核心内容。马一浮的《论语》诠释,是将《论语》纳入"六艺论"经典体系,紧紧围绕《论语》与六艺的密切关联展开的。

一 《论语》与"六艺论"经典体系

无论是先在泰和、宜山讲解"六艺论"框架、后在复性书院展开细致分析的讲学实践,还是《泰和宜山会语》阐释"六艺论"纲领、《复性书院讲录》对各部经典条分缕析的思想历程,马一浮"六艺论"的展开基本上遵循"先统后分"的思路。在复性书院的讲学,可以视为"六艺论"的具体展开。《复性书院讲录》的卷次分布,也是按照"先统后分"的思路,先讲《论语》《孝经》,其次讲《诗》《礼》《书》《易》,《春秋》因书院暂停运作而未及讲论。马一浮特重《论语》《孝经》,他既将这两部经典看作圣人之教的统论,又是初学者入德的门径:"六经大旨散在《论语》,总在《孝经》。……《论语》记孔门问答之辞,实为后世语录之祖。《诗》《书》《礼》《乐》并为雅言,《易》象、《春秋》务存大体。文章性道,一以贯之,故欲通六艺必先明《孝经》《论语》。言为《论语》,行为《孝经》,圣心所寄,言行之至也。"[①]

在马一浮看来,《论语》《孝经》对"六艺论"有着不可忽略的重要

---

① 马一浮:《复性书院简章》,载吴光主编《马一浮全集》第四册,浙江古籍出版社2013年版,第41页。

作用。从义理阐释的角度讲，六艺皆成于孔子之手，《论语》记孔门答问，表圣人之言，确然可信；《孝经》则表圣人之行。要理解六艺大旨，可以通过《论语》《孝经》返回孔门的生活世界和具体语境，切实体认圣人鲜活之教。从经典体系的构成讲，马一浮认为"六艺之旨，散在《论语》而总在《孝经》，是为宗经论"①。《论语》《孝经》是"六艺论"的"宗经论"，也就是发挥六艺核心意涵、阐扬六艺根本价值的独立系统作品。从《论语》《孝经》再到六经，既是六艺大义的讲解顺序，也是"六艺论"经典体系的构成逻辑。《论语》《孝经》与六经②，共同组成了"六艺论"的核心经典体系。而对于历史上颇受重视的"四书"，马一浮虽承认其重要性，但更多的是将其看作具体讲论时的辅助性材料，除《论语》外，并不单讲《孟子》《大学》和《中庸》。

就《论语》而言，马一浮强调"六艺之旨，散在《论语》"。一方面，《论语》包含《诗》教、《书》教、《礼》《乐》教、《易》教和《春秋》教大义。"《论语》凡言文者，皆指六艺之文，学者当知。"③《论语》与六艺为孔门一贯之学，可以通过《论语》识六艺规模。另一方面，《论语》为记言之书，不同于自成体系的六艺，六艺之旨散落在《论语》的各条语录之中，需要加以总结归纳，因此说"散在《论语》"。

《论语》与六艺之间的密切关系对学者提出了一定要求，对六艺的理解，要不离《论语》但不即《论语》。首先，可以通过《论语》理解六艺核心要义。"《论语》大义，无往而非六艺之要。"④《论语》的答问，是孔子思想和教化的直接表现。在马一浮看来，《论语》所承载的"六艺大旨""六艺之要"正是六艺能够该摄一切学术的根本，即人的本然之

---

① 马一浮：《泰和会语》，载吴光主编《马一浮全集》第一册上，浙江古籍出版社2013年版，第13页。

② 在具体进行经典阐释时，因《乐》经无法得见《春秋》未及讲论，马一浮实际讲论的主要是《诗》《书》《礼》《乐》四经。但总体上，马一浮还是以六经称之，将其作为六艺论的核心经典。

③ 马一浮：《泰和会语》，载吴光主编《马一浮全集》第一册上，浙江古籍出版社2013年版，第25页。

④ 马一浮：《复性书院讲录》卷二，载吴光主编《马一浮全集》第一册上，浙江古籍出版社2013年版，第134页。

善、性德之真以及识性尽性的功夫。与六艺相比，《论语》言约而义广，涵盖了六艺的价值指向、问题意识和为学纲领。这些内容在形式上又是通过生动切近的答问实现的，可以作为初学入门之书。其次，对六艺的领悟不能仅仅停留在《论语》，而应当逐步深入六艺的文本当中。学六艺之前，当先读《论语》，以《论语》为六艺的基础；深研六艺时，还需要将《论语》以及《孝经》作为重要的资源，回到孔子的生活境遇和答问的具体语境，更加鲜活地体会六艺的义理。《论语》与六艺，始终处于不间断的互动之中。

可见，马一浮的《论语》诠释，并非仅仅就《论语》本身讲《论语》，而是始终在《论语》与六艺的互动关系中来把握，十分注重《论语》与六艺的贯通。"六艺皆孔氏之遗书，七十子后学所传。欲明其微言大义，当先求之《论语》，以其皆孔门问答之词也。据《论语》以说六艺，庶几能得其旨。"① "据《论语》以说六艺"是马一浮《论语》诠释的主要思路。六艺之教，皆能见于孔子日用常行和答问之间。具体来说，马一浮将《论语》所载六艺大旨分为《诗》教、《书》教、《礼》《乐》教、《易》教和《春秋》教五部分，共十小节②，重点梳理《论语》体现的六艺关键内容和为学功夫。与以往《论语》研究者不同，马一浮并不专注于具体语录条目的解释，而是注重诸条语录与六艺之间的会通，从《论语》中提炼出六艺在本体、心性、功夫上的一贯脉络和根本义理，作为理解"六艺论"思想体系的纲领。

二 马一浮《论语》诠释的主要内容

马一浮以《论语》为六艺之学的开端和基础。他将《论语》中的答问分为三大主题，分别指向六艺中的不同经典："《论语》有三大问目：

---

① 马一浮：《复性书院讲录》卷一，载吴光主编《马一浮全集》第一册上，浙江古籍出版社 2013 年版，第 112 页。
② 《论语大义》包括《诗》教一节、《书》教一节、《礼》《乐》教分上中下三节、《易》教分上下两节、《春秋》教分上中下三节，共十小节。

一问仁，一问政，一问孝。凡答问仁者，皆《诗》教义也；答问政者，皆《书》教义也；答问孝者，皆《礼》《乐》教义也。……《易》为《礼》《乐》之原，言《礼》《乐》，则《易》在其中。……《春秋》为《诗》《书》之用，言《诗》《书》，则《春秋》在其中。"① "三大问目"即《论语》中有关仁、政、孝三大主题的答问。与仁有关的答问，包含《诗》的教化意蕴；与政有关的答问，包含《书》的教化意蕴；与孝有关的问答，包含《礼》《乐》的教化意蕴。这三大主题不直接指向《易》与《春秋》，但《易》为《礼》《乐》的根源、《春秋》为《诗》《书》的呈现，《易》与《春秋》的教化意蕴也存在于《论语》之中。② 马一浮以《论语》为依托，通过三大主题的总结，将"散在《论语》"的"六艺之旨"进行了较为系统的归纳。

（一）《论语》之《诗》教义

一般而言，探讨《论语》的《诗》学思想，往往会关注《论语》中引《诗》、说《诗》的内容，马一浮却更关注"六艺论"视域下《论语》蕴含的《诗》教大义。马一浮认为，六艺之所以能够该摄一切学术，根本上在于"六艺统摄于一心"③。"六经之本是心性，六经之迹是文字，然六经文字亦全是心性的流露，不是臆造出来。"④ 六艺是人的心性结构的文字化呈现。马一浮提出"六经配六德"，将六艺分别对应了相应的德目："以六德言之，《诗》主仁，《书》主知，《乐》主圣，《礼》主义，《易》明大本是中，《春秋》明达道是和。"⑤ 六艺展现了人应当追求的

---

① 马一浮：《复性书院讲录》卷二，《马一浮全集》第一册上，浙江古籍出版社2013年版，第134页。
② 在答问的形式和特点上，马一浮则认为，孔子对这三种问题的回答都可以分成四个类型，即佛教的"四悉檀"。"三大问目"是就《论语》的主题和内容而言的，四悉檀是就《论语》答问的形式和特色而言的。
③ 马一浮：《泰和会语》，载吴光主编《马一浮全集》第一册上，浙江古籍出版社2013年版，第15页。
④ 乌以风：《问学私记》，载吴光主编《马一浮全集》第一册下，浙江古籍出版社2013年版，第744页。
⑤ 马一浮：《泰和会语》，载吴光主编《马一浮全集》第一册上，浙江古籍出版社2013年版，第17页。

仁、知、圣、义、中、和六种德性。其中,《诗》与仁相配。学《诗》、观《诗》、解《诗》,都指向了对仁的体悟。在《论语大义》中,马一浮着重阐释了《诗》与仁的关联,以及《论语》是如何展现这种关联的。

第一,"感""兴"为《诗》教关键。"《诗》以感为体,令人感发兴起,必假言说,故一切言语之足以感人者皆《诗》也。"①"诗人感物起兴,言在此而意在彼,故贵乎神解,其味无穷。"②"感"是《诗》与读者、说者与闻者之间的互动关系。"兴"本是《诗》的一种表现手法,意思是由他物引起所咏之辞,形式上是由此及彼。在"感"的基础上达到"兴",是一种触类旁通、活泼无碍的体验。在道德意义上,"感发兴起"意味着心灵的敏锐无私,能够体会天地万物一体贯通,可以视为完善道德人格养成的开端。

第二,"感""兴"本于"仁"。《诗》教"感""兴"的达成,根植于人内心之仁。马一浮承宋儒之说,以一体解仁,"天地万物本是一体,即本此一理,本此一性"③。仁侧重于从根本上理解天人一性、物我一体,无私而贯通,万物都与自身息息相关。正是因为这种天地人物在根本上的贯通,《诗》的"感""兴"才得以实现。"此心之所以能感者便是仁,故《诗》教主仁。说者、闻者同时俱感于此,便可验仁。"④仁是"感"的内在根据,表现为感受作《诗》者深意的能力,以及说者、闻者之间的互动关系。仁之一体贯通保证了"兴"的由此及彼、举一反三、闻一知十的教化作用的实现。《诗》是识仁的媒介,以仁为根据的感而遂通能力一旦发显出来,就成为一种超越言语、贵乎神解的一体畅通。马一浮把仁的一体贯通之义渗透到对《诗》教过程的解读中,将仁之一体与《诗》之"感""兴"结合起来。

---

① 马一浮:《复性书院讲录》卷二,载吴光主编《马一浮全集》第一册上,浙江古籍出版社2013年版,第136页。
② 马一浮:《复性书院讲录》卷二,载吴光主编《马一浮全集》第一册上,浙江古籍出版社2013年版,第138页。
③ 马一浮:《复性书院讲录》卷二,载吴光主编《马一浮全集》第一册上,浙江古籍出版社2013年版,第144页。
④ 马一浮:《复性书院讲录》卷二,载吴光主编《马一浮全集》第一册上,浙江古籍出版社2013年版,第136页。

第三，《论语》可观仁者气象，理解《诗》教宗旨。按照马一浮为复性书院诸生规定的经典学习顺序，学《诗》之前，先以《论语》明之。《诗》与仁之间的紧密联系，能够通过《论语》展现出来。"问仁"是《论语》三大问目之首，《论语》言仁，皆有《诗》的教化意蕴："满腔都是生意，满腔都是恻隐，斯可与言《诗》矣。凡《论语》问仁处，当作如此会。"① 仁的反面是私，受到私意障蔽，则物我间隔、不能感通。《论语》讲仁、讲去私功夫，都是明仁的一体贯通之义，学者通过这些答问，可以识仁者气象、明物我一体。"圣人说《诗》皆是引申触类，活泼泼地。其言之感人深者，固莫非《诗》也。"② 《论语》说《诗》，都不是单纯地解释诗句的本义，而是在具体的语境中加以延伸，意在使弟子才闻彼、即晓此，引申触类、灵活引导，逐步达到仁者与物同体、一体贯通的境界。《论语》既讲仁又说《诗》，将圣人论仁处和说《诗》处合而观之，既能明圣人说《诗》之用心，也能识仁者气象。

在马一浮看来，《论语》通过对仁的特点的描述展现出《诗》教的根本依据，通过圣人答问仁勾勒出《诗》教气象，通过圣人说《诗》体现出《诗》教引申触类的特点。马一浮对《论语》蕴含《诗》教意蕴的探讨，并没有一一解释《论语》中与《诗》相关的具体条目，而是着眼于义理上的关联。仁作为《诗》教的核心、通过《诗》识仁体仁等问题，作为马一浮《诗》学思想所关注的主要问题，已经在《论语》的《诗》教义中提纲挈领地进行了探讨，为《复性书院讲录》卷四《诗教绪论》的展开奠定了基础。

（二）《论语》之《书》教义

《论语》"三大问目"之二是问政，"答问政者，皆《书》教义

---

① 马一浮：《复性书院讲录》卷二，载吴光主编《马一浮全集》第一册上，浙江古籍出版社2013年版，第138页。
② 马一浮：《复性书院讲录》卷二，载吴光主编《马一浮全集》第一册上，浙江古籍出版社2013年版，第138页。

也"①。《尚书》多言政事,历来被认为是为政之书。在《论语》诠释中,马一浮需要基于《书》与政的关联,探讨《论语》是如何呈现了这种关联的。马一浮认为,《论语》所载与政有关的讨论甚多,主要包含两个层次。

第一,《论语》明"德为政本",与《书》相合。"今观《论语》记孔子论政之言,以德为主,则于本迹之说可以无疑也。尧、舜、禹、汤、文、武、周公、孔子之心,一也。有以得其用心,则施于有政,迹虽不同,不害其本一也。后世言政事者,每规规于制度文为之末,舍本而言迹,非孔子《书》教之旨矣。"②"德是政之本,政是德之迹。"③ 本与迹相对而言,德是本、是根本,政是迹、是表现;本与末相对而言,德是本、是根本依据,制度文为是末、是细枝末节。确保道德对政治的统领意义,是古圣相传的为政之道。

马一浮认为,《论语》所记孔子论政之言,都显示了德对于政的优先地位和引领作用。最典型的莫过于"为政以德"与"道之以政"两章。"《论语》'为政以德'一章,是《书》教要义。"④"'道之以政,齐之以刑,民免而无耻;道之以德,齐之以礼,有耻且格。'数语将一切政治得失判尽。"⑤ "为政以德"一章表明,政治的根基在于道德,政治的目的是使天下之人皆归于德。后世言政事者,只重视制度文为、单纯追求富国强兵,是舍本逐末,因此不会长久。因德为政本,"道之以德"一章可以作为判断一切政治得失高下的标准。与《论语》相应,《尚书》赞叹了

---

① 马一浮:《复性书院讲录》卷二,载吴光主编《马一浮全集》第一册上,浙江古籍出版社2013年版,第134页。

② 马一浮:《复性书院讲录》卷二,载吴光主编《马一浮全集》第一册上,浙江古籍出版社2013年版,第138页。

③ 马一浮:《复性书院讲录》卷二,载吴光主编《马一浮全集》第一册上,浙江古籍出版社2013年版,第138页。

④ 马一浮:《复性书院讲录》卷二,载吴光主编《马一浮全集》第一册上,浙江古籍出版社2013年版,第138页。

⑤ 马一浮:《复性书院讲录》卷二,载吴光主编《马一浮全集》第一册上,浙江古籍出版社2013年版,第139页。

圣王的德行，"从本垂迹，由迹显本，为《书》教之大义"①。《尚书》的核心思想主要是德为政本、由政见德。《论语》显德、《尚书》叹德，二者都凸显出道德在政治中的根本重要性和绝对优先性，因此通过《论语》可以见《尚书》之纲领。

第二，《论语》强调对统治者的道德约束，与《书》相应。《论语》除了记载孔子和弟子关于政治的探讨，还记载了对有位者问政的回答，比如鲁哀公、季康子等人。"哀公、季康子皆怀责效于民之心，而孔子告之皆修之在己之事，故曰：'苟正其身矣，于从政乎何有？不能正其身，如正人何？'季康子问政，子曰：'政者，正也。子帅以正，孰敢不正？'……《尧曰》一篇，约尧、舜、禹、汤、武之言，皆修德责己之事，与此同旨。……二帝三王之用心如此。鲁之君臣虽卑陋不足以及此，孔子之告之，皆就其用心处直下针锤，可使一变至道，故曰《书》教之旨也。"② 德为政本，政治的高下得失，与统治者的道德修养程度关系紧密。圣人为政，之所以能够达到最理想的秩序，根本在于自身德行的圆满。统治者修德责己、反躬自省，是达到理想之治的首要途径。在孔子的时代，尽管鲁之君臣不可与圣人同日而语，但孔子仍然强调为政的关键在于统治者的道德修养和道德表率，希望能够激励在位者反躬自省、自觉修德。

马一浮认为，《论语》记二帝三王修德责己之言，《书》记二帝三王为政之事；《论语》中孔子通过答问政启示有位者自觉修德，《尚书·洪范》以貌、言、视、听、思五事约束统治者进行道德修养。"学者必由迹以观本，而不徒滞于其迹以求之，乃可以得圣人之用心，然后于'应迹不同，其致一也'之旨无惑也。如是乃可与言《书》，可与论政矣。"③《论语》《尚书》表面上是讲政，实际上是讲德，二者都全面地显示出道

---

① 马一浮：《复性书院讲录》卷二，载吴光主编《马一浮全集》第一册上，浙江古籍出版社2013年版，第141页。
② 马一浮：《复性书院讲录》卷二，载吴光主编《马一浮全集》第一册上，浙江古籍出版社2013年版，第139—140页。
③ 马一浮：《复性书院讲录》卷二，载吴光主编《马一浮全集》第一册上，浙江古籍出版社2013年版，第142页。

德在政治乃至人类生活中的核心地位。学者通过《论语》答问政诸说，可以由政见德，体会圣人用心，明《书》教纲领、政治根本。

在阐发《论语》之《书》教意蕴的基础上，马一浮在《复性书院讲录》专辟卷五《洪范约义》系统讲解《尚书·洪范》。① "今谓《洪范》为尽性之书，箕子所传，盖舜、禹之道，王者修德行仁事义咸备于此。"② 与历史上将《尚书·洪范》看作典型的政治文献不同，马一浮把《洪范》视为"尽性之书"，着力突出道德对于政治的统领作用。德政关系，也就是道德与政治的关系问题，成为马一浮经学思想的重要线索。

（三）《论语》之《礼》《乐》教义

《论语》"三大问目"之三是问孝。马一浮认为，《论语》中与孝有关的答问包含《礼》《乐》教意蕴。遵循与《论语》之《诗》《书》教义同样的思路，马一浮需要阐明《礼》《乐》③ 与孝的关联，以及《论语》中关于孝的讨论是如何展示这种关联的。

对于《礼》《乐》与孝的关联，马一浮主要论及两点。第一，《礼》《乐》根据孝而作，制礼作乐以孝为起点。"孝弟者，即礼乐之原也。"④《礼》《乐》"皆因其秉彝所固有而导之，使亲睦逊顺，天性呈露，不能自已，则是和之至也。"⑤《孝经》首章言："夫孝，德之本也，教之所由生也。"礼乐即"教"的具体开展。人生而知爱其亲，孝是人的天性。礼乐的设计并不是戕贼本有爱亲之心，而是以此本有之心为起点加以适当的引导，使爱亲的天性充分显露。《礼》《乐》之作，以孝为起点，而礼

---

① 《论语大义》的经典排列次序是《诗》《书》《礼》《乐》《易》《春秋》，《复性书院讲录》的经典排列次序则是《诗》《礼》《书》《易》，其中《诗》《礼》的阐释合为一卷。

② 马一浮：《复性书院讲录》卷五，载吴光主编《马一浮全集》第一册上，浙江古籍出版社 2013 年版，第 270 页。

③ 一般而言，《礼》《乐》指两部经典，礼乐侧重于两书的精髓、实践或者教化作用。因《礼》《乐》的实践性较强，马一浮讲《礼》《乐》时，往往"《礼》《乐》"与"礼乐"混用，并不刻意区分。

④ 马一浮：《复性书院讲录》卷二，载吴光主编《马一浮全集》第一册上，浙江古籍出版社 2013 年版，第 150 页。

⑤ 马一浮：《复性书院讲录》卷二，载吴光主编《马一浮全集》第一册上，浙江古籍出版社 2013 年版，第 143 页。

乐实践又能保证孝的充分实现。"厚于礼则治，薄于礼则乱"①，《礼》《乐》在人伦关系的巩固和社会秩序的稳定中起到重要的作用。

第二，行孝与《礼》《乐》实践合一。《礼》《乐》之义，"行之必自孝弟始"②。"言孝弟则礼乐在其中矣，言礼乐则孝在其中矣。"③ 行孝就是将《礼》《乐》的设计付诸实践的过程，二者密不可分。礼乐在日常普遍的人伦关系中展开，礼的重要对象就是父母以及兄弟亲朋。丧祭之礼之所以是礼之大者，是因为丧祭之礼彰显了人伦关系、启发人的爱敬之心："礼莫重于丧祭，丧礼是慎终，祭礼是追远。"④ 孝弟之心推而广之，由人伦至亲到政治生活，由人及于草木鸟兽、天地万物，这一过程依靠礼乐来实现："礼乐之兴，皆孝弟之达也。继天立极，为事亲之终也；尽性至命，即孝子之成身也；穷神知化，即天道之不已也：礼乐之义孰大于是？"⑤ 行孝弟和践《礼》《乐》的过程合而为一，其极致可以尽性至命、穷神知化、达圣人境界。

以上两点虽是就《礼》《乐》整体而言，但更侧重于《礼》。对于《乐》，马一浮主要强调孝所达到的和睦和乐的效果。在六艺中，马一浮并未单独言《乐》。究其原因，一是因为《乐》经不可见，二是乐教也是成德之事，言《礼》、言孝则《乐》的意思也包含在其中。

至于《论语》是如何展示《礼》《乐》与孝的关联的，马一浮没有进行系统分析，而是举了两个例子。一是"宰我问三年之丧期已久"（《论语·阳货》），他认为此章是"圣人吃紧为人处"⑥。《礼》在人伦关

---

① 马一浮：《复性书院讲录》卷二，载吴光主编《马一浮全集》第一册上，浙江古籍出版社2013年版，第152页。
② 马一浮：《复性书院讲录》卷二，载吴光主编《马一浮全集》第一册上，浙江古籍出版社2013年版，第143页。
③ 马一浮：《复性书院讲录》卷二，载吴光主编《马一浮全集》第一册上，浙江古籍出版社2013年版，第145—146页。
④ 马一浮：《复性书院讲录》卷二，载吴光主编《马一浮全集》第一册上，浙江古籍出版社2013年版，第147页。
⑤ 马一浮：《复性书院讲录》卷二，载吴光主编《马一浮全集》第一册上，浙江古籍出版社2013年版，第149页。
⑥ 马一浮：《复性书院讲录》卷二，载吴光主编《马一浮全集》第一册上，浙江古籍出版社2013年版，第151页。

系中展开,通过周备的仪节表达爱亲之情,行礼者的内心可以得到安顿;二是"孟懿子问孝"(《论语·为政》),孔子以"无违"答之,具体展开为"生,事之以礼;死,葬之以礼,祭之以礼"。这一章将孝与礼联系起来,认为礼的实践就是行孝的过程,礼之节文保证了孝的充分实现。可见,在讨论《论语》问孝包含《礼》《乐》教意蕴时,马一浮以《礼》《乐》与孝的关联为讨论的主体,并略举了《论语》中展示这种关联的片段。

在"六艺论"经典体系中,马一浮对《礼》的定位是六艺之教"莫急于《礼》"①。《礼》的紧要急迫一方面体现在《礼》《乐》与孝的紧密关系,《礼》《乐》来源于人伦,人人可为,较为切近;另一方面体现在《礼》《乐》实践与行孝本是一体,在道德人格养成方面较为重要。马一浮主要着眼于《礼》《乐》的来源、根据和实践,对具体的礼仪节文并没有给予太多的关注。以《礼》《乐》与孝的关系为前提,在《复性书院讲录》卷四《礼教绪论》中,他得以继续在道德层面深入探讨《礼》的根源、地位和作用。

(四)《论语》之《易》教义

按照马一浮对《论语》三大问目的归纳,《易》并不直接包含在其中。但他又指出,言《诗》《书》《礼》《乐》四教,就已经包括《易》与《春秋》之教。《易》显圣人之全体,《春秋》为圣人之大用,《论语》包含《易》教化意蕴与《春秋》教化意蕴。《易》明天地之理,《春秋》明人事之则,《论语》与《易》《春秋》有关的内容都是平实的义理探讨,不是神秘曲折之说。就《易》而言,马一浮结合《论语》的三条语录来展示其中蕴含的《易》教大义。

第一,"子在川上"章。马一浮认为,"子在川上曰:'逝者如斯夫!不舍昼夜。'"(《论语·子罕》)启示人们从易见的水中可以透视道体之流行。相应地,人们也应当在日用之间见《易》之道:"《易》道至近而

---

① 马一浮:《复性书院讲录》卷四,载吴光主编《马一浮全集》第一册上,浙江古籍出版社2013年版,第248页。

人以为远。言《易》者往往舍近而求诸远，遂以为神秘、以为幽玄，泥于象数、拘于占筮，终身不得其旨，而不知日用之间无往而非《易》也。"①《易》之道广大悉备，并不神秘玄远，而是切近真实，寓于日用常行之中。观水要"于迁流中见不迁，于变易中见不易"②，从流动的水流中见天地万物一贯之道、在变化的世界中识不变之理。对《易》的认识不能停留在不断变化的事物层面，不能以变易为《易》之全貌。"子在川上"章圣人以水为喻，契合《易》教大旨，既见《易》不离日用常行，又能够于变易之物中见到不易之理。

第二，"予欲无言"章。马一浮认为，"子曰：'予欲无言。'子贡曰：'子如不言，则小子何述焉？'子曰：'天何言哉？四时行焉，百物生焉。天何言哉？'"（《论语·阳货》）中，孔子本不欲言，以此启迪子贡。"显性体本寂而神用不穷。离于言说，会者当下即是，不会者只在言语边取。"③ 孔子之所以不欲言说，是希望子贡能不执着于言语，默然体究天道。子贡未能领会，孔子才点出"四时行焉，百物生焉"，表明天道就在四时流行、百物生长之中。子贡仍然未能深体夫子之深意，反而认为"夫子之言性与天道，不可得而闻也"（《论语·公冶长》）。将"予欲无言"章与"不可得而闻"章合观，可以见到圣人简易之教和子贡疏漏之处。"不知'四时行'、'百物生'即此全是天道，岂别有一个性与天道？又岂假言说方显哉？"④ "示人简易，不待言说。"⑤ 子贡过分依赖言说，没能从川流不息的变易之中见到不易之体，也没能理解不易寓于变易之中就是圣人简易之教。马一浮运用"三易"，即不易、变易、简易来探讨

---

① 马一浮：《复性书院讲录》卷二，载吴光主编《马一浮全集》第一册上，浙江古籍出版社2013年版，第157页。
② 马一浮：《复性书院讲录》卷二，载吴光主编《马一浮全集》第一册上，浙江古籍出版社2013年版，第158页。
③ 马一浮：《复性书院讲录》卷二，载吴光主编《马一浮全集》第一册上，浙江古籍出版社2013年版，第159页。
④ 马一浮：《复性书院讲录》卷二，载吴光主编《马一浮全集》第一册上，浙江古籍出版社2013年版，第159页。
⑤ 马一浮：《复性书院讲录》卷二，载吴光主编《马一浮全集》第一册上，浙江古籍出版社2013年版，第159页。

《论语》之《易》教义。孔子以"四时行、百物生"言天道,说明不易寓于变易之中就是简易;孔子讲"天何言哉",启发学者以默识心通体认不易。

第三,"朝闻夕死"章。马一浮认为,"子曰:'朝闻道,夕死可矣。'"(《论语·里仁》)可见《易》之大旨和圣人学《易》气象:"以欲明死生之故,必当求之于《易》。凡民皆以生死为一大事而不暇致思。求生而恶死,生不能全其理,死亦近于桎梏而非正命,此谓虚生浪死;唯闻道者则生顺而没宁,乃是死生之正。……闻道之人,胸中更无余疑,性体毫无亏欠,则死生一也,岂复尚留遗憾。"①"学者须念'朝闻夕死'之说圣人言之特重,此实《易》教之大义也。"②《易》通过变易探究生死的原因,人的根本尊严在于"性体毫无亏欠",也就是道德生活的圆满。闻道之人明了生死的本质,养成道德人格,能够坦然接受、淡然面对生死,得死生之正。学者应深入体会此章展现的对道的坚守和对死生的深刻认识,窥见圣人学《易》境界。

马一浮认为,《论语》上述三章虽然没有直接谈到《易》,但却蕴含《易》教大旨。比如,从变易中见不易、不易寓于变易即简易;体认《易》教大义要不拘泥于言语,默然识之、豁然心通;学《易》的重要目标是明了死生的本质,学《易》的境界是自觉成就道德人格。《论语》中已经触及了《易》教的内容、功夫与境界,对"三易"关系的探讨为《易》的全面解读奠定了基础。马一浮在《复性书院讲录》卷六专讲《观象卮言》,将"三易"由理解《周易》的三个层次拓展为认识世界的三重视角,进行了更为深入细致的诠释。

(五)《论语》之《春秋》教义

在马一浮看来,《春秋》为圣人之大用,《论语》亦有《春秋》教义。"今谓《春秋》大义当求之《论语》。《论语》无一章显说《春秋》,

---

① 马一浮:《复性书院讲录》卷二,载吴光主编《马一浮全集》第一册上,浙江古籍出版社2013年版,第156页。
② 马一浮:《复性书院讲录》卷二,载吴光主编《马一浮全集》第一册上,浙江古籍出版社2013年版,第157页。

而圣人作《春秋》之旨全在其中。"① 马一浮继承了《春秋》为孔子作的观点，认为《论语》囊括了孔子作《春秋》的意图，可以借《论语》来说《春秋》。马一浮将《论语》蕴含的《春秋》教化意蕴归纳为四个方面。

第一，夷夏进退，即政权性质的判断。《春秋》对一国称夷或称夏，体现了对政权性质的判断和褒贬的态度，这点在《论语·八佾》"夷狄之有君，不如诸夏之无也"中有所体现。马一浮认为，《论语》此句意在正名："此在正名，大义有二科：一正夷夏之名，一正君之名。《春秋》不予夷狄为礼，是以无礼为夷狄也。"② 就正夷夏之名而言，夷夏的分野在于是否有信义："伐丧无义，叛盟无信，无义无信，是夷狄也。"③ 马一浮认为，《春秋》中的夷夏已经由游牧民族与农耕民族这种生产方式上的区分，转变为文化上的概念，以道德特别是礼义作为评判标准。"诸夏与夷狄之辨，以有礼义与无礼义为断，而非以种族国土为别明矣。"④ 中原之国无礼无义可称夷狄，周边之国若行礼义则为诸夏。就正君之名而言，夷夏分途的决定性因素是统治者的道德。正君之名主要是明确君的称谓中的道德意涵："林、烝皆众义；皇、王皆大义；天是至上义，至遍义；帝是审谛义；后是继述义；辟是执法义：总此诸义，故知君为德称。故夷狄之君，《春秋》所不君也。"⑤《春秋》有德之君与诸夏相称，无德之君对应夷狄之名。《春秋》或许一国为诸夏，或贬一国为夷狄，判断的依据和褒贬的态度已经在《论语》中显现出来。

第二，文质损益，即历史进程的认识。马一浮认为，"此义在《论

---

① 马一浮：《复性书院讲录》卷二，载吴光主编《马一浮全集》第一册上，浙江古籍出版社2013年版，第160页。
② 马一浮：《复性书院讲录》卷二，载吴光主编《马一浮全集》第一册上，浙江古籍出版社2013年版，第167页。
③ 马一浮：《复性书院讲录》卷二，载吴光主编《马一浮全集》第一册上，浙江古籍出版社2013年版，第168页。
④ 马一浮：《复性书院讲录》卷二，载吴光主编《马一浮全集》第一册上，浙江古籍出版社2013年版，第168页。
⑤ 马一浮：《复性书院讲录》卷二，载吴光主编《马一浮全集》第一册上，浙江古籍出版社2013年版，第169页。

语》甚显,而后儒说《春秋》者多为曲说。如言质家亲亲,故兄终弟及;文家尊尊,故立子以长;殷爵三等,周爵五等之类。以此区分文质,实不成义理"①。他认为,《论语》关于文质最重要的莫过于"质胜文则野,文胜质则史,文质彬彬,然后君子"(《论语·雍也》)。文质主要是就道德人格而言,君子达到了文质并用、文质平衡的状态。汉儒所构造的一文一质、文质循环的历史演进程不符合孔子的原意。《论语·卫灵公》"颜渊问为邦",孔子以"行夏之时,乘殷之辂,服周之冕,乐则韶舞"答之。在马一浮看来,孔子"告以四代礼乐,可见文质并用之旨"②。孔子对政治制度的设计和对历史的总结并不偏重于文质中的一方,而是综合前代,达到文质互补、文质并用的效果。无论是在个人成德还是历史认识上,孔子都强调文质并用。学者可以通过《论语》从文质并用的角度理解圣人对历史过程的认识和对政治制度的损益,避免以文质更替论来理解《春秋》的历史叙述。

第三,刑德贵贱,即政治要素的本末。"礼乐是德,征伐是刑。礼乐之失而为僭差,征伐之失而为攻战。《春秋》为是而作。"③ "《春秋》之所恶者,不任德而任力。"④ 在德与刑、德与力之间,《春秋》褒扬道德,批评刑罚无度和以力服人的情况。马一浮认为,这种德为政本、贵德贱刑的思想在《论语》中已经得到了充分的展现。《论语》对德的表彰主要体现在"为政以德""道之以政"等,对刑的反思包括"去兵""必使无讼"等。《论语》中广义的"刑"包括刑罚、军事储备和狱讼纷争等。这些内容只是政治之末,统治者应当以德为先,达到刑无所用的效果。《论语》贵德贱刑的态度,已经展现了"任德不任刑"的《春秋》规模。

第四,经权予夺,即政治的根本原则及其具体应用。经指恒常不变

---

① 马一浮:《复性书院讲录》卷二,载吴光主编《马一浮全集》第一册上,浙江古籍出版社2013年版,第169页。
② 马一浮:《复性书院讲录》卷二,载吴光主编《马一浮全集》第一册上,浙江古籍出版社2013年版,第169页。
③ 马一浮:《复性书院讲录》卷二,载吴光主编《马一浮全集》第一册上,浙江古籍出版社2013年版,第173页。
④ 马一浮:《复性书院讲录》卷二,载吴光主编《马一浮全集》第一册上,浙江古籍出版社2013年版,第173页。

的道理，在政治生活中体现为根本性的政治原则；权指根据实际环境、条件不同对政治原则的灵活应用。予夺指对人物和事件的褒贬评价。经权主要就行为而言，予夺则体现圣人的裁断。马一浮认为，《春秋》经权予夺之义在《论语》中亦有体现："子曰：'可与立，未可与权。'谓虞仲、夷逸'废中权'，谓管仲'岂若匹夫匹妇之为谅'，是言权也。'志士仁人，无求生以害人，有杀身以成仁'，'自古皆有死，民无信不立'，是言经也。'微管仲，吾其披发左衽矣'，以功则予之。'管仲之器小哉'，'管仲而知礼，孰不知礼'，以礼则夺之。《春秋》之予夺，以此推之可知也。"① 孔子在不同语境中侧重守经或行权、从不同角度臧否人物，目的都是突出道德对政治的引领作用。守经或行权根本上要以"义"为标准，圣人或予或夺凸显了《春秋》之"义"。"学者当知经权不二，然后可以明《春秋》予夺之旨。所以决嫌疑，明是非，非精于礼者未易窥其微意也。"② 从《论语》中孔子对圣王的赞许和对当时从政者的批评中，可以理解《春秋》所向往的理想政治状态。

马一浮认为，在文质、夷夏、刑德、经权之间，圣人的目的是凸显"文不能离质""夷必变于夏""刑必终于德""权不能离经"③，也就是由政见德、以德统政。"《春秋》仁以爱人，义以正己，详己而略人，大其国以容天下，在辨始察微而已。"④《春秋》之教，无论褒贬予夺，根本上都是要使人尽心知性、正己爱人。这一层深意，已经超越了单纯的历史叙述和人物评价："凡言人群之事相，究其正变得失者，不能外于《春秋》。《春秋》经世大法，不可以史目之。"⑤《春秋》彰显的是人类社

---

① 马一浮：《复性书院讲录》卷二，载吴光主编《马一浮全集》第一册上，浙江古籍出版社2013年版，第174页。
② 马一浮：《复性书院讲录》卷二，载吴光主编《马一浮全集》第一册上，浙江古籍出版社2013年版，第175页。
③ 马一浮：《复性书院讲录》卷二，载吴光主编《马一浮全集》第一册上，浙江古籍出版社2013年版，第176页。
④ 马一浮：《复性书院讲录》卷二，载吴光主编《马一浮全集》第一册上，浙江古籍出版社2013年版，第176页。
⑤ 马一浮：《复性书院简章》，载吴光主编《马一浮全集》第四册，浙江古籍出版社2013年版，第42页。

会德为政本这一重要主题，寄托了圣人的良苦用心。虽然因现实原因，马一浮此后没能在复性书院详细讲论《春秋》大义，但从《论语》诠释中已经可以看出他对《春秋》的总体认识。

三　马一浮《论语》诠释的思想特色

总体而言，马一浮的《论语》诠释并不是严格意义上的文本解读，而是基于《论语》与"六艺论"的紧密关联进行义理上的探讨。作为其思想体系重要的一环，马一浮的《论语》诠释具有较为明显的特色。

第一，注重"六艺论"核心经典之间的贯通。严格来说，马一浮《泰和宜山会语》提出了"六艺论"大纲，《复性书院讲录》才真正意义上进行了"六艺论"经典诠释，《论语》正是其经典诠释的开端。尽管马一浮认同历史上《论语》为初学必读之书的看法，但出发点却是他对经典之间关系的判断。他将《论语》纳入"六艺论"核心经典体系，认为《论语》记圣人之言确然可信，学者得以在鲜活的语境中理解六艺的根本意旨。马一浮一一论述了《论语》如何体现了《诗》《书》《礼》《乐》《易》《春秋》的主旨与教化，内容丰富、视角多样。这一诠释方式之所以可能，在于经典之间的相互贯通。《论语》、《孝经》、六艺等经典或是孔子所作或与孔子有密切关联，其中义理一以贯之，共同构成了圣人之教的整体。《论语》在经典体系中不可或缺，通过《论语》能够体现六艺大旨；同时，《论语》并不能完全替代六艺，而是作为六艺的门径，为学者进一步深入理解六艺指明了方向。

第二，注重道德相对于政治的优先地位。在历史上，不少思想家都注重挖掘儒家经典在政治叙事背后的为政理念、制度设计等内容。在"六艺论"提出的时代，儒家经典面临着制度基础、社会基础丧失的危险，马一浮用道德引领、覆盖政治的思路，提供了经典价值重塑的可能。他借用《论语》"为政以德"等论述，将政治色彩极为浓厚的《尚书》转变为修德尽性之书；运用《论语》"道之以政"等内容，说明《春秋》所言为政的根本在于礼义。《论语》成为透彻领会道德与政治关系的基点，启迪人们透过纷繁复杂的政治性论说，理解道德相对于政治具有极端重要性和绝对优先性。这一思路在马一浮诠释六艺时得以贯彻，他将六艺之中的政治性概念转化为道德性概念，表明儒家经典在现代社会仍然具有重要价值和启示意义。

第三，注重道德修养的重要作用。"六艺论"核心经典之间之所以能够相互贯通，道德之所以相对于政治具有绝对优先性，源于马一浮对于人的心性结构的解读。六艺展现了人的本然之善、性德之真，人生的意义在于通过道德修养去除习气私欲的障蔽，使本有性德恢复光明。"据《论语》以说六艺"将六艺中相对繁杂的议题收归到心性修养的范围，于纷繁变化的世界中坚守道德的基点，砥砺修养的功夫，成就整全的人格。无论是《论语》中体现的《诗》与仁、《书》与政、《礼》《乐》与孝，还是其中蕴含的《易》于变易中见不易，《春秋》夷夏进退、文质平衡，都是在引导学者汲取道德滋养。在修养阶次上，据《论语》以说六艺，能够引导学者从《论语》中明方向、识大体，再逐步展开对六艺的领悟体会，在道德上不断进取精进，向往圣人境界。

不可否认的是，马一浮在《论语》诠释过程中还有一些内容没有详细展开。比如，他开创性地提出了"六经配六德"，但仅对《诗》配仁、《礼》配义有所解释，对《书》配知、《乐》配圣、《易》配中、《春秋》配和则较少提及。他对《论语》"三大问目"讨论比较详细，却对"言《礼》《乐》，则《易》在其中"，"言《诗》《书》，则《春秋》在其中"[①] 等观点没有进一步深入探讨，仅为读者指示了大略方向。

---

① 马一浮：《复性书院讲录》卷二，载吴光主编《马一浮全集》第一册上，浙江古籍出版社2013年版，第134页。

戴望以公羊学解《论语》的新特点
——兼与刘逢禄、宋翔凤之解《论语》比较

张天杰　杨艳冰
（杭州师范大学公共管理学院）

摘要：清代常州今文学家戴望著有《戴氏注论语》，因受外祖父周中孚的家学以及程大可、陈奂的师承等影响，其注解在方法上首先具有汉学之古文经学色彩，表现出经史结合、群经互证的特点；后师从宋翔凤学习《春秋》公羊学，故在注解的内容上又注重发挥《论语》之微言大义，主要集中在发挥"《春秋》新王说""通三统说"与"张三世说"。与刘逢禄、宋翔凤以公羊学解《论语》作比较，戴望在发挥公羊学特色的同时表现出更加突出的时代与个人色彩，他更注重传统古文经学的字、词训诂，同时因其身处清末民族与国家的危亡之际，故特别发挥经世致用之学，并就"夷夏之辨"等问题提出与众不同的新认识。

关键词：戴望　常州学派　公羊学　解经　《戴氏注论语》

戴望（1837—1873），字子高，浙江德清人。戴望出身于一个没落的书香世家，其祖父戴铭金，初名如琦，字铜士，"以诗词名嘉道间"[①]。其父戴福谦，初名芳，字贻仲，号琴庄。戴福谦学问渊博，是晚清著名

[①] （清）施补华：《戴子高墓表》，载（清）戴望注，郭晓东疏《戴氏注论语小疏》，华东师范大学出版社 2014 年版，第 243 页。

学者俞樾（1821—1907，字荫甫，自号曲园居士）的表兄。母亲周氏，为著名汉学家周中孚之女，因此，受外祖父周中孚的影响，戴望从小就耳濡目染汉学之家传，"周先生深于汉学，为诂经精舍名宿，君（戴望）之学渊源于是"①。在戴望四岁那年，父亲戴福谦因两次应试不中，客死京师，祖父因受此打击留下绝命词四首而去，只留孤儿寡母相互依靠，生活凄惨："家贫岁饥，益无依赖。于是君挟册悲诵，寡母节衣缩食，资君以学，时时空无，相对啜泣。"②尽管家境贫寒，戴母也并未放弃对戴望的培养和教育，戴望亦展现出超乎常人的聪慧："君（戴望）始六七岁，读书日数十行。"③

受祖父周中孚之汉学影响，戴望的为学原本就从汉学开始。九岁时，戴望又开始跟随程大可学习朴学，这段为学经历奠定了戴氏扎实的汉学基础。十四岁时读颜习斋书，崇颜李之学："以为颜李之学，周公、孔子之道也"，后萌"条其言行及授受源流，传诸将来"之意。④编《颜氏学记》一书，对颜李学派的传播起到了推动作用，同时也奠定了戴望思想中经世致用的一面。这一阶段，戴氏接受的主要是古文经学。到了1857年，时年二十岁的戴望前往苏州师从古文大师陈奂，受《毛诗》、通声韵训诂之学。后又从今文学家宋翔凤受《春秋公羊传》，自此正式涉足今文经学。然而出于古文经学训诂考据的学术立场，当时戴望对被人们视为"非常疑义可怪之论"的公羊学"未能信也"，戴望自述其心路历程：

> 望初溺《左氏》，自谒吴宋先生，诏以先生遗书（按：指刘逢禄的书），狃于习俗，未能信也。其后宋先生没，望避难穷山中，徐徐取读之。一旦发寤，于先生及宋先生书，若有神诰迥然，于吾生之

---

① （清）张星鉴：《戴子高传》，载（清）戴望注，郭晓东疏《戴氏注论语小疏》，华东师范大学出版社2014年版，第295页。
② （清）施补华：《戴子高墓表》，载（清）戴望注，郭晓东疏《戴氏注论语小疏》，华东师范大学出版社2014年版，第243页。
③ （清）施补华：《戴子高墓表》，载（清）戴望注，郭晓东疏《戴氏注论语小疏》，华东师范大学出版社2014年版，第243页。
④ （清）戴望：《颜氏学记序》，载陈山榜、邓子平主编，（清）戴望注，郭晓东疏《颜李学派文库》第5册，河北教育出版社2009年版，第1379—1380页。

晚，不获侍先生也。①

彼时戴望具有强烈的古文经学治学倾向，因此从刘逢禄获赠《左氏春秋考证》时"狃于习俗，未能信也"。然而1860年太平军入浙江，戴氏奉寡母避难于城南东林山时，对今文经学的态度发生了一大转变，正如其自述"徐徐取读之。一旦发寤，于先生及宋先生书，若有神诰迥然，于吾生之晚，不获侍先生也"。自此，戴望彻底接受了常州今文经学，这是其学术立场的一大重要转变。

常州今文经学家解《论语》，特别注重发挥《论语》中的微言大义，如刘逢禄称："《论语》总《六经》之大义，阐《春秋》之微言"②，宋翔凤亦云："《论语说》曰：子夏六十四人共撰仲尼微言以当素王。微言者，性与天道之言也。"③戴望亦不例外，其作《论语注》的意图在于发扬刘逢禄、宋翔凤之学，阐发《论语》中的素王改制之学。因此，戴氏之注与刘、宋两人多有类似，有时甚至完全相同。例如《论语·八佾第三》"曾谓泰山不如林放乎"一句，宋氏《论语说义》注曰："曾，犹乃也。乃谓泰山之神不如林放知礼之有本，而顺季氏奢僭之意为升中于天乎？"④戴氏注亦曰："曾，犹乃也。乃谓泰山之神不如林放知礼之有本，而顺季氏奢僭之意，为升中于天乎？"⑤两者一字无差。不过，戴氏注《论语》与刘、宋两人对比而言亦有所发挥，这一点在戴望自述其注《论语》的原因中有所体现："顾其书皆约举，大都不列章句，辄复因其义据，推广未备。"⑥戴望认为，刘逢禄的《论语述何》以及宋翔凤的《论语说义》用的都是说经体的体裁，因此颇有未备之处，遂依《论语》篇

---

① （清）戴望：《故礼部仪制司主事刘先生行状》，《谪麟堂遗集》，清宣统三年（1911），会稽邵氏版铅印本。
② （清）刘逢禄：《论语述何》序，《清经解》卷一二九八，上海书店1988年版，第451页。
③ （清）宋翔凤：《论语说义》序，华夏出版社2018年版，第1页。
④ （清）宋翔凤：《论语说义》二，华夏出版社2018年版，第36页。
⑤ （清）戴望注，郭晓东疏：《戴氏注论语小疏》，华东师范大学出版社2014年版，第68页。
⑥ （清）戴望注，郭晓东疏：《注论语叙》，《戴氏注论语小疏》，华东师范大学出版社2014年版，第292页。

目立注,"櫽栝《春秋》及五经义例",本于刘、宋之意,而成《戴氏注论语》二十卷。

尽管只有短短三十七年的学术生涯,但戴望在中国学术史,尤其是近代学术史上留下了重要的足迹,其著作颇丰,除《戴氏注论语》二十卷外,还有《颜氏学记》十卷、《管子校正》二十四卷,《谪麟堂遗集》四卷,又有《古文尚书述》,惜其未成而病亟矣。其中《戴氏注论语》二十卷(同治十年金陵书局刻本),是继刘逢禄、宋翔凤而起,可谓常州学派以公羊学解《论语》集大成的代表作,对后世《论语》学的发展产生了相当深远的影响。以郭晓东校疏版《戴氏注论语小疏》[1] 为版本依托,探讨《戴氏注论语》的独特性之所在,并对《戴氏注论语小疏》的未作探讨之处作出补充,同时还将其与刘逢禄、宋翔凤之解《论语》进行比较,指出其在清末民族与国家危亡之际的时代与个人特色。[2]

一 解经方法:坚守汉学考据之风采,广辑经典、群经互证

如前所述,受到早年来自外祖父周中孚汉学之家学的影响,以及师从程大可、陈奂学习朴学、声韵训诂之学的影响,戴望注《论语》具有汉学考据学之严谨崇实的鲜明特点。此外,戴望注《论语》广辑经典,大量引用先秦和两汉时期的经、子之书,具体表现为以《春秋》三传为主,折中结合其他儒家经典互证,因而戴望注《论语》还具有经史结合

---

[1] (清)戴望注,郭晓东疏:《戴氏注论语小疏》,华东师范大学出版社2014年版。郭晓东《戴氏注论语小疏》以《续修四库全书》影印之清同治十年金陵书局初刻本(据复旦大学图书馆馆藏本影印)为底本,并对戴氏注之出处、涉典故与义理之术语,尤其是大量涉及《春秋》与《礼》的内容加以疏释。

[2] 学界对戴望《论语》学的研究并不多,如朱淑君《戴望经学论述》[《首都师范大学学报》(社会科学版)2004年第3期]与郭晓东《论宋翔凤与戴望对公羊"太平世"的不同理解》(《社会科学辑刊》2019年第1期),主要其限定在常州今文经学以公羊学解《论语》框架之内,未能充分展示其注解的方法与内容以及时代与个人的独特之处。

的鲜明特点。

（一）汉学考据之风采

作为今文经学家，戴望作《论语注》虽然意图在于发扬刘逢禄、宋翔凤之学，阐发《论语》中今文经学家之微言大义，但从方法上来看，《戴氏注论语》表现出极为浓厚的考据学色彩。戴望的外祖父周中孚是汉学大家，因此从小就耳濡目染汉学之家学，"周先生深于汉学，为诂经精舍名宿，君（戴望）之学渊源于是"①。后又先后师从程大可、陈奂接受声韵训诂等经师家法，奠定了戴望之汉学基础。戴望并不排斥古文经学，甚至对古文经学审音、识字、辨义以通经的治经方法颇为赞许，推崇皖派大师戴震为"本朝儒者第一"。关于训诂与义理的关系，戴震曾有过相当深刻而富有见解的论述：

> 由文字以通乎语言，由语言以通乎古圣贤之心志。言者辄曰：有汉儒经学，有宋儒经学，一主于故训，一主于理义。此诚震之大不解也者。夫所谓理义，苟可以舍经而空凭胸臆，将人人凿空得之，奚有于经学之云乎哉！惟空凭胸臆之组无当于贤人圣人之理义，然后求之古经；求之古经而遗文垂绝，今古悬隔也，然后求之故训。故训明则古经明，古经明则贤人圣人之理义明而我心之所同然者乃因之而明。贤人圣人之理义非它，存乎典章制度者是也。②

在戴震看来，训诂与义理并非截然两物，只有将两者结合起来，才能真正通晓经典之道理。戴望继承了这条解经的思路，其注《论语》时虽然注重发挥《论语》之微言大义，但是在解经方法上，仍然坚持训诂考据之崇实严谨的学风，注重对字、词进行训诂考据，强调言之有物，

---

① （清）张星鉴：《戴子高传》，载（清）戴望注，郭晓东疏《戴氏注论语小疏》，华东师范大学出版社2014年版，第295页。

② （清）戴震撰：《题惠定宇先生受经图》，《戴震全书》六，黄山书社2010年版，第504页。

不可虚发议论:"言不可穿凿以为智。"① 例如《论语·学而第一》中"学而时习之,不亦说乎"一章,戴望注曰:

> 学,谓学六艺。《保傅传》曰:古者年八岁,入就小学,学小艺,履小节焉……时,谓春诵,夏弦,秋学礼,冬读书。习,调节也。春夏顺阳气,秋冬顺阴气。以时调节,得天中和,故说也。周衰学废,孔子明王道,故首陈瞽宗上庠教士之法。②

在这里,戴望不仅明确了《论语》"学而时习之,不亦说乎"一章提出的历史背景,更对"学""时""习"等字进行了训诂学解释,从而使得《论语》和《春秋》的意义关联更加严谨。这种以字为单位、注重训诂考据的解经方法在逻辑上更加严谨,是戴望注《论语》的一大特点。

(二) 经史结合、群经互证

《戴氏注论语》之注重训诂考据的一面,不仅表现为对字、词的词源学考据,更体现为广辑经典。具体表现为以《春秋》三传为主,折中结合其他儒家经典互证,因而戴望注《论语》还具有经史结合的鲜明特点。

戴望注《论语》时,几乎每一章都援引经典或先儒的议论,从而加强论证的权威性与可靠性。首先来看以《春秋》三传解《论语》的几个例子。《论语·为政第二》"七十而从心所欲不逾矩",戴望注曰:

> 矩,从,顺也。欲立立人,欲达达人,顺事恕施,无非法者。矩以喻法也。《周髀》曰:"数之法出于员方,员出于方,方出于矩,矩出于九九八十一。矩之为用,可以裁制万物。"孔子年七十,适当哀公十四年获麟之岁,使子夏等十四人求周史记,得百二十国宝书,以作《春秋》,九月而经立。《春秋》之作,称天受命,假鲁以寓王法。备五始、三科、九旨、七等、六辅、二类之义,轻重详略、远

---

① (清)戴望注,郭晓东疏:《戴氏注论语小疏》,华东师范大学出版社2014年版,第58页。
② (清)戴望注,郭晓东疏:《戴氏注论语小疏》,华东师范大学出版社2014年版,第38页。

近亲疏,人事浃,王道备,拨乱反正,功成于麟,见纯太平。皆不逾矩之效与。①

在这里,《论语》本义是在讲个体生命对天道的体验,是纯粹关于心性的话题。而戴望用公羊学的"三科九旨"对这一纯粹心性的话题作了公羊学的解读。所谓"三科九旨"是公羊学的基本义理之一,何休作《文谥例》云:"三科九旨者,新周、故宋,以《春秋》当新王,此一科三旨也";又云"所见异辞,所闻异辞,所传闻异辞,二科六旨也";又云"内其国而外诸夏,内诸夏而外夷狄,是三科九旨也"。何氏所谓"一科三旨""二科六旨也"和"三科九旨"已经包含了公羊家强调的"张三世""通三统"之说,体现出公羊学要求改制的思想。因此,戴望在这里借用《春秋》解《论语》,实际上还是将《论语》文本纳入公羊学之逻辑与研究框架,借注《论语》发挥今文经学之微言大义。

再来看另一处,"子路曰:'子行三军,则谁与?'"(《论语·述而第七》),戴望引《公羊传》注曰:

无兵搏虎曰暴虎,无舟楫渡河曰冯河。王者行师,以全取胜,不以轻敌为上。《传》曰:"善为国者不师,善师者不陈。善陈者不战,善战者不死,善死者不亡。……师出不正反、战不正胜",故必先之以惧,乃能用谋,谋多则事不集,故又贵能定。成、定也。②

在这里,戴望引《谷梁传》中"善陈者不战,善战者不死,善死者不亡"以及《公羊传》中"师出不正反、战不正胜"两句,引经据典,论证"仁者不做无谋之事"的道理,增强论证的可靠性与权威性。除《春秋》三传外,戴望还多次援引《史记》。例如《论语·雍也第六》中"子见南子,子路不说"章,戴望注曰:

---

① (清)戴望注,郭晓东疏:《戴氏注论语小疏》,华东师范大学出版社2014年版,第63页。
② (清)戴望注,郭晓东疏:《戴氏注论语小疏》,华东师范大学出版社2014年版,第126页。

戴望以公羊学解《论语》的新特点

定公十四年，孔子自陈返乎卫，灵公夫人南子使请见孔子。曰："四方之君子。不辱欲与寡君为兄弟者，必见寡小君，寡小君愿见。"孔子辞。不得已而见之。①

戴望在这里借助《史记·孔子世家》"为子见南子，子路不说"一事提供了确定的历史背景，为本来没有明确历史背景的对话明确了历史语境，如此一来，对于《论语》文本的解读则更加可靠了。类似的引文还有一处，《论语·先进第十一》中"子曰：'回也，非助我者也，于吾言无所不说。'"一章，戴望注曰：

言回岂非助我者邪。孔子曰："自吾得回。门人益亲。"……达于其情则能说其言。《春秋》之作，笔则笔，削则削，贤如游、夏，不能赞一辞，说之深也。②

《史记·仲尼弟子列传》记载，"回年二十九，发尽白，蚤死。孔子哭之恸，曰：'自吾有回，门人益亲。'"③ 倘若此处戴望没有引用《史记·仲尼弟子列传》加以注释，对这一章的解读则会完全不同。表面来看孔子似乎是在批评颜回，而事实上，孔子对颜回却赞赏有加。可见，戴望对《史记》的引用有助于明确历史语境，如此一来，对《论语》文本的解读则更加可靠了。

除大量援引史书外，戴望注《论语》时还大量引用了其他儒家经典，尤其是作为《春秋》公羊学一代宗师的董仲舒，其著作《春秋繁露》更是被频繁引用。例如《论语·八佾第三》："王孙贾问曰：'与其媚于奥，宁媚于灶，何谓也？'子曰：'不然；获罪于天，无所祷也。'"戴望注曰：

---

① （清）戴望注，郭晓东疏：《戴氏注论语小疏》，华东师范大学出版社2014年版，第121页。

② （清）戴望注，郭晓东疏：《戴氏注论语小疏》，华东师范大学出版社2014年版，第172页。

③ 杨家骆编著：《史记今释》，北京联合出版公司2019年版，第546页。

> 古者诸侯之士不贡于王，不见徵与天子，则不可仕于王室。天子之大夫可以适诸侯，不可以仕于诸侯之国。贾自周出仕卫，故诡辞以自解于孔子，明奥尊而无事，宠卑而有求也。……天以喻王。董子说此义云："天者百神之大君也，事天不备，虽百神犹无益也。"故《春秋》于不郊而望，则书以讥之。①

此处戴望引用今文大师董仲舒《春秋繁露·郊语》中"天者百神之大君也，事天不备，虽百神犹无益也"一句，从而增强了论证的权威性。相同的注释还有一处，《论语·八佾第三》："子曰：'居上不宽，为礼不敬，临丧不哀，吾何以观之哉？'"戴望注曰：

> 董子曰："仁治人，义治我。以自治之节治人，是居上不宽也；以治人之度自治，是为礼不敬也。为礼不敬则伤行，而民不尊；居上不宽则伤厚，而民弗亲。弗亲则弗信，弗尊则弗敬。"……丧，丧次也。以尊适卑扫临。礼：君吊臣，升自阼阶，西向哭。……"大夫卒，比葬不食肉，比卒哭不举乐。士，比殡不举乐。"②

孔子严厉地批判了"居上不宽""为礼不敬""临丧不哀"等礼制衰落的社会现象。此处戴望援引《春秋繁露》与《白虎通》之原文，认为"仁治人，义治我。以自治之节治人"即为"居上不宽"；"以治人之度自治"便是"为礼不敬"，二者会导致"民不尊""民弗亲"以及"民弗敬"的危害。此外，戴氏还训"丧"为"丧礼"、训"礼"为"吊"，对"丧""礼"二字作了训诂意义的解释，增强论证的可信度与权威性的同时，再次体现了戴氏学术研究中深入骨髓的汉学之风采。

---

① （清）戴望注，郭晓东疏：《戴氏注论语小疏》，华东师范大学出版社2014年版，第75页。
② （清）戴望注，郭晓东疏：《戴氏注论语小疏》，华东师范大学出版社2014年版，第83页。

二　注疏内容：探究圣人之微言大义

戴望师从今文大师宋翔凤，自然继承了今文经学派以公羊学解经的传统，注重发挥《论语》中的微言大义，十分强调公羊学之"《春秋》新王说""通三统说"与"张三世说"等主要思想。值得注意的是，戴望尤其重视"张三世说"中的"太平世"，并通过对"太平世"的论述寄托其希望"新王出世"加以"改制"的政治理想。

（一）发挥《论语》中的微言大义

清代常州今文经学派注重以《春秋》公羊学解释群经，戴望亦继承了今文经学家的这一传统，自述其注《论语》的目的在于求得"素王之业、太平之治"。在他看来，孔子"述先王之道以作《春秋》，起衰乱、治升平、以极太平、人事浃、王道备"[①]，而这种拨乱反正以致太平之旨，就体现在《论语》的章节编排中。《论语》的最后一章说道："不知命，无以为君子也；不知天礼，无以立也；不知言，无以知人也。"（《论语·尧曰第二十》）戴望在此处的注疏阐明了《论语》中所蕴含的微言大义，亦体现了其注《论语》的基本思想倾向：

> 君子拨乱世反诸正，以兴学为首，故首以《学而》，犹《春秋》之始元，正本以理万事也；古者大学明堂同处，明堂天法，礼度德法，学以为政，明堂之政也。故次以《为政》；治起衰乱，莫先于正僭窃之诛，明礼教之本，故次以《八佾》；为礼当帅天下以仁，故次以《里仁》；仁道不立，则刑狱繁兴，虽有贤者，犹不免囹圄囚诸之辱，故次以《公冶长》；仁者宜在高位，南面以兴明堂之治，则贤者进，不肖者退，故次以《雍也》；明堂之法，三代所同，述古昔，称

[①]　（清）戴望注，郭晓东疏：《戴氏注论语小疏》，华东师范大学出版社2014年版，第224页。

先王，要皆归乎六位，时成终既济，定《易》与《诗》、《书》、《礼》、《乐》、《春秋》，皆太平之正经也，故次以《述而》；行王政，致太平，以礼让为本，古之人有禄以天下，不以易让，泰伯是也，故次以《泰伯》；先王崇四术，孔子以设教，性与天道，知春人不待告，故次以《子罕》；德博而化积，渐至于近升平之世，则在朝在乡，皆能文以礼乐而成仁，故次以《乡党》，而居第十，数始于一，成于十也；因时敝行礼乐，当以质救文，故次以《先进》；能识礼乐之文，德可王天下，颜渊、仲弓是也，故次以《颜渊》；有文事必有武备，行三军之任，则子路可，故次以《子路》；文武道备，上有贤君，下不耻受禄，故次以《宪问》；积聚师旅以禁暴除乱，非以玩武，夫佳兵不祥物，或恶之，故次以《卫灵公》；诸侯盗天子礼乐征伐之柄，灾及戒社，京师于吴、楚颂声不复作矣，故次以《季氏》；窃柄者大夫，效尤者陪臣，震夷伯之庙，天豫戒之，故次以《阳货》；天下无道，乱臣贼子交政于中国，贤者避之，亦固其职，故次以《微子》；仲尼贤于尧舜，七十子皆公侯卿相之材，可左右天子，然而皆不当时，故次以《子张》；悲悯孔子身为素王，欲使得如尧、舜、汤、武为天下君，致纯太平，故以《尧曰》终篇，犹《春秋》文成致麟之悁也，明仲尼之道，祖述尧舜也；其《齐论》有《问王》、《知道》两篇，盖明托王之事，三代改制质文之故，以申《尧曰》之指，顾其篇佚，无得而绝焉。①

分析这段注解可以发现，在戴望看来，《论语》各章正是有意按照"起衰乱、治升平、以极太平、人事浃、王道备"的顺序依次排列而成，此正是圣人在《论语》中暗藏之微言大义，这种理解具有明显的公羊学特点，同时体现了戴望希望"有王者起，取法《春秋》，拨乱政治"，希望"新王"出世，通过革命之"制作"变革社会现实的政治理想。

因此，戴望注《论语》时特别重视公羊学中强调变革的一面，重视

---

① （清）戴望注，郭晓东疏：《戴氏注论语小疏》，华东师范大学出版社2014年版，第289—290页。

公羊学之"《春秋》新王说"、"通三统说"与"张三世说",下面依次举例说明:《论语·为政第二》"温故而知新"章,戴望将"新"字解读为"新王之法":"温犹畜也。故,古昔之事;新,新王之法。"① 又例如《论语·为政第二》"子张学干禄"章,戴望注"多闻"为"所传闻世、所闻世",注"多见"为"所见世"。再例如,《论语·为政第二》中"子张问:'十世可知也?'"章,戴望注曰:"此明通三统之义,举夏、殷、周而不及虞,《春秋》于三正皆书王是也……三王之道若循连环,周则复始,穷则反本……孔子成《春秋》,绌夏、存周,以《春秋》当新王,损周之文,益夏之忠,变周之文,从殷之质,兼三王之礼,以治百世,有王者起,取法《春秋》,拨乱致治,不于是见与?"② 类似的解经方法在戴氏《论语注》中还有很多,究其原因,一方面是出于常州今文经学派解经的公羊学传统,另一方面则与早年颜李之学在其身上留下的经世致用思想,以及戴望身处晚清政府飘摇之际的时代背景密切相关。

戴望极为推崇颜李学,十四岁始读颜元斋书,便"以为颜李之学,周公、孔子之道也"(《颜氏学记序》)。后编撰《颜氏学记》十卷,拉开了清代颜李学复兴的序幕。戴望对颜元评价极高,赞扬道:"其言忧患来世,正而不迂,质而不俗,以圣为轨,而不屑诡随于流说;其行则为孝子,为仁人于乎!如颜氏者,可谓百世之师已,其余数君子,亦皆豪杰士也。同时越黄氏,吴顾氏,燕秦间有孙氏、李氏皆以耆学硕德,负天下众望,然于圣人之道,犹或沿流溯源,失其指归,如颜氏之摧陷廓清,比于武事,其功顾不伟哉!"(《颜氏学记序》)在他看来,颜元的学术与人品都堪称一流,且远超黄宗羲、顾炎武以及孙夏峰等人,可见戴望对颜元评价颇高。

戴望好颜李学,尤其继承了颜李学倡导实学、强调经世致用的一面,这与其所处的时代背景有着紧密的联系。戴望所处的时代正是中国遭受内忧外患之双重压迫的时期,这使得戴氏在为学过程中尤其注重学术思

---

① (清)戴望注,郭晓东疏:《戴氏注论语小疏》,华东师范大学出版社2014年版,第56页。

② (清)戴望注,郭晓东疏:《戴氏注论语小疏》,华东师范大学出版社2014年版,第63页。

想的"可用性",并且十分关注时事:"潜心兵农礼乐之学,晓然于民生利病所在。慨民柄之不伸,嫉国政之失平。"① 这种经世致用思想自然也体现在戴望注《论语》的过程中,正如郭晓东在《戴氏注论语小疏》中指出:"以《春秋》当新王"是公羊学中极其富有革命批判精神的理论,它表达了对"时王"的不满以及渴望"新王"出现取而代之的愿望,戴望推崇"以《春秋》当新王",正是借《春秋》来表达对现实政治的不满,抒发其希望"新王"出世加以"革命制作"来推翻旧制的政治理想。②

(二)注重"三世说",尤其是太平世

"张三世"学说是公羊学的重要理论之一,戴望更是用力于此,其《戴氏注论语》十分强调对公羊学之"三世说"的发挥,如《论语·雍也第六》道:"夫仁者,己欲立而立人,己欲达而达人",戴望注曰:"春秋有张三世之法,于所传闻世,治起衰乱,录内略外;于所闻世,治升平,内诸夏外夷狄;于所见世,治太平,天下远近小大若一,皆由能近取譬,横而充之,故传曰:'末不亦乐乎尧、舜之道与尧、舜之知君子也。'"③ 又如《论语·为政第二》:子曰:"多闻阙疑,慎言其余,则寡尤;多见阙殆,慎行其余,则寡悔。言寡尤,行寡悔,禄在其中矣。"戴望注曰:"多闻谓所传闻世、所闻世也。《春秋》于所传闻世、所闻世阙疑,皆据列国史文,如陈侯鲍卒以二日,夏五无月,郭公系曹下,皆是也。孔子曰:"听远音者,闻其疾而不闻其舒;望远者。察其貌而不察其形。立乎定、哀以指隐、桓、隐、桓之际远矣。夏五,傅疑也。"④

不过,戴望并非简单沿袭旧说,其侧重点在于三世中的"太平世"。在戴望看来,最理想的生存境界便是进入"太平世",因此应该由"新

---

① (清)戴望撰:《谪麟堂遗集》,会稽赵氏本铅印,清宣统三年(1911)刊本。
② 参见(清)戴望注,郭晓东疏《戴氏注论语小疏》,华东师范大学出版社2014年版,第13页。
③ (清)戴望注,郭晓东疏:《戴氏注论语小疏》,华东师范大学出版社2014年版,第122页。
④ (清)戴望注,郭晓东疏:《戴氏注论语小疏》,华东师范大学出版社2014年版,第58页。

王"出世加以"改制",从而实现"圣王在上、政教平、仁爱洽,使民生者不怨、死者不恨"的"纯太平之世"。① 由此愿景出发,戴望对实现理想中的太平之世提出了一系列要求。

首先,戴望对统治者提出了要求,强调统治者必须注重仁义,实行以德治国。《论语·里仁第四》:"君子去仁,恶乎成名。"戴望间接引用《淮南子·泰族训》道:"圣人以仁义为准绳,中是之为君子,不中是之为小人。"② 值得注意的是,戴望尤其强调仁义的重要性。《论语·里仁》"吾道一以贯之"章,戴望注曰:

> 贯,读如一贯三为王之贯。贯。中也,通也。一谓仁也,仁为德元,义、礼、智、乐皆由此出,故变文言一。一者万物之所从始也。董子曰:"古之造文者,三画而连其中谓之王,三者天地人也。连其中者通其道也。取天地与人之中以为贯而参通之,非王者孰能当是?"故王者必法天以大仁,覆育万物、既化而生之,又养而成之。③

在这里,戴望将孔子思想中之"一以贯之"者理解为"仁",认为仁为德元,是"万物之所从也",义、礼、智、乐皆由此出。并引公羊学大家董仲舒《春秋繁露》,认为王者必取天地与人之中以为贯而参通之,而王者必法天地以大仁,可见其对"仁"的重视。

其次,戴望说到,统治者想要做到仁义,成为君子,就必须以修身为本。"颜渊问仁。子曰:克己复礼为仁。"(《论语·颜渊第十二》)戴望注曰:"克,责也;复,反也。能责己反礼,然后仁及天下。《春秋》

---

① (清)戴望注,郭晓东疏:《戴氏注论语小疏》,华东师范大学出版社2014年版,第139页。
② (清)戴望注,郭晓东疏:《戴氏注论语小疏》,华东师范大学出版社2014年版,第85页。
③ (清)戴望注,郭晓东疏:《戴氏注论语小疏》,华东师范大学出版社2014年版,第90页。

详内而略外，王者先自治也。"① 戴望认为，统治者对内先做到克己复礼，方能向外仁及天下，这一观点在《论语·卫灵公第十五》"躬自厚而薄责于人，则远怨矣"的注疏中有更详细的阐释：

> 责己厚。责人薄。则远于怨咎。《春秋》详内小恶，略外小恶。以此。②

按《公羊》之义，《春秋》以鲁为治地，"内其国而外诸夏，内诸夏而外夷狄"③。因此在内外关系上应详内略外，先治理"内"，以己为榜样，然后再去治理"外"，从而由内到外，先己后人。这一道理扩充至人际交往领域，表现为应该严于律己，宽以待人，故内有小恶要谴责，外有小恶可宽恕，即所谓"内小恶书，外小恶不书"④。

那么，统治者怎样做才算是真正实施仁政呢？《论语》曰："己欲立而立人，己欲达而达人"（《论语·雍也第六》），戴望注曰：

> 仁者，以己之欲通天下之欲。立，定，通达也。欲定人之生，谓制田里廛宅以富之，欲通人之道谓设庠序学校以教之，皆近取诸身而喻之于人。行仁之道务此而已……不富无以养民情，不教无以理民性。故家五亩宅百亩田所以富之，立大学设庠序所以教之。⑤

戴望指出，想要真正实行仁政，首先应"制田里廛宅以富之"，即满足人民的温饱问题，然后再"设庠序学校以教之"以"通人道"，如此便可"养民情""理民性"，这便是行仁之道。尽管对实现太平之治有着一

---

① （清）戴望注，郭晓东疏：《戴氏注论语小疏》，华东师范大学出版社 2014 年版，第 183 页。
② （清）戴望注，郭晓东疏：《戴氏注论语小疏》，华东师范大学出版社 2014 年版，第 235 页。
③ （东汉）何休注，徐彦疏：《春秋公羊传注疏》，上海古籍出版社 2014 年版，第 5 页。
④ （东汉）何休注，徐彦疏：《春秋公羊传注疏》，上海古籍出版社 2014 年版，第 38 页。
⑤ （清）戴望注，郭晓东疏：《戴氏注论语小疏》，华东师范大学出版社 2014 年版，第 143 页。

系列设想，戴望亦深刻地指出，三世更替而致太平是一个困难且漫长的过程，《论语》："子曰：觚不觚，觚哉！觚哉！"（《论语·雍也第六》）戴望注曰：

> 孔子削觚而志有所念。觚不时成，故曰觚哉觚哉，以喻孔子削觚而志有所念。觚不时成，故曰觚哉觚哉，以喻为政而至纯太平，非一日之积也。①

《论语》：子曰："譬如为山，未成一篑，止，吾止也。譬如平地，虽覆一篑，进，吾往也。"（《论语·子罕第九》）戴望注曰：

> 其进者，吾往而与之，以其功可终成，喻君子修学，至于圣人，修治至于纯太平，皆由一贯也。②

在戴望看来，三世更替而至纯太平并非一日之积，也并非常人所能及，拨乱反正而至纯太平乃是"革命"之"制作"，是"新王"之功业：

> 《春秋》与所传闻世，著治始起；于所闻世，治廪廪进升平；于所见世，治太平见。新王反正之渐也。③

在这里，戴望将治太平之心愿寄于"新王"，然而，现实的历史并未实现"太平世"，故其注《论语·子罕第九》"凤鸟不至，河不出图，吾已矣乎"时便寄予了自己的黯然伤感之情：

---

① （清）戴望注，郭晓东疏：《戴氏注论语小疏》，华东师范大学出版社2014年版，第120页。
② （清）戴望注，郭晓东疏：《戴氏注论语小疏》，华东师范大学出版社2014年版，第157页。
③ （清）戴望注，郭晓东疏：《戴氏注论语小疏》，华东师范大学出版社2014年版，第201页。

此孔子伤世无明王也。明王出，致太平，则凤鸟至，河出图矣。今天无此瑞。"已矣夫"，恨不制作礼乐也。制作必当革命之际，不欲显言，故以凤鸟河图见意焉。①

"凤鸟"是祥瑞的象征，"河图"意味着圣人出世，孔子借叹"凤鸟不至""河不出图"抒发天下无清明之望的愤懑之情。在戴望看来，孔子伤世无明主，因而现实政治并不是也不可能实现"纯太平之治"；恨不制作礼乐，而制礼作乐必当寄望于新王，这无非在暗示"新王"出世，通过"革命"加以"制作"。很显然，戴氏的这种说法饱含其深刻的现实政治思想，从而赋予了传统的公羊学更多现实批判的意义，借公羊之经义表达了自己对现实政治的关怀。

三 戴望与刘逢禄、宋翔凤《论语》学之比较

刘逢禄、宋翔凤以及戴望均为常州今文经学的重要代表人物，几人对《论语》的注疏也颇为接近，然而通过纵向分析比较三人《论语》学的特点，可以明显看到戴望注《论语》的独特之处。

（一）重视字、词的训诂考据

清代常州今文经学解经有着一以贯之的特点，从刘逢禄的《论语述何》、宋翔凤的《论语说义》，至戴望的《论语注》，都注重发挥《论语》中的微言大义，挖掘孔子的改制思想。然而从方法论角度来看，戴望的《论语注》与前者有着截然不同之处，正如戴望自述其作《论语注》的原因："顾其书皆约举，大都不列章句，辄复因其义据，推广未备。"② 刘、宋对《论语》的研究更加关注思想的引申与阐发，而戴望注《论语》还

---

① （清）戴望注，郭晓东疏：《戴氏注论语小疏》，华东师范大学出版社2014年版，第153页。
② （清）戴望撰：《注论语叙》，载（清）戴望注，郭晓东疏《戴氏注论语小疏》，华东师范大学出版社2014年版，第292页。

格外注重汉学之注疏方法，强调言之有物，不空发议论。试以《论语·为政第二》"学而时习之"一章为例加以说明，宋翔凤《论语说义》注曰：

> 先王既没，明堂之政湮，太学之教废，孝弟忠信不修，孔子受命作《春秋》，其微言备于《论语》，遂首言文学之义，曰：学而时习之，不亦说乎？时习，即瞽宗上庠教士之法。（《论语说义·学而为政》）

《戴氏注论语》注曰：

> 学，谓学六艺。《保傅传》曰：古者年八岁，入就小学，学小艺，履小节焉；束发而就大学，学大艺，履大节焉。时，谓春诵，夏弦，秋学礼，冬读书。习，调节也。春夏顺阳气，秋冬顺阴气。以时调节，得天中和，故说也。周衰学废，孔子明王道，故首陈瞽宗上庠教士之法。①

通过对比两段注疏可以发现，宋翔凤认为《论语·学而》明太学之法，戴望亦继承了这一观点，不同的是，宋翔凤更加注重从整体上阐明本文所表达的含义，并借《论语》文本表达自己的某种观念，正如黄姗指出，这种缺乏知识准确性的思想引申能够产生许多富有启发性的内涵，然而如果缺乏足够的知识学关联，则思想引申就会受到损害。②而戴望以字为单位，首先对《论语》文本进行了词源学意义上的训诂，例如对"学"与"习"字的训诂说明，从而加强了注疏的知识确定性，成就了戴氏解经的独特之处。

---

① （清）戴望注，郭晓东疏：《戴氏注论语小疏》，华东师范大学出版社2014年版，第38页。

② 参见黄姗《孔子改制与〈论语〉研究——刘逢禄至戴望的〈论语〉学》，《福建师范大学学报》（哲学社会科学版）2006年第4期。

（二）注重发挥今文学之"致用"的一面

常州今文经学极其注重发挥《论语》中的微言大义，例如今文大师宋翔凤自述其作《论语说义》的原因："《论语说》曰：'子夏六十四人，共撰仲尼微言，以当素王。'微言者，性与天道之言也。此二十篇，寻其条理，求其旨趣，而太平之治、素王之业备焉。自汉以来，诸家之说，时合时离，不能画一。蒙尝综核古今，有《纂言》之作，其文繁多，因别录私说，题为'说义'"（《论语说义序》）。宋氏认为《论语》虽不是孔子所作，但其中亦暗含了微言大义，即"性与天道之言"，因此解说《论语》当"寻其条理，求其旨趣"，从而发明"太平之治、素王之业"[①]。戴望师从宋翔凤学习今文经学，自然继承了今文经学探究《论语》中微言大义这一传统，但与之不同的是，戴望还将其政治思想融入注《论语》的过程中，借注《论语》表达了其对现实政治的关切之情。

如前所述，受其早年为学经历的影响，戴望注《论语》具有鲜明的汉学之考据学色彩，但他并未因此而拘泥于文字训诂，远离社会现实。相反，戴望注《论语》吸收了今文学之"致用"的一面，表现出强烈的经世致用色彩。值得一提的是，清代常州今文经学派解经常被人诟病为牵引附会之说，如章太炎评价宋翔凤道："长洲宋翔凤，最善傅会，牵引饰说，或采翼奉诸家，而杂以谶纬神秘之辞。"[②] 就戴望而言，此种今文经学解经的"弊病"可谓"彼之砒霜，吾之蜜糖"：一方面，严谨崇实的考据学功底为戴望的思想延伸提供了确定的知识背景与学识支撑；另一方面，思想性引申又弥补了训诂考据掣肘发散性思维的弊病，打开了以公羊学解经的新视域，并为其借注《论语》表达其对现实政治的反思提供了可能性。因此，尽管戴望几乎对《论语》每一章的内容都加以考据，但更多的则是注重发挥《论语》之微言大义、阐发义理，尤其注重借以表达经世致用思想。例如《论语·子罕第九》："未之思也，夫何远之

---

① 张天杰：《宋翔凤〈论语说义〉的特色与公羊学解经的新发展》，《湖南师范大学学报》（社会科学版）2021年第4期。

② 章炳麟：《訄书（初刻本重订本）》，生活·读书·新知三联书店1998年版，第156页。

有?"戴望注曰：

> 言此未思反经之故耳。反经所以合道，权进于立矣。循是思之，何远之有？董子曰：《春秋》之常辞也，不予夷狄而予中国为礼，至邲之战，偏，然反之何也？曰：《春秋》无通辞，从变而移。今晋变而为夷狄，楚变而为中国，故移其辞以从其事。又曰《春秋》之于偏战也，善其偏，不善其战。《春秋》爱人，而战者杀人。君子奚说善杀其所爱哉。故《春秋》之于偏战也，犹其于诸夏也，引之鲁则谓之外，引之夷狄则谓之内。比之诈战则谓之义，比之不战则谓之不义。故盟不如不盟，然而有所谓善盟，战不如不战，然而有所谓善战。不义之中有义，义之中有不义，辞不能及，皆在于指，非精心达思者，其孰能知之。《诗》曰：棠棣之华，偏其反而。岂不尔思？室是远。而子曰：未之思也，夫何远之有？由是观之，见其指者，不任其辞，不任其辞，然后可与适道矣。①

春秋时期，为了争夺郑国，晋楚双方在黄河岸边爆发了"邲之战"（又称"两棠之役"），邲，今河南郑州东。晋楚双方激烈交战，最终楚军大败晋军于邲。晋国原为夏后氏之国，从血统上来看，可以说是标准的"中国"血统，原本身为蛮夷之楚国却战胜了晋国称霸中原，因此说"今晋变而为夷狄，楚变而为中国"，今文家将其称为"偏战"。今文家褒其"偏"，并非认同蛮夷也能转化为"中国"，而是认为蛮夷之所以能够战胜"中国"，乃是"中国"自身弊病所致。因此，褒其"偏"实际上是在警示"中国"反省自身弊病。《论语》短短一句"未之思也，夫何远之有？"却引出戴望数百字长篇注疏，从中可窥见今文家所谓"牵强附会""非常异议可怪之论"之特点；但更重要的是，这其中暗含戴望渴望"中国"深刻反省、实现变革的强烈政治愿望。在戴望看来，战争的结果必然是国破家亡、尸横遍野，因此不符合《春秋》"爱人"之义，是故

---

① （清）戴望注，郭晓东疏：《戴氏注论语小疏》，华东师范大学出版社2014年版，第160页。

"《春秋》之于偏战也,善其偏,不善其战"。尽管若如戴望所言"不善其战",企图借助和平手段感化"夷狄",只能是一厢情愿、自欺欺人罢了,但戴望在此处表现出的遭受列强猛烈攻击后,渴望清政府彻底反省自身的经世致用思想,仍然具有一定的价值。

(三) 对"夷夏之辨"问题的不同态度

"夷夏之辨"是公羊学的重要组成部分,亦为戴望所重视。《论语·八佾第三》,"夷狄之有君,不如诸夏之亡也",戴氏注曰:

> 夷狄无礼义。虽有君,不及中国之无君也,明不常弃夏即夷也。《春秋》之法,诸侯为夷狄行则以州举,夷为暴中国,则贬绝不称人。戎伐凡伯于楚丘,则大天子之使而不言执;郑伯髡原欲与晋,为其大夫所弑,则书"如会"以"致其意",隐弑书卒以痛其祸;黄池之会,吴主中国则书"公会晋侯及吴子",若雨伯然。皆以内中国而外夷狄,不与无礼义者制治有礼义。[1]

在戴望看来,夷狄虽然有君,但是无礼义,因此还不如诸夏之无君。强调内中国而外夷狄,不与夷狄主中国,不与无礼义者制治有礼义者。关于"夷夏之辨"问题,刘逢禄在《论语述何》中也曾有所谈及:

> 子曰:"夷狄之有君,不如诸夏之亡也",何谓也?曰:《春秋》之义,诸夏入于夷狄则夷狄之,卫劫天子之使则书戎,邾、牟、葛三国朝鲁桓则贬称人之类是也。潞子婴儿之离于夷狄。虽亡,犹进爵书子,所谓夷狄进于诸夏则诸夏之也。与其为卫、邾之有君,不如为潞子之亡。[2]

---

[1] (清)戴望注,郭晓东疏:《戴氏注论语小疏》,华东师范大学出版社2014年版,第69页。

[2] (清)刘逢禄撰:《论语述何》,广东学海堂,清道光九年(1829)刻本。

在刘逢禄看来，夷狄能慕中国礼义，故可以进而"有君"；诸夏不能行中国之礼义，故可以被视同于夷狄，可谓"亡君"。

戴望和刘逢禄在"夷夏之辨"问题上的不同理解，主要是受到两人所处时代的影响。刘逢禄所处的时代正值清政府极盛之时，其个人之出身，亦为朝廷之御用文人，因而极力为清政权之正当性作辩护，从而以此说来论证清于中国虽为异族，但已自觉用中国之礼义，可以由夷狄进为中国。而戴氏所处之时代，正处清政权日落西山之际，又有西夷北狄交侵中国，而戴氏又以前明遗民自居，拒绝与清政权合作，故极力区分夷狄与诸夏的区别。

四　结语

常州今文学家戴望的《戴氏注论语》，在以公羊学注解《论语》上，具有继承刘逢禄、宋翔凤以来常州学派之集大成的"青出于蓝而胜于蓝"的独特意义。但就方法论来看，由于受到来自外祖父周中孚古文经学的汉学家传的影响，以及师从程大可、陈奂学习朴学、声韵训诂之学的影响，戴望之注《论语》表现出汉学考据学之严谨崇实的鲜明特点。此外，戴望还广辑经典，大量引用先秦和两汉时期的经、子之书，具体表现为以《春秋》三传为主，折中结合其他儒家经典互证，因而戴望之注还具有经史结合的鲜明特点。从内容上来看，戴望从宋翔凤处继承了今文经学派以公羊学解经的传统，注重发挥《论语》中的微言大义，强调公羊学之"《春秋》新王说""通三统说"与"张三世说"。值得注意的是，戴望与宋翔凤不同，尤其重视"张三世说"中的"太平世"，并通过对"太平世"的论述寄托其希望"新王出世"加以"改制"的政治理想，这当与其身处清末乱世的时代背景有关。

此外，通过纵向对比可以发现，刘、宋对《论语》的研究更加关注思想的引申与阐发，而戴望还格外注重对字、词的训诂考据，强调言之有物，不空发议论，这一特点在戴望注《论语》的过程中有着极为关键的作用，一方面，严谨崇实的考据学功底为戴望的思想延伸提供了确定的知识背景与学识支撑；另一方面，思想性引申又弥补了训诂考据掣肘发散性思维的弊病，打开了以公羊学解经的新视域，并为戴望通过注《论语》表达其对现实政治的反思提供了可能性。除了上述两方面的特点，戴望对"夷夏之辨"问题也有自己的独到见解，在刘逢禄看来，夷狄能慕中国礼义，故可以进而"有君"；诸夏不能行中国之礼义，故可以被视同于夷狄，可谓"亡君"。而在戴望看来，夷狄虽然有君，但是无礼义，因此还不如诸夏之无君。强调内中国而外夷狄，不与夷狄主中国，不与无礼义者制治有礼义者。以上几点，既是戴望与其他常州今文经学家《论语》学的不同之处，亦是戴望注《论语》的独特价值所在；同时也是后来刘逢禄与宋翔凤的《论语》注解，远远不如戴望之书影响更大的原因所在。

从海昏《孝经》说解简见《孝经》与西汉诗经学之关系[*]

于 浩

（南昌大学国学研究院）

摘要： 海昏侯墓出土《孝经》说解简与《诗经》简显示，《大雅·行苇》一诗在汉代流行两种解释，齐鲁韩三家认为是赞美公刘仁德，毛诗与《孝经》说解则突出阐释仁德及下可使内外和睦。《毛传》释《四牡》云"父兼尊亲之道，母至亲而尊不至"，也与海昏《孝经》说解简完全相同，可见毛诗与《孝经》说解关系密切，毛诗之渊源也当近于思孟学派。《韩诗外传》与海昏《孝经》说解简也有不少同类质材料，二者或同出一源，或互为影响。从各方面材料来看，曾担任昌邑中尉的王吉及其子王骏很可能对传承《韩诗外传》起到了一定作用。

关键词： 海昏侯 《孝经》 毛诗 《韩诗外传》 《诗经》

南昌海昏侯刘贺墓出土汉简中有不少《孝经》和《孝经》说解材料，颇有与肩水金关出土《孝经》说解简及八角廊汉简《儒家者言》相合者，又与传世《大戴礼记》《韩诗外传》《说苑》等文献有关。既可证西汉初

---

[*] 本文为江西省社会科学"十四五"（2022 年）基金重点项目"江西汉代经学文献与文化研究"（项目编号：22WT63）、江西省高校人文社会科学研究 2022 年度项目"海昏侯墓出土文献与汉代经学文化研究"（项目编号：ZGW22201）的阶段性成果。本文曾得到武汉大学覃力维、朱明数、范云飞三位老师惠赐宝贵意见与建议，谨此深致谢忱。

期确有一种《孝经》注释存在，也可与其他材料转互发明。其中一段解释《孝经·三才章》"是故先之以博爱，而民莫遗其亲"义者，涉及《大雅·行苇》一诗之旨，非常重要；而借由海昏《孝经》说解简材料，也可见《毛诗故训传》《韩诗外传》与《孝经》存在一定联系，不仅对理解汉代《孝经》解释有所助益，对进一步了解西汉《诗经》学的渊源也有所帮助。

一 海昏《孝经》说解简与《大雅·行苇》诗旨

2015 年，海昏侯墓发掘出土了不少简牍，除《诗经》《论语》《礼记》《春秋》等重要文献外，还发现了与《孝经》有关的材料。这批竹简原放在三个漆箱内，由于漆箱腐朽严重，考古人员分成四个区域进行提取，《孝经》类简来自Ⅰ、Ⅲ两个区域，包括残简在内共有约 660 枚。根据简文内容判断，应为《孝经》说解、阐释文献，有的是针对原文加以解释，有的是在原文上加以增饰、演绎，不少内容见于《大戴礼记》《韩诗外传》《说苑》等书，也有不见于传世文献者，弥足珍贵，既可供与传世文献进行比勘，也可填补经学史上的一些关键空白。① 其中一条引《大雅·行苇》为说，对讨论汉代《行苇》的阐释有很大帮助。其内容如下：

苞方膤（体），维叶苨=（苨苨），戚=（戚戚）兄弟，莫远具壐（尔）。[Ⅲ-33-（4）-794]《传》曰："恩及行苇，则兄弟（俱）壐（尔）矣。仁以小成，义以大成，仁兄（况）乎大，义兄（况）[Ⅲ-31-（5）-765]乎小，行苇且爱之，而兄（况）乎人乎？天下且让之[Ⅲ-30-（8）-753]专爱，忌始至也。曰□德

---

① 参见管理、杨军等《海昏侯墓出土简牍概述》、何晋《海昏竹书〈孝经〉说解简初论》，均载朱凤瀚主编《海昏简牍初论》，北京大学出版社 2020 年版，第 68、180—224 页。

从海昏《孝经》说解简见《孝经》与西汉诗经学之关系

之爱物也,恩及行苇。其'及行苇'奈何也?[Ⅲ-34-(11)-816]曰:恩及行苇,则兄弟俱尔矣。"故曰:先之以博爱,而[Ⅲ-28-(12)-719]民莫遗其亲/而况于觞酒豆肉乎?故……[Ⅲ-25-(12)-681]

肩水金关汉简亦有相近内容,但只余"行苇则兄弟俱昵矣,故曰先之以博爱而民莫遗其亲"一句。[1] 此条当是解释《孝经·三才章》"是故先之以博爱,而民莫遗其亲"之文,先引《大雅·行苇》首章,再引"《传》曰"解释诗句,指出《行苇》诗义在说君子博爱,能够恩及草木,故而能够兄弟俱尔。尔即迩,近也,昵也,肩水金关汉简正作"昵"。最后以"故曰"来说明"先之以博爱,而民莫遗其亲"之义。整理者认为其中的"传"很可能指鲁诗之传,即《汉书·艺文志》里的《鲁说》。[2] 其实这里未必是诗传,根据其"仁以小成,义以大成,仁况乎大,义况乎小"等文辞来看,仍是围绕《孝经》话题而说,并不是在解释诗义,所以更可能是战国以来的某种诸子传记。

《行苇》诗旨,毛诗与三家诗本有歧义。毛诗以此为成王诗,《毛诗序》云:"《行苇》,忠厚也。周家忠厚,仁及草木,故能内睦九族,外尊事黄耇,养老乞言,以成其福禄焉。"《毛诗序》是紧扣诗辞来解释的,陈奂指出:"'莫远具尔',即'内相亲'之意,序所谓'内睦九族'也。养老之先,必行射礼。诸侯之射也,必先行燕礼。二三章指燕,四五章指射,六七章正言养老之事,序所谓'外尊事黄耇也'。"[3]

三家诗则以《行苇》为公刘之诗,这在两汉文献中极为常见。如《列女传·辩通·晋弓工妻》云:"君闻昔者公刘之行乎?羊牛践葭苇,恻然为民痛之。恩及草木,岂欲杀不辜者乎!"王符《潜夫论·边议篇》:"公刘仁德,广被行苇。"又《德化篇》:"《诗》云:敦彼行苇,羊牛勿践履。方苞方体,惟叶握握[柅柅]。……公刘厚德,恩及草木,羊牛六

---

[1] 刘娇:《汉简所见〈孝经〉传注或说解初探》,《出土文献》2015年第1期。
[2] 参见何晋:《海昏竹书〈孝经〉说解简初论》,载朱凤瀚主编《海昏简牍初论》,北京大学出版社2020年版,第202页。
[3] (清)陈奂:《诗毛氏传疏》,凤凰出版社2018年版,第868页。

畜，且犹感德，仁不忍践履生草，则又况于民萌而有不化者乎。"王先谦以此为鲁说。班彪《北征赋》："慕公刘之遗德，及行苇之不伤。"王先谦以此为齐说。《吴越春秋》："公刘慈仁，行不履生草。"王先谦以此为韩说。① 又《后汉书·寇荣传》："公刘敦行苇，世称其仁。"《三国志·蜀志·彭羕传》："体公刘之德，行勿践之惠。"足见不论属哪一家，《行苇》为赞美公刘之诗是汉代非常通行的一种认识。②

这一点也从海昏简《诗经》得到证明。近代以来就有学者通过熹平石经残石复原鲁诗，发现鲁诗《大雅》诗次与毛诗有异③，其中就包括《公刘》《行苇》等诸诗。毛诗诗次，《行苇》属"生民之什"，在《生民》诗后，《既醉》之前，《公刘》则在《既醉》《凫鹥》《假乐》之后，《泂酌》之前。海昏侯墓出土《诗经》目录简显示，《公刘》《行苇》都不在"生民之什"中，而在"云汉之什"（毛诗无"云汉之什"，而有"荡之什"，海昏简《诗经》，《板》《荡》皆入生民之什，以《云汉》诗系最后一什，故名"云汉之什"）。《公刘》在《韩奕》诗后，次为《卷阿》《行苇》《泂酌》三诗，这也与熹平石经复原《大雅》次序情况相符，应该是鲁诗原本的次序。④《泂酌》一诗，汉代人也多以为属公刘，《行苇》处《公刘》《泂酌》之间，故鲁诗将其解释为赞美公刘仁德之诗。

海昏《孝经》说解简中未见《行苇》与公刘的关系，这当然可能是因《孝经》说解时代较早，此时公刘行苇之说尚未形成；抑或其主要在解释《孝经》，不必牵涉其他。不过仔细考察其中意蕴，《毛诗序》说与《孝经》说解似更为接近。《毛诗序》所谓"周家忠厚，仁及草木，故能内睦九族，外尊事黄耇"，都是以恩及行苇喻忠厚之德能及于下，故能兄弟和乐、百姓和睦。三家诗说则是以不履行苇喻公刘慈仁厚

---

① 参见（清）王先谦《诗三家义集疏》，中华书局1987年版，第884页。
② 参见虞万里《〈诗经〉今古文分什与"板荡"一词溯源》，《文学遗产》2019年第5期。
③ 参见虞万里《二十世纪儒家石经研究》，《二十世纪七朝石经传论》，上海辞书出版社2018年版，第37—39页。
④ 参见于浩《海昏简〈诗〉与西汉早期鲁诗传授》，《南昌大学学报》（人文社会科学版）2021年第5期。

德，主旨与《孝经》说解、毛诗有异。毛诗以此为成王诗，但序泛称周家，也是笼统而言。《汉书·谷永传》载谷永对奏云："王者躬行道德，承顺天地，博爱仁恕，恩及行苇。籍税取民不过常法，宫室车服不逾制度，事节财足，黎庶和睦，则卦气理效，五徵时序，百姓寿考，庶草蕃滋，符瑞并降，以昭保右。"① 此说《行苇》，只有"博爱仁恕，恩及行苇"，而前文"王者"亦未必是公刘，应是泛指古代圣王。《汉书》说谷永"于经书，泛为疏达，与杜钦、杜邺略等，不能洽浃如刘向父子及扬雄也"②，并非纯儒，他所说博爱仁恕，与《孝经》说同，也与《毛传》的理解一致。可见在汉代，有关《行苇》诗旨，至少通行两种说法，一是更侧重于博爱仁恕，亲戚和睦而能恩及民众；二是赞美公刘仁慈深厚。两种说法并行不悖。

不论是毛诗指此为成王诗，还是鲁诗以此为公刘诗，都与诗次有关。也就是说，毛诗与三家诗都是从诗篇的次序来理解诗旨的，这恐与汉儒认为《诗经》为孔子所编次密切相关。孔子定诗次序，从中可见政教兴衰之轨迹，故诗次所体现之时世便尤为重要，这在郑玄《诗谱》和《六艺论》中有系统论述。《大雅》当中，毛诗以《文王》至《灵台》为文王诗，《下武》《文王有声》为武王诗，《生民》至《卷阿》为周公、成王时诗；《民劳》以下为变《大雅》。《行苇》在《生民》之后，故为成王诗。鲁诗文本，则《公刘》《卷阿》《行苇》《泂酌》四诗相次，除《卷阿》外，其余三诗，都能从文献中找到汉儒以其为公刘之诗的证据。③ 鲁、毛传授渊源各异，文本次序不同，导致对某些篇目的理解有所

---

① （汉）班固：《汉书》卷八十五《谷永传》，中华书局1962年版，第3467页。
② （汉）班固：《汉书》卷八十五《谷永传》，中华书局1962年版，第3743页。
③ 《卷阿》一诗较为复杂，宋代以后，甚至认为有错简，故其诗旨歧义纷纭，莫衷一是。参见周策纵《〈卷阿〉考》，《周策纵自选集》，山东教育出版社2005年版，第27—63页；胡霖《〈大雅·卷阿〉主旨、结构及其时代探析》，《温州大学学报》（社会科学版）2020年第1期。按《国语·周语》："周之兴也，鸑鷟鸣于岐山。"韦昭注云："鸑鷟，凤之别名也。"并引《卷阿》云："凤皇鸣矣，于彼高冈。"是周之兴时有凤凰之鸣，《史记·周本纪》载"公刘虽在戎狄之闲，复修后稷之业，务耕种，行地宜，自漆、沮度渭，取材用，行者有资，居者有畜积，民赖其庆。百姓怀之，多徙而保归焉。周道之兴自此始"。周之兴正公刘时，是否意味着汉代一些学者正以《卷阿》凤凰之鸣喻公刘能兴周？因只有此孤证，仍属猜测，故仅列于此。

不同。可见以诗之编次来定诗篇属何时、属何人，并非毛诗独例，鲁诗亦尝如此，只是未及毛诗贯穿全经。

二 《孝经》与西汉毛诗学

上文可见毛诗有关《行苇》之解释，与海昏《孝经》说解简更为接近。而二者相合者并非只此一处。《小雅·四牡》"岂不怀归？是用作歌，将母来谂！"《毛传》云："谂，念也。父兼尊亲之道。母至亲而尊不至。"《毛诗正义》指出此传出自孝经："《孝经》曰：'资于事父以事君而敬同，资于事父以事母而爱同。兼之者父也。'敬为尊，爱为亲，是父兼尊亲之道。又曰：'母取其爱。'"《孝经》此文在《士章》，是说臣事君以尊敬为主，事母则要以爱不以尊，事父兼以爱和尊，这就是"父兼尊亲之道"。由于《孝经》原文与毛传仍有出入，孔颖达又引《礼记·表记》进一步说明："《表记》曰：'母亲而不尊。'是母至亲而尊不至也。称此者，解再言将母。意以父虽至亲，犹兼至尊，则恩不至，故《表记》曰：'父尊而不亲。'母以尊少则恩意偏多，故再言之。"① 但《表记》只说父尊而不亲，未言父兼尊亲之道。新公布的海昏《孝经》说解简有一条与《毛传》最为相近：

> 君至尊也，亲不至；母至亲也，尊不至。尊亲至者一人/□□□兼之者［Ⅲ-25-（6）-675］父也。母取其爱，君取其敬，兄取其爱。［Ⅲ-26-（13）-698］②

"母至亲也，尊不至"，与《毛传》"母至亲而尊不至"几乎完全相同；《毛传》"父兼尊亲之道"，也似是归纳"尊亲至者一人……兼之者

---

① （唐）孔颖达撰：《毛氏正义》，载阮元校刻《十三经注疏》（清嘉庆刊本）第一册，中华书局2009年版，第868页。
② 何晋：《从西汉海昏侯刘贺墓出土竹书看〈孝经〉今古文问题》，《文物》2022年第6期。

父也"而来。

这里涉及个问题，究竟是《毛传》引《孝经》说解，还是《孝经》说解引《毛传》，或二者并无转引关系，而是有共同的渊源？《左传》文公十八年引史克有"父义、母慈、兄友、弟共、子孝"所谓"五教"之说，到战国思孟学派将父母、兄弟、夫妻扩展到国家社会，成为一个系统学说，常见于战国时期的各类儒家典籍尤其是礼类文献中。①（下文还有进一步讨论）《孝经》和《孝经》说解均为此说的进一步延续。具体到上文所引材料，根据《毛传》的体例来看，其"训诂"为解释词义、名物，"传"则是"经文所未言者而引申之"②，往往体现在引他书证诗义，多是引陈文，如《行苇》此诗"序宾以贤"，《毛传》在"言宾客次序皆贤"之后，详引《礼记·射义》"孔子射于矍相之圃"一段；又如《葛覃》第二章《毛传》"古者王后织玄紞，公侯夫人纮綖"一段话，引自《国语·鲁语下》等，俱属"故训传"的"传"文。所以"母至亲而尊不至"这一条，当是《毛传》引述陈说，即直接引《孝经》说解，或引与《孝经》说解密切相关的同类质材料。

根据史料来看，毛诗与《孝经》有交集。刘炫《孝经述议》引刘向《别录》云："焚书之后，河间人颜芝受而藏之。汉氏受命，尊尚圣道。芝子贞乃出之民间，建元初河间王得而献之。"③ 按颜芝藏，其子颜贞所出之《孝经》，即为汉代流行之今文《孝经》，《经典释文》《隋书经籍志》皆有载，但未记载河间献王献书事。据《春秋繁露·五行对》所载河间献王问董仲舒："《孝经》曰：夫孝，天之经，地之义，何谓也？"可见河间献王的确见过《孝经》，刘向《别录》此说当为可信。毛诗的传授者赵人毛公曾为河间献王博士，河间献王藏有《孝经》，此时应已有一定说解，或毛公得以见之，采入《毛传》。

《毛传》还有两条与尊亲之道有关的注释值得进一步讨论。《大雅·

---

① 参见吴承仕《五伦说之历史观》，《吴承仕文录》，北京师范大学出版社1984年版，第1—10页。此文承覃力维学兄提示告知，特此致谢。
② （清）马瑞辰撰：《毛诗传笺通释》卷一，中华书局1989年版，第4—5页。
③ ［日］林秀一：《孝经述议复原研究》，崇文书局2016年版，第348页。参见陈壁生《孝经学史》，华东师范大学出版社2015年版，第40—41页。

洞酌》："岂弟君子，民之父母。"《毛传》云："乐以强教之，易以说安之。民皆有父之尊，母之亲。"这是引《礼记·表记》之文；还有《魏风·陟岵》，《毛传》在每章最后一句解释"父尚义""母尚恩"和"兄尚亲"。《陟岵传》此"父尚义"也似来自《表记》，当依"仁者人也，道者义也。厚于仁者薄于义，亲而不尊；厚于义者薄于仁，尊而不亲"及"父尊而不亲"立说。《毛传》随文释训，主要是围绕诗辞来作解，《陟岵》首章云："父曰嗟予子，行役夙夜无已。上慎旃哉！犹来无止。"孔颖达说："父尚义者，解孝子所以称父戒己之意，由父之于子尚义，故戒之。"《毛传》是说，诗人登高思父，推想父会告诫自己行役时早晚不要有懈怠，这是从道义角度讲的，父虽兼亲尊，但子事父犹如臣事君，究属尊多而亲少，故此处传直接以"父尚义"为解。下二、三章也是诗人推想母、兄诫己之辞，关怀多于道义，故称母尚恩、兄尚亲，孔颖达解释"恩即慈也，亲则友"，很符合诗义。

　　《陟岵传》依文立解，所用《表记》尊亲之说还不明显。《大雅·洞酌》则是直接引《表记》。《表记》原文如下：

　　　　子言之："君子之所谓仁者，其难乎？《诗》云：'凯弟君子，民之父母。'凯以强教之，弟以说安之。乐而毋荒，有礼而亲，威庄而安，孝慈而敬，使民有父之尊，有母之亲。如此而后可以为民父母矣。非至德其孰能如此乎？今父之亲子也，亲贤而下无能。母之亲子也，贤则亲之，无能则怜之。母，亲而不尊，父，尊而不亲。水之于民也，亲而不尊。火尊而不亲。土之于民也，亲而不尊。天尊而不亲命。之于民也，亲而不尊。鬼尊而不亲。"

　　《礼记正义》云："'凯以强教之，弟以说安之'，孔子既引《诗》，又释'凯''弟'义。凯，乐也。言君子初以仁政化下，使人乐仰，自强不息，是'凯以强教之'。弟，谓逊弟。言以逊弟之道下化于民，民皆说豫而康安，是'弟以说安之'也。"[①]《毛传》之所以改为"乐以强教

---

　　① （唐）孔颖达撰：《礼记正义》，载阮元校刻《十三经注疏》（清嘉庆刊本）第三册，中华书局2009年版，第3563页。

之，易以说安之"，也是随文释训之故，《毛传》将诗中的"岂弟"皆解释为"乐易"，如《载驱》"齐子岂弟"，《传》："言文姜于是乐易。"《蓼萧》"孔燕岂弟"，《传》："岂，乐；弟，易也。"《表记》"今父之亲子也"以下，以五行解亲尊，是思孟学派的特征。《隋书·音乐志》引沈约谓《礼记·中庸》《表记》《坊记》《缁衣》四篇出自《子思子》，今通过郭店楚简、上博楚简所出相关文献得到证明。

《毛传》和《表记》之前，还有不少古书曾引《泂酌》为说民之父母之义，如《吕氏春秋·不屈》解释为恺为大，悌为长，认为是"君子之德，长且大者，则为民父母"。其说与《表记》不同。《荀子·礼论》亦引此诗："父能生之，不能养之；母能食之，不能教诲之；君者，已能食之矣，又善教诲之者。"与《表记》义也有异。荀子在《非十二子》里曾批评思孟五行，其说不同于《表记》亦属当然。从这里可见《毛传》与《表记》此条的渊源，当仍与思孟学派有关。《韩诗外传》卷六中也有一条解释亲尊之道者：

> 《诗》曰："恺悌君子，民之父母。"君子为民父母何如？曰：君子者，貌恭而行肆，身俭而施博，故不肖者不能逮也。殖尽于己，而区略于人，故可尽身而事也。笃爱而不夺，厚施而不伐。见人有善，欣然乐之，见人不善，惕然掩之，有其过而兼包之。授衣以最，授食以多。法下易由，事寡易为。是以中立而为人父母也。筑城而居之，别田而养之，立学以教之。使人知亲尊，亲尊故为父服斩缞三年，为君亦服斩缞三年，为民父母之谓也。①

里面谈到了为民父母所需要兼备的德行，有七个方面要求，内涵较之《表记》丰富了很多②，可见有所增益，其说当比《表记》《毛传》都要晚。

---

① 许维遹：《韩诗外传集释》，中华书局1980年版，第228页。
② 参见张丰乾《可与言〈诗〉——中国哲学的本根时代》，商务印书馆2020年版，第225—226页。

郭店出土楚简《语丛一》中也有与《表记》相近的材料：

[厚于仁，薄]于义，亲而不尊。厚于义，尃（薄）于仁，尊而不亲。

□□；父，又（有）亲又（有）尊。长弟，亲道也。友，君臣，毋亲也。①

前一条与《表记》全同；后一条说父"又亲又尊"，则又近于海昏简《孝经》说解和《四牡传》；"长弟，亲道也"，又近于《陟岵传》"兄尚亲"。《语丛一》的时代应该晚于《孝经》但早于海昏《孝经》说解简和《毛传》，从中可以看到战国秦汉儒家对此一话题不断重申、演绎，亦可见《毛传》相关解释的渊源背景。

《表记》《语丛一》还有郭店简《六德》《性自命出》等材料，均为子思一系的作品，其中讨论尊亲、孝悌、仁爱、忠孝等话题，也与《孝经》密切相关。②《缁衣》《中庸》《表记》《坊记》中也多论孝之语，子思曾博访夫子后学，或曾接闻于曾子③；《孟子》一书也多有与《孝经》相发明者，《孟子》所佚外书四篇，其中一篇即名为《孝经说》。④ 而透过海昏《孝经》说解简我们发现，《毛传》与《孝经》及一定程度上受《孝经》影响的思孟学派也有着千丝万缕的联系。⑤

这里还可以举出一些例子。《关雎》首二句，《毛传》解释关雎之有别，然后可以风化天下后说："夫妇有别则父子亲，父子亲则君臣敬，君臣敬则朝廷正，朝廷正则王化成。"这是由夫妇有别，推导至父子之亲，

---

① 刘钊：《郭店楚简校释》，福建人民出版社2005年版，第194页。
② 参见李学勤《郭店简〈六德〉的文献学意义》，载武汉大学中国文化研究院《郭店楚简国际学术研讨会论文集》，湖北人民出版社2000年版，第17—21页；徐正英《〈孝经〉的成书时代、作者及版本考论》，《先唐文学与文学思想考论》，上海古籍出版社2015年版，第164—167。
③ 参见虞万里《上博馆藏楚竹书〈缁衣〉综合研究》，武汉大学出版社2009年版，第403页。
④ 参见（清）陈澧《东塾读书记》，中西书局2012年版，第5页；陈壁生《孝经学史》，华东师范大学出版社2015年版，第26—28页。
⑤ 毛诗与思孟学派之间的联系，张丰乾与刘宁已有讨论，参见张丰乾《论子思学派之〈诗〉学》、刘宁《论毛诗诗教观与思孟学派的思想联系》，均载杜维明主编《思想·文献·历史：思孟学派新探》（北京大学出版社2008年版），第261—279、280—296页。

再推至君臣之敬，而君臣敬，朝廷才得以正，所谓正，即拥有了道义，故可以风化天下，也就是王化成。这种由父子兄弟之亲推导至君臣关系并以此为宗族、国家得以立的标准，本就见于《孝经·感应章》和《广扬名章》。《古文孝经》第十九《闺门章》所谓"闺门之内，具礼矣乎"和"妻子臣妾，繇百姓徒役也"亦即《毛传》"夫妇别"之意。而郭店简《六德》云：

> 男女别生言（焉），父子亲生言（焉），君臣义生言（焉）。父圣，子仁，夫智，妇信，君义，臣忠。圣生仁，智率信，义使忠。故夫夫、妇妇、父父、子子、君君、臣臣，此六者各行其职……是故先王之教民也，始于孝弟。①

《六德》并强调"男女不别，父子不亲；父子不亲，君臣无义"。这个推导，与《毛传》相近。按夫妇之别、父子之亲、君臣之义，《孟子·滕文公上》《荀子·天论》皆言之，但都是并列而言，未从夫妇推导至君臣乃至于王教者。这种递进式的推导，始于《易·序卦》："有天地，然后有万物；有万物，然后有男女；有男女，然后有夫妇；有夫妇，然后有父子；有父子，然后有君臣；有君臣，然后有上下；有上下，然后礼义有所错。"《易传》的成书，当早于子思的时代，且《中庸》《表记》等篇，文气体裁近似《易传》中的《文言》《系辞》，篇中引《易》也较多。② 就此而言，《六德》等说源自《序卦》也不无可能。另《礼记·郊特牲》《昏义》也有此推导。《昏义》说："所以称男女之别，而立夫妇之义也。男女有别，而后夫妇有义；夫妇有义，而后父子有亲；父子有亲，而后君臣有正。"③ 王梦鸥说："《汉书》八十一，载匡衡奏疏，极言人事与天文相感应之理，其大旨发自《礼运》篇。按匡衡与二戴同出于

---

① 刘钊：《郭店楚简校释》，福建人民出版社2005年版，第109页。
② 参见李学勤《周易经传溯源》，巴蜀书社2011年版，第102—105页。
③ 徐少华：《郭店楚简〈六德〉篇思想源流探析》，载武汉大学中国文化研究院《郭店楚简国际学术研讨会论文集》，第379页。

后苍，故此节言昏义，与匡疏如出一辙。"① 匡衡疏中所言"《诗》曰：'窈窕淑女，君子好逑。'言能致其贞淑，不贰其操，情欲之感无介乎容仪，宴私之意不形乎动静，夫然后可以配至尊而为宗庙主。此纲纪之首，王教之端也。"② 又与毛诗对《关雎》之理解同归。可见齐、毛诗在这方面的相同处。这也与《毛诗序》"经夫妇，成孝经，厚人伦，美教化，移风俗"同。孔颖达解释说："成孝敬者，孝以事亲，可移于君；敬以事长，可移于贵。若得罪于君亲，失意于长贵，则是孝敬不成。故教民使成此孝敬也。厚人伦者，伦，理也。君臣父子之义，朋友之交，男女之别，皆是人之常理。父子不亲，君臣不敬，朋友道绝，男女多违，是人理薄也。故教民使厚此人伦也。"③ 也都是围绕《孝经》《表记》等发言。

借由传世的《表记》、出土的《六德》《语丛》等文献，能看到其中对于《孝经》的进一步阐释，而这些阐释，又被海昏墓出土的这部《孝经》说解吸收。毛公很可能读到了《孝经》尤其是《孝经》说解，故在传中亦采其说。从中亦可见毛诗思想渊源的复杂情况。传统的说法，毛诗渊源上更近于荀子，这在《毛传》里能找到很多证据。但透过海昏《孝经》说解简，我们也可以看到，在尊亲的论述上，《毛传》更近于思孟学派。

三 海昏《孝经》说解简与《韩诗外传》

除了毛诗与《孝经》有所联系，韩诗与《孝经》，尤其是海昏《孝经》说解简也有一定关系。目前公布的海昏《孝经》说解简大约有 20 条，其中与《韩诗外传》完全相同的材料有两条。其一是海昏《孝经》说解简中有"曾晳击曾子"事，Ⅰ、Ⅲ两区皆有出土，八角廊汉简也有同样内容，很可能是解释《孝经》第一章《开宗明义》"身体发肤受之

---

① 王梦鸥注译：《礼记今注今译》，新世界出版社2011年版，第531页。
② （汉）班固：《汉书》卷八十一，中华书局1962年版，第3342页。
③ （唐）孔颖达撰：《毛诗正义》，载阮元校刻《十三经注疏》（清嘉庆刊本）第一册，中华书局2009年版，第565页。

从海昏《孝经》说解简见《孝经》与西汉诗经学之关系

父母，不敢毁伤"的。这个故事又见于《韩诗外传》卷八第二十五章、《说苑·建本》和《孔子家语》。《孔子家语》较晚，暂不论，今将前三种文献列表于下：

海昏《孝经》说解简	《韩诗外传》	《说苑·建本》
不在侧，求而杀之，未尝可得□□□□□□不□［Ⅰ-4-(6)-051］ 女非天子之民与？［Ⅰ-3-(3)-033］杀天子之民者，其罪奈何？曰□□之父母，犹弗得毁伤，而兄（况）［Ⅰ-2-(9)-024］	曾子有过，曾晳引杖击之。仆地，有间乃苏，起曰："先生得无病乎？"鲁人贤曾子，以告夫子。夫子告门人："参来勿内也。"曾参自以为无罪，使人谢夫子，夫子曰："汝不闻昔者舜为人子乎？小棰则待[笞]，大杖则逃。索而使之，未尝不在侧；索而杀之，未尝可得。今汝委身以待暴怒，拱立不去，汝非王者之民邪？杀王者之民，其罪何如？"诗曰："优哉柔哉！亦是戾矣！"又曰："载色载笑，匪怒伊教。"（许维遹：《韩诗外传集释》第296—297页）	曾子芸瓜而误斩其根。曾晳怒，援大杖击之，曾子仆地，有顷，乃苏，蹶然而起，进曰："曩者，参得罪于大人，大人用力教参，得无疾乎？"退屏鼓琴而歌，欲令曾晳听其歌声，令知其平也。孔子闻之，告门人曰："参来勿内也。"曾子自以无罪，使人谢孔子。孔子曰："汝不闻瞽瞍有子名曰舜？舜之事父也，索而使之，未尝不在侧，求而杀之，未尝可得，小棰则待，大棰则走，以逃暴怒也。今子委身以待暴怒，立体而不去，杀身以陷父不义，不孝孰是大乎？汝非天子之民邪？杀天子之民罪奚如？"以曾子之材，又居孔子之门，有罪不自知，处义难乎！（向宗鲁：《说苑校证》第61页）

海昏《孝经》说解简"不在侧，求而杀之，未尝可得□□□□□□不□"句，加上阙文共19字，此简未有图版，据其他公布的完简图版来看，一简24—26字，而此简又无断简符号，恐"得"和"不"中间阙文当有11字左右，除去简中为编连绳留下的空白，应当有10字，这样正合《韩诗外传》"未尝可得。今汝委身以待暴怒，拱立不去"之文，"今汝委身以待暴怒拱立"正好是10字。将材料加以对比，可见《韩诗外传》更近于《孝经》说解，除了"天子之民"变为"王者之民"，"其罪奈何"改为"其罪何如"外，其余皆同。而《说苑》则多出了不少内容。一是有更多戏剧性

的情节，如曾子起后"退屏鼓琴而歌，欲令曾皙听其歌声，令知其平也"。二是使用更多形容词，"援杖"变为"援大杖"，曾子间苏而起，改为"蹶然而起"，行文更为生动活泼。三是文字前后次序有所颠倒，"小棰则待，大棰则走"放在"未尝可得"文下。海昏《孝经》说解简文后还有："曰□□之父母，犹弗得毁伤，而兄（况）……"这是叙述完曾子故事后，引《孝经》"[身体发肤]受之父母，犹弗得毁伤"来加以说明，这与《韩诗外传》叙述完曾子故事引《诗》的体例相若。

由于《孝经》说解简前简有缺，故不知其前文是"曾子有过"还是"曾子芸瓜"，按定州八角廊汉简《儒家者言》此条作"曾皙援木击曾子"①，似乎也没有"曾子芸瓜"。怀疑此则曾子故事，本无芸瓜事，所谓芸瓜误斩其根，是西汉后期儒者所增。恐因直接言曾皙援木击曾子，或泛泛谈曾子有过，似乎都有损于曾皙父子的形象，故增芸瓜事加以弥缝。

第二条材料，似是解说《孝经·圣治章》"容止可观"的内容，也是Ⅰ、Ⅲ区都有出土。此条又见于《韩诗外传》卷一第二十四章和《说苑·修文》。列表如下：

海昏《孝经》说解简	《韩诗外传》	《说苑·修文》
则民目说矣；就仁去不仁，则民心说矣。三/者存乎身，唯（虽）不[Ⅰ-2-（3）-018] 仁去不仁，则民心说矣。三者存乎身，唯（虽）不在上位/之志而已[Ⅲ-28-（13）-728] 谓之素行/□□□□□□□[Ⅲ-25-（15）-684]	传曰：衣服容貌者，所以说目也，应对言语者，所以说耳也，好恶去就者，所以说心也。故君子衣服中，容貌得，则民之目悦矣；言语逊，应对给，则民之耳悦矣；就仁去不仁，则民之心悦矣。三者存乎身，虽不在位，谓之素行。故中心存善而日新之，虽独居而乐，德充而形。诗曰：何其处也？必有与也。何其久也？必有以也。（许维遹：《韩诗外传集释》第25页）	衣服容貌者，所以悦目也。声音应对者，所以悦耳也。嗜欲好恶者，所以悦心也。君子衣服中，容貌得，则民之目悦矣。言语顺，应对给，则民之耳悦矣。就仁去不仁，则民之心悦矣。三者存乎心，畅乎体，形乎动静，虽不在位，谓之素行。故忠心好善，而日新之。独居乐德，内悦而形。诗曰："何其处也？必有与也。何其久也？必有以也。"惟有以者惟能长生久视，而无累于物也。（向宗鲁：《说苑校证》第481页）

---

① 定县汉墓竹简整理组：《〈儒家者言〉释文》，《文物》1981年第8期。

《韩诗外传》《说苑》均是先说悦目，再言悦耳，"民耳悦矣"后接"就仁去不仁"，故怀疑海昏简"则民目悦矣"，"目"当为"耳"。从文字上看，《韩诗外传》与海昏《孝经》说解简全同。《说苑》之文较前者丰富，"三者存乎身"作"三者存乎心"，并多"畅乎体，形乎动静"两句。从这两处看《韩诗外传》与海昏《孝经》说解简的关系更为接近。

值得注意这里《韩诗外传》是引"传曰"。《韩诗外传》中有多条引"《传》曰"处，根据古书体式，当皆是引之前古书中的陈说。如卷一第十章"《传》曰所谓士者虽不能尽乎道术"，又见于《荀子·哀公》孔子之语；第十一章"《传》曰君子洁其身而同者合焉"，又见于《荀子·不苟》。但《外传》大多数"《传》曰"已不能明其来源所在。这条"传曰"，可能或直接来自西汉早期《孝经》说解，或来自与《孝经》说解同类质的材料。不论是哪一种情况，可见《韩诗外传》和《孝经》说解的作者，都相当重视类似的材料，二者的学术渊源是相同的。

《韩诗外传》中还有两条材料与《孝经》说解有关。其一如下：

> 兰茝之室，久而弗闻［Ⅰ－18－（9）－264］
> 如入鱼次之室，久而弗闻［Ⅰ－18－（11）－266］
> 游，则□然入兰茝之室，久而［Ⅲ－29－（2）－732］
> □故与小人游，则□然入鱼次之室，久而弗闻，则与之化矣［Ⅲ－30－（11）－756］

此文也见于《大戴礼记·曾子疾病》，"鱼次之室"，《曾子疾病》作"鲍鱼之次"，当为"鲍鱼之肆"之误，或即因《孝经》说解"鱼次"而误之。《韩诗外传》卷九第十五章"孔子与子路子贡颜渊游于戎山之上"，颜渊曰："鲍鱼不与兰茝同笥而藏，桀纣不与尧舜同时而治。""鲍鱼""兰茝"之说显然来自《孝经》说解之典。根据周勋初先生意见，这条文字较为质朴，较之卷七第二十五章的内容，要更为可信，时代更早。①

海昏简中还有一则似是解释《孝经·谏争章》"天子争臣七人""诸侯有争臣五人"的材料：

> 争臣五人，虽无道，不失其国，故社稷不危。大夫有争臣三人，虽［Ⅰ-13-（2）182］
> □令（命），安得为孝乎［Ⅰ-12-（9）-174］
> 失天下，故□□不□，诸侯有争臣［Ⅲ-36-（10）-845］

《韩诗外传》卷十第十四章云："天子有争臣七人，虽无道，不失其天下。昔殷王纣残贼百姓，绝逆天道，至斫朝涉，刳孕妇，脯鬼侯，醢梅伯，然所以不亡者、以其有箕子比干之故。微子去之，箕子执囚为奴，比干谏而死，然后周加兵而诛绝之。诸侯有争臣五人，虽无道，不失其国。吴王夫差为无道，至驱一市之民以葬阖闾，然所以不亡者，有伍子胥之故也。胥以死，越王勾践欲伐之，范蠡谏曰：'子胥之计策尚未忘于吴王之腹心也。'子胥死后三年，越乃能攻之。大夫有争臣三人，虽无道，不失其家。季氏为无道，僭天子，舞八佾，旅泰山，以雍彻，孔子曰：是可忍也，孰不可忍也？然不亡者，以冉有季路为宰臣也。故曰：有谔谔争臣者、其国昌，有默默谀臣者、其国亡。诗曰：'不明尔德，时无背无侧；尔德不明，以无陪无卿。'言大王咨嗟，痛殷商无辅弼谏诤之臣，而亡天下矣。"全是围绕《孝经·谏诤章》演绎而来，亦可见《韩诗外传》与《孝经》关系的密切关系。

根据定州八角廊汉墓《儒家者言》、肩水金关汉简所见同样的《孝经》说解，可知此一种《孝经》说解在宣帝时期已经传播开来，且颇为流行。那么它写定成文本，当在更早。海昏《孝经》说解简用"弗"字，不避汉昭帝讳，故其很可能产生于昭帝之前，在武帝晚期。② 刘贺在被废

---

① 参见周勋初《"登高能赋"说的演变和刘勰创作论的形成》，《魏晋南北朝文学论丛》，凤凰出版社 2022 年版，第 149 页。

② 参见何晋《海昏竹书〈孝经〉说解简初论》，载朱凤瀚主编《海昏简牍初论》，第 196 页。

时曾引《孝经》说,"天子有争臣七人,虽无道不失天下"①,可见他本人对《孝经》极为熟悉,海昏《孝经》说解简很可能是用于教育刘贺及其子嗣的经解文本。据此我们也可以大概推知《韩诗外传》的成书时间。

《韩诗外传》中还有很多与《孝经》有关的文字,又多涉及曾子。如《韩诗外传》卷一第一章"曾子仕于莒",卷七第七章"曾子曰往而不可还者亲也"部分内容与第一章相近,主旨亦相同,都是谈"窘其身而约其亲者不可与孝"之理者。又如卷八第七章"可于君,不可于父,孝子弗为也。可于父,不可于君,君子亦弗为也。故君不可夺,亲亦不可夺也"。虽未出现曾子,但与《礼记·曾子问》"君子不夺人之亲,亦不可夺亲也"一致。还有卷九第二十五章子夏过曾子,曾子谈君子有三费、三乐之事,都是与《孝经》中的话题相近而又有所引申者,疑皆出于《曾子》一书。

一直以来,《孝经》或认为是孔子对曾子谈孝而为曾子所记录,或认为就是曾子作。曾子以重孝著名,《孝经》与曾子关系密切当无疑义,即非曾子亲撰,也当是其弟子整理编次而成。② 根据海昏《孝经》说解简来看,里面出现了大量同于《大戴礼记·曾子疾病》《曾子事父母》《曾子大孝》《曾子制言上》中的内容,可见这些文献也与曾子一派相关,也是从《孝经》中衍生出来的话题。

韩诗学者多明《孝经》。《汉书·王吉传》载宣帝时王吉上疏言事,引《孝经》说:"孔子曰:'安上治民,莫善于礼',非空言也。""安上治民,莫善于礼",出自《孝经·广要道》篇。王吉曾任昌邑王中尉,尝以《诗》谏刘贺;又传《齐论语》,《汉书·艺文志》载《齐论语》之学"唯王阳名家"(颜师古注:王吉子子阳,故谓之王阳)。今海昏侯墓出土竹书中,亦有类似《齐论语》者。《汉书》又载王吉子骏"骏为少府时,妻死,因不复娶,或问之,骏曰:'德非曾参,子非华、元,亦何敢娶?'"颜师古引如淳注曰:"华与元,曾参之二子也。《韩诗外传》曰曾

---

① (汉)班固:《汉书》卷六十八,中华书局1962年版,第2946页。
② 参见徐正英《〈孝经〉的成书时代、作者及版本考论》,《先唐文学与文学思想考论》,上海古籍出版社2015年版,第174—183页。

参丧妻不更娶,人问其故,曾子曰:'以华、元善人也。'"① 此文不见于今本《韩诗外传》,然王骏当时必见此材料,故能随口引及。王骏又传《鲁论语》,与其父有异,《汉志》载有《鲁王骏说》二十篇。根据《汉书·儒林传》,韩诗的传承源流是韩婴之学传至其孙韩商,为博士;韩商后人韩生在汉宣帝时曾受征召,河内赵子事韩生,授蔡谊,蔡谊授同郡食子公、王吉。王吉传韩诗、《齐论语》,兼明《孝经》,其为昌邑王中尉在昭帝时,其时《孝经》说解已成书并有传播。据上文所论,《韩诗外传》的传承,恐怕王吉父子起到了一定作用。进一步的考察与结论,则有待更多材料的公布。

四 结论

从海昏《孝经》说解简和海昏简《诗》可见,汉代至少流传两种有关《行苇》的解释,三家诗以《行苇》为公刘仁德,毛诗认为是周家仁厚、内外和睦,毛说与《孝经》说解相近。四家诗解释的歧义,都源于各自所传《诗经》文本的次序不同,鲁诗《行苇》与《公刘》《泂酌》相次,故以为公刘诗;毛诗《行苇》在《生民》后,以为成王诗。可见以诗篇次序定诗旨,是汉代今古文诗派都使用的解释方法。汉儒以《诗经》为孔子所删定编辑,故诗次体现了孔子编诗的微言大义,通过诗次可见政教兴衰之轨迹。刘向《别录》载河间献王曾得《孝经》,毛公任河间献王博士,或亦尝受《孝经》学的影响。《毛传》中有关尊亲的解释,尤其是《小雅·四牡传》中"父兼尊亲之道。母至亲而尊不至"与海昏《孝经》说解简全同,也与《礼记·表记》、郭店简《语丛一》《六德》等渊源颇近,可见在这方面《毛传》与《孝经》及思孟学派的密切关系。《韩诗外传》中也有与海昏《孝经》说解简相同的内容,从文字的异同来看,《韩诗外传》与《孝经》说解关系较近。昌邑中尉王吉传韩诗,又明《孝经》《齐论语》,其子王骏曾引《韩诗外传》中的内容,可能《韩诗外传》的传承与王氏父子有关。

---

① (汉)班固:《汉书》卷七十二,中华书局1962年版,第3067页。

《尚书新义》蠡测

李 哲

（清华大学国学研究院）

摘要： 作为传统儒家士大夫，荆公倡导法先王之道，力求通过托古改制的方式达成自己的政治理想。同时吸纳了阴阳家、道家、法家等派别的思想，尤其是阴阳家的阴阳观念、道家清静无为的学说与法家重视法度的举措。荆公对诸家学说的兼采态度在其对《尚书》的诠释中得到了充分的体现。其《尚书新义》对《尚书》文本理解虽多有断章取义、牵强附会之处，招致了同时及后代人的诸多非议与批评，但亦不乏论断精辟、发人深省之论，且通过其注解诠释的蛛丝马迹，亦可上窥荆公的政治追求与治世理念。

关键词：《尚书新义》 荆公注解 凿说法度

一 《尚书新义》作者归属

自宋以后，随着新学式微，《尚书新义》亦逐渐散佚。其书原名应为《新经尚书义》，南宋晁公武《郡斋读书志校证》记载："《新经尚书义》十三卷，右皇朝王雱撰。雱，安石之子也。熙宁六年，命吕惠卿兼修撰国子监经义，王雱兼同修撰，王安石提举，而雱董是经。颁于学官，用以取士，士或少违异，辄不中程，由是独行于世者六十年，而天下学者喜攻其短，自开党锢之禁，世人羞称焉。"①

又有陈振孙《直斋书录解题》记载："《书义》十三卷，试讲临川王雱元泽撰。其父安石序之曰：'熙宁二年，臣安石以《尚书》入侍，遂与政，而子雱实嗣讲事。有旨为之说以进。八年，下其说太学颁焉。'雱盖述其父之学，王氏《三经义》，此其一也。初，熙宁六年，命知制诰吕惠卿修撰经义，以安石提举修定。又以安石子雱、惠卿弟升卿为修撰官。八年，安石复入相，新传乃成，雱盖主是经者也。王氏学独行于世者六十年，科举之士熟于此乃合程度。前辈谓如脱墼然，案其形模而出之尔。士习胶固，更丧乱乃已。"②

通过晁公武和陈振孙两位藏书大家的描述，可知该书共十三卷，编撰时间应以《〈书义〉序》记载为准，亦即熙宁二年（1069），当无疑义。

关于作者问题，晁公武和陈振孙都认为是王安石之子王雱。但翻阅《宋史·艺文志》，则称"王安石《新经书义》"。《〈书义〉序》云："而子雱实嗣讲事，有皆为之说以献。"③ 也就是说，王雱讲授《尚书》，并在侍讲的讲义基础上形成了《书义》。但自熙宁六年（1073）经义局正式成立，《三经新义》的编撰就成为集体行为，所以陈振孙说"雱盖述其父之学，王氏《三经义》，此其一也"，将此官方举措归于荆公名下。

事实上，王安石作为经义局的总负责人，对《三经新义》的编撰有着整体把控和最终审核的责任，即便《书义》大部分出自王雱之手，但也必经王安石审核允准才能通过。《宋史》将《书义》的著作权归于荆公名下，当为实至名归。反言之，亦可通过《书义》，探寻荆公学术思想的脉络。

二 《尚书新义》中的注解问题

从注解的角度入手，不难发现《尚书新义》训释词汇、疏通文义多

---

① （宋）晁公武撰：《郡斋读书志校证》，孙猛校证，上海古籍出版社2011年版，第57页。
② （宋）陈振孙撰：《直斋书录解题》，上海古籍出版社1987年版，第29页。
③ 王水照主编：《王安石全集》第二册《尚书新义·诗经新义》，复旦大学出版社2017年版，第15页。

有创见，甚至较之先贤更为妥帖恰当。比如《虞书·尧典》"宅嵎夷，曰旸谷"一句，荆公释为"日出为旸"，就得到了陈大猷的赞同："或问：旸谷，诸家皆祖孔说，子独取王说，何也？曰：按《洪范》雨、旸相对，王氏以'日出为旸'，当矣。唐孔氏推孔说……以'旸'训'明'，要不如王说之正。"①

再如《周书·酒诰》"矧惟若畴，圻父薄违，农父若保，宏父定辟"一句，荆公释云："司马主簿伐愆违，司徒主若国保民，司空主治四民、定而生之以致辟。"② 此一解释，为朱熹所援引："人说荆公穿凿，只是好处亦用还他。且如'矧惟若畴，圻父薄违，农父若保，宏父定辟'，古注从'父'字绝句，荆公则就'违'、'保'、'辟'绝句，夐出诸儒之表。"③ 肯定了荆公释文断句的本领。

荆公的注解从文字训诂的角度理解，确有许多合理之处。如《虞书·舜典》"象以典刑"四字，荆公释为"象者，垂以示人之谓，若周官'垂治象、刑象之法于象魏'是也"。连一向对其持批评态度的林之奇都不得不承认"此说比先儒为长"。④

再如《周书·泰誓中》"天视自我民视，天听自我民听，百姓有过，在予一人，今朕必往"一句，孔安国《尚书传》认为："言天因民以视听，民所恶者天诛之。"而荆公释曰："自，从也。天之所视，从我民之所视；天之所听，从我民之所听。谓民视听于周家，天必从之，以有天下。民有过乃在于己，岂可不伐纣以正百姓乎？今我所以必往伐纣也。此武王以天下自任乎？"⑤ 两相对照，荆公的解释比之孔传更为详备恰当。

---

① 王水照主编：《王安石全集》第二册《尚书新义·诗经新义》，复旦大学出版社2017年版，第22页。
② 王水照主编：《王安石全集》第二册《尚书新义·诗经新义》，复旦大学出版社2017年版，第215页。
③ （宋）黎靖德编：《朱子语类》卷七十九，王星贤点校，中华书局1985年版，第2057页。
④ 王水照主编：《王安石全集》第二册《尚书新义·诗经新义》，复旦大学出版社2017年版，第38页。
⑤ 王水照主编：《王安石全集》第二册《尚书新义·诗经新义》，复旦大学出版社2017年版，第145页。

《周书·冏命》中"发号施令"一句，传疏皆未释义，而荆公则从字源与功能上予以分别："发之以为'警'，戒之谓'号'；施之以为'法'，守之谓'令'。"① 此类诠释训读，实有裨益。

如此可见，《尚书新义》在文本释读方面，尤其是词义训释与文意疏通上，确有其贡献与价值。对此，南宋陈渊《默堂集》记载了他和楼仲辉的一段有关《尚书新义》的对话："楼仲辉云：'从来解《书》义，谁解得好？'余曰：'若论注解，莫无出荆公。由汉以来，专门之学，各有所长，唯荆公取其所长，绚发于文字之间，故荆公为最。'"陈渊对《尚书新义》推崇备至，认为"由汉以来，专门之学，各有所长"，但《尚书新义》却是《尚书》注释第一，足见其对荆公注解《尚书》的认同。

但紧接着，楼仲辉又问："穿凿奈何？"陈渊随即答道："穿凿固荆公之过，然荆公之所以失，不在注解，在乎道术之不正，遂生穿凿。穿凿之害小，道术之害大。"将荆公训释穿凿之处归结于道术不正，亦即荆公预设的思想动机与《尚书》本意不合，所以当楼仲辉询问"荆公之说，本于先儒；先儒亦有害乎"之时，陈渊提出"先儒只是训诂而已，不以己意会正经，于道术初无损益也"②。这段话的核心观点与陈渊在和宋高宗的对话中，得到了贯彻："[陈]渊面对，因论程颐、王安石学术同异。……上（高宗）曰：'以《三经新义》观之，具见安石穿凿。'渊曰：'穿凿之过尚小，至于道之大原，安石无一不差。推行其学，遂为大害。'"这就是从学术史的标准跳跃到思想史的标准，针对熙宁时期的新学思想，而非训诂考释之学。所以当高宗问到"差者何谓"时，陈渊回答："圣学所传止有论、孟、中庸，论语主仁，《中庸》主诚，《孟子》主性，安石皆暗其原。仁道至大，《论语》随问随答，惟藩迟问，始对曰：'爱人。'爱特仁之一端，而安石遂以爱为仁。其言《中庸》，则谓中庸所以接人，高明所以处己。《孟子》七篇，专发明性善，而安石取扬雄

---

① 王水照主编：《王安石全集》第二册《尚书新义·诗经新义》，复旦大学出版社2017年版，第295页。
② （宋）陈渊撰：《默堂集》卷二十二，《集说十三段》，文渊阁《四库全书》影印本，上海古籍出版社2003年版。

善恶混之言，至于无善无恶，又溺于佛，其失性远矣。"①

这里陈渊指出荆公道术正是源于他对道之大原的误读，也就是对仁、诚、性等概念理解有偏差。细究之，荆公《荀卿》一文确实有"爱己者，仁之端也，可推以爱人也"② 一句，与此处"以爱为仁"之语相类；荆公《性情》篇也确实提到了"若夫善恶，则犹中与不中也。曰：然则性有恶乎？曰：孟子曰'养其大体为大人，养其小体为小人'，杨子曰'人之性善恶混'，是知性可以恶也。"③ 可以说，"性善恶说"由此而来。至于"中庸所以接人，高明所以处己"，因王安石原文已不可得，则无从分辨。但基本可以看到陈渊对荆公"道术不正"的批评渊源有自，并非妄说。

三 《尚书新义》中的凿说成因

《三经新义》之一的《尚书新义》，作为北宋中期科举考试的官方教材和取士标准，延续着熙宁变法的指导思想。正是其与意识形态的密切关系，决定了荆公在注解过程中所涵盖的思想绝非先儒后学纯粹的学术性研究所可比拟。关于《尚书新义》的政治实用功能，他在《〈书义〉序》中直言不讳："惟虞夏商周之遗文，更秦而几亡，遭汉而仅存，赖学士大夫诵说，以故不泯，而世主莫或知其可用。天纵皇帝大智，实始操之以验物，考之以决事。"④ 所谓"操之以验物，考之以决事"，正是荆公对《尚书》实用价值的概括，结合上文提到陈渊在《默堂集》中所说的"注解"和"道术"的分别，就会发现荆公以《尚书新义》为推行新法和新学的舆论宣传，凿说的出现就难以回避。

比如《虞书·尧典》中说："曰若稽古帝尧。"荆公认为这是在说

---

① （元）脱脱等撰：《宋史·陈渊传》，中华书局1977年版，第11630页。
② （宋）王安石：《王文公文集》，唐武标校，上海人民出版社1974年版，第307页。
③ （宋）王安石：《王文公文集》，唐武标校，上海人民出版社1974年版，第315页。
④ 王水照主编：《王安石全集》第二册《尚书新义·诗经新义》，复旦大学出版社2017年版，第15页。

"圣人之于古政，有便今者则顺之，有妨于民者则考之"。对此，南宋夏僎评曰："谓'若稽古'所以称尧、舜能法古也。然史氏之意，苟以是称尧之德，则当与'放勋'连言，今乃揭于'帝尧'之上，观其势盖非所以称尧，乃史氏自言其稽古作书之由。故二说皆不如程氏、苏氏谓史之作书也，曰'吾顺考古昔，而得其人之行事'，此论甚善。"[①] 以文本而论，夏僎所说更为合理。他从文脉的上下意入手，认为既然"若稽古"与"帝尧"相连，而非下文"曰放勋"，那么荆公的理解就不如程、苏的判断。但此处荆公实是借古人语言的皮相来阐明自己对三代制度"法其意"的态度，深文周纳固然为真，而为新法和新学辨明自我亦是真。

通观《尚书新义》，其中凿说确如前人批评的那般俯拾皆是，背后的动因也不一而足。考察凿说生成的内在动因，有助于理解荆公的道术观念与政治思想。

（一）阴阳观念

荆公偏爱使用阴阳观念释解经义，比如《周礼·春官·司服》中提出仁、礼皆属阴阳之道的体现。这与荆公宇宙论及本体论的观念有关，他在天人关系上，强调阴阳的统一性，并吸收了天人感应论，希冀通过阴阳调和沟通天人、感通天地。在他看来，"气是宇宙的本体，气分为阴阳二气和天地，阴阳和天地进一步演化为五行和万物"[②]。所以《尚书新义》中，以阴阳观念诠释经典的注解，可谓层见叠出。

举例而言，《虞书·尧典》中有"乃命羲和"四字，荆公解为"散义气以为义，敛仁气以为和。日出之气为羲，羲者阳也；利物之谓和，和者阴也"。从字表来看，荆公强行关联阴阳与羲和之义，令人读之讶然。难怪林之奇说："羲和即人之名，安有阴阳仁义之说哉？此不可行也。"[③]

---

① 王水照主编：《王安石全集》第二册《尚书新义·诗经新义》，复旦大学出版社 2017 年版，第 19 页。
② 李祥俊：《王安石学术思想研究》，北京师范大学出版社 2000 年版，第 68 页。
③ 王水照主编：《王安石全集》第二册《尚书新义·诗经新义》，复旦大学出版社 2017 年版，第 20 页。

解释"钦若昊天",荆公又认为"天色可见者,苍苍而已,故于春言其色。气至夏而行,故于夏言其气。情至秋而知,故于秋言其情。位正乎上,故于冬言其位"。招致夏僎的严厉批评:"[王氏之说]皆凿说也。要之,经传之言'天'者不一:以其尊而君之,则曰'皇天';以其仁覆天下,则曰'旻天';以其自上监下,则曰'上天';以其远视苍然,则曰'苍天';以其元气广大而言,则曰'昊天',初无异义也。"①

又如《虞书·益稷》中"予欲观古人之象,日、月、星辰、山、龙、华虫,作会;宗彝、藻、火、粉米、黼黻、絺绣,以五采彰施于五色,作服,汝明"。荆公释义:"一阴一阳之谓道。道之在天,以日月为本,以星辰为纪,故以日月星辰为首。""又云:日月星辰山龙华虫,凡此,德之属夫阳者,故在衣而作绘。宗彝、藻、火、粉米,凡此德之属夫阴者,故絺绣在裳。辨物则知善之为善,知善之为善,推而上之,可以至于天道,则圣人之能成矣。"将阴阳观念与道、德概念相衔接,认为道、德皆由阴阳构成,如此联想,令人瞠目。

当然,这并不意味着荆公所有关于阴阳的阐释皆无依据、全然凿说,其中确有能发前人所未发之意,道夫先路之语。比如《虞书·舜典》中"纳于大麓,烈风雷雨弗迷"一句,孔传认为是"麓,录也。纳舜使大录万机之政,阴阳和,风雨时,各以其节,不有迷错愆伏,明舜之德合于天"。而荆公却说:"风之烈而雷雨弗迷者,则阴阳不失序可知矣。"以"不失序"来描述"阴阳和",此种说法为人所承,"孙博士推广王氏之说曰:'上天之载,无声无臭。所可推者,阴阳之气矣。阴阳以散而生风,至于烈风,则阴阳之极也。阴阳薄而成雷,阴阳亨而成雨,雷雨则阴阳相成之极也。阴阳之极多,迷而不复常,则为物之害。圣人在上,德足以当天心,虽"风之烈而雷雨",不至于迷而害物,则阴阳之不失其序。'此说粗通矣"②。这位孙博士根据荆公所说的"阴阳不失序"进行了发挥,虽被林之奇目为粗通文义,但也从侧面印证了荆公的解释亦可

---

① 王水照主编:《王安石全集》第二册《尚书新义·诗经新义》,复旦大学出版社2017年版,第21—22页。
② 王水照主编:《王安石全集》第二册《尚书新义·诗经新义》,复旦大学出版社2017年版,第31页。

备一说。

（二）曲生义训

朱熹在《答蔡仲默》中说："《尚书》文义通贯犹是第二义，直须见得二帝三王之心。"[1] 此言一针见血，道出问题关键：《尚书》诠释重在"见得二帝三王之心"，而非训诂考据、文辞诠解。荆公的问题恰恰在于以意逆志时，是用自己的政治观点附会《尚书》大义，托古改制，从而曲解《尚书》本意。

出于通经致用、为新法与新学进行思想引导与舆论宣传等政治实用目的，荆公在诠释《尚书》的过程中，多有穿凿附会、望文生义之举。比如《虞书·尧典》中尧帝认为鲧"方命圮族"，却还是听从众议起用鲧，荆公对此事的评析就十分耐人寻味：

圆则行，方则止；方命，犹今言"废阁诏命"也。盖鲧之为人，悻戾自用，不从上令也。

尧知鲧之方命圮族，然卒使之，何也？曰：方是之时，舜、禹皆未闻于世也。在朝廷所与者，鲧而已，圣人虽有过人之明，然不自用也，故曰：稽于众，舍己从人。虽疑其不可任，苟众之所与，亦不废也。故曰：谁毁谁誉？如有所誉者，其有所试矣。誉人尚必有所试，则其废人也，亦必有所试，而不胜任，然后废之耳。鲧既未常试，又众之所与，尧虽独见其不可任，敢不试而逆度以废之乎？敢违众而自用乎？圣人之立法，皆以众人为制，中才之君，独见其所见，不从众人之所见，逆度其不可任，而不待其有所试，则其为失也多矣。故尧之聪明，虽足以逆知来物，明见鲧之不可任，犹不敢自用，所以为中人法也。夫利一时而其法不可以推之万世者，圣人不为也，此所谓圣人之仁也。用己则圣人有所殆，用众则虽中人可以无为而治也。故尧之用鲧也，以四岳之佥同；其用舜也，亦以

---

[1] （宋）朱熹撰：《晦庵先生朱文公文集》续集卷三，《朱子全书》，朱杰人、严佐之、刘永翔主编，上海古籍出版社、安徽教育出版社2002年版，第4717页。

四岳之师锡，所以为圣人者，以其善用众也。"天聪明自我民聪明""惟天为大，惟尧则之"。于是舜与鲧见之矣。①

这段表述虽早已脱离历史本身，但却颇能体现荆公的用人观点和立法原则，与荆公在《上皇帝万言书》中向宋仁宗提出的人才问题相一致。荆公以"教、养、取、任"为核心，提出教化、养士、取才、用人的总体规划②，他在《度支副使厅壁题名记》中曾言："吏不良，则有法而莫守，法不善则有财而莫理。"③ 又在《上时政书》中说道："盖夫天下至大器也，非大明法度，不足以维持，非众建贤才，不足以保守。"④ 在《翰林学士除三司使》一文中，又反复强调："夫聚天下之众者莫如财，治天下之财者莫如法，守天下之法者莫如吏。"⑤ 这就从富国强兵的理财目标转到了创立法度的重要性，又从创立法度提及人才储备的迫切性。结合此段文字中"夫利一时而其法不可以推之万世者，圣人不为也，此所谓圣人之仁也。用己则圣人有所殆，用众则虽中人可以无为而治也"之语，不可谓不高瞻远瞩、深谋远虑，惜乎未能于熙宁变法中贯彻执行。

此类凿说意在从本事延伸到荆公得君行道的政治诉求，所在文义理解上常给人南辕北辙、风马牛不相及的感受，比如有关《虞书·舜典》"五玉、三帛、二生、一死，贽"一句，如林之奇说言，"皆其所贽之物。量其贵贱轻重，以寓其等差而已，非有义理于其间"，而荆公却"曲生义训，皆从而为之辞，穿凿为甚。如此等说，皆无取焉"⑥。又如"敷奏以言，明试以功，车服以庸"一句，荆公引《周官·夏官·思勋》中"王功曰勋"来释"放勋"之"勋"，认为"《周官》六功，皆曰'上之所报'，以民功为主，故'思勋'又曰'民功曰庸'是也"，实在是谬之千

---

① 王水照主编：《王安石全集》第二册《尚书新义·诗经新义》，复旦大学出版社2017年版，第28页。
② 参见（宋）王安石《王文公文集》，唐武标校，上海人民出版社1974年版，第6页。
③ （宋）王安石：《王文公文集》，唐武标校，上海人民出版社1974年版，第409页。
④ （宋）王安石：《王文公文集》，唐武标校，上海人民出版社1974年版，第17页。
⑤ （宋）王安石：《王文公文集》，唐武标校，上海人民出版社1974年版，第113页。
⑥ 王水照主编：《王安石全集》第二册《尚书新义·诗经新义》，复旦大学出版社2017年版，第35页。

里。难怪林之奇毫不留情地驳斥道:"庸,与'格则承之庸之'(之)庸同,盖言通用之也。……王氏必以《周官》'六功'之说,于'放勋'则引'王功曰勋',于此则引'民功曰庸'。夫六功之说,出于《周官》,以是而见于《尧典》《舜典》之言,非正义矣。至知其说不通,则迂阔而求合。"[1] 甚至引用薛氏"人本无病,病从药生"之语以讥讽荆公曲生义训的凿说。

(三)天人之道

荆公首倡新法与新学,引领社会变革,就必然强调勤修人事,但这似与其认同道家清静无为的思想有所龃龉。事实上,在荆公看来,天道自然无为,不借外力而自生万物;人道恰恰相反,应当自强不息,力成万物。天道无为,即便圣主贤君亦不能有违自然;人道有为,兼有礼乐之制与法度之备,方能平治天下。换而言之,人道有为成了天道无为的施行,天道无为又给予了人道有为的空间,这是荆公对道家思想的继承与扬弃。所以在《老子》一文中,他不厌其烦,反复强调:

> 道有本有末。本者,万物之所以生也;末者,万物之所以成也。本者,出之自然,故不假乎人之力而万物以生也;末者,涉乎形器,故待人力而后万物以成也。夫其不假人之力而万物以生,则是圣人可以无言也、无为也;至乎有待于人力而万物以成,则是圣人之所以不能无言也、无为也。故昔圣人之在上而以万物为己任者,必制四术焉。四术者,礼、乐、刑、政是也,所以成万物者也。故圣人唯务修其成万物者,不言其生万物者,盖生者尸之于自然,非人力之所得与矣。[2]

荆公一代通儒,于学术传承并不拘泥于儒家思想,对道家学说亦有

---

[1] 王水照主编:《王安石全集》第二册《尚书新义·诗经新义》,复旦大学出版社2017年版,第37页。
[2] (宋)王安石:《王文公文集》,唐武标校,上海人民出版社1974年版,第310页。

兼采，但又不完全同于老子思想。在此段文字中，荆公所提及的道之本末，是就道的本体和作用而言的。万物生生有其依据，即为道之本体；万物生生有其原因，即为道之作用。面对天道与人道，荆公强调二者相合，在《推命对》中，如是阐述：

> 夫天之生斯人也，使贤者治不贤，故贤者宜贵，不贤者宜贱，天之道也。择而行之者，人之谓也。天人之道合，则贤者贵，不肖者贱；天人之道悖，则贤者贱而不肖者贵也；天人之道悖合相半，则贤不肖或贵或贱。尧舜之世，元凯用而四凶殛，是天人之道合也；桀纣之世，飞廉进而三仁退，是天人之道悖也；汉魏而下，贤不肖或贵或贱，是天人之道悖合相半也。盖天之命一，而人之时不能率合焉，故君子修身以俟命，守道以任时，贵贱祸福之来，不能诅也。①

此处前半部分论及贤不肖或贵或贱取决于天人之道的悖合与否，似乎天道无为占据了主要；但后半部分的重点转而放在了修身与守道上，这就凸显了人道有为的一面。结合熙宁变法期间，面对反对派以久旱不雨等天象攻讦新法、新政，荆公所表现出的"天变不足畏"的政治魄力，更能体会其辨析天人之道、强调勤修人事的初衷。

落实到经义解读中，尤其是浓缩了先代治国理政精髓的《尚书》，荆公采用天人之道审视文本的空间就更为充裕。比如在释读《虞书·尧典》"畴咨若时登庸""畴咨若予采"时，荆公提出"'若时登庸'与'若予采'相对为言，谓'畴咨若时'者，咨顺天道者也；'畴咨若予采'者，顺人事也"。他从天道和人事两方面分而论之，正如释读《周书·召诰》"王来绍上帝"时，他所提出的"帝，天德，而绍之者王。王，人道也。皇，天道也"。② 这里天道明显对人道有规范和约束作用，而人道则指代

---

① （宋）王安石：《王文公文集》，唐武标校，上海人民出版社 1974 年版，第 319 页。
② 王水照主编：《王安石全集》第二册《尚书新义·诗经新义》，复旦大学出版社 2017 年版，第 230 页。

上古三代帝王的政治行为。

《虞书·舜典》中"在璿玑玉衡，以齐七政"一句，荆公认为："《尧典》言'历象'，《舜典》言'玑衡'；玑衡者，器也。《尧典》言'日月星辰'，此言'七政'；七政者，事也。《尧典》所言，皆'道'也；于此所言，皆'器'也，事也。"林之奇反驳道："此说殊不然。夫《尧典》所谓'历象'，即《舜典》之所谓'玑衡'也。《舜典》所谓'七政'，即《尧典》所谓'日月星辰'皆在其中矣，岂有道与器与事之异哉？"① 此处针对荆公割裂道器，强分形上形下之言进行了批驳。《虞书·大禹谟》中"乃圣乃神，乃武乃文"一句，荆公认为"乃圣乃神，所以立道；乃武乃文，所以立事。先圣而后神，道之序也；先武而后文，事之序也"②。而"帝念哉！念兹在兹，释兹在兹，名言兹在兹，允出兹在兹，惟帝念功"一句，荆公亦是顺着此一思路："念此人当知此人有可念之道，释此人当知此人有不可念之理，名言此人当察此人之贤否。此事之是非，允出于此道，则当察此道之可否。盖禹以为皋陶有可念之功，无可释之事，名其人则有德，言其事则民怀。舜允出于禅位，则皋陶在所当念，不在所当释。"③ 荆公努力在《尚书》中寻求天道和人事的普遍联系，并在阐明二者联系后，进而论证天人感通。

在《商书·说命上》"恭默思道，梦帝赉予良弼"一句的释读中，荆公说："古之人齐三日以致其思，必见其所为齐者，况于恭默思道致一而深思？则感格上帝，梦赉良弼，盖无足怪者。浅陋之人不知天人之际，至诚可以感通如此。"④ 商王武丁日有所思、夜有所梦，白日苦于治国之道，入梦即见天赐贤才，亦即天人感应相通。圣王贤君顺应天道，上天就会护佑天下；反之则会施与警诫，所以统治者应当时刻保持警醒，也

---

① 王水照主编：《王安石全集》第二册《尚书新义·诗经新义》，复旦大学出版社2017年版，第34页。

② 王水照主编：《王安石全集》第二册《尚书新义·诗经新义》，复旦大学出版社2017年版，第50页。

③ 王水照主编：《王安石全集》第二册《尚书新义·诗经新义》，复旦大学出版社2017年版，第53页。

④ 王水照主编：《王安石全集》第二册《尚书新义·诗经新义》，复旦大学出版社2017年版，第134—145页。

就是《尚书》中的"谨天戒"。《夏书·胤征》中说:"先王克谨天戒,臣人克有常宪,百官修辅。"荆公释曰:"日有变,王为之惧者,谨天戒也。不敢废时乱日者,有常宪也。""使羲和守常宪以修辅,则仲康德慎天戒而修者矣。今畔官离次,不知有日蚀之变,则是不有常宪,昧先圣之谟训,安能免于诛乎?"[①] 天象示警,这是对人间帝王不遵常宪的警诫。在这里,荆公将上天视为衡量施政成果的效验标准,所以他在疏解《周书·洪范》"皇极之敷言,是彝是训,于帝其训。凡厥庶民,极之敷言,是训是行,以近天子之光"时,说道:"有极之所在,吾安所取正?取正于天而已。我取正于天,则民取正于我。道之本出于天,其在我为德;皇极,我与庶民所同然也,故我训于帝,则民训于我矣。"[②]

在王安石的天人观中,上天成为世俗政治的一部分,进而推导出天、我、民这样一种自上而下的层级关系。虽然就事实而言,政策措施无法取证于天,但正如上文荆公在释读《虞书·大禹谟》时所说的"此事之是非,允出于此道,则当察此道之可否",可以取正于道。荆公所说的道必然是指承载了变法思想的一整套政治理念,最终也是为变法营造声势,并提供理论条件。

四 《尚书新义》中的法度思想

上文提及,不同于其他对《尚书》进行释义的研究者,荆公身居要职,又与神宗君臣相得,其施政思想与政治学说都得以付诸实践,其所编撰的《尚书新义》与北宋中期的历史进程必然产生了千丝万缕的关联。比之一般的《尚书》研究著作,《尚书新义》直接面向现实政治需要,其与政治的衔接必然更加紧密。在实际政务的处理中,王安石发现纯任王道或德教都难免失之偏颇,而法家思想或可弥补缺漏。在《三不欺》中,

---

① 王水照主编:《王安石全集》第二册《尚书新义·诗经新义》,复旦大学出版社2017年版,第104页。
② 王水照主编:《王安石全集》第二册《尚书新义·诗经新义》,复旦大学出版社2017年版,第161页。

荆公如是说：

> 昔论者曰：君任德，则下不忍欺，君任察，则下不能欺，君任刑，则下不敢欺，而遂以德察刑为次。盖未之尽也。此三人者之为政，皆足以有取于圣人矣，然未闻圣人为政之道也。夫未闻圣人为政之道，而足以有取于圣人者，盖人得圣人之一端耳。①

刑治、察治、德治缺一不可，唯有三者并用，方能天下大治而无欺之者。儒家王道理想的旗帜高悬，并不妨碍荆公兼取百家、强调法度。所谓法立政立、法善政善。正如《周公》一文所说："夫圣人为政于天下也，初若无为于天下，而天下卒以无所不治者，其法诚修也……盖君子之为政，立善法于天下，则天下治，立善法于一国，则一国治，如其不能立法，而欲人人悦之，则日亦不足矣。"②

强调法度，从直接的实用功利角度来看，正是为了理财，以求富国强兵："夫聚天下之众者莫如财，治天下之财者莫如法。"（《翰林学士除三司使》）③ "然则善吾法而择吏以守之，以理天下之财。虽上古尧舜犹不能毋以此为先急，而况后世纷纷乎？"（《度支副使厅壁题名记》）④ 正是由于法度不立，风俗衰败，所以朝政内忧外患，积弊愈深："此其何故也？患在不知法度故也！"（《上皇帝万言书》）⑤ "盖天下至大器也，非大明法度，不足以维持，非众建贤才，不足以保守。苟无志诚恻怛忧天下之心，则不能询考贤才，讲求法度。贤才不用，法度不修，偷假岁月，则幸或可以无他，旷日持久，则未尝不终于大乱。"（《上时政书》）⑥ 源于对法度建立重要性与迫切性的深刻认知，荆公才能不恤人言、不畏祖宗成法、不为流俗所左右："夫法度立，则人无独蒙其幸者，故先王之

---

① （宋）王安石：《王文公文集》，唐武标校，上海人民出版社1974年版，第305—306页。
② （宋）王安石：《王文公文集》，唐武标校，上海人民出版社1974年版，第302页。
③ （宋）王安石：《王文公文集》，唐武标校，上海人民出版社1974年版，第113页。
④ （宋）王安石：《王文公文集》，唐武标校，上海人民出版社1974年版，第409页。
⑤ （宋）王安石：《王文公文集》，唐武标校，上海人民出版社1974年版，第1页。
⑥ （宋）王安石：《王文公文集》，唐武标校，上海人民出版社1974年版，第17页。

政，虽足以利天下，而当其承弊坏之后，侥幸之时，其创法立制，未尝不艰难也……今有天下之势，居先王之位，创立法制，非有征诛之难也。"(《上皇帝万言书》)①

创立法度以治天下的思想在荆公《尚书》的诠释中得到了充分体现。《商书·太甲》中"欲败度，纵败礼"一句，孔传本已解释得十分充分："言己放纵情欲、败坏礼仪法度。"② 但荆公却宕开一笔，补充说明纵欲的危殆："欲而无以节之，则败度；纵而无以操之，则败礼。欲而无以节之，谓广其宫室、侈其衣服之类；纵而无以操之，谓惰其志气、弛其言貌之类。"③ 荆公提出"败度"一词，亦即败坏法度，足见其对法度的重视程度。在荆公看来，自我节制要倚赖法度的约束。

面对《周书·无逸》"严恭寅畏，天命自度"中的"自度"一词，孔传仅以"畏天命，用法度"来释义，荆公颇不满于此："貌严、行祗、心敬也，其畏天也，岂徒然哉！自度者，自治以法度也，犹所谓身为法度也。能自治以法度，则不耽于逸豫矣。"④ 着重标以"自治以法度"，体现了荆公欲以法度约束君主的深层理念。对于《虞书·皋陶谟》中"无教逸欲有邦"一句的诠释，荆公笔走龙蛇，如是发挥："天子当以勤俭率天下，诸侯不当以逸欲教有邦。盖天子逸欲于上，则诸侯化之，亦将肆其逸欲以盘乐怠傲于下。使有邦者皆肆其逸欲，则生民之受其祸可胜计哉！而其源则自夫上之人以逸乐导之也。诚使为天子者澹然无营，清心寡欲，举天下之声色货利曾不足以动其心，彼诸侯者其敢肆其逸欲于下哉！"⑤ 如果说荆公在《诗经新义》中倡导以"礼"充当法度，更多的是指向臣民，那么《尚书新义》中这段话则是指向君王。在其看来，

---

① （宋）王安石：《王文公文集》，唐武标校，上海人民出版社1974年版，第14页。
② （清）阮元撰：《尚书正义》卷八，《十三经注疏》上册，中华书局1980年版，第164页。
③ 王水照主编：《王安石全集》第二册《尚书新义·诗经新义》，复旦大学出版社2017年版，第121页。
④ 王水照主编：《王安石全集》第二册《尚书新义·诗经新义》，复旦大学出版社2017年版，第250—251页。
⑤ 王水照主编：《王安石全集》第二册《尚书新义·诗经新义》，复旦大学出版社2017年版，第61页。

君王"验物决事",评定自身行为是否合乎法度的标准就是其所阐述的"清心寡欲"。

《周书·康诰》中有"人有小罪非眚,乃惟终,自作不典,式尔;有厥罪小,乃不可不杀。乃有大罪非终,乃惟眚灾,适尔;既道极厥辜,时乃不可杀"之语,荆公释曰:"人有小罪,非过眚也;惟终成其恶,非诖误也。乃惟自作不善,原其情乃惟不以尔为典式也,是人当杀之无赦。乃有大罪,非能终成其恶也,乃惟过眚,原其情乃惟适尔,非敢不以尔为典式也。是人当赦之,不可杀。"①面对殷俗之中不孝不友等弊病,荆公主张以法度约束,以刑罚整肃,但也招致了以苏轼为代表的士大夫的抗议:"信如此言,周公虐,刑杀非死罪,且教康叔以人之向背以为喜怒,而出入其生死也。法当死,原情以生之可也;法不当死,而原情以杀之可乎?情之轻重,寄于有司之手,则人人可杀矣。虽大无道、嗜杀人之君,不立此法,而谓周公为之欤!……末世法坏,违经背礼,然终无许有司论杀小罪之法,况使诸侯自以向背为喜怒,而专杀非死罪者欤!……予恐后世好杀者以周公为口实,故具论之。"②东坡欲晓之以理、动之以情,依据儒家惯用的"亲亲尊尊"春风化雨,移风易俗,反对荆公通过法度刑罚迫使民众行为的改变。荆公在诠释《周书·召诰》"其惟王勿以小民淫用非彝亦敢殄戮,用乂民,若有功"时说:"不敢慢小民而淫用非彝,亦当敢于殄戮有罪以乂民也。"③并进而论说:"敢于殄戮,而刑足以服人心。"后之来者,多以醇儒之见认同东坡,如林之奇:"凡《书》之告戒以'不杀'之言者,王氏皆以为'使之杀'也,苏氏破其说矣。正犹治狱之吏,持心近厚者,惟求所以生之;持心近薄者,惟求所以杀之。"④诚然,确如东坡所言,荆公此论兼有法家申韩之术,但其

---

① 王水照主编:《王安石全集》第二册《尚书新义·诗经新义》,复旦大学出版社2017年版,第203—204页。
② 王水照主编:《王安石全集》第二册《尚书新义·诗经新义》,复旦大学出版社2017年版,第204页。
③ 王水照主编:《王安石全集》第二册《尚书新义·诗经新义》,复旦大学出版社2017年版,第232页。
④ 王水照主编:《王安石全集》第二册《尚书新义·诗经新义》,复旦大学出版社2017年版,第233页。

欲立法度以治理天下的初衷，却不容忽视。

五　小结

　　《尚书新义》"独行于世者六十年"，对北宋中后期的士风与学风产生了巨大的影响。变法期间，诸多士子出于科考的目的，对《尚书新义》颇多迎合；而党禁开放后，士林又口诛笔伐，大肆攻讦，致使《尚书新义》最终散佚。从现存佚文来看，一方面，其注解虽多有以己意附会经义、望文生义的穿凿之说，但其曲生义训、断章取义的初衷却是托古改制、通经致用。所以无论是利用阴阳观念，还是强调天人之分，都是在诠释《尚书》的过程中，构建自己的政治话语系统。另一方面，《尚书新义》亦是荆公欲创立法度以治理天下的集中体现，后人视之如杂学，醇儒指斥其道术不正，却为新法的施行拓宽了道路。

人最为天下贵也

——荀子"礼论"探微

余柯嘉

(浙江大学哲学学院)

摘要：荀子明确区分了天人之本分，又认为二者并行不悖，从而建构了一种独特的天人关系，借以肯定人所具有的自由意志。情欲为人之天性，圣人设礼以治之，由此而产生道德；道德是对人的自然属性实施社会化制约的结果，因此它是人之所以为人而区别于他物的特殊性所在，是人的主体性的集中体现。礼在整体上即天人关系的秩序化，人在现实性上归向礼以接受其秩序化制约，体现了个体意志的自由选择。在荀子那里，礼是人实现人本身完整存在的根本方式，它既是满足人的形下存在之具，又是实现人的形上存在之道。正是礼的存在，使儒学"下学而上达"的根本宗旨成为可能。因此在荀子那里，"礼"在现实中的普遍施行，正是道德得以普遍实现的根本保证，而政治的首要任务，正是在于把礼的普遍性推展到底。由此可知，荀子通过系统的礼论，把儒家的社会理想、人道的根本精神与政治管理之实效、百姓生活之实情完全地结合起来，进一步清晰体现了通过制度而实现人之理性解放，以及人的整全存在的重要努力。

关键词：荀子"礼论" 化性起伪 明分使群 法后王

在众多儒家学者之中，荀子的存在显得极为特殊。不仅因其学说始终在华夏文明的形成之中发挥着重要影响，也因为其思想所呈现出的与孔孟所不同的"反叛"精神。宋儒以"道统说"批判荀子，不仅在于他的性恶论消解了儒家的道德信仰基础，更归罪于他的弟子之中出现了韩非、李斯两位法家人物。这一说法最早出现在《史记·孟子荀卿列传》"李斯尝为弟子，已而相秦"①与《史记·老庄申韩列传》"与李斯俱事荀卿，斯自以为不如非"②之中，苏轼《荀卿论》中，更将焚书坑儒、殄灭周制等都看作荀子之教。③尽管当前学者对此尚有争议，但就《荀子》文本中所见诸观念而言，尤其是荀子"礼论"的具体内容，不仅表现出了高度的创新，也确乎可以作为思考儒法之间关系的切入点。重思荀子礼论的内涵与意义，亦有助于理解荀子思想体系之全体、领会儒学的真正精神。

一 礼的人道之维

在诸子百家之中，儒家最完整地继承了西周的"礼乐精神"，至于荀子则发展出系统的礼学。而荀子对于"礼论"的创新，主要得益于他对于"天人关系"的重构。

首先，区别于孔孟将天作为宇宙万化背后的决定力量，荀子强调的是"天"的自然面向。《天论》曰：

---

① （汉）司马迁撰：《史记》卷七十四《孟子荀卿列传》，中华书局1982年版，第2348页。

② （汉）司马迁撰：《史记》卷六十三《老子韩非列传》，中华书局1982年版，第2146页。

③ 学界一直存在两派观念，一种是基于《史记》、韩愈、程朱为代表的宋儒之观念，认为李斯、韩非子是直接承继了荀子的思想。但20世纪八九十年代起，便有学者认为李斯、韩非对荀子只有形式上的跟随，在实质上并无所继承。参见张涅《论韩非与荀子无思想承传关系》（《中州学刊》1998年第1期）；岑贤安、何成轩《荀子不是从礼到法的过渡桥梁》（《学术论坛》1981年第4期）；李峻岭《荀子与法家：援法入儒及理念分合——兼论荀子与韩非、李斯之关系》（《理论学刊》2018年第5期）；张明《荀子与韩非及法家关系诸问题：一种观念史的视角》（《山东社会科学》2020年第9期）等文章对此有过深入的讨论。

列星随旋，日月递照，四时代御，阴阳大化，风雨博施，万物各得其和以生，各得其养以成，不见其事而见其功，夫是之谓神。皆知其所以成，莫知其无形，夫是之谓天功。唯圣人为不求知天。①

天地、四时、阴阳有其自身的运化轨迹，尽管它们真切地呈现于人之生活，但与人的行为之间却不存在对应的联系。"天"的确具有神秘性，但也仅仅是就其不为人所预测和洞悉而言，并不意味着"天"有自己的主观意志。正因如此，天与人之间的界限需要明确进行划归，因为天地的衍化是无目的参与的过程，与之相对，社会的运行则与人自身的作用无法相分。②故荀子提出："明于天人之分，则可谓至人矣。"③《说文》："分者，别也。"④ 即明辨天人之别。分别之目的，不在于隔绝天人，而是以此为前提明确天与人所应具备的职责、权利的界限。因此，"分"又指"身份""本分"。所谓"不与天争职。天有其时，地有其财，人有其治"⑤。天、地、人应各行其道、各率其职。

荀子所提出的"天论"，实际与老子以"道"作为宇宙本原，取代人格化的神、帝的意义指向是一致的。胡适先生曾指出："荀子在儒家中最为特出，正因为他能用老子一般人的'无意志的天'，来改正儒家墨家的'赏善罚恶'有意志的天；同时却又能免去老子、庄子天道观念的安命守旧种种恶果。"⑥ 荀子并未完全消解掉天之权威，因为礼的神圣性在根本上需要通过"天"得到保证，就其本质论，便是将"天道"秩序转化为"人道"秩序，使之成为现实生活合理性的终极根据。这也同时表明，天人关系在"相分"之外，也存在必然的联系。

其一，从人性的获得来看，离不开天的赋予。"凡性者，天之就也，

---

① （清）王先谦撰：《荀子集解》，沈啸寰、王星贤点校，中华书局2013年版，第365页。
② 参见杨国荣《天人之辩的多重意蕴——基于〈荀子·天论〉的考察》，《船山学刊》2022年第5期。
③ （清）王先谦撰：《荀子集解》，沈啸寰、王星贤点校，中华书局2013年版，第364页。
④ （清）王先谦撰：《荀子集解》，沈啸寰、王星贤点校，中华书局2013年版，第364页。
⑤ （清）王先谦撰：《荀子集解》，沈啸寰、王星贤点校，中华书局2013年版，第364—365页。
⑥ 胡适：《中国哲学史大纲》，上海古籍出版社1997年版，第223页。

不可学，不可事。"① 性是包括圣人在内的一切人所具有的本能，在现实中主要表现为自然情欲，此人之与水火、草木、禽兽同也。因此，人必须从天地中获取最基础的物质资料才能满足生存，这强调了人是一种经验性的存在。而"从人之性，顺人之情，必出于争夺，合于犯分乱理，而归于暴"②。放任人性的发展，将导致"争夺生而辞让亡""残贼生而忠信亡""淫乱生而礼义文理亡"。尽管洞悉到人性的软肋，但荀子也并不拒斥"先天之性"，他始终将"人"的德、性、情欲等作为一个整体，都是人所不可或缺的部分，人因此得以称为"整全"。与之相反，孟子则认为，只有"善性"才是人之为人的特质，故"人之所以异于禽兽者几希，庶民去之，君子存之"③。此亦荀孟在人性论上的根本差异。

其二，人能赞天地之化育，制天命而用之。"制"非"制约"，而是"使用"，即使用天所赋予的一切条件，以实现自身目的。"天命"应理解为"天所命"，即天所禀赋。这样的"天命"已剥离神性含义，只指合乎内在秩序的某种天道规则。④"人道"正因顺循"天道"而建立。在荀子看来，"人道"在现实中的一个集中体现，便是以"礼"为代表的制度体系。故孔子曰："是故夫礼，必本于天，殽于地，列于鬼神，达于丧祭、射御、冠昏、朝聘。故圣人以礼示之，故天下国家可得而正也。"⑤ 从这一意义上看，"礼"之于天地、鬼神、人心、万物的无所不达，才真正实现了人的存在世界的多元秩序建构，充分体现了人道价值之本原关切的秩序与和谐。⑥ 人道与天道可以相互贯通，终将实现在境界上的统一，所谓"天行有常，不为尧存，不为桀亡。应之以治则吉，应之以乱则凶"⑦。正因如此，人也在天地间获得了特殊之地位。是谓"水火有气而无生，草木有生而无知，禽兽有知而无义；人有气、有生、有知，亦且

---

① （清）王先谦撰：《荀子集解》，沈啸寰、王星贤点校，中华书局2013年版，第514页。
② （清）王先谦撰：《荀子集解》，沈啸寰、王星贤点校，中华书局2013年版，第514页。
③ （宋）朱熹撰：《孟子》，《四书章句集注》，中华书局2012年版，第298页。
④ 参见张志强《〈荀子·天论〉"制天命而用之"重探》，《孔子研究》2022年第1期。
⑤ （清）孙希旦撰：《礼记·礼运》，沈啸寰、王星贤点校，中华书局1989年版，第585页。
⑥ 参见董平《秩序与和谐：礼乐制度与行为正义》，《浙江社会科学》2022年第9期。
⑦ （清）王先谦撰：《荀子集解》，沈啸寰、王星贤点校，中华书局2013年版，第362页。

有义，故最为天下贵也"①。"人最为天下贵"的根本原因，在于人之有"义"。"义"并非天赋，而是人自身"化性起伪"的努力所成就的，具体来说，便是在"礼"的规范之下，人所表现出的基于道德判断而进行活动的能力。因此，通过"礼"所彰显出的"道德"，是对人性的修饰，而不是彰显，制礼、重礼、守礼，则只是人的理性抉择。荀子进一步指出："礼者，养也。"② 这区别于孔孟强调"礼"是行为之约束，以提升人之道德。基于承认人的欲望存在的必然性，荀子认为，"礼"表面上是要约束人的欲望，本质上却恰能最大程度地满足人的欲望，故"礼者，人道之极也"③。"礼"建构出了理想的人类生存之道。

因为天赋予人的只是生存本能，赋予世界的只是自然秩序，由"天道"向"人道"的转化还必须依靠人的理性思考与实践。"人"的价值正是在这一过程中得到了充分凸显。可以说，人在自然世界之外，又开辟出了一个独有的"人文世界""道德世界"，因此，作为宇宙本原秩序转化为人道生活秩序的礼乐制度，使生活的共同体在现实性上即体现为政治—道德的公共体。④ 因此，"天人相分"与"天人合一"是一体两面，由"相分"向"合一"的推进，也是人道秩序确立并切实展开的过程。董平便认为：

> 人的存在，就其现实状态而言，既在自然之中而又与自然保持"边界"。正是这种"边界"意识，促使人们要把自己从自然世界当中分离出来，从而不仅为自然立法，更为人本身立法。只有实现了人与自然世界的分离，才可能有人道世界的建立；只有基于人道世界的价值理念，才可能有"天人合一"、"万物一体"。⑤

---

① （清）王先谦撰：《荀子集解》，沈啸寰、王星贤点校，中华书局2013年版，第194页。
② （清）王先谦撰：《荀子集解》，沈啸寰、王星贤点校，中华书局2013年版，第409页。
③ （清）王先谦撰：《荀子集解》，沈啸寰、王星贤点校，中华书局2013年版，第421页。
④ 参见董平《秩序与和谐：礼乐制度与行为正义》，《浙江社会科学》2022年第9期。
⑤ 董平：《天人之际：中国传统文化中的"边界"意识》，《衡水学院学报》2020年第3期。

可以说，"明于天人之分"与"人最为天下贵也"，前者肯认了"人的主体性"，后者则凸显出"人之为人的特殊性"。在这一意义上，天人相分又在事实上成为天人合一的基础。经由"礼"所实现的"天人合一"，区别于巫文化之下，以巫作为神托付的中介，才能与人相沟通的天人合一，而是以道取代了巫师所崇信的天，与人心直接合而为一。① 这无疑大大提升了人的主体性地位。因为，人作为个人敢于依靠自己，人证明自己能够在内心中与整个宇宙相照映，从自己的生命中发现了可以将自我提升到超乎个体和世界之上的内在根据。②

所以，相较于孟子以先天统后天，故以价值性、人文性的天为标准对人进行批判；荀子则立足实践，强调使后天归于先天，以"人"为中心去探索"礼"的真正价值。基于《性恶》篇中对人的描述可知，荀子认为如果人性不加制约，必然导致纷争与暴乱。所谓"古者圣王以人性恶，以为偏险而不正，悖乱而不治，是以为之起礼义，制法度，以矫饰人之情性而正之，以扰化人之情性而导之也，始皆出于治，合于道者也"③。也就是说，"礼"的创生目的就是安顿"人"的生活、协调"人"的本性。故谓"礼者，人之所履也，失所履，必颠蹶陷溺。所失微而其为乱大者，礼也"④。《说文解字》："履，足所依也。"⑤ 本训"践"，引申为所以践之具也。简言之，礼就是人进行一切活动的根据。是故，荀子曰：

> 凡用血气、志意、知虑，由礼则治通，不由礼则勃乱提僈；食饮、衣服、居处、动静，由礼则和节，不由礼则触陷生疾；容貌、态度、进退、趋行，由礼则雅，不由礼则夷固僻违，庸众而野。故人无礼则不生，事无礼则不成，国家无礼则不宁。⑥

---

① 参见余英时《论天人之际：中国古代思想起源试探》，中华书局2014年版，第171页。
② 参见余英时《论天人之际：中国古代思想起源试探》，中华书局2014年版，第9页。
③ （清）王先谦撰：《荀子集解》，沈啸寰、王星贤点校，中华书局2013年版，第514页。
④ （清）王先谦撰：《荀子集解》，沈啸寰、王星贤点校，中华书局2013年版，第585页。
⑤ （汉）许慎撰，（清）段玉裁注：《说文解字注》，浙江古籍出版社2006年版，第402页。
⑥ （清）王先谦撰：《荀子集解》，沈啸寰、王星贤点校，中华书局2013年版，第27页。

而"礼"之所以能具有如此广泛的效用,在于其具有超越时间的通贯性,它并不是固化的规则,而是能"以一执万"的"道",所谓"宜于时通,利以处穷"①。礼既能作为满足人的形下存在之具,也能作为实现人的形上存在之道。

可以说,"礼"的成立与展开是以"人"为核心的,因为"人"的存在本身就是"仁"的表达,亦是"道"的体现。子曰,"仁者,人也"②,故"礼"的实践必以"人"的主体性显明为根本目的。"道者,非天之道,非地之道,人之所以道也,君子之所道也。"③ 即人所应遵循的最高价值准则,并不是由天、地所安排的,而是"人"在其自身的存在与发展中展开的理性选择,也是人之自由意志的彰显,而非"天意"如此。因此,对"礼"的重视本质上便是对"人道"的推崇。换言之,荀子把"人"本身放在一切价值之前,没有人,所有价值不过是虚无的假设而已。

二 礼的政治之维

以孔子为代表的早期儒学,仁、礼并重的整体规划——以仁确立人生意义、价值原则,以礼建构政治制度和人伦秩序。④ 如果说,孟子是站在道德视域下考察"礼",荀子则更多地将"礼"置于政治维度之下进行讨论。荀子格外强调礼的政治实效,所谓"礼者,政之輓也,为政不以礼,政不行矣"⑤。又谓"国无礼则不正,礼之所以正国也,譬之犹衡之于轻重也,犹绳墨之于曲直也,犹规矩之于方圆也,既错之而人莫之能

---

① (清)王先谦撰:《荀子集解》,沈啸寰、王星贤点校,中华书局2013年版,第27页。
② (宋)朱熹撰:《中庸》第二十章,《四书章句集注》,中华书局2012年版,第28页。
③ (清)王先谦撰:《荀子集解》,沈啸寰、王星贤点校,中华书局2013年版,第144页。
④ 参见梁涛《北宋新学、蜀学派融合儒道的"内圣外王"概念》,《文史哲》2017年第2期。
⑤ (清)王先谦撰:《荀子集解》,沈啸寰、王星贤点校,中华书局2013年版,第581页。

诬也"①。这肯定了"礼"在政治之中的支柱性地位。

首先，荀子基于对现实的考察，对历史经验的追索，认为"礼"的现实展开是以政治为主要手段的，因此他也主要就社会的整体面貌来谈礼的实现。荀子认为，"离居不相待则穷，群而无分则争。穷者患也，争者祸也，救患除祸，则莫若明分使群矣!"② 人不能脱离群体独自生活，这是"礼"之所以必要的根本原因。故荀子之礼要求人必然地介入社会，在共同体中实现自身的价值。必须建立起群体的公共秩序以保障人之存在的延续性，否则便会产生无穷的祸患。因此，"礼"的首要作用便是"明分使群"，使"贵贱有等，长幼有差，贫富轻重皆有称者也"。③ 而要实现"明分使群"，必得先"正名"。所谓"据实以命名"，人与万物方能各得其所，知其所应为，这在本质上便是人以理性为自然万物"立法"。故荀子曰，"知者为之分别制名以指实，上以明贵贱，下以辨同异。贵贱明，同异别，如是则志无不喻之患，事无困废之祸，此所为有名也"④，此亦孔子所言："名不正，则言不顺；言不顺，则事不成；事不成，则礼乐不兴；礼乐不兴，则刑罚不中。"⑤ 这实际上都是在强调明晰权责之分配应在行为引导之前，如此才能确保正义的结果是通过良好的手段与高尚的观念所共同实现的。

正名之后，则要使人切实地遵循己之名分，落实己之责任，这便需要"化性起伪"之过程。"性者，本始材朴也；伪者，文理隆盛也。无性则伪之无所加，无伪则性不能自美。"⑥ 人性是自然原始的状态，故谓之"朴"；伪则是人为将由天理转而来的礼义法度加之于人性之上进行文饰。荀子认为：

> 礼有三本：天地者，生之本也；先祖者，类之本也；君师者，

---

① （清）王先谦撰：《荀子集解》，沈啸寰、王星贤点校，中华书局2013年版，第248页。
② （清）王先谦撰：《荀子集解》，沈啸寰、王星贤点校，中华书局2013年版，第208页。
③ （清）王先谦撰：《荀子集解》，沈啸寰、王星贤点校，中华书局2013年版，第210页。
④ （清）王先谦撰：《荀子集解》，沈啸寰、王星贤点校，中华书局2013年版，第491页。
⑤ （宋）朱熹撰：《论语》，《四书章句集注》，中华书局2012年版，第142页。
⑥ （清）王先谦撰：《荀子集解》，沈啸寰、王星贤点校，中华书局2013年版，第432页。

治之本也。无天地，恶生？无先祖，恶出？无君师，恶治？三者偏亡，焉无安人。故礼，上事天，下事地，尊先祖，而隆君师。是礼之三本也。①

"天地"是客观存在的基础；"先祖"塑造出独属于人的生存方式，并一以贯之地传承下来，将人与其他物类就此相区别开来；"君师"则作为政治、伦理等一切价值的根基。天地与先祖予人以先天之性，是"礼"的存在本原，君师则授人以后天之礼，是"礼"的价值本原。先天与后天，都是"人之所以为人"的基本前提，不因人为的价值判断而有所存亡。所谓"性伪合，然后成圣人之名也"②。现实的合理需求应该得到尊重，而德性的圆满也值得追求，二者并不矛盾。因此，荀子所倡导的"礼"之内涵，正包含了对人的"情性"与"道德"的双重肯认与约束，不能顾此而失彼。故"凡人之性者，尧舜之与桀跖，其性一也；君子之与小人，其性一也。……凡贵尧、禹、君子者，能化性，能起伪，伪起而生礼义"③。君子与小人的区别，只在于君子能够主动自觉地接受礼义教化而变化本性，而小人则需要不断进行引导和监督。但他们最终的目标都是习得礼义，臻于道德的圆满。这也是"礼"之实效得以发挥的前提。

既然"分"是天下之利的根本，礼便是以"分"为核心的制度体系。在荀子看来，人君是落实这一体系的关键，担负着"使群"的重要责任。故"君者，善群也。群道当则万物皆得其宜，六畜皆得其长，群生皆得其命"④。君主要对社会成员进行合理的分工，"能不能兼技，人不能兼官"⑤，使人人各司其职，以实现社会的稳定、国家的富强。"人"的理性价值在此又自然而然地凸显出来，所谓"礼莫大于圣王"⑥，"其人存

---

① （清）王先谦撰：《荀子集解》，沈啸寰、王星贤点校，中华书局2013年版，第413页。
② （清）王先谦撰：《荀子集解》，沈啸寰、王星贤点校，中华书局2013年版，第432页。
③ （清）王先谦撰：《荀子集解》，沈啸寰、王星贤点校，中华书局2013年版，第442页。
④ （清）王先谦撰：《荀子集解》，沈啸寰、王星贤点校，中华书局2013年版，第195页。
⑤ （清）王先谦撰：《荀子集解》，沈啸寰、王星贤点校，中华书局2013年版，第176页。
⑥ （清）王先谦撰：《荀子集解》，沈啸寰、王星贤点校，中华书局2013年版，第93页。

则其政举，其人亡则其政息"①。礼的推行受到人的主观能动性的影响，"圣王"在位就显得尤为重要。正因如此，"礼"本身又不是决定性的要素，最终的效果取决于执行者的品德与能力，必须使礼成为展现"公义"的手段，使"天下莫不平均，莫不治辨"②，反之，则"人主不公，人臣不忠"③。儒家所推崇的贤能政治，作为一种"共治""共享"的政治形态，也必须通过"礼"的规范才能达成，君臣依礼而为，实现各自存在的独立与整全。"礼"作为天道在经验世界的展开，在圣王手中，才成为具有稳定性、普遍性、公开性的人道规范。故谓"天能生物，不能辨物也，地能载人，不能治人也；宇中万物生人之属，待圣人然后分也"④。天地不能治人，唯圣王能治人。

因此，荀子主张"王霸兼用""隆礼重法"，他并不认为礼与法对人的影响分属"道德"和"威权"，而承认二者"殊途而同归"。这与孟子对"法"的排斥是不同的。例如，荀子主张在不同对象之间要采用不同的策略。"由士以上则必以礼乐节之，众庶百姓则必以法数制之。"⑤ 这也体现出荀子思想中的理性务实精神。这种理性就表现在对事实与义理的推重，因此荀子才会以礼义为标准批评十二子之言论行为，与孔子之时"善则归人，恶则归己"的价值观已大相径庭，这正是理性精神的影响。⑥ 荀子认为：

> 法者，治之端也；君子者，法之原也。故有君子，则法虽省，足以遍矣；无君子，则法虽具，失先后之施，不能应事之变，足以乱矣。不知法之义，而正法之数者，虽博，临事必乱。⑦

"礼""法"本质上都是确立与捍卫秩序的手段，其背后的目的与最

---

① （清）王先谦撰：《荀子集解》，沈啸寰、王星贤点校，中华书局2013年版，第179页。
② （清）王先谦撰：《荀子集解》，沈啸寰、王星贤点校，中华书局2013年版，第214页。
③ （清）王先谦撰：《荀子集解》，沈啸寰、王星贤点校，中华书局2013年版，第257页。
④ （清）王先谦撰：《荀子集解》，沈啸寰、王星贤点校，中华书局2013年版，第433页。
⑤ （清）王先谦撰：《荀子集解》，沈啸寰、王星贤点校，中华书局2013年版，第211页。
⑥ 参见陈登原《荀子哲学》，商务印书馆1928年版，第26—27页。
⑦ （清）王先谦撰：《荀子集解》，沈啸寰、王星贤点校，中华书局2013年版，第272页。

终达成的效果，根本上还取决于人的意志。故《荀子》之中，既言"王制"，也谈"王法"。所谓：

> 王者之制：道不过三代，法不贰后王。道过三代谓之荡，法贰后王谓之不雅。衣服有制，宫室有度，人徒有数，丧祭械用皆有等宜。声则凡非雅声者举废，色则凡非旧文者举息，械用则凡非旧器者举毁。夫是之谓复古。是王者之制也。①
>
> 王者之法：等赋、政事、财万物，所以养万民也。田野什一，关市几而不征，山林泽梁以时禁发而不税，相地而衰政。理道之远近而致贡，通流财物粟米，无有滞留，使相归移也。四海之内若一家，故近者不隐其能，远者不疾其劳，无幽闲隐僻之国莫不趋使而安乐之。夫是之为人师。是王者之法也。②

由此可见，"王制"即"礼乐之制"，强调了"明分"的重要性；"王法"则旨在说明如何"使群"。在荀子看来，"王道"统摄"王制""王法"，但三者又有截然不同的指向。从内容上看，"礼"奠定了基本的秩序框架，"法"在作用上则作为"礼"的补充。从时间上看，"圣人化性而起伪，伪起而生礼义，礼义生而制法度"③。"礼"作为制度，首先以"统一"的视角对万物的名分进行确认，兼覆而无遗，在历史发展中更具稳定性；其次，便要由"法"对人的具体行为作出规范，更为细密且繁杂。礼近似"纲"，法即"目"也，二者皆归于王道。同理，荀子提出"君人者，隆礼尊贤而王，重法爱民而霸，好利多诈而危"④。王、霸都是理想的政治状态，相对应地，"礼"与"法"都能维持良好的秩序，王者不失法，霸者不废礼，霸道是"王道"不行时的一种权宜。礼与法尽管有不同特质，但其矛盾并不是绝对的，而取决于"人"施用之态度与方式，故有王制，亦有王法。与法家之法只治民不言君不同，荀子认

---

① （清）王先谦撰：《荀子集解》，沈啸寰、王星贤点校，中华书局2013年版，第187页。
② （清）王先谦撰：《荀子集解》，沈啸寰、王星贤点校，中华书局2013年版，第189页。
③ （清）王先谦撰：《荀子集解》，沈啸寰、王星贤点校，中华书局2013年版，第517页。
④ （清）王先谦撰：《荀子集解》，沈啸寰、王星贤点校，中华书局2013年版，第573页。

为，君主本身不能脱离礼法的约束。一方面，礼法的推行必须通过人主才能实现，它是君主引导民众的手段；另一方面，它又构成对君主的约束，君主必须"隆礼义"才能为人所尊重，真正实现"治万变，材万物，养万民，兼制天下"①。

正因如此，荀子虽着重强调礼对于构建稳定公开之秩序的价值，同时也并未忽视礼对道德的塑造作用。陆建华先生指出：荀子之礼主要是政治之礼，指政治制度。这是其与其他儒家派别所论礼的根本分歧所在。② 这指出了荀子"礼论"的一个特点，但并不全面。因为在中国文化传统中，政治的道德性就是政治合法性的根本保证，这是自周公起便确立的基本理念。政治活动不能只是为了谋取"功利"，而必须体现其道德性。因此理想的"王政"必然是"全道德，致隆高，綦文理，一天下，振毫末，使天下莫不顺比从服"③。而在荀子看来，道德的表达应是个人性情的有序彰显，而要使"道德"成为社会共同体的普遍追求，便必须使整个社会都遵循统一稳定的秩序。二者相互影响，彼此成就。④

简言之，荀子通过对"礼"之政治面向的考察，实际凸显了它的社会效应与公共价值，这与孟子着重说明"礼"在个人道德修养中的作用是不同的。因为在荀子看来，人首先是社会的存在，才是道德的存在。从这一意义上看，个体又不成为目的，而只有共同体的和谐才具有价值。同时，人的主体性建构必须依于礼才能实现，人必不可能达成"无待"之状态，而获得绝对的独立性。如此一来，正如"性恶论"消弭了道德存在的必然性，在"礼论"试图充分表彰人的理性之时，个体本身的存在意义又不得不面临瓦解。这也是荀子思想中尚未得到解决的一个矛盾。

---

① （清）王先谦撰：《荀子集解》，沈啸寰、王星贤点校，中华书局2013年版，第213页。
② 参见陆建华《荀子礼学研究》，安徽大学出版社2004年版，第64页。
③ （清）王先谦撰：《荀子集解》，沈啸寰、王星贤点校，中华书局2013年版，第202页。
④ 基于荀子将礼加以政治化的倾向，学者也对此出现了褒贬两种声音。从积极的影响看，林宏星先生认为，荀子将儒家的道德要求转化为了政治义务，使得道德权威同时也作为政治权威，以此消解儒家思想不为现实所接纳的窘境。这也是荀子"隆礼重法"的重要现实意义。从消极影响看，萧公权、徐复观先生认为，荀子之说导致了一种不留余地地将私人"道德生活"转化为公共的"政治生活"的倾向，这也导致其学说衍生出法家之治术，而为天下士人所诟病。

三 礼的现实之维

通过对"礼"的认识,也使荀子对孔孟的为政之道有了新的阐发,"法后王"便是其中的重要观念。

荀子"法后王"同时具有"使后王法先王"及"使执政者效法后王"两个层面的内涵。前者是站在当下,对历史进行反思,后者则立足未来,回望现实进行制度设计,"后王"则是沟通历史与当下,贯穿理想与现实的关键角色。只有经历"效法先王"的阶段,才有"后王"的出现,为当世乃至后世树立榜样。换言之,"后王"与"先王"在历史中是具有继承性的,"法后王"与"法先王"对"先王之道"的推崇也是一致的,所谓"先王之道,礼乐正其盛者也"①。先王、后王的一贯性,也是"礼乐文明"的一贯性。《王制》中荀子赞颂先王"制礼义,养天下"之功:

> 夫两贵之不能相事,两贱之不能相使,是天数也。埶位齐,而欲恶同,物不能澹则必争;争则必乱,乱则穷矣。先王恶其乱也,故制礼义以分之,使有贫富贵贱之等,足以相兼临者,是养天下之本也。②

《强国》中荀子强调坚持先王之道的重要性,并推崇先王之道是治国之本:

> 彼先王之道也,一人之本也,善善恶恶之应也,治必由之,古今一也。③

---

① (清)王先谦撰:《荀子集解》,沈啸寰、王星贤点校,中华书局2013年版,第449页。
② (清)王先谦撰:《荀子集解》,沈啸寰、王星贤点校,中华书局2013年版,第180页。
③ (清)王先谦撰:《荀子集解》,沈啸寰、王星贤点校,中华书局2013年版,第348页。

"先王之道"在荀子看来便是"礼义之道""仁义之统",先王便是"礼义"的制定者与施行者。

> 先王之道,仁之隆也,比中而行之。曷谓中?曰:礼义是也。道者,非天之道,非地之道,人之所以道也,君子之所道也。君子之所谓贤者,非能遍能人之所能之谓也;君子之所谓知者,非能遍知人之所知之谓也;君子之所谓辩者,非能遍辩人之所辩之谓也;君子之所谓察者,非能遍察人之所察之谓也:有所止矣。①

因此,荀子的"法后王"与韩非子之提倡有根本区别。韩非子提出"法后王"是基于对历史发展规律的认识,即历史总是变化的,他认为"上古竞于道德,中世逐于智谋,当今争于气力"②。所以"今欲以先王之政,治当世之民,皆守株之类也"③。而其所处的时代需要被摆在首位的是"刑法"。所以"明主之国,无书简之文,以法为教;无先王之语,以吏为师"④。荀子在根本上追求的则是以"礼乐制度"为核心的西周文明。所谓"故千人万人之情,一人之情是也;天地始者,今日是也;百王之道,后王是也"⑤。后王成了百王之道的集中体现者和传承者。而百王的历史经验之所以有效,在于古今"同情"。荀子指出"古今异情,其以治乱者异道"⑥ 是妄人之言。治人之枢机在于调理"情欲",故"王道"具有超越时空的有效性。所以要"原先王,本仁义,则礼正其经纬蹊径也"⑦,通过"礼"的践履重现先王仁义之统,正如熊十力先生所说:"韩非学于荀卿,卿固主张强力者。然卿由道家而归于儒,以礼辅世,是秉止义以自强,亦以强而达其义也。强力以行义者,人性之正,

---

① (清)王先谦撰:《荀子集解》,沈啸寰、王星贤点校,中华书局2013年版,第144页。
② (清)王先慎撰:《韩非子集解》,钟哲点校,中华书局1998年版,第445页。
③ (清)王先慎撰:《韩非子集解》,钟哲点校,中华书局1998年版,第443页。
④ (清)王先慎撰:《韩非子集解》,钟哲点校,中华书局1998年版,第442页。
⑤ (清)王先谦撰:《荀子集解》,沈啸寰、王星贤点校,中华书局2013年版,第56页。
⑥ (清)王先谦撰:《荀子集解》,沈啸寰、王星贤点校,中华书局2013年版,第96页。
⑦ (清)王先谦撰:《荀子集解》,沈啸寰、王星贤点校,中华书局2013年版,第18页。

人道所由致太平也。"① 在此过程中，"后王"是不可或缺的关键人物。荀子视"后王"为古代"圣王"的接续者，并表现出强烈的追随"后王"的倾向，所谓"至治之极复后王"②。《荀子·儒效》曰：

> 言政治之求，不下于安存；言志意之求，不下于士；言道德之求，不二后王。道过三代谓之荡，法二后王谓之不雅。高之下之，小之巨之，不外是矣。是君子之所以骋志意于坛宇官廷也。故诸侯问政，不及安存，则不告也。匹夫问学，不及为士，则不教也。百家之说，不及后王，则不听也。夫是之谓君子言有坛宇，行有防表也。③

"法后王"解决了其"夏礼，吾能言之，杞不足征也；殷礼，吾能言之，宋不足征也。文献不足故也。足，则吾能征之矣"④的困境。因而离开后王谈接续先王之道，效仿三代之治，便是偏离了正道。后王是成功使先王之道与现实建立联系的人。百家之说涉及政治，却不论及后王，便是没有触及政治的根本——实践。"道统"只有在现实中加以检验，才能确证其现实价值。后王与先王之道是互相成就的。先王之道靠后王才能传承并产生现实效用，而后王只有持守先王之道才能够称为"王"。

因此对孔子所推崇的"礼乐文明""德治"，孟子提出的"仁政""法先王"，荀子同样支持：

> 言治者予三王，三王既已定法度，制礼乐而传之，有不用而改作，何以异于变易牙之和、更师旷之律？无三王之法，天下不待亡，国不待死。⑤

荀子所设计的制度体系，与孔孟也有异曲同工之妙。《富国》中的"由

---

① 熊十力：《熊十力全集》第五卷《韩非子评论》，湖北教育出版社2001年版，第305页。
② （清）王先谦撰：《荀子集解》，沈啸寰、王星贤点校，中华书局2013年版，第544页。
③ （清）王先谦撰：《荀子集解》，沈啸寰、王星贤点校，中华书局2013年版，第173页。
④ （宋）朱熹撰：《四书章句集注》，中华书局2012年版，第63页。
⑤ （清）王先谦撰：《荀子集解》，沈啸寰、王星贤点校，中华书局2013年版，第612页。

士以上则必以礼乐节之，众庶百姓则必以法数制之"①与《礼记》"礼不下庶人，刑不上大夫"②同是强调对士大夫有更高的道德要求，以"礼"为则；而庶人首先要做到遵法而行，过一种理性有序的生活。这是要求执政者循序渐进地施行礼法，而不能一蹴而就，"财物货宝以大为重，政教功名反是，能积微者速成"③。而《君道》说为人君要"以礼分施，均徧而不偏"，为人臣要"以礼待君，忠顺而不懈"，与孟子所言"君之视臣如手足，则臣视君如腹心；君之视臣如犬马，则臣视君如国人；君之视臣如土芥，则臣视君如寇仇"④亦是一致的。强调处理好君臣关系是为政的重要条件，但君臣并非领导与服从的关系，而是在政治上遵循礼义的合作者，所谓"人主不可以独也。卿相辅佐，人主之基、杖也"⑤。

但基于现实，荀子看到了单纯使用"礼治""德治"遇到的困境，因而需要进行扩展，重新构建一套针对现实的行之有效的制度。《荀子》中对此进行了详细的论述。他直接指出要先"惠民"才可使民，所谓"庶人骇政则莫若惠之"，"下可用则强，下不可用则弱"⑥，这直接承认了"利"的正当性与必要性；强调立"法"，因为法成则君主不能擅专；认可国家应该富国强兵，《议兵》中提及"凡用兵攻战之本在乎一民"⑦，因为"彼兵者，所以禁暴除害也，非争夺也"⑧。《王霸》中说明"主好要而百事详"⑨，理想政治应是君主无为而治，"守至约而详，事至佚而功，垂衣裳，不下簟席之上，而海内之人莫不愿得以为帝王。夫是之谓至约，乐莫大焉"⑩。荀子将孔孟罕言的"法""霸""利"等要素加入政治考虑的范畴，这也是基于其人性恶的分析得以阐发。他提出"法后

---

① （清）王先谦撰：《荀子集解》，沈啸寰、王星贤点校，中华书局2013年版，第211页。
② （清）孙希旦撰：《礼记集解》，沈啸寰、王星贤点校，中华书局1989年版，第81页。
③ （清）王先谦撰：《荀子集解》，沈啸寰、王星贤点校，中华书局2013年版，第360页。
④ （宋）朱熹撰：《孟子》，《四书章句集注》，中华书局2012年版，第295页。
⑤ （清）王先谦撰：《荀子集解》，沈啸寰、王星贤点校，中华书局2013年版，第288页。
⑥ （清）王先谦撰：《荀子集解》，沈啸寰、王星贤点校，中华书局2013年版，第319页。
⑦ （清）王先谦撰：《荀子集解》，沈啸寰、王星贤点校，中华书局2013年版，第314页。
⑧ （清）王先谦撰：《荀子集解》，沈啸寰、王星贤点校，中华书局2013年版，第330页。
⑨ （清）王先谦撰：《荀子集解》，沈啸寰、王星贤点校，中华书局2013年版，第265页。
⑩ （清）王先谦撰：《荀子集解》，沈啸寰、王星贤点校，中华书局2013年版，第251页。

王"，既承接"先王之道"，又借"后王"之名重建一套实用的治术，以解决在"法先王"的观念下没有被关注的问题。而后王之权威，又使这套新制度具备了说服力，同时很好地呼应了实践。可以说，"法后王"是荀子以"古今一度"的理念建立"欲知上世，则审周道"何以成为可能的根据，是建立礼义之统必然要有的一个步骤。①

"后王"的提出，更强烈地表现出对于"人"作为主体，对于"礼乐"制度的构建所起到的决定性作用。首先，自黄帝以来的各个帝王，身上均是带有"神迹"的，而荀子基于对"人性"的分析，"王"本身并非"神"，"后王"绝不是"生而有德"，"虽贵为天子，富有天下，是人情之所同欲也。然则从人之欲则势不能容，物不能赡也"。②而是在"礼"的引导下，人通过后天的努力，立德修身，顺势而"王"。"王"的内涵在《荀子》之中也得到了新的拓展。它不仅是对于一国最高统治者身份的描述，更是具有文化意义的符号。从外在的身份来看，王必须是天子，荀子认为，"能用天下之谓王"③，"王"必定力全德凝，是"天下莫不亲也，天下莫不贵也，天下莫敢敌也"④的"天子"。而一般意义上的统治者，在《荀子》中多被称作"主"或"君"，如"以是百官也，令行于境内，国虽不安，不致于废易遂亡，谓之君"，其地位与"王"截然不同。"故可以有夺人国，不可以有夺人天下；可以有窃国，不可以有窃天下也。可以夺之者可以有国，而不可以有天下；窃可以得国，而不可以得天下。"⑤

荀子之所以对"王"赋予了极高的期待，"王"的立定乃圣人之意志，或言"王"本身必是"圣人"，因为"天下者，至大也，非圣人莫之能有也"⑥。圣人为维持天下秩序，"故为之立君上之埶以临之"，由此，"王"作为圣人的继任者，对天下负有责任，立"王"的目的是"明礼义以化之，起法正以治之，重刑罚以禁之，使天下皆出于治，合于善也"⑦。礼义必须经由

---

① 参见韦政通《荀子与古代哲学》，台北：台湾商务印书馆2001年版，第15页。
② （清）王先谦撰：《荀子集解》，沈啸寰、王星贤点校，中华书局2013年版，第82页。
③ （清）王先谦撰：《荀子集解》，沈啸寰、王星贤点校，中华书局2013年版，第382页。
④ （清）王先谦撰：《荀子集解》，沈啸寰、王星贤点校，中华书局2013年版，第186页。
⑤ （清）王先谦撰：《荀子集解》，沈啸寰、王星贤点校，中华书局2013年版，第385页。
⑥ （清）王先谦撰：《荀子集解》，沈啸寰、王星贤点校，中华书局2013年版，第385页。
⑦ （清）王先谦撰：《荀子集解》，沈啸寰、王星贤点校，中华书局2013年版，第514页。

"王"才能通行天下而无碍。因为在儒家看来,"治统"与"道统"是相合无间的。尽管这样的状态并没有一直维持下去。子曰,"甚矣,吾衰也! 久矣,吾不复梦见周公矣",便是德位之间出现了巨大的分裂。

荀子亦言:"圣王已没,天下无圣,则固莫足以擅天下也矣。天下有圣而在后者,则天下不离,朝不易位,国不更制,天下厌然与乡无以异也;以尧继尧,夫又何变之有矣?"① 荀子认为当今之世圣人不存,却多混淆是非治乱者,因此大治之世不复,先王之道亦失。与先王相比,无论"后王"的确切对象指代何人,它与"先王"属于时间上的先后关系是毋庸置疑的。② "后王"在时间上与当世更为相近,其形迹亦更为粲然

---

① (清)王先谦撰:《荀子集解》,沈啸寰、王星贤点校,中华书局2013年版,第392页。
② 当前学界对于"法后王"的理解还存在争议,主要归纳为三种状态。一是将后王认作"近世之王"或"当世之王",即现在式,司马迁、杨倞,现代学者张德苏、林宏星。张德苏在《荀子"法后王"及其儒学意义》(《孔子研究》2007年第2期)一文中,认为荀子的"法后王"是荀子在工具制度、措施方面对当今政治管理经验的借鉴。林宏星《"先王之道"与"法后王"——荀子思想中的历史意识》[《复旦学报》(社会科学版) 2011年第6期]一文,也认为"后王"体现的是一种"演进式"的历史意识,先王之道不可移,先王之法却可损益,"法后王"是对孟子"言必称尧舜"的反驳。他们基本都认为这是荀子"厚今薄古"的历史进化论思想体现。然而,结合荀子所处战国晚期之局势,此说法似又与"近世"及"当世"的史实不符。二是将后王看作儒家传统意义上的"圣王"与"先王"。郭沫若《十批判书·荀子的批判》中提出荀子的"法后王"和孟子的"尊先王"毫无区别。"先王"和"后王"是相对的称呼,孟子称"先王",因他们先于梁惠王,齐宣王等时君故称"先王";荀子称"后王",因他们后于神农、黄帝故称"后王"。……"后王"即"先王",包括尧、舜、禹、汤、文、武、周公。俞樾《荀子评议》中认为"后王"与"先王"的根本一致的,他说:"盖孟子言'法先王'而荀子言'法后王',亦犹孟子言'性善'而荀子言'性恶'各成其是,初不相谋,比而同之,斯惑也。"俞荣根先生甚至认为荀子根本不是"法后王",而是"法先王",不过以类ж类地借"后王"指"先王"而已。尤其文、武二王为主,即过去式,郭沫若、俞樾、俞荣根等持此论,而由此引申为荀子是"历史循环论"。张立翔先生在《荀子"法后王"说辨析》(《镇江高专学报》2014年第1期)中也认为荀子是"尊古抑今""托古改制"之人,并且提出"先王""后王"的一个重要标准是以"隆礼义"为分,而不以时间断定。魏义霞的《循环论与直线论、法先王与法后王:先秦历史哲学研究》(《江海学刊》2007年第3期)站在历史哲学的角度,在时间维度之上,着重探讨"先王"与"后王"的思想特质。"法先王"体现的是儒家强烈的复古倾向和倾慕先贤之情,而站在"与时俱进"的角度,坚持的却是"法后王",对历史的循环认定决定了先王的价值、使法先王成为行为原则一样,而对历史的直线审视排除了先王对当今社会的意义和价值,在"无先王之语"的前提下,"法后王"便成了唯一出路。但这种论断忽视了"法后王"思想的时代性及创新性,没有凸显荀子一贯的"通变"精神。三是将后王解释为有位或无位的圣人,王或者素王,是一位虚悬的期待中的王天下者,即未来式,此说源于章太炎先生:"荀子所谓后王者,则素王是;所谓法后王者,则法《春秋》是。"经梁启雄先生阐发,他说"后王,未详。似指总汇百王,圣王政教之迹的君师,是一位理想的、德才兼备的、有位或无位的圣人——王或素王"。此说也颇有影响。章、梁两位先生之说有理,但如果仅仅是对未来的一种假设,那么对于现实实践的指导意义又难以说明。

明备，对于人民而言是更为恰当的学习对象。"学莫便乎近其人。礼乐法而不说，诗书故而不切，春秋约而不速。方其人之习君子之说，则尊以遍矣，周于世矣。故曰：学莫便乎近其人。"① 荀子并不否认"典籍"在历史中所具有的存证功能，但相对于同样可作为载体的"人"而言，作为固定文本的《礼》《乐》《诗》《书》《春秋》表现出显著的弊端，远逊于人在历史中的传承作用，而"后王"是最具权威性的传承者。这也是荀子之所以提出"法后王"的原因所在。"王"不仅作为权力的象征，而且蕴含了对"礼义"的向往。"王"的存在，代表的不仅是政治上的昌盛，还有文化上的统一，即礼乐文明得到认同。"后王"的出现，表明"涂之人皆可为禹"，在任何时代都能有传承"先王之道"的圣人，"礼乐盛世"在当世必可复归。它体现了荀子对"人"的期待以及发展的历史观，与荀子强调人为"礼"之核心，将"礼"看作修养之根本是相互印证的。"礼"所具有的一贯性与适变性，使之能与"法后王"的方法论相匹配，在荀子自身的思想体系中有深刻意义。荀子对"礼"的看法，是基于其人性论而发展出的推论，充分彰显了人的主体意识的觉醒。他将"典范"与"规范"作为决定治乱的两大要素，典范是圣王，规范是礼法。二者相辅相成，确立起人道秩序，这是荀子在历史与当下、道德与政治的张力之间，努力做出的统合。

四 结语

荀子通过"明于天人之分"，强调"人"在天人关系中具有独立性。人与万物既因"天"而具有普遍的共性，同时又因自我选择而培养出区别于万物的特殊性——对"义"的提倡。因此，对人而言，便需要通过"义"的表达实现人之为人的独特目的，而"礼"是达成这一目标的重要途径。这与孔孟是一致的。但孟子认为人性本善，恶是后天的发展。是故，荀子将礼的践履作为对人性的复归，礼的价值必须通过天道得到保

---

① （清）王先谦撰：《荀子集解》，沈啸寰、王星贤点校，中华书局2013年版，第16页。

证。而荀子认为天之所赋不过人之存在的基本条件，在现实中表达为人欲。恶是人欲不加制约的后果，并非人欲本身的价值判断。这正体现了孟荀"人性论"的重要分歧。

荀子肯定了"礼"使人从自然中分立出来，走向"文明"。但在他看来，礼的施设本质上是人突破原始本能而对自身进行理性调整的方式。礼是人之理性的彰显，它因人而设，依人而存，不可自行。故礼所具有的一切道德价值，不过是"人"之价值的反映。

基于对现实的经验考察，荀子也着力扩展了"礼"的政治意义，而不单单强调道德，试图突破"道德"与"政治"之间的不确定性，使二者在逻辑上构成必然因果。换言之，为道德如何在实践中为理想政治的实现提供保障进行说明——"道德"通过"礼"的制度化，切实地保障了政治的正向发展。"后王"则是落实这一结构的关键人物。他可以沟通历史与当下，贯穿理想与现实。后王"由凡入圣"的实践，事实上肯定了礼对人的塑造作用，其所具有的"通变"精神，例如对王霸、礼法的共置，则保证了礼的施行能够与时俱进，同时也高扬了人的主体意识在其中所发挥的作用。也正因如此，后王不会过度依赖自身判断，而必须依托礼进行施政。在"礼"的体系之中，也必须以"王"作为核心。在儒家看来，便呈现为"先王之道"。而荀子认为，孔孟"法先王"在实践中不易达成，反而对人施加了巨大的道德压力，因此要借以"法后王"之手段加以辅助。"后王"是百王之道的传承者，以"法后王"达"先王之道"，体现了荀子试图为"涂之人可以为禹"在现实之中找到根据的努力，同时也是对人之"理性"的进一步肯认。这不仅是其思想内部逻辑运作的必然，更是华夏"人本主义"[1]发展到一定阶段的突破。

---

[1] "由于祖先崇拜、宗法制度和'礼'的深层顽强保守性，华夏人本主义是人类史上生命力最强、最持久、最崇古取向的文化。"［美］何炳棣：《华夏人本主义文化：渊源、特征及意义（下）》，《史前研究》1998 年第 00 期。

境界伦理学视域下的孔子的天命观

聂 威

（中央民族大学哲学与宗教学学院）

摘要：用义务论与美德论来区分孔子的天命观，可以看出天命在外与天命在我之区别。在美德论的视域中，孔子把道德在天的客观性下落到了人的主体性，极大地肯定了人的道德价值。但是孔子关于德性条目的表述不是论证形式的，而是人生教导式的，教导人应该成就理想人格、达到好的境界，所以孔子的天命观又不仅仅是美德论，最后上升至境界论。境界论对于义务论与美德论来说是超越的，人有尽天命之道德义务，然人之一生只是尽道而为，是对人之主体性的弱化；美德论挺立了主体的价值，强调主体的道德品质；但是儒家还有对人格完善的追求，以期达到君子人格、圣人境界，这是对美德论之超越。境界论视域中，重点关注的是人生生活与理想人格，而不仅仅是人之德性。

关键词：孔子　天命　义务论　美德论　境界论

在先秦时期，天具有至高无上的地位，政治、思想等社会主要内容都需要天来肯定其合法性。天命是孔子思想中的重要内容，可以说是形而上之依据。对于如何理解孔子的天命观，学术界意见纷呈。在孔子的生命历程中，经历了"畏天命""知天命""言性与天道"等阶段，说明孔子对于天命的理解是个动态的过程，代表孔子的人生境界一直在提高，因而适用于境界论的视域。孔子天命中"天"，主要有主宰之天、道德之天的含义。陈来对冯友兰的伦理学思想研究提出的境界伦理学视角有助于理解孔子的天命观,学界对于境界伦理学的关注相对较少,孔子由义务论、美德论而至境界论的天命观亦可谓具有中国特色的伦理学。

一 以德配天:义务论还是美德论?

具有德性文明意义的天命思想首出于周朝,有较多的文字记载以说明,如大盂鼎上刻有周王"受天有大命"①,《尚书》中的《大诰》《召诰》《康诰》几篇反复强调天命存有的重要性和天命的变化性,如说"天命不易"②、"天乃大命文王"③ 等。周人吸取了殷人灭亡的教训,认为自身具有美好的德性和行为才能获得天的恩惠。而获得上天的认可需要关心百姓,周人有"天矜于民,民之所欲,天必从之"④,"天视自我民视,天听自我民听"⑤ 的思想。王雅认为,天被赋予了一种价值理性的品格,天的自然属性和祖先神身份淡化了,天成为周人及之后中国传统价值的终极源头。⑥ 这说明先秦时期的天命观念在商周之际有一个重要变化,那就是由天命的不可移易(主宰之天),变为天命以人之"德"为转移的"以德配天"的思想。天命由主宰义转为道德义之际,此时对天之最高地位仍是推崇的,所以孔子的天命观中有时也有主宰之意义。

在冯友兰研究中国哲学的早期阶段,他认为孔子的天命是受上天主宰的命运,而且孔子自己也相信他接受了天之神圣使命。⑦ 冯友兰用"匡人其如予何"与"天将以夫子为木铎"来说明孔子受主宰之天命。张守东也同样认为天是历史中的上帝,是拟人化的神,是自然界的主宰;孔子以天命的独立不倚作为应对危难的终极依据,也把敬畏天命当作衡量

---

① 张富海:《大盂鼎铭文释读》,《中国书法报》2020年5月12日第5版。
② (宋)蔡沈撰:《书集传》,钱宗武、钱忠弼整理,凤凰出版社2010年版,第160页。
③ (宋)蔡沈撰:《书集传》,钱宗武、钱忠弼整理,凤凰出版社2010年版,第165页。
④ (宋)蔡沈撰:《书集传》,钱宗武、钱忠弼整理,凤凰出版社2010年版,第126页。
⑤ (宋)蔡沈撰:《书集传》,钱宗武、钱忠弼整理,凤凰出版社2010年版,第128页。
⑥ 参见王雅主编《孔子哲学:中华本原文化概论》,人民出版社2014年版,第7页。
⑦ 参见冯友兰《中国哲学史》,重庆出版社2009年版,第53—54页。

人之为人的智力标准和道德标准，正是在对这样一种对天的存心敬畏、谦卑受教、倾心聆听、全身依靠的过程中，孔子成为一个伟大的人文主义者，把文化的薪火传给了后人。① 周予同虽然认为孔子的天命思想只是传统的、守旧的，孔子所说的天是主宰的天之本体，所说的命是主宰之天的作用或发动而已；但是旧的、传统的、通俗的天命观念反给予孔子以道德的勇气与内心的安慰，使他能超脱生死与世间一切苦难，而反射出一种伟大崇高的精神。② 可以看出，虽然他们认为孔子所受之命为天神所主宰，但是突出的重点并不是天命的主宰义，而是为了突出孔子对待天命的态度所产生的精神力量源泉。

在孔子对天命的理解过程中，早期应当是有义务论的倾向，如"唯天为大，唯尧则之"（《论语·泰伯》），"天将以夫子为木铎"（《论语·八佾》）。这说明圣人传道，应当是顺应天而行，要符合天之规则。义务论强调的是行为以及普遍的道德规则，具有规定性，此符合主宰之天的特点。主宰之天帝对人的行为作出了规范，人必须遵照执行，不问目的、不为利益。而孔子后来逐渐否认义务论的看法，认为并不是"固天纵之将圣，又多能也"，而是"吾少也贱，故多能鄙事"（《论语·子罕》）。这说明孔子已经挺立了主体的价值，认为自身的努力与修养是更重要的。我们从研究的角度出发，若用主宰之天与道德之天来分别孔子之天命，是不太容易区分清楚的，因为孔子之主宰天命也是带有明显的道德属性；而用义务论与美德论来区分，则可以看出天命在外与天命在我之区别。孔子对于天命的理解，把天命由客体注入主体，可谓当时的时代思想精华。孔子受周文化影响较深，其一生志愿是恢复周礼，对道德之天命有深切之同情；同时又经历过多次时命之围，多次遇到危机，有时也会感叹天命之主宰性。正是由于孔子的坎坷的人生经历，其对天命的理解，在周文化之后又发生了重要转变，把天命下贯之道德变为主体积极践行的道德。牟宗三从主观与客观两个方面分析天命，他认为：客观方面的

---

① 参见张守东《论孔子的天命观》，《中国政法大学学报》2008 年第 1 期。
② 参见周予同《孔子》，载蔡尚思主编《十家论孔》，上海人民出版社 2006 年版，第 223—224 页。

境界伦理学视域下的孔子的天命观

天命,从《中庸》《易传》讲到《论语》《孟子》就是天命下贯;主观方面说心性,《论语》《孟子》讲到《中庸》《易传》就是"尽心知性知天";牟宗三认为主观方面说的心性与客观方面说的天道、道体合一是先秦儒家的发展方向,是《论语》《孟子》的往上发展,而且发展到最高峰就是圆满。① 牟宗三高度肯定了天命与心性工夫的合一,在"尽心知性知天"中,突出人的道德主体性,也就是说人的终极价值源泉来自天命,人可以通过道德实践挺立自身的价值。牟宗三说:"仿佛在敬的过程中,天命、天道愈往下贯,我们的主体愈得肯定,所以天命、天道愈往下贯,愈显得自我肯定之有价值。表面说来,是通过敬的作用肯定自己,本质地说,实是在天道、天命的层层下贯而为自己的真正主体中肯定自己。"② 在牟宗三的观点中,孔子的天命思想虽然没有直接打开向上发展的门户,但是孔子以道德践行天命的思想,为孟子的尽性知天思想提供了方向。

主宰之天命,无疑具有最高的地位,人只能服从于天帝之命令,对于其中道德律令的服从,可以说是义务论;在周朝"以德配天"思想发明之际,客观之道德天命仍具有最高的地位,人们开始注重天命的道德属性,此时对天命之践行,也可谓义务论。孔子把道德在天的客观性下落到了人的主体性,极大地肯定了人的道德价值。至此,也可以说在天命思想中,孔子把德性落实于人,开始以美德论代义务论。美德伦理学不以伦理原则和义务为中心,而是重点关注作为主体的人;美德伦理学中的美德条目出现,应当还是想把德性具体化、客观化,这是西方思维的特点。但是孔子关于德性条目的表述不是论证形式的,而是人生教导式的,教导人应该成就理想人格、达到好的境界。③ 这就是说孔子的天命观又不仅仅是美德论,孔子关于君子的论述,"明显地显现出与一般道德教训的不同特色,这就是,其中所说绝大部分是属于圣贤君子的德行和人格,即超越一般道德的德性与德行,指向道德义务以外、更高水平的德行与德性",《论语》中的大量语句都体现着比基本"道德"要求更高

---

① 参见牟宗三《宋明儒学的问题与发展》,华东师范大学出版社 2004 年版,第 88 页。
② 牟宗三:《牟宗三文集:中国哲学的特质》,吉林出版社 2010 年版,第 18 页。
③ 参见陈来《儒学美德论》,生活·读书·新知三联书店 2019 年版,第 374 页。

的人生理想，包含超道德、超义务的性质。① 关注超道德的境界伦理学，当属冯友兰的人生境界论比较有系统且具体。陈来认为，相较于近代西方哲学伦理学的精神要求已经降低，不重视而且放弃了追求崇高的精神境界，中国古代伦理学关注的重点是境界。② 而冯友兰的《新原人》提出了一种境界伦理学，关注在道德境界之上还有更高的觉解阶段，即是天地境界。③

徐复观把古今的注家对孔子天命思想的注释分成三类：一是部分学者站在孔子政治穷通的角度来说天命，他们将天命解释为"禄命"，徐复观完全否认这种观点；二是以宋代朱子为代表，认为"知天命"是"穷尽物理"，徐复观认为这种理解也不妥，这种理解是顺着因果律向上追，现代自然科学也走这样的路；三是以清代刘宝楠为代表，认为孔子的天命是"德命"，徐复观认同"德命"的说法，并称赞"其义甚谛"。④ 此三种注解，"禄命"之解带有主宰之天的特点，以命定论的倾向说明孔子政治之途失败；"穷尽物理"之解带有义理之天的特点，以明达物理人伦，成就圣贤品格；"德命"之解带有道德之天的特点，肯定孔子之德性，但在人格升华一面有所欠缺。相较而言，以"知天命"为"穷尽物理"能够说明孔子天命思想的成熟形态，符合孔子"从心所欲而不逾矩"的晚年状态。"从心所欲而不逾矩"是孔子五十之后达到的境界，境界论的视域提出，不仅是对孔子之美德的肯定，也是对圣贤、君子人格的肯定，陈来就认为"孔子有关君子的讨论已经超出个别的德行，也不是德性论所能包含的，进入了整合的人格"⑤。从另一个方面而言，境界论也诠释了天命之中天的超越意义，圣人于日用中升华，下学而上达。不同于惠兆阳把孔子天命观的超越性置于存在心理学视域中讨论⑥，本文主要是置入冯友兰的境界伦理学中讨论，以更契合中国传统思想的理论进行探究。

---

① 参见陈来《儒学美德论》，生活·读书·新知三联书店2019年版，第423页。
② 参见陈来《冯友兰的伦理思想》，生活·读书·新知三联书店2018年版，第166页。
③ 参见陈来《冯友兰的伦理思想》，生活·读书·新知三联书店2018年版，第167页。
④ 参见徐复观《中国思想史论集续编》，上海书店出版社2004年版，第251页。
⑤ 陈来：《儒学美德论》，生活·读书·新知三联书店2019年版，第368页。
⑥ 参见惠兆阳《知命与超越：存在心理学视域下的孔子天命观》，《哈尔滨工业大学学报》（社会科学报）2022年第3期。

二 冯友兰对孔子天命观的理解

当下尚且没有学者专门从境界伦理学的角度去阐释孔子的天命思想，所以用冯友兰的人生境界论分析孔子"五十而知天命"之后的人生境界，能够体现孔子天命思想的一些新内容。已经有学者注意到孔子五十岁之后，人生境界有重要转变。惠兆阳认为，"五十而知天命"和"五十以学易"，两者都说"五十"，应该存在联系，绝非巧合；孔子于五十岁证得（存在）本体，知天命是孔子经过自我实现而达到的生命超越的境界，是他对（存在）本体的体验。① 孔子于五十岁是否证得本体，我们不得而知，只能通过文献获知孔子五十岁以后"知天命"以及对《易》有了新的理解，这种新的理解让孔子处于新的人生境界，用冯友兰的人生境界论说来说明，应当是超越道德境界的天地境界。

境界论是中国哲学的重要部分，参考杜保瑞的观点：中国哲学的基本哲学问题应该是"宇宙论""本体论""工夫论""境界论"四项哲学基本问题。② 相对西方哲学来说，西方哲学是本体论的，或者说是实体论的，而中国哲学则是境界论的，是一种心灵哲学。③ 孙正聿在介绍八种当代哲学观中，其一就是冯友兰的精神境界说，精神境界说是以中国传统哲学精神为旨趣弘扬哲学对人生境界的意义。④ 牟宗三也认为境界是主观方面的心境修养到达的程度，境界越高就意味着主观意义越丰富。⑤ 这说明冯友兰的人生境界论得到了广泛的认同并形成了一定的影响，能被大多数人接受，所以用人生境界论分析孔子的五十岁之后的天命思想符合中国哲学的特点。当然冯友兰的人生境界论认为最高的境界是天地境界，

---

① 参见惠兆阳《知命与超越：存在心理学视域下的孔子天命观》，《哈尔滨工业大学学报》（社会科学报）2022年第3期。
② 参见杜保瑞《中国哲学的基本哲学问题与概念范畴》，《文史哲》2009年第4期。
③ 参见李大华《境界论》，《人文杂志》2021年第10期。
④ 参见孙正聿《哲学通论》，复旦大学出版社2014年版，第26—29页。
⑤ 参见牟宗三《中国哲学十九讲》，贵州人民出版社2020年版，第114页。

而在讲天地境界时冯友兰主要采用的是逻辑分析与抽象的方法，因此郭齐勇认为这不是生命的体验。① 这就与中国哲学实践型的哲学形态有所不同，因而我们可以这样理解，虽然冯友兰在言说的方式上使用了逻辑分析与科学抽象，但这只是言说的方式，真正到达天地境界还需要在现实中去践行，真正去身体力行。而孔子到达天地境界也是在人生不断地践行其思想中而得，故有"五十而知天命"的慨叹，可见达到最高层次的境界需要工夫修养与丰富的践行经验。张克政认为想要保有天地境界，最根本的还是实践活动中的生命体验。② 孔子拥有深厚的理论基础和丰富的人生经历，以孔子为考察案例印证冯友兰的人生境界论，既可谓以一个新视角去了解孔子，也可谓对冯友兰人生境界论的佐证式诠释。

在1934年完成的《中国哲学史》中，冯友兰认为孔子的天命是受上天主宰的命运，而且孔子自己相信他接受了天命。在书中提道："孔子之所谓天，乃一有意志之上帝，乃一'主宰之天'也"，"若天为有意志之上帝，则天命亦应即上帝之意志也"。同时孔子自认为负有神圣的天命，"匡人其如予何"，他人也有认为孔子受有天命，如仪封人曰："天将以夫子为木铎。"③ 这表明天赐予孔子的一项神圣使命是作为木铎来传道，背负着教化使命，因此孔子在做起这件事来就有光荣的使命感，不管外在环境如何变化，自己内心受命的信念没有改变，所以能坚定地、尽力地、快乐地发挥出自己的教育能力。通过对冯友兰的观点分析可知：从有主宰的天命这方面看，孔子的天命观是有局限的，弱化了人的主动作用；但从受命这方面看，孔子的天命观是积极的。并且孔子的受命理念不仅体现在教育上，还有道德品质的来源"天生德于予"，敬畏天命的义务性"君子有三畏"，以及可求于己的天命可知性"五十而知天命"等，所以这种积极的意义对孔子的人生境界、思想价值有显著的提升。这些内容

---

① 参见郭齐勇《形式抽象的哲学与人生意境的哲学——论冯友兰哲学及其方法论的内在张力》，《哲学研究》增刊（《"中国名辩学与方法论研讨会、道家与西方研讨会、冯友兰哲学思想研讨会"优秀论文精选》），1998年，第78页。

② 参见张克政《冯友兰〈新原人〉之境界哲学与功夫理论》，《甘肃社会科学》2011年第2期。

③ 冯友兰：《中国哲学史》，重庆出版社2009年版，第53—54页。

都需要通过境界论的视域来——体现。

在1942年完成《新原人》之后，冯友兰把完整的人生境界说展现给世人，所以在1948年完成的《中国哲学简史》中，冯友兰对孔子天命思想的解释置入了"孔子的精神修养发展过程"一节。冯友兰认为孔子"吾十有五，而志于学"（《论语·为政》）所学的是"志于道"（《论语·述而》）的"道"，"道"是我们用来提高精神境界的真理。冯友兰认为孔子在五十岁之前也许仅仅认识到道德价值，但到了五六十岁也认识到超道德价值，明确表示深信他是在执行天的命令，受到天的支持，认识到的价值高于道德价值。[1] 这个高于道德的价值，在精神境界上就是冯友兰的人生境界论中的天地境界，天地境界高于道德境界。而通过分析孔子五十岁之后对一些事情的看法，如"伯牛有疾""子畏于匡""桓魋之难"等，这些也能得出与孔子到达天地境界相吻合。所以说，以五十岁之后的境界来分析孔子的天命观是有客观依据的。在《论语》中，记载有孔子"五十而知天命"（《论语·为政》），说明五十岁的孔子对于天命有了全新的认识与体悟。结合孔子"五十以学易"（《论语·述而》）的感慨，当知五十岁时的孔子已经初窥《易》中的性命天道、形而上之学，在人生境界论的体系中，可以认为孔子五十岁时已进入同天之境（天地境界），在此后的人生中，孔子的境界之高已经不得而闻了，"夫子之言性与天道，不可得而闻也"（《论语·公冶长》）。

从《论语》中的"五十而知天命"可以看出，孔子的天命观在五十岁之后应发生了一次重要转变。李翱在《论语笔解》中对"五十而知天命"的解释是：天命之谓性，《易》者，理性之书也。先儒失其传，唯孟轲得仲尼之蕴，故《尽心》章云，尽其心，所以知性。修性，所以知天。此天命极致之说，诸子罕造其微。[2] 从李翱的观点可以看出"五十而知天命"应该与孔子"五十以学易"有关，"尽心知性以知天"从境界论上说应该是从道德境界到达天地境界。虽然李翱注意到了"知天命"与学《易》的关系，但他认为《易》是理性之书却又只是停留在道德伦理上，

---

[1] 参见冯友兰《中国哲学简史》，北京大学出版社2013年版，第47—48页。
[2] 参见李申主编《孔子天命思想》，国家图书馆出版社2015年版，第96—97页。

没有讲到宇宙天地。冯友兰通过对中国哲学史的分析，说道："因为孟子以后，汉唐儒家底人，未有讲到天地境界底。"① 按照冯友兰的理解，知天是人对于宇宙有完全的觉解，知性是人对人生有完全的觉解。知性，那他对他做的事有一种新的意义，这种意义使其境界为道德境界。知天，那么他对他做的事又有一种新的意义，这种新意义使其境界为天地境界。②

冯友兰在《新原人》中对天地境界的描述是：人有了完全的觉解，从理、大全及道体的观点以看事物，则一切事物对于他皆有一种新的意义。这种新意义，使人有一种新境界，此种新境界，即我们所谓天地境界。③孔子认为在五十以学易之后，就不会有大的过失，此正是孔子对一切事物有了新的看待方式，形成了新的意义。"在道德境界中的人，对于人生中底规律，尤其是道德底规律，有较深底了解。他了解这些规律，并不是人生的工具，为人所随意规定者，而是都在人'性分'为内底。遵守这些规律，即所以'尽性'。在天地境界中底人有更进一步底了解，他又了解这些规律，不仅是在人的'性分'以内，而且是在'天理'之中。遵守这些规律，不仅是人道，而且亦是天道。"④ 这可以反映孔子学《易》之后，从道德上的性分上升到对天地的认知。《易传》中的《系辞》有言："易与天地准"，《易经》有深厚的宇宙论思想，对天地有更多的了解之后可以提供从道德境界提高到天地境界的通道。知天是人对于宇宙有完全的觉解，是天地境界；知性是人对人生道德有完全的觉解，是道德境界。

冯友兰对孔子天命观理解的变化，正说明了孔子的天命有义务论、美德论、境界论等多重内涵，也说明看待孔子天命伦理的整体视角以境界论为优。冯友兰的人生境界论包含功利、道德、天地境界，对主宰之天的服从是义务论的特点，对道德之天的契应是德性论的特点，而尽性知天以至于命是境界论的特点。根据陈来的观点，冯友兰的境界说的主

---

① 冯友兰：《贞元六书·新原人》，中华书局2014年版，第683页。
② 参见冯友兰《贞元六书·新原人》，中华书局2014年版，第703—704页。
③ 参见冯友兰《贞元六书·新原人》，中华书局2014年版，第679页。
④ 冯友兰：《贞元六书·新原人》，中华书局2014年版，第678页。

要意义"并不是提出功利境界、道德境界的分别,而是提出在道德境界之上还有'天地境界'"①,孔子晚年"知天命"被视为境界,是超越道德境界的境界。

三 孔子天命思想的境界论

通过《论语》中记载的有关事迹,可推断孔子五十之后是处在天地境界中。在"颜回之死"(《论语·先进》)与"伯牛之疾"(《论语·雍也》)两则事件中,可以表现孔子有知天的一面而非仅是知性的一面。颜回之死,在孔子与天的关系中,是"天丧予";而在颜回与孔子的关系中,则是"子恸矣"。孔子认为颜回之死就犹如天丧我,这是肯定颜回之德,在孔子门人中,以德行著称的是:颜渊、闵子骞、冉伯牛、仲弓。(《论语·先进》)孔子既然说过"天生德于予"(《论语·述而》),在此又说"天丧予",此即表明德性是会消亡的;但是在"子畏于匡"之时,孔子又说,"天之将丧斯文也,后死者不得与于斯文也"(《论语·子罕》),这里孔子肯定获得文王之文,肯定德之不亡,按说这两处应当是矛盾的。在义务论或美德论的视域中,客观存在的人死亡后,即表示此人不能尽伦理之义务、作为美德伦理的主体不复存在,自然是德之"丧"。按《论语稽》的解释,孔子五十以学易,已经可以做到无大过,然亦悲恸之,是谓观过知仁。②"同天境界,儒家称之为仁。盖觉解'万物皆备于我',则对于万物,即有一种痛痒相关底情感。程明道说:'仁者浑然与物同体。'"③ 有仁的情感,表明儒家的天地境界必须是由道德境界上达的,但又不能滞留于道德境界中努力,要脱去工夫的痕迹上达更高境界,"在仁者的境界中,仁者所见是一个'道'"④。知仁即同天,于超道德之境界,孔子亦如常人之悲恸,孔颖达注为:"不自知己之悲哀

---

① 陈来:《冯友兰的伦理思想》,生活·读书·新知三联书店2018年版,第112页。
② 参见(清)程树德《论语集解》,中华书局1990年版,第759页。
③ 冯友兰:《贞元六书·新原人》,中华书局2014年版,第688页。
④ 冯友兰:《贞元六书·新原人》,中华书局2014年版,第688页。

过也"①，此即"在天地境界中底人的道德行为，不是由一种特别有意底选择，所以行之亦不待努力"②。说明孔子之恸，在天地境界是不由自己的，不用刻意做工夫来维持超道德境界，这是与颜回不同的境界。孔子说："回也三月不违仁，其余日月至焉而已。"（《论语·雍也》）对此，冯友兰是说："至少在三个月之内，颜回的境界，是不变底。"③据此可以看出，颜回仍须做工夫来维持道德境界，尚未到达天地境界。孔子对于天命的感叹——"天丧予"正是从知天的角度来进行的，孔子处于同天境界，正合孔子的"不怨天，不尤人，下学而上达，知我者其天乎！"（《论语·宪问》）孔子知于天，同于天，不悲于天而是恸于人，颜回尚不及知天就早夭，是亦颜回亦不及知我，悲恸乎！是可谓孔子对天命境界感叹，亦可谓真正性情之流露，此亦得性情之正。颜回自身已有对夫子的感慨，"仰之弥高，钻之弥坚。瞻之在前，忽焉在后"（《论语·子罕》），亦可谓对夫子之境界的赞叹，每当德行能前于孔子时，又觉得落于其后，此必境界之体悟，而非对德行之描述。若按实际的德行之见，"瞻之在前"就是在前，不可能既是越过夫子又是落后于夫子。

伯牛有疾，孔子去看望他，握着他手说："亡之，命矣夫。"（《论语·雍也》）如果只理解为孔子的哀叹，现代汉语的解释应该就是"你要死了，这是命啊"。那么伯牛在生病的时候听到孔子这样说，心底岂不是更悲凉？所以应该是从天命的观点去理解更为合适，朱熹在《论语精义》中引用了范祖禹的观点："夫子于颜渊之死，冉伯牛之死，皆曰命也，言天之命也，非人之所能为也。《易》曰：穷理尽性以至于命。"《易传》中这句话在这里解释为："能尽人之道，则能穷理，穷理则能尽性，尽性则至于命；因此孟子说尽其道而死者，天之所为，非人之取也。"④孔子正是肯定伯牛在尽道方面的成就来宽慰伯牛，只有尽道而死才是正命，修身尽道却得了疾病也是不用遗憾的，这正是顺应了天命，因天命可以

---

① （清）程树德撰：《论语集解》，中华书局1990年版，第759页。
② 冯友兰：《贞元六书·新原人》，中华书局2014年版，第696页。
③ 冯友兰：《贞元六书·新原人》，中华书局2014年版，第609页。
④ （宋）朱熹撰：《论孟精义》，《朱子全书》第7册，朱杰人、严佐之、刘永翔主编，上海古籍出版社、安徽教育出版社2002年版，第213页。

超越气命。孔子在另一方面却痛惜伯牛，不能由良好的道德行为提升到精神受用的境界，若伯牛能知命知天则孔子也无须去安慰他，可见寿命之限对功利境界中的人还是有一定的束缚。正如冯友兰所说："人都受才与命的限制，但在道德境界及天地境界中底人，在事实上虽亦受才与命的限制，但在精神上却能超过此种限制。"① 对于生死观念，在四种人生境界中的人有不同的表现："在自然境界中底人，不知怕死；在功利境界中底人，怕死；在道德境界中底人，不怕死；在天地境界中底人，无所谓怕不怕死。"② 可见孔子还是希望弟子能在天地境界中得以精神的超脱，所以说了两遍"斯人也而有斯疾也！"，肯定了逆境对生命的历练，生命在历练中应该得到精神超脱，可惜伯牛还没做到。冯友兰的观点正与这吻合，"逆境可与人一种锻炼，一种刺激……有些道德价值，非在逆境中不能实现"③。既然伯牛在道德中没有在精神境界上对生命进行解脱，就更能凸显孔子在天地境界对伯牛的安慰与感叹。冯友兰说"在天地境界中底人，在精神上亦不受才与命的限制，但他是不受实际世界的限制"④。正是孔子在天地境界中，"发愤忘食，乐以忘忧，不知老之将至云尔"（《论语·述而》）是其实际生活，而这一句紧跟五十以学易之后，孔子五十以后的精神境界提升可得而知，是超越物质生命限制的天地境界。

徐复观在《中国人性论史·先秦篇》中提到"子畏于匡"（《论语·子罕》）时，当为五十五岁；"桓魋之难"（《论语·述而》），孔子为六十岁。⑤ 在"子畏于匡"这次事件中，很明显表现的是孔子精神境界上的超越。孔子被匡人围困却一点都不在意，匡人并不是不能在实际中拿孔子怎么样，他们抓到孔子必定会采取措施，甚至孔子会有生命危险。但这在精神上却影响不了孔子，就算此刻把孔子杀害了，孔子思想中的精神仍然会传承下去，就像文王已死，周文化仍在。因为孔子从天地境界去看待自己学习的周文化，就会认为这是天地间的人文精神，不以个人

---

① 冯友兰：《贞元六书·新原人》，中华书局2014年版，第726页。
② 冯友兰：《贞元六书·新原人》，中华书局2014年版，第742页。
③ 冯友兰：《贞元六书·新原人》，中华书局2014年版，第734页。
④ 冯友兰：《贞元六书·新原人》，中华书局2014年版，第737页。
⑤ 参见徐复观《中国人性论史·先秦篇》，九州出版社2014年版，第80页。

形体的生灭为转移。以道德境界看,这种文化是道德规范,是为了提高自己的实际生活,能够影响他人的道德品德,很明显匡人并不为道德所约束,所以孔子断不可能从道德境界去说"匡人其如予何"。这里也不是功利境界,匡人不遵守道德规范,不认为道德规范之有利可得;而对于主体而言,我所学的文化知识必然可以为我带来经济收益或物质方面的收益,显然此处毫无收益可言,还有生命危险。此处已是社会群体行为,因此也就不可能从自然境界而言。综上,孔子经历匡人之围的时候,精神境界已经到达天地境界。

在"桓魋之难"中,桓魋并不是不能在实际中处置孔子。面对此种情形,孔子仍要微服过宋。桓魋并不能把孔子思想精神中与天相合的德性抹杀,就算孔子身死之后,这种天德还是会继续传承下去。结合孔子的五十以学易、子畏于匡等经历来看,不难发现孔子体现出的这些思想是在天地境界。惠栋在《易例》卷上中提道:"是时夫子研极易理知命之学,故有桓魋其如予何。"[1] 正是有了对天地的了解之后,才会有根植于内心深处最坚固的信心,以及作出因势利导的正确选择。此时的孔子是以天地境界看待这次事件,在精神上不受生命的限制,也不受实际世界的限制。

孔子晚年喜《易》,序《彖》《系》《象》《说卦》《文言》,读《易》,韦编三绝。子曰:"假我数年,若是,我于易则彬彬矣"。(《史记·孔子世家》)孔子晚年喜欢《易》到了"韦编三绝"的程度,并对《易》的理解还在不断进行,这是知识体系的丰富也是精神境界的圆满。牟宗三先生认为主观方面说的心性与客观方面说的天道、道体合一是先秦儒家的方向,是《论语》《孟子》往上(即《易传》《中庸》中的天道性命之学)的发展,而且发展到最高峰即儒家思想的圆满。[2] 孔子晚年契悟天道性命之学,向着"万物皆备于我"的这种心性无限、天道无限的境界发展,正是天地境界中合天人为一的表现,同时也为儒学的发展圆

---

[1] (清)惠栋:《易例》,《景印文渊阁四库全书》第52册,台北:台湾商务印书馆1986年版,第382页。

[2] 参见牟宗三《宋明儒学的问题与发展》,华东师范大学出版社2004年版,第88页。

满指引了方向，这条尽心知天的路径到孟子时打开，明确道出。在帛书《周易》的《要》篇中，第17行上，记有孔子"易我后亓祝人矣。我观亓德义耳也。幽赞而达乎数，明数而达乎德。又仁□"。首先从文本上看，池田知久认为"又仁□"中，"又"是假借字，"仁"也许是别字，"□"为，缺字，所以这三个字没有思想意义。① 但是结合第17行下来看，"□者而义行之耳。赞而不达于数，则示为之巫。数而不达于德，则示为之史。史巫之筮，乡"，可知首尾连起来是"又仁□者而义行之耳"。从第17行得到的信息，我们可知孔子学《易》并非仅用其占卜功能，而是注重"德义"，这里所说的"德义"并不是占卜之词义，池田知久认为"德义"大体上是与荀子后学所作《荀子·大略》"善为易者不占"同一方向上的思想。② 此言得之。孔子认为学《易》是为修德，而非为"史巫"之事。因此，"又仁□者而义行之耳"一句可以理解为仁者之义行，说明孔子重视道德行为在主体的落实，此"义"非意思之义，而是义行之行。"德义"具有美德论的特点，既关注行为之人的美德，又具有人生意义完善之途径，达到"仁者""君子""圣人"的境界。陈来视孔子的伦理学为德行论，认为孔子的伦理学体系虽然包含了部分德性的讨论，但却以"德行"为主导框架，不离开行为去谈德性，总是倾向于把德性与德行结合起来；孔子非常关注德性的纲目，但更关注整体人格的目标，以"君子"为理想人格，从而超越单纯的德性伦理学；君子人格指向的是超道德人格，不仅是行为正当。③ 孔子对于君子人格、仁者的论述，是超道德的人格，此即陈来认为冯友兰的四种境界说的主要意义是"提出道德境界之上还有'天地境界'"④。所以通观孔子五十学《易》之后的伦理思想，是重视知行合一和人格养成的境界伦理学。

在《论语》中也记录了一些孔子弟子的言语，在天命思想这方面，

---

① 参见［日］池田知久《马王堆汉墓帛〈周易〉之〈要〉篇释文（下）》，《周易研究》，牛建科译，1997年第3期。

② 参见［日］池田知久《马王堆汉墓帛〈周易〉之〈要〉篇释文（下）》，《周易研究》，牛建科译，1997年第3期。

③ 参见陈来《儒学美德论》，生活·读书·新知三联书店2019年版，第436页。

④ 陈来：《冯友兰的伦理思想》，生活·读书·新知三联书店2018年版，第112页。

只有子夏识得一些，因而能代夫子为说。子夏曰，"死生有命，富贵在天"（《论语·颜渊》），而这反映的也是与子夏熟知《易》有关，因而能在天地境界中领悟天命的精神，契合孔子的教育。朱彝尊《经义考》云："孔门自子夏兼通六艺而外，若子木之受《易》……而传《士丧礼》者，实孺悲之功也。"皮锡瑞曾有言："而《易》、《春秋》非高足弟子莫能通矣。"[1] 李申在编制《孔子天命思想》一书时并未采用这句话来表达孔子的思想，可能就是因为这是子夏说的，而不是孔子亲口所说。但是纵观其采录的其他十二条，除了"五十而知天命""畏天命"之外没有一句是同时兼有天与命二字，所以这句话也应当是孔子天命思想的一个重要反映。单独理解"死生有命，富贵在天"就容易理解天命为有先行的设定，但从宇宙大全的角度去看，就如同老子所讲的"天地不仁，以万物为刍狗"（《老子》第五章），死生、富贵就是人生的一个部分，无所谓寿命长短、财富多少。这当然要建立在知天的基础上，因为只是知性的认知达不到知天的层次，也就到不了天地境界。这在精神境界上体现出无滞无碍的境界，是不滞于寿命或富贵。儒家的天地境界是要下达于人伦日用，陈来先生认为"吸收境界的'无'并不需要放弃儒家固有的'有'的立场，即承认世界的实在、价值的实有，它不仅使人的精神发展更为完满，而且使人能更好地履行其社会、道德义务"[2]。子夏从孔子那里体会到天命的精神，又能运用于实际生活中，与孔子的思想是并行不悖的，所以能被其他弟子记录于《论语》中，此非在天地境界而不能为之。

通过"颜回之死""伯牛有疾""子畏于匡""桓魋之难""晚年喜易""子夏之说"可知，孔子五十之后的境界上升至天地境界。在天地境界中，寿命之限制（主宰先定之命）、生命中的危险（社会危机之命）、修道德的遗憾（道德未济之命）均不能影响孔子，掌握穷极天道性命之《易》学而不惑，从心所欲而不逾矩。虽说在天地境界之中，"必实行各种道德底事"，并不是只做"事天"的事，也是"照常做其平常所做底

---

[1] （清）皮锡瑞：《经学历史》，中华书局2011年版，第20页。
[2] 陈来：《有无之境——王阳明哲学的精神》，生活·读书·新知三联书店2009年版，第253页。

事","不过因为他有觉解,所以即其平常所做底事,对于他都有另一种意义"。① 冯友兰说,"于日用活动之内求天地境界,这是道学的一个大特点"②,此亦可谓孔子学问的特点、儒学的特点。

孔子五十以学易之后的人生境界上升到了天地境界,在境界上能超越寿命、财富等客观世界因素的影响与限制,境界上的天命就不受主宰之天、自然之天或道德之天的桎梏,能够于精神上超脱。境界论对于义务论与美德论来说是超越的,人有尽天命之道德义务,然人之一生只是尽道而为,是对人之主体性的弱化。美德论关注作为道德行为主体之人的德性,挺立了主体的价值,这也就是儒家尽心知性的思想,强调主体的修养。但是儒家还有对人格完善的追求,以期达到君子人格、圣人境界,这是对美德论之超越,重点关注的是人生生活,而不仅仅是人。超道德之境界,冯友兰称之为"天地境界",享受天地境界要有对应的觉解。以对宇宙天地的觉解去进行生活实践可获得新的意义,儒家讲"洒扫应对",禅家讲"担水劈柴,无非妙用",这就是以天地境界贯穿日常人伦事物,体现在孔子身上就是,不知老之将至而能乐以忘忧。孔子的觉解已经超越功利因素、道德因素,从心所欲而不逾矩,境界论中的天命对孔子来说就是已经养成的"天人合一"之圣人,已经不需要对道德与不道德的行为进行选择,自然、自乐地生活于道德规范之中不会逾矩。孔子亦无所谓有德性还是无德性,君子人格、圣贤境界中,其所作所为皆是合乎天地之大德,所以孔子能道出"己欲立而立人,己欲达而达人","己所不欲,勿施于人"这样的道德金律、银律也不足为奇。

有学者认为,现代社会的道德发展,已进入美德论、义务论、契约论、功利论互济共治的时代。③ 的确,对于当今社会而言,任何一种道德理论都难以解决当下复杂的社会问题。但是超越道德境界的境界是人的内在精神需求,"人对事业卓越的追求与人对精神也能超越的追求没有任何冲突,境界伦理学在当代社会仍有重要意义"④。陈来说,"孔子提供

---

① 冯友兰:《贞元六书·新原人》,中华书局 2014 年版,第 719—720 页。
② 冯友兰:《贞元六书·新原人》,中华书局 2014 年版,第 721 页。
③ 参见王淑芹、武林杰《美德论与规范论的互济共治》,《哲学动态》2018 年第 7 期。
④ 陈来:《冯友兰的伦理思想》,生活·读书·新知三联书店 2018 年版,第 169 页。

了对德性、嘉行、原则综合探究而非把三者割裂对立的典范","孔子提供的是结合各种道德探究的方式",与西方哲学不同的是,我们更要注意人的精神追求,"孔子还从实践的修养方法方面讨论了人格发展的途径"。① 这也就意味着孔子的君子人格是境界形态的伦理学,境界伦理学能够汲取规则伦理学、美德伦理学的内容,也含有中国哲学中的修身工夫论,这是中国哲学中的独特智慧,可在伦理作用式微的社会背景下,为个人提供精神境界养成的途径。

---

① 陈来:《儒学美德论》,生活·读书·新知三联书店2019年版,第425页。

仁义与亲亲：论《公羊》两位季子之贤

石林林

（同济大学人文学院哲学系）

摘要：在《公羊》中，吴季子和鲁季子因各自特殊的政教行为，均被以贤臣视之，然有关两位季子之贤的德行判定，有待细致分疏。关于吴季子让国之事，经文书有君有大夫之辞进行肯定，又仅书"札"进行限制。该事件的背景，是吴季子诸兄因爱其贤才而彼此更迭欲使其为君，而其不受位，进而引发庶兄僚和长兄子阖庐互相争位。因吴季子不受君位、不杀阖庐，传文以"仁义"贤之，然其颇有消极避世之嫌。若以"外夷狄"视之，则不当以诸夏法苛责。鲁季子基于尊尊、注重亲亲，以药诔杀预谋弑君的公子牙。对于已然弑君的公子庆父，其只得主亲亲不探其情，缓慢追之而不杀，同时又坚持追讨逆贼以维护君权之尊尊。鲁季子所主之亲亲，以尊尊为前提和补充，既得《春秋》损文尚质之要，又可为诸夏、夷狄为臣之典范。

关键词：吴季子 仁义之贤 鲁季子 别尊亲之贤

在《公羊》中，分别有两位"季子"，因各自在具体的君位政教风波中，凭借优越的政治表现，而均得传文称"子"以彰其"贤"。其一，为吴国国君寿梦幼子季札，让国于阖庐，即"吴季子"；其二，是鲁庄公同母弟季友，药杀公子牙、逼庆父自杀，即"鲁季子"。① 关于二者的评价，汉儒董仲舒一方面认为"鲁季子之免罪，吴季子之让国，明亲亲之恩也"②，另一方面则又指出"鲁季子追庆父，而吴季子释阖庐……罪同异论，其本殊也"③。又，清儒孔广森认为，在同样关涉君位继承的政教事件中，"庆父无可立道，鲁季子处之以义；阖庐有可立道，吴季子处之以仁"④。可见，关于吴、鲁二季子的政教行为判断⑤，是"仁义"抑或"亲亲"，有待基于《公羊传》注疏的经义诠释域，展开细致讨论。

一 仁义：吴季子让国阖庐之贤

关于吴季子之贤，主要通过襄公二十九年"吴子使札来聘"的经传

---

① 参见刘尚慈译注《春秋公羊传译注》（全二册），中华书局2010年版，第500、161页。
② （清）苏舆撰：《王道第六》，《春秋繁露义证》卷四，钟哲点校，中华书局1992年版，第115页。
③ （清）苏舆撰：《精华第五》，《春秋繁露义证》卷三，钟哲点校，中华书局1992年版，第89—90页。
④ （清）孔广森撰：《春秋公羊经传通义》，上海古籍出版社2014年版，第620页。
⑤ 关于吴季子的现有研究，如杨树达认为，《春秋》对吴季札、曹喜时、邾娄叔术等让国之事，多以书法肯定，而对齐桓公不让公子纠之事便书其人以恶之，可贵让之义。参见杨树达《春秋大义述》，上海古籍出版社2007年版，第89—96页。阮芝生先生认为，《公羊》书"札"乃在三世渐进夷狄，并非贬之，故而肯定孔子以"仁""义"贤季札之让。参见阮芝生《论吴太伯与季札让国——〈再论禅让与让国〉之贰》，《台大历史学报》1994年第18期。王磊主张，《公羊》中诸多类似季子让国，以之为仁的事件，在维护嫡长子继承制的同时，更是发展出一种有关"让德"的礼制德性，使之成为"仁德"的具体表征。参见王磊《公羊学"贵让观"探微》，《伦理学与公共事务》2020年第2期。
关于鲁季子的现有研究，如曾亦先生指出，在龚自珍看来，其皆主君臣之义以杀牙与庆父，而未从亲亲之道。参见曾亦、申占稳《论龚自珍的〈春秋〉学》，《杭州师范大学学报》（社会科学版）2018年第1期。周美华、周敏华认为《公羊》所载季子以亲亲之道不忍杀弑君竟庆父，正是先秦时期"礼法"之治的体现。参见周美华、周敏华《由兼具"礼法"及"律法"的审判案例〈奏谳书·柳下季断狱〉验证庆父连弑二君的审理流程》，《历史文献研究》2017年第2期。张国钧认为，季友在接连诛兄之事中，兼顾亲亲之道和君臣之义，萌发后世亲属容隐之制。参见张国钧《〈春秋〉怀疑大义灭亲而发育亲属容隐——从〈春秋〉记诛庆父及其微言大义切入》，《孔子研究》2014年第2期。
现有研究从经学、历史、法律等方向，分别对吴季子、鲁季子相关事件进行了讨论和分析，然未将二者进行比较联系，并基于《公羊》经义进行具体探究，本文试论之。

仁义与亲亲：论《公羊》两位季子之贤　363

注疏来体现。

（一）书法褒之

吴国作为夷狄之国，本不当有国君和大夫书见①，而此条书"吴子"和"札"。对此，传注有说明：

> ［传］吴无君，无大夫，此何以有君，有大夫？［注］据向之会称国。［传］贤季子也。何贤乎季子？［注］据聘不足贤，而使贤有君有大夫，荆人来聘是也。②

在向之会中，吴国仅见其国称，而未如此条有君有大夫。传文以贤季子为由，但若仅是来聘，则可像楚国仍系其州名进称"荆人"一般亦可③，尚不足以如此褒之。对此，后续传注曰：

> ［传］让国也……故君子以其不受为义，以其不杀为仁。［注］故大其能去，以其不以贫贱苟止，故推二事与之。［传］贤季子，则吴何以有君有大夫？［注］据其本不贤其君。［传］以季子为臣，则宜有君者也。［注］方以季子贤，许使有臣有大夫，故宜有君。④

正因为季子基于不杀庶兄、不受君位的仁义原则而让国，进而使得吴国得以有君、有大夫。

---

① 同为夷狄的楚国，因频繁与诸夏往来，得于所闻世以大国之尊进治而始有大夫，详参文公九年"冬，楚子使椒来聘"传注疏。（汉）公羊寿传，（汉）何休解诂，（唐）徐彦疏《春秋公羊传注疏》卷十三，北京大学出版社2000年版，第342页上栏—343页上栏。
② （汉）公羊寿传，（汉）何休解诂，（唐）徐彦疏：《春秋公羊传注疏》卷二十一，北京大学出版社2000年版，第533页下栏—534页上栏。
③ 庄公二十三年"荆人来聘"，楚因慕王化，得以进至称人，又仍系州不系国，为许夷狄不一而足之故。参见（汉）公羊寿传，（汉）何休解诂，（唐）徐彦疏《春秋公羊传注疏》卷八，北京大学出版社2000年版，第192页上栏。
④ （汉）公羊寿传，（汉）何休解诂，（唐）徐彦疏：《春秋公羊传注疏》卷二十一，北京大学出版社2000年版，第534页上栏—536页下栏。

以及，既然经文于此贤季子，为何称其名"札"？根据传注的说法：

> [传] 札者何？吴季子之名也。《春秋》贤者不名，此何以名？许夷狄者，不一而足也。[注] 故降字而名。[传] 季子者，所贤也，曷为不足乎季子？许人臣者必使臣，许人子者必使子也。[注] 缘臣子尊荣，莫不欲与君父共之。字季子，则远其君，夷狄常例，离君父辞，故不足以隆父子之亲，厚君臣之义。①

基于臣子尊荣与君父共荣的原则，一方面由于季子之贤能，而使得作为夷狄的吴国有国、有大夫，但另一方面也正因为吴国是夷狄之国，《春秋》对其的进致之法，不可能过于整全完备，故而称季子之名"札"，以显示吴国父子、君臣尚未如同诸夏一般亲厚。②

然而，既然是为了强调季子让国之事，为何通过此处吴国使臣来聘书有国有大夫来体现？根据何注的说法：

> [注] 季子让在杀僚后，豫于此贤之者，移讳于阖庐，不可以见让，故复因聘起其事。③

季子让国发生在之后的昭公二十七年，其贤本当于彼处见之。但为了成全季子的仁义之心，而讳言阖庐杀僚，进而也无从见季子让国之贤。为此，经文特预于此条季子见使聘鲁，来彰显其贤。又，与为阖庐讳的情况相似，经文对于季子长庶兄僚篡位亦未书。根据传注的说法：

---

① 又，北大本校勘记指出，何校本作"故不足乎季子，所以隆父子之亲也"。然依传文之意，季子尊荣同君、父密切关联，其贬称"札"者，当与君臣、父子皆有损。参见（汉）公羊寿传，（汉）何休解诂，（唐）徐彦疏《春秋公羊传注疏》卷二十一，北京大学出版社2000年版，第536页下栏—537页下栏。

② 孔广森即云"当札君父之世，并未得有君、有大夫，今为季子足与之，则非臣子尊荣欲与君父共之意，故仍未许醇同诸夏"，强调彼时吴国尚为夷狄，不得因臣子之故而过多提升其君父之尊荣。参见（清）孔广森《春秋公羊经传通义》，上海古籍出版社2014年版，第621页。

③ （汉）公羊寿传，（汉）何休解诂，（唐）徐彦疏：《春秋公羊传注疏》卷二十一，北京大学出版社2000年版，第537页上栏。

[传]僚者,长庶也,即之。[注]缘兄弟相应而即位,所以不书僚篡者,缘季子之心,恶以己之是,扬兄之非,故为之讳,所以起至而君之。①

谒、馀祭、夷昧等三兄接连让国,是为了让季子继位,而其长庶兄僚却篡位。对此,经文为了成全季子讳兄恶之贤,而不书僚篡见其非。

概言之,正因为吴季子有让国的仁义之贤,经文一方面书有君有大夫之辞进行肯定,另一方面鉴于不可过度进致夷狄的原则,又不书其字而是称名。同时,经文之所以于此聘问之事提前体现吴季子之贤,而不于后续篡弑发生之时再说明,则又是为了吴季子讳言其血亲之恶,僚之篡位不书亦是如此。

(二) 兄弟致国

关于吴季子让国之贤的发生,又可进一步上溯至其诸兄因其才而接连轻死让位之事。根据传文的说法:

[传]季子弱而才,兄弟皆爱之,同欲立之以为君,谒曰:"今若是迮而与季子国,季子犹不受也,请无与子而与弟,弟兄迭为君,而致国乎季子。"皆曰:"诺。"故诸为君者,皆轻死为勇,饮食必祝,曰:"天苟有吴国,尚速有悔于予身。"②

季子作为幼弟,因其卓越的才能,得到几位同母兄弟的认可和爱惜,进而想以之为国君。但考虑到以其尊礼之贤,定不会接受这一破坏正常国君继承制度③的决定,故而长兄谒设法采取四位兄弟连续"兄终弟及"

---

① (汉)公羊寿传,(汉)何休解诂,(唐)徐彦疏:《春秋公羊传注疏》卷二十一,北京大学出版社2000年版,第535页上栏。
② (汉)公羊寿传,(汉)何休解诂,(唐)徐彦疏:《春秋公羊传注疏》卷二十一,北京大学出版社2000年版,第534页。
③ 在《公羊》的政治原则中,关于国君继承者的选择,有着严格、明确的规定,即"立嫡以长不以贤,立子以贵不以长"。其目的便是防止国君一众嫡庶之子,因爱争而导致篡弑君位,祸乱国家政教。参见(汉)公羊寿传,(汉)何休解诂,(唐)徐彦疏《春秋公羊传注疏》卷一,北京大学出版社2000年版,第15页下栏—16页上栏。

的方式，使得国君之位得以名正言顺地由季子继承。为此，季子的几位兄弟，接连违礼轻视性命而赴死。例如，襄公二十五年"十有二月，吴子谒伐楚，门于巢卒"批评谒暴凌巢国①，襄公二十九年"阍弑吴子馀祭"责备馀祭亲近刑人而致死②，看似轻死、非礼，实则皆是为让位于季子。

而且，除了违礼轻死外，诸兄还通过祝祷的形式，祈求上天尽快将国君之位从各自手中传位给季子，大有"祈死"之意。对此，徐彦有相关讨论：

> [疏]《公羊》此事，直见谒等爱其友弟，致国无由，精诚之至而愿早卒，遂忘死不可祈之义矣。犹如周公代死，子路请祷之类，岂言谒等祈得死乎？……然则季子仁者，知兄如此，何不早去？而令三君遇咎自悔者，盖谒等但为密谋，季子不知，是以未去耳。③

实际上，人命天定而不可祈死，而此番诸兄唯因爱季子颇甚，故相与密谋以致国，诚心实意求早卒。在这意义上，谒和馀祭之轻死，亦不可作为"祈死"，而是为速致国于季子，顺势而为。故此，诸兄如此费心为季子继位筹谋，皆因爱之及其贤才。

然而，诸兄因爱怜季子之才而接连让国，违背了国君正统的继承礼制，导致篡弑之内乱的发生。后续传曰：

> [传] 故谒也死，馀祭也立。馀祭也死，夷昧也立。夷昧也死，则国宜之季子者也。季子使而亡焉。僚者，长庶也，即之。季子使而反，至而君之尔。阖庐曰："先君之所以不与子国，而与弟者，凡

---

① （汉）公羊寿传，（汉）何休解诂，（唐）徐彦疏：《春秋公羊传注疏》卷二十一，北京大学出版社 2000 年版，第 523 页下栏—524 页下栏。
② （汉）公羊寿传，（汉）何休解诂，（唐）徐彦疏：《春秋公羊传注疏》卷二十一，北京大学出版社 2000 年版，第 531 页下栏—533 页上栏。
③ （汉）公羊寿传，（汉）何休解诂，（唐）徐彦疏：《春秋公羊传注疏》卷二十一，北京大学出版社 2000 年版，第 535 页上栏。

为季子故也。将从先君之命与？则国宜之季子者也。如不从先君之命与？则我宜立者也。僚恶得为君乎？"于是使专诸刺僚。而致国乎季子，季子不受，曰："尔弑吾君，吾受尔国，是吾与尔为篡也。尔杀吾兄，吾又杀尔，是父子兄弟相杀，终身无已也。"去之延陵，终身不入吴国。①

按照原本的继承顺序，谒之后，当为其长子阖庐。然诸兄皆认可季子之才，故谒与二弟馀祭、夷昧商议采用以兄弟更迭为君的方式，促使季子遵循成例继位。然待三兄接连继位身死后，季子仍不肯为君。僚见状，便参照兄终弟及之"新例"而篡位为君。谒之长子阖庐原本亦是认同父亲及诸叔父让国于季子的做法，但见叔父僚取代季子则有不满。在阖庐看来，其本为正当合礼的继承人，然其父已决意让国季子，则应支持。之后季子不受，且使他人篡位，其自当刺杀叔父僚，以使国本归正。

正是在上述诸兄更迭为君、阖庐弑君致国的背景下，季子一方面坚守君臣道义，认可篡位之君僚的现实合法性，而不肯篡其位，另一方面又以血缘亲仁，不愿以弑君贼诛讨阖庐，最终选择了让国于阖庐而返回封地。故而，经文为此而书有君有大夫之辞，传文更是以"季子"之字而贤之。②

（三）仁义之贤

如前所述，在此国家政教面临篡弑混乱之际，吴季子让国于阖庐的行为，获得了高度的肯定，即"以其不受为义，以其不杀为仁"。对于季

---

① （汉）公羊寿传，（汉）何休解诂，（唐）徐彦疏：《春秋公羊传注疏》卷二十一，北京大学出版社 2000 年版，第 535 页上栏—536 页上栏。

② 黄铭指出，让国作为大居正原则的实际补充，需要德行高尚者来具体实现政治稳定。参见黄铭《正自贵者始——论董仲舒对于"居正"与"让国"的阐释》，载王中江、李存山主编《中国儒学》，中国社会科学出版社 2016 年版，第 203—206 页。又，陈柱以包括吴季子在内的五例让国之事，见《公羊》崇让治乱之意。参见陈柱、李静校注《公羊家哲学（外一种）》，华东师范大学出版社 2014 年版，第 48—57 页。

子这般的"仁义之贤",西汉董仲舒以之"知忠臣之效"①,东汉班固将其列为"上中仁人"②,清儒刘逢禄更是赞其"修明仁义,敝屣千乘,忘身以纾难,显功以救过,顽懦鄙薄之俗赖以不亡也"③。然而,季子若当真仁义,不当拘泥于为臣之小节,而应体谅诸兄之心意,且审度国家之安危,而当"大仁"之"不让"。

例如,宋儒胡安国指出:

> 札者,吴之公子。何以不称"公子"?贬也。辞国而生乱者,札为之也,故因其来聘而贬之示法焉。……夷末卒则季子宜受命以安社稷,成父兄之志矣。乃徇匹夫之介节,辞位以逃夷末之子僚。……季札让国,天下贤之,若仲尼亦贤季札,必依此例,或以字,或以氏,或以公子,特书之矣。今乃略以名纪,比于楚椒、秦术之流无异称焉,是知仲尼不以其让国为贤而贬之也。噫!世之君子盛称季札之贤于让国之际,以为礼之大节不可乱也。④

从书法角度看,胡氏认为经文书"札"不称"公子"是对吴季子的贬斥。具体来说,在其看来,《春秋》虽然对于普通夷狄之国来聘,有略书记之的书法,如楚子使椒,秦伯使术等,但同样有特书字、氏、公子以见褒扬之意。在这种意义上,吴季子之事,后世皆以其让国知礼贤之,

---

① (清)苏舆撰:《王道第六》,《春秋繁露义证》卷四,钟哲点校,中华书局1992年版,第125—126页。
② (汉)班固撰,(唐)颜师古注:《古今人表第八》,《汉书》第三册,中华书局1962年版,第923页。
③ (清)刘逢禄撰:《褒例第六》,《春秋公羊经何氏释例》卷三,上海古籍出版社2013年版,第87页。
④ (宋)胡安国:《春秋胡氏传》,浙江古籍出版社2010年版,第381—382页。又,此处涉及季子之父吴王寿梦欲传位给季子、僚为夷末之子而非长庶兄的史实,当出自《史记·吴太伯世家》。司马贞索隐指出,杜预注《左氏》,以《史记》和《吴越春秋》为依据。参见(宋)裴骃集解,(唐)司马贞索隐,(唐)张守节正义《史记》第二册,中华书局2011年版,第1336—1346页。然其有关季子让国以守节附义的基本立场,与《公羊》肯定季子不受不杀之贤,大致相似。

则更当书"公子"称之。反而,经文仍将其作普通夷狄之聘一般略书之①,可见当是有批评之意。关于批评的义理,胡氏主张,季子应当成顺父兄之意而继位为国君,安定国家局面,不当固守臣子节义以逃,终致国家政教混乱。

宋儒张洽亦曰:

> 辞让之心,人皆有之。至于义之所当受,分之所当处,而不得辞,虽圣人,不敢徇小节,而以退让为安……季子者,其父命之,其兄逊之,受之则父兄之意慊,而国家安荣;不受则父兄之命塞,而适以长乱……而徒以洁身而去为高,观宗国之危乱,僚与光之相残。②

张氏着重强调吴季子受国为君的合理性,其一是成其父兄之意,其二则是维护国家稳定。故而,张氏极力批评吴季子坐视国家混乱的现实而以退居让国为高洁之节义的不负责行为。

其实,这类观点汉、唐已见其先声,如东汉桓谭即曰"吴之篡弑灭亡,衅由季札,札不思上放周公之摄位,而下慕曹臧之谦让,名已细

---

① 陈傅良认为,吴因骤然强大而得如楚、秦一般,进致书非命大夫之辞,故而并非肯定札之让国。若要贤之,当特书氏以见之。参见(宋)陈傅良《春秋后传》卷九,《钦定四库全书荟要》卷一四五六,第26—27页,转引自《摛藻堂景印四库全书荟要》(经部),台北:世界书局1985年版。

② (宋)张洽撰:《春秋集注》卷八,《儒藏》(精华编九〇),北京大学出版社2016年版,第775页。又,依张氏所录,胡氏之说,或出自二程弟子常山刘绚,其曰"札何以不称公子? 辞国而生乱者,札为之也。吴子寿梦有四子,季则札也。寿梦欲立札,札辞而去。遏缘先君之志,约以次必致国于札。夷昧之卒,札宜受命以安社稷,而徇匹夫之节,辞位以逃。夷昧之子僚于是代立,遏之子光乃弑僚而代之。是以吴之乱,札实为之也。故《春秋》因札来聘,去其公子以示贬"。(宋)张洽撰:《春秋集注》卷八,《儒藏》(精华编九〇),北京大学出版社2016年版,第775页上栏。而刘绚之说则当承自程颐,其曰"如让国亦是清节,故称之曰仁,如与季札是也。札让不立,又不为立贤而去,卒有弑逆之乱,故圣人于其来聘,书曰:'吴子使札来聘。'去其公子,言其不得为公子也"。(宋)程颢、程颐:《河南程氏遗书》卷二十五上,《二程集》,王孝鱼点校,中华书局1981年版,第282页。

矣"①。唐儒独孤及亦曰:"废先君之命,非孝也;附子臧之义,非公也;执礼全节,使国篡君弑,非仁也;出能观变,入不讨乱,非智也。"② 而在《公羊》的经传中,亦可找到类似的理据。襄公二十七年夏"卫杀其大夫甯喜。卫侯之弟鱄出奔晋"传注曰:

> [传]公子鱄不得已而与之约。已约,归至,杀甯喜。公子鱄挈其妻子而去之。将济于河,携其妻子。而与之盟,曰:"苟有履卫地,食卫粟者,昧雉彼视。[注]传极道此者,见献公无信,刺鱄兄为强臣所逐,既不能救,又移心事剽,背为奸约。献公虽复因喜得反,诛之,小负未为大恶,而深以自绝,所谓守小信而忘大义,拘小介而失大忠。③

何氏一方面批评公子鱄在卫国君位动荡、篡弑频发的过程,既不能护旧主,又背弃新君,另一方面更是责备其因拘守小信、小节自绝而失国家之大忠、大义。

同样,在吴国的让国事件中,前期既然诸兄已然为季子而破坏了正常国君的传承礼制,季子当基于当前处境,从国家政教的全局出发,并且感念诸兄之诚意,当不让国于阖庐,而继位为君。反倒是其在诸兄相继故去时,实际上选择了避让,致使君位虚悬,引来"兄终弟及"之新例的继位者僚和"父死子继"传统的继位者阖庐彼此篡位争权,致使国家动乱。而且在此期间,季子一方面认可其篡位的长庶兄僚篡位为君的事实,而并未积极支持其兄谒之长子阖庐为合礼的继位者;另一方面,当阖庐为其刺僚篡位时,其又让国于阖庐,肯定其继位合礼性④,同时其

---

① 朱谦之校辑:《正经篇》,《新辑本桓谭新论》卷九,中华书局2009年版,第39—40页。

② (唐)独孤及撰:《吴季子札论》,载张浩逊、都冬云、储建明编《文史合璧》(隋唐五代卷),苏州大学出版社2016年版,第119页。

③ (汉)公羊寿传,(汉)何休解诂,(唐)徐彦疏:《春秋公羊传注疏》卷二十一,北京大学出版社2000年版,第528页下栏。

④ 孔广森便是以此肯定吴季子"处之以仁"。参见(清)孔广森《春秋公羊经传通义》,上海古籍出版社2014年版,第620页。

虽以父子兄弟之亲而不忍弑阖庐，但未阻止阖庐弑君，实有背君之罪。又，阖庐见僚篡位之时，虽有国本归己之念，仍思从父之命，而返政于季子，值得肯定。无奈季子坚守其一己之仁义，不顾君位不正，而无所作为。阖庐见此现状，只得刺僚篡位。由此，更可见季子之小仁小义，而罔顾大局稳定。

然而，吴国彼时仍为夷狄之国，不当责如诸夏一般。根据成公十五年"冬，十有一月，叔孙侨如会晋士燮、齐高无咎、宋华元、卫孙林父、郑公子鳅、邾娄人，会吴于钟离"的传注：

[传] 曷为殊会吴？外吴也。曷为外也？《春秋》，内其国而外诸夏，内诸夏而外夷狄。[注] 不殊楚者，楚始见所传闻世，尚外诸夏，未得殊也。至于所闻世可得殊，又卓然有君子之行。吴似夷狄差醇，而适见于可殊之时，故独殊吴。①

在所闻世，三世治法以诸夏为内、夷狄为外，展开王道治理的时空政教影响。不似同诸夏亲善有加，且有君子德行的楚国，吴作为典型的夷狄国家，正合"外诸夏"之治，故而如与诸夏会盟之事，经文以殊会书吴。又，襄公十二年"秋，九月，吴子乘卒"注疏曰：

[注] 至此卒者，与中国会同，本在楚后，贤季子，因始卒其父，是后亦欲见其迭为君。卒皆不日，吴远于楚。[疏] 凡为人宜道接而生恩，楚迩于诸夏，数会同，亲而迩近之，故书其日；吴侧海隅，而与诸夏罕接，故皆不日，以见其远也。②

相较于与诸夏距离近、往来繁的楚国国君在所闻世得以书卒书日大国一般，吴国因地处偏远、鲜与诸夏交接会盟，致使其国君不得书卒。

---

① （汉）公羊寿传，（汉）何休解诂，（唐）徐彦疏：《春秋公羊传注疏》卷十八，北京大学出版社2000年版，第462页。

② （汉）公羊寿传，（汉）何休解诂，（唐）徐彦疏：《春秋公羊传注疏》卷二十，北京大学出版社2000年版，第502页上栏—503页上栏。

但因吴季子之贤,而得以书其父、兄为君者之卒。然而,仍未能书日,仅如小国国君之卒。可见,此条同襄公二十九年"吴子使札来聘"书"札"不称"公子"一样,吴国虽有贤臣,得以书有君有大夫之辞或书国君之卒,但经文对吴国的治理仍放在有待进一步提升的夷狄之列,而未能如楚国一般近似诸夏。在这意义上,若以诸夏大国卫国的大夫公子鱄之臣子治法,抑或宋儒所提倡的承父兄之位以安国的建议来评价吴季子,则未免对于尚处于进至诸夏初期的夷狄吴国,过于严苛、奢求。

毕竟,在吴季子让国事件中,谒等同母兄弟的让国行为,接连引发了庶弟僚、谒长子阖庐篡权夺位,破坏了国家政权的稳定传承。同时,他们本身为了顺利让国,或欺凌小国,或亲近刑人,以至于轻死违礼,代价颇高。因而,经文虽赞季子之贤,然更当就此展现背后吴国礼制混乱的现实①,批评相关贵族的违礼行为。换言之,经文或借肯定季子于礼制困境中仍能坚守贤行,而反衬未书之吴国贵族。这种批评当是更加隐微的。由此,抑或可解释经文何以进致夷狄不一而足。

概言之,若以诸夏贤臣视之,吴季子以其默然服从与消极避退的让国之举,于国家政教之安危而言实为有害,对兄弟血缘之亲情亦有所辜负,即何注所谓"不足以隆父子之亲,厚君臣之义"。但是,从向诸夏进致的夷狄来看,吴国礼制尚未健全、贵族质朴勇健,置身其中的吴季子,足可称得上极端礼制困境中的仁义之贤者。

二 亲亲:鲁季子遏牙不杀庆父之贤

鲁国之季子,同样面临着兄弟祸乱国家政教的政治危机,然其具体表现较吴季子更加积极有为。

---

① 例如秦国,本为西方诸侯大国,然其国君继承之制,不使嫡子之名令于四境,而是多择勇猛者以立。换言之,其并未从诸夏文德之教,而以夷狄之制行之,故而常为经文"夷狄之"。参见(汉)公羊寿传,(汉)何休解诂,(唐)徐彦疏《春秋公羊传注疏》卷二十二,北京大学出版社 2000 年版,第 556 页下栏—557 页上栏。

（一）遏牙重亲亲

庄公二十七年"秋，公子友如陈，葬原仲"传曰：

> ［传］君子辟内难，而不辟外难。内难者何？公子庆父、公子牙、公子友皆庄公之母弟也。公子庆父、公子牙通乎夫人，以胁公。季子起而治之，则不得与于国政；坐而视之，则亲亲，因不忍见也。故于是复请至于陈，而葬原仲也。①

当公子庆父、公子牙二兄与夫人私通威胁长兄庄公时，季子一方面想捍卫君权、摒除乱政，却未有实权，另一方面若置之不理，又难以坐视兄弟亲属间彼此伤害的局面。故而，彼时季子正陷入亲亲与尊尊的两难境地之中，不得不自请如陈葬原仲以避之。

其后，庄公临终时，季子得以托付国政，然其对公子友的处置似有偏颇。庄公三十二年"秋，七月，癸巳，公子牙卒"传注曰：

> ［传］何以不称弟？杀也。杀则曷为不言刺？为季子讳杀也。曷为为季子讳杀？季子之遏恶也。不以为国狱，缘季子之心而为之讳。
> ［注］季子过在亲亲，疑于非正，故为之讳，所以别嫌明疑。②

季子虽为君诛其兄公子牙，然未能以刑用于兄，且经文讳之，则似有重亲亲而失臣道之嫌和为牙掩恶行之疑。实际上，经文讳言杀牙，并非由于季子在尊奉君权过程中偏失于亲亲之道，而是在肯定季子既为尊尊，又能亲亲之合礼行为的同时，体谅其捍卫国政与顾及亲属的苦心，书牙卒以止政教混乱之恶。正如后续传文所说：

---

① （汉）公羊寿传；（汉）何休解诂；（唐）徐彦疏：《春秋公羊传注疏》卷八，北京大学出版社2000年版，第204页。

② （汉）公羊寿传，（汉）何休解诂，（唐）徐彦疏：《春秋公羊传注疏》卷九，北京大学出版社2000年版，第214页下栏—215页上栏。

[传] 俄而牙狱械成。季子和药而饮之，曰："公子从吾言而饮此，则必可以无为天下戮笑，必有后乎鲁国。不从吾言而不饮此，则必为天下戮笑，必无后乎鲁国。"于是从其言而饮之，饮之无傫氏，至乎王堤而死。……季子杀母兄，何善尔？诛不得辟兄，君臣之义也。然则曷为不直诛而酖之？行诛乎兄，隐而逃之，使托若以疾死然，亲亲之道也。①

面对预谋弑君的兄弟公子牙，季子以鲁之国家政教安危正言相告，劝其服毒自尽。在这个过程中，季子一方面尊重君权、严守臣道，不因亲亲而避诛其兄；另一方面，其以较为隐匿温和的方式，即劝牙饮毒酒自杀，而不是采取公开、严重的诛杀对公子牙进行制裁，恰是考虑彼此的兄弟之情，以存续亲亲之道。正是由于季子在处理兄弟预谋弑君的事件中，兼顾尊尊与亲亲，力图制止违礼恶行对鲁国政教造成的严重影响，故而经文不仅讳言公子牙之被杀，更于所传闻世特书大夫卒之日以见季子遏恶之心。

因而，在遏牙的过程中，季子主要是秉持着严守君臣之义的尊尊原则，对祸乱国政的公子牙进行有力的干预，同时又以和药劝饮而非直接诛杀的方式，结合了注重兄弟情谊的亲亲之道，有效地化解了一场潜在的政治风波。

（二）不杀庆父主亲亲

然而，相较于以毒酒酖诛公子牙预谋弑君之罪体现出在尊尊过程中注重亲亲的倾向，季子对庆父的处理，似乎有蔽于亲亲之嫌。根据闵公元年"元年，春，王正月"的传注：

[传] 庄公存之时，乐曾淫于宫中，子般执而鞭之。庄公死，庆

---

① （汉）公羊寿传，（汉）何休解诂，（唐）徐彦疏：《春秋公羊传注疏》卷九，北京大学出版社2000年版，第217页上栏—218页上栏。

父谓乐曰："般之辱尔，国人莫不知，盍杀之矣。"使弑子般，然后诛邓扈乐而归狱焉。季子至而不变也。[注] 至者，闻君弑，从家至朝，季子知乐势不能独弑，而不变正其真伪。①

在庄公去世后，庆父同样意图弑继君，于是挑唆与子般有恩怨的邓扈乐，弑杀了子般。季子获悉后，虽然知晓背后是庆父指使，但并未细致追究，而是缘于亲亲，归罪于直接弑君的邓扈乐。正如庄公三十二年"公子庆父如齐"何注曰：

[注] 如齐者，奔也。是时季子新酖牙，庆父虽归狱邓扈乐，犹不自信于季子，故出也。不言奔者，起季子不探其情，不暴其罪。②

经文不书公子庆父之"奔"，而作聘问之"如"，便是为了体现季子因亲亲之故而不愿探查子般被弑杀的真相、暴露庆父的罪行。同样是与弑君事件相关的兄长，公子牙仅仅是密谋未成弑，季子便以酒酖诛之，即在尊尊的前提下兼顾亲亲。而公子庆父指使微者成功弑君，季子反倒刻意隐瞒，致使庆父逃往齐国，则是似有罔顾尊尊，只主亲亲之嫌。同时，庆父明显是畏惧同样为季子诛杀的结局才出逃，可见季子完全可以尊尊诛杀庆父，震慑奸邪之逆臣，为何以亲亲放纵之？

关于季子的实际考量，闵公元年"元年，春，王正月"的传文曰：

[传] 孰弑子般？庆父也。杀公子牙，今将尔，季子不免。庆父弑君，何以不诛？将而不免，遏恶也。既而不可及，因狱有所归，不探其情而诛焉，亲亲之道也。③

---

① （汉）公羊寿传，（汉）何休解诂，（唐）徐彦疏：《春秋公羊传注疏》卷九，北京大学出版社2000年版，第222页上栏。

② （汉）公羊寿传，（汉）何休解诂，（唐）徐彦疏：《春秋公羊传注疏》卷九，北京大学出版社2000年版，第220页下栏。

③ （汉）公羊寿传，（汉）何休解诂，（唐）徐彦疏：《春秋公羊传注疏》卷九，北京大学出版社2000年版，第221页。

在公子牙的事件中，因其预谋弑君，违背为臣之道，季子当以尊尊诛杀之，同时兼采亲亲而具体用酒酖之，从而实现遏制相关恶行的发生。但是，对于公子庆父一事而言，弑君已然发生，无法像提前酖杀牙一般，通过诛杀庆父实现遏恶尊君①的尊尊行为；且庆父又为季子之兄长，季子只得从亲亲之道，不探其情、不暴其罪。由此可知，完整意义上的亲亲之道，并非偏颇于亲亲一维而有失尊尊之义，而是以尊尊为前提，互相参照。具体来说，当尊尊得以实现时，亲亲需要兼顾；当尊尊难以维系时，则需守护亲亲之义，而非连亲亲亦不顾。故而，无论是诛杀公子牙，还是不杀庆父，季子的做法，都是符合亲亲与尊尊之礼义，即何氏所谓"季子有遏牙不杀庆父之贤"②。

又，根据闵公二年"秋，八月，辛丑，公薨"传注：

> [传] 公薨何以不地？隐之也。何隐尔？弑也。孰弑之？庆父也。杀公子牙，今将尔，季子不免。庆父弑二君，何以不诛？将而不免，遏恶也。既而不可及，缓追逸贼，亲亲之道也。[注] 与不探其情同义。不书葬者，贼未讨。③

对于公子庆父连弑二君之罪，除了不探其情、不暴其罪，即便庆父逃亡他国，季子选择延缓追杀逃逸之罪臣，也是符合亲亲之义的。同时，季子并非因尊尊遏恶不可为而仅从亲亲之义，其仍有诛讨叛臣之责。因而，经文不书闵公之葬，以见臣子当为尊君而讨贼。后续闵公二年"公子庆父出奔莒"何氏亦曰：

---

① 庄公四年"纪侯大去其国"传曰"国君以国为体，诸侯世，故国君为一体也"。（汉）公羊寿传，（汉）何休解诂，（唐）徐彦疏：《春秋公羊传注疏》卷六，第144页上栏。可见，国君是国家的具体象征，尊君即可理解为对政教礼制的整体重视。

② （汉）公羊寿传，（汉）何休解诂，（唐）徐彦疏：《春秋公羊传注疏》卷九，北京大学出版社2000年版，第224页上栏。

③ （汉）公羊寿传，（汉）何休解诂，（唐）徐彦疏：《春秋公羊传注疏》卷九，北京大学出版社2000年版，第227页。

仁义与亲亲：论《公羊》两位季子之贤

[注]庆父弑二君，不当复见。所以复见者，起季子缓追逸贼也。①

何氏之意，是在肯定季子追讨逆臣的前提下②，进一步认可其以亲亲而缓追之的做法。可见，对于庆父的处理，季子仍需结合尊尊进行诛讨，且在这个过程中同样得继续兼顾亲亲。

故而，当庆父接连奔走莒国、齐国无门而无奈欲返鲁时，僖公元年"冬，十月，壬午，公子友帅师，败莒师于犁，获莒挐"传注曰：

[传]季子曰："公子不可以入，入则杀矣。"[注]义不可见贼而不杀。③

季子严词拒绝庆父返国的请求，在其回复中，不仅清晰地明确了自身诛杀弑君贼的臣子之责，更是反映了其对兄弟亲亲之情的劝诫。也正因如此，僖公元年"十有二月，丁巳，夫人氏之丧至自齐"经文贬称和庆父一同弑杀闵公的姜氏为"夫人"以见"诛不避亲"之义④，与季子执亲亲与尊尊之中道以拒庆父的事件，两者各见其义，并不相违碍。

概言之，在不杀公子庆父的处理过程中，季子并非刻意偏重于亲亲之道而袒护之，而是在尊尊无法实现的既定现实面前，不得不选择维护和主张仅存的亲亲原则。同时，当庆父流亡在外时，季子则继续追讨弑君贼以捍卫君道之尊尊，并继续以缓追和劝诫的形式体现亲亲。

---

① （汉）公羊寿传，（汉）何休解诂，（唐）徐彦疏：《春秋公羊传注疏》卷九，北京大学出版社2000年版，第228页上栏。
② 僖公元年"冬，十月，壬午，公子友帅师，败莒师于犁，获莒挐"何注曰"鲁时虽缓追，犹外购求之"，可见季氏追讨逆贼以维护君权之尊尊。参见（汉）公羊寿传，（汉）何休解诂，（唐）徐彦疏《春秋公羊传注疏》卷十，北京大学出版社2000年版，第238页上栏。
③ （汉）公羊寿传，（汉）何休解诂，（唐）徐彦疏：《春秋公羊传注疏》卷十，北京大学出版社2000年版，第237页。
④ （汉）公羊寿传，（汉）何休解诂，（唐）徐彦疏：《春秋公羊传注疏》卷十，北京大学出版社2000年版，第238页上栏—239页上栏。

（三）别尊亲之贤

基于上述背景可知，鲁季子在遏牙和不杀庆父的过程中，其所注重、主张之亲亲原则，既以尊尊为前提，又以尊尊为补充，促使亲亲与尊尊在不同情境中的动态持存，实得为臣为弟之中道。故而，《公羊》对鲁季子的评价为"贤"，且数见之。如闵公元年"季子来归"传注曰：

> [传] 其称季子何？贤也。[注] 嫌季子不探诛庆父有甚恶，故复于托君安国贤之。所以轻归狱，显所当任，达其功。不称季友者，明齐继鲁，本感洛姑之托，故令与高子俱称子，起其事。①

经文通过称"季子"，书其"来归"，来澄清季子不深究、缓追庆父之嫌，充分肯定其存国安邦之贤能。以及，闵公元年"冬，齐仲孙来"传注曰：

> [传] 齐仲孙者何？公子庆父也。公子庆父，则曷为谓之齐仲孙？系之齐也。曷为系之齐？外之也。曷为外之？《春秋》为尊者讳，[注] 为闵公讳受贼人也。[传] 为亲者讳，[注] 为季子亲亲而受之，故讳也。[传] 为贤者讳。[注] 以季子有遏牙不杀庆父之贤，故为讳之。②

经文所以对庆父外之系齐称"齐仲孙"，除了为尊者闵公讳言，同样是为了恪守亲亲尊尊之道的贤者季子而讳言。又，僖公十六年"三月，壬申，公子季友卒"传注曰：

> [传] 其称季友何？贤也。[注] 闵公不书葬，故复于卒贤之，

---

① （汉）公羊寿传，（汉）何休解诂，（唐）徐彦疏：《春秋公羊传注疏》卷九，北京大学出版社2000年版，第223页上栏。
② （汉）公羊寿传，（汉）何休解诂，（唐）徐彦疏：《春秋公羊传注疏》卷九，北京大学出版社2000年版，第223页下栏—224页上栏。

明季子当蒙讨庆父之功,遏牙存国,终当录也。不称子者,上归本当称字,起事言子。①

经文于季子卒时称其为"季友",同样是为了避免其因闵公不书葬见贼未讨而被误会为有罪之臣,故而称字扬其遏牙伐庆父以存鲁国之功,赞其为鲁之贤臣。又,所传闻世,鲁国大夫卒不书日②,而季子日卒,抑或为贤之。

同时,有关季子别尊亲之贤的肯定,又可从对鲁庄公的批评中体现。如董仲舒曰:

> 二主知皆足以知贤,而不决,不能任。故鲁庄以危,宋殇以弑。使庄公早用季子,而宋殇素任孔父,尚将兴邻国,岂直免弑哉。③

刘逢禄亦有类似说法:

> 以庄公不知季子贤邪?安知病将死召以托国。君子以庄之行必不能以善终,而书之最正者,徒以有季子也。令庄公束身礼教,无观社、纳币之行,庆、牙虽不道,安敢通夫人以胁公?令庄公早任季子以削庆、牙之权,嗣子虽幼冲,何至比遭惨祸?④

季子之贤,庄公实际早已知晓,但一方面其自身频繁违礼行事,导致兄弟悖逆犯上、损伤君尊;另一方面,不能及时任用贤臣处置作乱之

---

① (汉)公羊寿传,(汉)何休解诂,(唐)徐彦疏:《春秋公羊传注疏》卷十一,北京大学出版社2000年版,第274页。
② 隐公元年"公子益师卒"何注曰"于所传闻之世,高祖曾祖之臣恩浅,大夫卒,有罪无罪皆不日略之也,公子益师、无骇卒是也"。(汉)公羊寿传,(汉)何休解诂,(唐)徐彦疏:《春秋公羊传注疏》卷一,北京大学出版社2000年版,第31页上栏。
③ (清)苏舆撰:《精华第五》,《春秋繁露义证》卷三,钟哲点校,中华书局1992年版,第95页。
④ (清)刘逢禄撰:《公终始例第二十》,《春秋公羊经何氏释例》卷八,上海古籍出版社2013年版,第212页。

兄弟，既使得季子无奈如陈以避亲亲尊尊之两难，而后又间接连累其继位者接连为兄弟所弑。从而，庄公使鲁国政教陷于倾覆的危难之中。所幸其临终托付国政于季子，而季子以别尊亲之贤，维护国家政教之稳定，使之免于公子庆父、公子牙弑君谋逆之混乱。也正因此，刘逢禄盛赞鲁季子"苞桑社稷，柱石国家"[1]。

三　结语

基于前述的解析和谈论，关于吴季子和鲁季子，在各自国家政教危机中的表现，可从君臣之义和亲亲之道两方面作一番比较。

就君臣之义而言，吴季子让国于阖庐有两方面考虑，其一庶兄僚虽照新例夺君位，但既然为君，便不得行弑篡以犯上，其二阖庐视其长兄之子具有继位合法性。传文由此肯定其不受君位为"义"。然而，吴季子若真坚持"父死子继"的礼制，虽诸兄更迭为君，然不当继续坐视庶兄僚侵占本属于阖闾的君位。又，既然以庶兄僚为君，面对阖闾之篡弑，反倒没有及时阻止，只是选择让国避退。[2] 由此，吴季子不受之"仁"，着实不足以"厚君臣之义"。

相比之下，鲁季子面对两位搅乱鲁国政教的同母兄弟公子庆父和公子牙，其尊君守国的处理方式，则更显积极有为。具体来说，其对预谋弑君的公子牙，在基于尊尊的前提下，结合亲亲之道，以毒酒药之，巧妙化解了潜在危机；对于已然弑君的公子庆父，虽无法继续尊君守护，只得以亲亲不探其情、缓追逸贼，但其仍不忘一直追讨，坚持君臣之义。故而，鲁季子之"尊尊"，不仅主动履行臣子义务，而且注重亲亲原则，从而有效地维护了国家稳定。

从亲亲之道来看，吴季子面对篡位弑君的侄子阖庐，其或有为君诛

---

[1]　（清）刘逢禄撰：《褒例第六》，《春秋公羊经何氏释例》卷三，上海古籍出版社2013年版，第87页。

[2]　孔广森即曰"札义虽高，顾未能免僚于篡弑之祸"。也正因此，孔氏将吴季子排在五位，经称让国者之最末。参见（清）孔广森《春秋公羊经传通义》，上海古籍出版社2014年版，第654页。

杀弑君贼之意，但因为父兄子弟间的血缘亲情，故而不杀阖庐，主动让国，传文以之为"仁"。但是，未能诛杀弑君贼，便无法实现其对庶兄僚的臣子之责。而且，对于诸兄接连让位之爱与诚，吴季子基于君臣之义，既不受之，又使之为旁人所夺，更是有所辜负。因而，吴季子不杀之"仁"，也无法"隆父子之亲"。

鲁季子对亲亲原则的支持，则同"尊尊"密切关联。对鲁季子而言，诛杀公子牙虽为臣子之义，但其毕竟为同母兄弟，故而以较为缓和的药杀方式处理。如此，在坚持君臣之义的前提下，既全了兄弟之情，又延续了其后代亲属。至于弑杀国君的庆父，鲁季子并未因尊君护主不成，选择直接诛杀的粗暴方式，而是考虑到维系仅存的亲亲之道，不探其情、缓追逸贼。在坚持亲亲原则的同时，其亦继续追讨弑君贼，捍卫君臣之义。因而，无论是捍卫君臣之义，还是主张亲亲之道，鲁季子都在以"尊尊"为前提或是补充的基础上，积极地实现"亲亲"，符合《春秋》从殷质以补周文[①]的立场。

然而，若从鲁国为王道政教中心，诸夏、夷狄为王化影响区域的三世内外治法[②]来看，所闻世，吴国尚从所传闻世不及治理的边缘，进入"外夷狄"的王化治理范围内。其国虽因有贤臣，而得书有国有大夫、书国君之卒等书法进致，但仍未合同于诸夏一般。就此而言，以诸夏卫国公子鱄之例，而苛责夷狄大臣吴季子一味避退让国、对篡弑无所作为，实为不妥。故而，从吴国本身混乱的政教背景来理解，则吴季子之让国阖庐，确为"仁义之贤"。至于鲁季子，作为王者之国鲁国的大臣，在亲亲与尊尊的现实张力间，充分履行臣子之职责和兄弟之义务，可称为"别尊亲之贤"。同时，亦可见王者之臣子遵礼守义之贤行，确可为诸夏、夷狄之典范。

---

① 隐公七年"齐侯使其弟年来聘"。何注曰"《春秋》变周之文，从殷之质"。（汉）公羊寿传，（汉）何休解诂，（唐）徐彦疏：《春秋公羊传注疏》卷三，北京大学出版社2000年版，第67上栏。《汉书·董仲舒传》曰"□先王之道必有偏而不起之处，故政有眣而不行，举其偏者以补其弊而已矣"。（汉）班固撰，（唐）颜师古注：《董仲舒传第五十六》，《汉书》第八册，中华书局1962年版，第2518页。

② 参见（汉）公羊寿传，（汉）何休解诂，（唐）徐彦疏《春秋公羊传注疏》卷十八，北京大学出版社2000年版，第462页。

投稿须知

　　《中国儒学》由中华孔子学会和郑州大学洛学研究中心主办，每年出版一辑，每辑35万字左右，逢每年第四季度出版。为了便于编辑，来稿请注意以下事项：

　　一　来稿篇幅一般以8000字至15000字为宜。

　　二　来稿引文和注释格式，采用页下注，引文务请仔细核对原文，引用著作依次注出作者、论著名称、出版社和出版年、页码。引用论文依次注出作者、论文题目、刊名、出版年和期或号。

　　三　来稿请发电子稿。

　　四　来稿请在文后注明作者详细地址、邮政编码、联系电话和电子信箱地址，以便及时联系。

　　五　来稿一经发表，即按统一的稿酬标准寄上稿酬。

　　六　本刊编辑将对采用的来稿进行必要的技术上的处理，一般不删改内容，如果需要将与作者联系。

　　《中国儒学》竭诚欢迎国内和海外儒学研究者来稿。

　　编辑部地址：（100874）北京市海淀区清华大学中华孔子学会（新斋239室）　《中国儒学》编辑部

　　联系人：任蜜林　邮箱：renmlzxs@163.com